复旦城市治理评论

Fudan Urban Governance Review

中国人文社会科学期刊AMI综合评价集刊入库期刊
中文社会科学引文索引来源集刊（CSSCI）

复旦城市治理评论 12
Fudan Urban Governance Review 12
中国人文社会科学期刊AMI综合评价集刊入库期刊
中文社会科学引文索引来源集刊（CSSCI）

主编
唐亚林　陈水生

副主编
李春成　孙小逸

编辑部主任
陈水生（兼）

编辑部副主任
孙小逸（兼）

编辑委员会（按姓氏音序排列）

陈水生	陈　醒	高恩新	高　翔	谷志军
韩志明	黄　璜	李春成	李德国	李瑞昌
李文钊	刘建军	刘　鹏	罗梁波	马　亮
孟天广	庞明礼	容　志	尚虎平	锁利铭
孙小逸	谭海波	唐亚林	王佃利	吴晓林
线　实	肖建华	颜昌武	叶　林	叶　敏
易承志	余敏江	张海波	张乾友	朱旭峰

复旦城市治理评论(CSSCI来源集刊)

未来城市与数智治理

唐亚林 陈水生 主编

复旦大学出版社

内容提要

我国多个城市相继提出建设"未来城市"的目标，从雄安新区打造数字孪生、智能共享的未来之城，到杭州智慧赋能未来之城建设，再到成都以公园城市为抓手建设未来之城，再到上海提出以城市数字化转型推进"最现代的未来之城"的新城建设目标愿景，无不反映了"未来城市"建设是当代中国城市建设的大趋势大方向。

那么，我国未来城市建设的总目标和发展战略是什么？在人类社会迈向数字化时代的背景下，如何根据不同城市的特色因地制宜建设未来城市？未来城市给城市发展和治理提出了哪些挑战？未来城市会给民众生活带来怎样的影响？

与此同时，我国近年来出台了一系列关于数字治理和智慧城市建设的战略、政策与法规，各地方政府也根据各自的区域实际情况开展了形式多样的城市治理数字化改革实践，进一步推动了数字治理、智慧治理和数智治理体制机制的完善。那么，智慧城市与"数智治理"的内涵是什么？如何将"数智治理"有机嵌入城市治理制度体系当中？如何将"未来城市"和"数智治理"有机融合？

基于当前城市发展的趋势，本书将对上述问题进行详细的探讨，为未来城市及数智治理提供有益的经验。

目　　录

| 本刊特稿 |

李春成　郝永强　规训权力:党和国家机构改革的新阐释 …… 3

| 专题论文 |

张琳萱　未来已来:未来城市与数智治理研究综述………… 27

张丽娜　谢新水　数字孪生城市建设的实践类型、功能建构与
运作机制 ………………………………………… 66

滕明兰　庞　娟　数智驱动城市社区空间精细化治理的变革逻辑
与实现机制 ……………………………………… 93

王小芳　智慧治理:当代中国政府治理范式创新的理论建构与实
践路径……………………………………………… 125

唐丽萍　张志伟　政策工具视角下未来社区建设政策文本研究
——基于浙江省级层面的分析(2019—2023)……… 152

| 研究论文 |

陈科霖　张　倩　塑造统合式权威:基层复杂矛盾纠纷的

化解机制
　　——基于湄洲镇妈祖评理室的研究 ………………… 191

余亚梅　社区治理中基层政府部门的角色及其行动逻辑
　　——对W派出所建构共治联盟的微观解释 ……… 223

李梦琰　党建引领超大城市基层社区治理的模式、功能与
　　路径研究 …………………………………………… 256

杨亚柳　刘从虎　刘红军　数字经济与城乡融合协调效应及
　　互动响应研究
　　——基于中国30个省(自治区、直辖市)面板数据的分析
　　…………………………………………………………… 293

陈　醒　李　睿　目标设定的边界效应：省级政府设定经济与环
　　保目标的策略性行为研究 …………………………… 330

田昊扬　刘佳雪　环保不作为如何影响城市碳减排？
　　——来自中国185个地级市的证据 ………………… 355

尚虎平　陈　婧　美国公共卫生应急法律体系的构建及其启示
　　…………………………………………………………… 389

张　磊　回到马克思：城市权利理论的生成与承继 ………… 415

本刊特稿

规训权力:党和国家机构改革的新阐释

李春成*　郝永强**

[**内容摘要**]　机构改革承载着将制度优势转化为治理效能,进而实现国家治理现代化的重要使命。从不同的理论视角,可能产生不同的解读。本文基于福柯的权力-规训理论,认为权力是一种关系性存在,机构改革的实质是规训权力,是对作为关系的权力或权力关系的规训。这种权力关系规训,既包括对制度化、体系化的权力关系(党政关系、央地关系和条块关系等)的结构化规训,也包括对动态运行中的权力关系的机制化规训。结构化规训主要致力于国家治理体系现代化,机制化规训主要致力于国家治理能力现代化。新时代中国党政机构改革在治理体系现代化方面,旨在贯彻落实党的全面领导、有机融合"大一统"与"小同异"、充分发挥"两个积极性"、构建"条抓块统"协同性条块关系等;在治理能力现代化方面,旨在通过整合机制、规范机制和赋能机制,实现权力运行的整体性与协同化、规范性与清单化、有效性与高效化等。通过规训权力,机构改革追求权力秩序与效能、工具理性与价值理性的有机统一和融合实现。

[**关键词**]　机构改革;规训权力;结构化规训;机制化规训

---

* 李春成,复旦大学国际关系与公共事务学院教授、博士生导师。
** 郝永强,复旦大学国际关系与公共事务学院博士研究生。

一、问题的提出

机构改革在国家治理实践中备受瞩目,它承载着将制度优势转化为治理效能,进而实现国家治理现代化的重要使命。改革开放以来,中国国家机构改革从局部调整走向整体统筹,历经职能带动到体系驱动的发展变迁①,其演进轨迹构成了迈向国家治理现代化的动态图景。在国家治理现代化的视域下,机构改革是一个兼具工具理性与价值理性的实践课题:从工具的视角来看,机构改革是政府治理的重要手段,涉及治理主体的撤并调整与治理力量的高效集成;从价值的视角观之,机构改革承载着经济发展与社会稳定的价值追求,关乎社会的公平正义与人民的幸福安康。新中国成立以来,我国已经开展了多次(轮)从中央到地方的党和国家机构改革。每次改革都有其特定的历史背景、目标任务、行动方案、推进策略等,总体上遵循集成逻辑,形成了大部门集成、专部门集成、流程部门集成以及"平台+部门"集成四种模式,体现了政府职能合并、机构重组、流程再造的递进关系②;党的二十大制定的机构改革的目标,定位于"构建系统完备、科学规范、运行高效的党和国家机构职能体系"。③

机构改革看起来是一个客观事件,而且随着改革方案的社会公开和官方解读,以及舆论共识的形成,其内容与意义得到某种程度的固化。但是,基于不同的理论视角,往往会有不同的理解。理

---

① 吕志奎:《从职能带动到体系驱动:中国政府机构改革的"三次跃迁"》,《学术研究》2019年第11期。
② 刘杰:《寻找部门合成的"最大公约数"——政府机构改革中的集成逻辑研究》,《政治学研究》2023年第1期。
③ 《中共中央国务院印发〈党和国家机构改革方案〉》,《人民日报》,2023年3月17日。

论是认识事物的有效工具、看待问题的方式,是一种知识型。因此,有怎样的看待问题的方式或知识型,就会有怎样的问题或问题域。① 以不重复为追求的研究者总是试图从不同的视角去解读机构改革的顶层设计与推行实践,生产了大量的研究文献。既有相关研究文献主要基于结构-功能主义、组织管理理论、府际关系理论、行政生态理论、政府再造理论等,阐释机构改革。本文尝试借用法国思想家米歇尔·福柯(Michel Foucault)的权力-规训理论,以期能对国家机构改革的行动机制与机理有某种独到的解读。文章首先对既有机构改革的文献进行系统梳理,并以此为背景,基于福柯的权力-规训理论提出机构改革的分析视角——规训权力,并建构起作为权力规训的机构改革分析框架,对我国党和国家机构改革的实践进行新阐释。

二、文献综述与理论框架

(一)相关研究综述

当前,机构改革的理论研究主要从工具手段和价值目标两个维度展开。前者主要回答如何进行机构改革的问题;后者则回答为什么要进行机构改革的问题。

其一,工具维度的机构改革研究,主要从宏观历史叙事和微观事件分析两个层面展开。机构改革的宏观历史叙事通过对历次改革进行梳理总结和比较分析,提供全景概览。沈荣华指出,改革开放以来,机构改革大体经历了从"以精简机构为重点推动政府机构

---

① 邢建昌:《理论是什么:文学理论反思研究》,人民出版社 2011 年版,第49页。

职能转型"到"以整合职能和机构为重点优化政府组织架构"再到"以优化协同高效为着力点构建现代政府治理体系"的三重转变。① 李瑞昌认为,"改革开放以来,党和国家机构改革遵循着从政府自身建设到国家治理体系与治理能力现代化的逻辑,走出了一条从最初'瘦身'到'转身',再到'强身',到而今的'健身'的改革路径"。② 机构改革的微观事件分析聚焦于某一次机构改革或机构改革过程中某个部门的具体转变,对机构改革的大部制模式③、"双合制"模式④,以及机构改革的协同逻辑⑤、多重联动逻辑⑥、同构性和类聚性⑦逻辑进行了深入探讨。

其二,价值取向是机构改革的深层结构和推动机构改革的内在动力。⑧ 微观层面,机构改革的基本价值是效率,"机构改革是以效率为导向的,主要解决效率问题——如人浮于事、组织臃肿、权责不清等"⑨;中观层面,机构改革具有鲜明的民生指向⑩,旨在建立高质有效、人民满意的政府⑪;宏观层面,机构改革以统筹发

---

① 沈荣华:《我国政府机构改革40年的启示和新趋向》,《行政管理改革》2018年第10期。
② 李瑞昌:《机构改革的逻辑:从政府自身建设到国家治理体系现代化》,《华南师范大学学报》(社会科学版)2018年第6期。
③ 竺乾威:《"大部制"刍议》,《中国行政管理》2008年第3期。
④ 丁海玲、范文宇:《"双合制":新时代党政机构改革的中国之制——兼与"大部制"的比较分析》,《天津师范大学学报》(社会科学版)2021年第6期。
⑤ 王孟嘉:《论国家机构改革中的协同逻辑及其实施路径》,《中州学刊》2020年第6期。
⑥ 史晓姣、马亮:《跨层级政府机构改革的多重联动逻辑——文化与旅游部门合并的案例研究》,《中国行政管理》2023年第8期。
⑦ 刘朋朋:《中国政府机构改革的主旋律:同构性与类聚性——基于2018年国务院与省级政府机构改革的分析》,《中共福建省委党校学报》2019年第4期。
⑧ 陈天祥:《政府机构改革的价值逻辑——兼论大部制机构改革》,《中山大学学报》(社会科学版)2012年第2期。
⑨ 陈振明:《党和国家机构改革与国家治理现代化——机构改革的演化、动因与效果》,《行政论坛》2023年第5期。
⑩ 万国威:《新一轮党和国家机构改革的民生指向》,《人民论坛》2023年第7期。
⑪ 周光辉:《构建人民满意的政府:40年中国行政改革的方向》,《社会科学战线》2018年第6期。

展和安全为目标导向,科学地处理发展和安全之间的关系,构成推进机构改革的基本价值取向。① 基于机构改革的价值目标,已有研究还对中国机构改革的成效问题进行了探讨,例如,文宏等指出,历次机构改革都能够较好地进行顶层设计并实现资源的整合创新,实现从精简到优化、从单一到多元和从内部到系统的转变,逐渐形成政府、市场和社会三种力量良性互动的关系,奠定了走向中国特色的现代化治理体系的基础。②

如上所述,已有研究从工具手段和价值目标两个维度对机构改革进行了翔实分析,并就价值目标的实现与否和实现程度进行了初步探讨。然而,纵使如此,仍力有不逮。这是因为工具手段与价值目标之间并非"自动滑道"而成。遵循着整合逻辑、协同逻辑、多重联动逻辑的大部制、双合制的机构改革,为什么能够实现效率、民生、发展与安全等目标,已有研究尚未对其进行深入分析。本文从权力规训的视角能较好地阐释我国党政机构改革的行动逻辑和效用机制,探微机构改革系列举措与其价值目标之间的内在关联。

(二)理论基础:福柯的权力-规训理论

权力是政治学的中心概念,但对于权力的理解却莫衷一是。马克思主义者将权力看作阶级统治的工具,旨在通过对特定生产关系的维护来维持既定阶级统治;社会契约论者认为,公共权力源于私人权利,因而可以通过社会契约的形式生成国家权力。前者演绎出马克思主义政治-经济学模式,后者演绎为法理主义的法权模

---

① 钟开斌:《统筹发展和安全:党和国家机构改革的基本价值取向》,《学海》2023 年第 3 期。
② 文宏、林仁镇:《中国特色现代化治理体系构建的实践探索——基于新中国 70 年机构改革的考察》,《社会科学战线》2020 年第 4 期。

式。两者都是对权力的宏观理解,是"权力理论中的经济主义"。①不满于宏观层面对权力所进行的经济学解释,福柯对权力进行非经济的社会-政治分析,进而形成微观权力说。

福柯微观权力说的核心,不再将权力视作一种物,而是一种关系;认为"只存在着某种关系性的权力。它在无数个点上体现出来,具有不确定性,而不是某个人可以获得、占有的一种物,权力纯粹是一种关系,是一种结构化的活动"。② 关系态存在的权力,有时表现为一种自上而下的单向控制性关系,但更多地呈现为一种相互交错的复杂网络,"权力以网络的形式运作。在这个网上,个人不仅在流动,而且他们总是既处于服从的地位又同时运用权力……换一种说法,权力通过个人运行,但不归他们所有"。③

微观权力说对于权力的关系性理解,带来了前现代权力形式和现代权力形式的分野。前现代权力形式主要指君主权力,现代权力则具体指规训权力。规训权力与其他权力形式的显著区别在于:它致力于对身体活动施以细致入微、全面彻底、持续不断的控制,以便将它们建构为效用和驯顺之间非常特殊的关系的承载者;效用的增长与驯顺性的增长相适应,反之亦然。④ 换言之,规训权力通过规范化的训练方式,一方面塑造着个体的行为表现,使其成为驯服的人,另一方面则增加个体效用,使其成为一个对社会有用或者能够为统治阶级服务的人。⑤ 如此一来,规训权力便不只是一种压抑性的力量,更是生成性的存在,有着训练和生养的双重作

---

① [法]米歇尔·福柯:《权力的眼睛——福柯访谈录》,严锋译,上海人民出版社1997年版,第223页。
② 陈炳辉:《福柯的权力观》,《厦门大学学报》(哲学社会科学版)2002年第4期。
③ [法]米歇尔·福柯:《必须保卫社会》,钱翰译,上海人民出版社1999年版,第28页。
④ [美]狄安娜·泰勒:《福柯:关键概念》,庞弘译,重庆大学出版社2019年版,第35页。
⑤ 张之沧:《论福柯的"规训与惩罚"》,《江苏社会科学》2004年第4期。

用,它"既不会等同于一种体制,也不会等同于一种机构。它是一种权力类型,一种行使权力的轨道。它包括一系列手段、技术、程序、应用层次、目标。它是一种权力'物理学'或权力'解剖学',一种技术学"。①

概言之,福柯所讲的规训权力是一种权力类型或权力技术,规训的目的在于培养能够自觉遵守制度安排、服务权威秩序、健康且有用的行为者。当权力的作用对象由人转为权力本身时,规训权力便具有了权力关系的面向,即权力不只是规训的力量也是规训的对象。由此,规训权力成为权力(间)的"自我技术",借由这种"自我技术",权力重构自身秩序,并建构其自身的驯顺性与效用性,从而可以充当工具手段与价值目标之间的通道,实现工具理性与价值理性的统一。

(三) 分析框架:规训权力的机构改革

改革开放以来,党和国家先后进行了多轮机构改革②,每次机构改革都是工具理性与价值理性的整合。无论是政策话语还是学术研究,均表明我国的机构改革业已取得显著成效。为探究机构改革的工具手段、价值目标和改革成效间的内在机制,本文在福柯权力-规训理论的基础上,构建作为规训权力的机构改革分析框架,以回答前述问题:机构改革系列工具手段何以实现其价值目标?

机构改革的表现是机构的新设、撤并或重组及随之进行的职责划转,但其本质是对权力关系的调整,即规训权力。规训权力是

---

① [法]米歇尔·福柯:《规训与惩罚》(修订译本·第四版),刘北成、杨远婴译,生活·读书·新知三联书店 2012 年版,第 241—242 页。
② 党中央部门分别在 1982 年、1988 年、1993 年、1999 年、2018 年、2023 年进行了 6 次改革;国务院机构改革五年一次,分别在 1982 年、1988 年、1993 年、1998 年、2003 年、2008 年、2013 年、2018 年、2023 年进行了 9 次改革。从 2018 年开始,党中央开始对党和国家机构改革进行统筹谋划。

机构改革系列工具手段得以实现其价值目标的重要机制。规训权力的本质是上位权力对下位权力的制度化、组织化规训,是权力的"自我技术"。一方面,权力是弥散于关系网络内的规训力量,是关系性存在,它不为某个部门所固定拥有,而是处于部门所构成的关系网络之内,并借由关系网络的流动实现其规范化价值;另一方面,规训是指规范化训练,即规训权力发挥作用的治理术(governmentality)。治理术是指用于调整权力关系以实现其规范化价值的系列技术手段与治理机制。由此,机构改革成为关系性权力或权力间的自我规训实践,旨在通过系列治理术的运用构建兼具整体性与协同化、规范性与透明化、适应性与效能化等特征的权力秩序,进而实现机构改革的价值目标,其所涉及的治理术具体涵盖整合机制、规范机制以及赋能机制三种类型。综此,我们建构了下述作为权力规训的机构改革分析框架图(图1)。

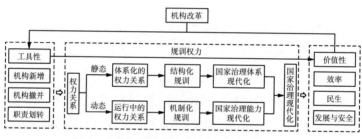

图1 作为权力规训的机构改革分析框架图

三、权力体系的结构化规训

规训权力是权力的规范化实践,是权力的关系性与规范性的统一。作为权力规训的机构改革,首先是对作为关系的权力或权力关系所形成的权力体系的规训。通过对党政关系、央地关系和条块关系等权力体系的动态调适和规范驯服,机构改革实质上是对国家治理体系的优化改革;新时代党和国家机构改革直接成为国家治理体系现代化的重要抓手。

(一)党政关系调整:合署办公与合并设立

党和国家机构改革的一个重要面向是横向上的党政关系调整。不同于党政合一或党政分开的权力关系模式,新时代党政关系更为强调党政机构的合署办公或合并设立。合署办公是指"两个具有不同编制、职责的党政机构由于工作对象、工作性质相近或密切相关而在同一地点和处所办公,两个机构的人员、资源可在上级统一指挥调度下视工作需要而灵活运用"。[①] 2018年,中共中央印发的《中共中央关于深化党和国家机构改革方案》提出,深化党中央机构改革,要着眼于健全加强党的全面领导的制度……推进职责相近的党政机关合并设立或合署办公;优化部门职责统筹设置党政群机构,在省、市、县对职能相近的党政机关探索合并设立或合署办公,市、县要加大党政机关合并设立或合署办公力度。2023年,党的二十届二中全会通过的《党和国家机构改革方案》决定,中央金融委员会办公室和中央金融工作委员会合署办公。合并设立是指"两个或两个以上的机构的职责进行重组、整合,组成一个新的机构。合并设立为一个机构后,又有着'两块牌子''保留牌子''加挂牌子'的三种情况"。[②] 譬如,2023年党和国家机构改革方案提出,重组后的科学技术部不再保留"国家外国专家局"牌子;地方政府设立金融监管机构专司监管职责,不再加挂"金融工作局""金融办公室"牌子;在农业农村部加挂"国家乡村振兴局"牌子。

从组织管理或组织行为学的角度看,党政机关合署办公或合

---

① 许耀桐:《党和国家机构改革:若干重要概念术语解析》,《上海行政学院学报》2018年第5期。
② 同上。

并设立是党政机构职能整合后的组织再设计。一方面,有助于更好地发挥党的领导功能,实现党的全面集中统一领导,从而"减少多头管理,减少职责分散主义,使党政机构的职能分工合理、责任明确、运转协调"①;另一方面,有助于政府机构更好地行使治理权,发挥政府的治理功能,保证行政任务的执行与治理效能的达成。从权力规训的角度看,党政机关合署办公或合并设立其实是一种权力关系规训。有学者将其解读为"名义权力"与"实质权力"关系的理顺,"从权力的角度来看,合署办公巧妙地解决了党政名义权力和实质权力的冲突问题。在党和政府的权力设置中,名义权力需要保持一定的区分,但实质权力需要实现统一和整合"。②我们也可以将其解读为党政权力关系的重塑,认为机构改革中党政机关合署办公或合并设立旨在区分并确立党委的领导权和政府的治理权,从而将原来说法不一、责任不明的党政关系予以明确规定:在党的全面领导下,党委领导和决策,政府治理和行政。而且,这里的领导权、决策权、治理权、行政权等都不是一个固化的概念,也没有固化的内容,它们都是相对地界定的,在相对中实践,在实践中具体。"权力关系具有严格的相对性特征,它们只有依靠大量的抵抗点才能存在。"③权力必须在关系中才得以存在,权力关系规训也必须在关系实践中才能实现,因而,权力关系规训(理应)是一种生产性、生成性的约束和规范,大多是原则性的和实践性的,而不能是机械的、固化的教条,否则,就可能在实践中走向失败。相对互动、相互制化是权力关系规训的真谛。

---

① 《中共中央关于深化党和国家机构改革的决定》(2018年3月4日),中国政府网,https://www.gov.cn/zhengce/2018-03/04/content_5270704.htm,最后浏览日期:2024年5月26日。
② 孔凡义、徐张欢:《合署办公的改革动因、实践类型和发展进路》,《新视野》2021年第1期。
③ [法]米歇尔·福柯:《性经验史》(增订版),佘碧平译,上海人民出版社2005年版,第63页。

（二）央地关系优化："大一统"与"小同异"

央地关系优化是机构改革中权力关系规训的另一项重要内容。中国国家治理的一个深刻矛盾是权威体制与有效治理之间的矛盾。[1] 其中很重要的一点是，中央与地方间职责上的高度同构掣肘了地方治理的灵活性与适应性。职责同构是指不同层级的政府在职能、职责和机构设置上的高度统一，即通常所说的中央与地方各级政府"上下对口"。[2] 央地之间职责同构的制度安排有利于中央政府的权威构建与政令通达，却在一定程度上制约了地方治理的灵活性与有效性。因此，机构改革的另一项议题是理顺央地关系，既保证中央政府政令通达，又保证地方治理灵活高效的价值期待。

根据《中国共产党机构编制工作条例》（2019）和《中华人民共和国地方各级人民代表大会和地方各级人民政府组织法》（2022）的相关规定，地方党政机构设置和职能配置应当保证党中央方针政策和国家法律法规的有效实施，涉及党中央集中统一领导和国家法制统一、政令统一、市场统一的机构职能应当同中央基本对应；除中央有明确规定外，地方可以因地制宜地设置机构和配置职能，严格规范设置各类派出机构；地方可以在规定权限的范围内设置和调整事业单位。由此可见，地方党政机构设置和职责设定的第一原理是"大一统"。"大一统"的思想源远流长，是中国制度的精神内核和根本政治价值。"大一统"不等于"大统一"，尽管二者常被误以为是同义词。前者是儒家推崇的王道政治理想；后者是法家实践的霸道政治模式。"大一统"这个概念始见于《公羊传》，"大"是指尊崇、重视，"一"是指元，有本源、根本之意；"统"本来指

---

[1] 周雪光：《权威体制与有效治理：当代中国国家治理的制度逻辑》，《开放时代》2011年第10期。
[2] 朱光磊、张志红：《"职责同构"批判》，《北京大学学报》（哲学社会科学版）2005年第1期。

丝之头绪,引申为总领、统管、统合、纲纪等义。

"大一统"一词起初主要用来解释王朝更替,是指王者通过改元、改制等象征性的政治程序,宣告新的治理秩序之开始。①"大一统"的现代理解更加宽泛,大意是以一个最高权力(元权力)为中心来进行政治范围的集中统一。譬如,有学者提出,"大一统"理念以推进国家整合为中心,包含空间、政治结构、精神与社会、时间四个维度,体现为疆域一统、政治一统、文教一统、古今一统。②但是,至少在中国的主流理解中,这种"一统"并非机械的、绝对的千篇一律。

在"大一统"思想的指引下,新时代中国领导人提出了"人类命运共同体"、"石榴籽般"民族大团结、"两个维护"、"两个确立"等颇具中国特色的概念。"大一统"原理要求地方机构设置和职责设定必须维护党中央权威和集中统一领导,必须在原则上保持上下一致,全国一盘棋,确保"三个统一",即政令统一、法制统一和市场统一。"大一统"是我国政府机构设置和改革的前提或"大同"。在此前提下,地方政府也被赋予了一定的机构设置自主权,其部门设置可以在与中央政府保持一致的基础上呈现地方特色,因地制宜地建立满足地方治理需要的部门机构。从"大一统"之"大同"的视角来看,央地关系乃至地地关系中的差异,都是小差异,属于"小同异"(大同小异)。③"大一统"与"小同异"的辩证统一是我国纵向权力关系的基本原则,央地关系改革就是要优化这一原则在特定

---

① 韩星:《不能把"大一统"与"大统一"混为一谈》,《北京日报》,2021年1月4日,第12版。

② 姚中秋:《以国家整合为中心的大一统理念:基于对秦汉间三场政治论辩的解读》,《学海》2022年第5期。

③ 《庄子·天下》有言:"大同而与小同异,此之谓小同异;万物毕同毕异,此之谓大同异。"用白话文讲,即万物有大的方面的共同点,也有小的方面的共同点,这两种共同点之间会有差异,这种差异叫作"小同异";万物之间有完全相同的共性,也有完全不同的个性,这些差异,就叫作"大同异"。换言之,"小同异"是指包含同一成分的差异,"大同异"是指不包含同一成分的差异。参见范玉秋、田力编著:《中国哲学与传统文化》,天津人民出版社2015年版,第69页。

时事、领域和议题上的具体实践。

原则性的观念认同往往是抽象的,其在实践中的具体展开会遇到各种分歧。尽管"大一统"的精神根深蒂固,但实践往往会提出"小异"的请求,有时甚至表现为一种权力博弈。作为一种权力(关系)规训的央地关系改革,其核心目的就是确保"大一统"与"小同异"的有机融合和辩证统一,既要确保"大一统"的贯彻落实,防止、纠正"小同异"变为"大同异";又要实现"小同异"的活力实践,防止、纠正"大一统"变成"一刀切"。用官方权威的话讲,就是要充分发挥"中央和地方两个积极性",力避"收则死、放则乱"局面的出现。毛泽东在《论十大关系中》中谈及央地关系时指出,"我们的国家这样大,人口这样多,情况这样复杂,有中央和地方两个积极性,比只有一个积极性好得多……应当在巩固中央统一领导的前提下,扩大一点地方的权力,给地方更多的独立性,让地方办更多的事情"。① 党的十九届四中全会提出,要"健全充分发挥中央和地方两个积极性体制机制"。从改革设计的角度讲,就是要在常经与权变之间、集权与分权之间、驯服与活力之间找到某种动态平衡。

(三)条块关系重构:垂直管理与属地管理

党和国家机构改革的第三重面向是纵横向条块关系重构。"条块关系是中国地方政府体制中基本的结构性关系"。② 通过把任何一个公权实体看作权力"全子",有助于我们理解权力的条块关系逻辑。"全子"(holons)是匈牙利文学家阿瑟·凯斯特勒(Arthur Koestler)创造的一个概念,它是指一个实体(entity),它本身既是整体,同时又是其他某一整体的部分,是整体/部分(whole/parts)。每一个"全子"不仅拥有自己作为一个整体的自主性

---

① 中共中央文献研究室编:《毛泽东文集》(第七卷),人民出版社1999年版,第31页。
② 周振超:《条块关系:政府间关系的一种分析视角》,《齐鲁学刊》2006年第3期。

(agency)，还得顺应自己作为其他整体的一部分的交融性（communion）；不仅可以向上"自我超越"(self-transcendence)，还可以向下"自我降解"(self-dissolution)。类此，"权力全子"也具有自主、交融、超越、降解四种关系特性。① 因此，横向上，除了要维系自身的完整性、同一性、自治性以外，还要处理好与其他平行权力的关系、与所处"块"系统的关系；纵向上，要处理好与所处"条"系统的关系："自我超越"时要处理好与上位权力的关系，"自我降解"时要处理好与下位权力的关系。

权力关系是条块关系的内核，内含治理权力专业化与治理权力区域化的双重意蕴。治理权力专业化要求强化垂直管理，增强"条条"的权威；治理权力区域化则主张做实属地管理，提升"块块"的能力。机构改革是条块权力关系规训的重要窗口，是调适治理权力专业化与区域化的关键平台。一方面，机构改革强化重点领域的垂直管理，通过派出机构的方式避免政策执行过程受到地方政府的过多干扰，从而保证政策的贯彻落实。例如，2023年党和国家机构改革对金融监管体制进行重大调整，建立以中央金融管理部门地方派出机构为主的地方金融监管体制，统筹优化中央金融管理部门地方派出机构的设置和力量配备。另一方面，机构改革通过资源赋能夯实属地管理，构建具有主动回应力和敏捷行动力的地方行政体制。2018年，《中共中央关于深化党和国家机构改革的决定》明确规定：构建简约高效的基层管理体制；加强基层政权建设，夯实国家治理体系和治理能力的基础……推动治理重心下移，尽可能把资源、服务、管理放到基层，使基层有人有权有物，保证基层事情基层办、基层权力给基层、基层事情有人办。概言之，通过强化垂直管理、夯实属地管理，机构改革旨在构建"条抓块统"的协同性条块关系。

---

① [美]肯·威尔伯：《万物简史》，许金声等译，中国人民大学出版社2006年版，第6—8页。

机构改革中垂直管理与属地管理的变动反映的是权力的纵横向调整,旨在通过纵向权力关系的强化与横向权力关系的优化创新地方行政体制,以提升政府的行政能力。因此,条块关系重构的本质在于规训权力,实现条块间相互规训与彼此赋能。一方面,纵向权力关系强化有助于增强"条条"权威,加强上级"条条"对下级"块块"的监督与制约。上级"条条"对下级"块块"的监督主要表现在"块块"向"条条"备案,"条条"对"块块"相关决策事项的审批、约谈,上级"条条"对下级"块块"的审计,以及党中央对重点工作的统一监管。① 另一方面,横向权力关系的优化改变了原有体制下"条块分割"的格局,为条块之间的协商共治提供了可能和通路。"条条"拥有体制所赋予的专业权威和资源优势,"块块"可以统筹辖区内的区域资源,条块间协商共治有助于充分发挥"条条"和"块块"的相对优势,实现优势互补,从而保证政令通达和条块畅达。机构改革以事为中心组建工作专班,整合条块资源,统筹条块行动,从而为"条条"和"块块"搭建对话、沟通、协商与共治平台。一言以蔽之,条块关系重构就是对条块"权力全子"的规训。规训权力"不是为了减弱各种力量而把它们联系起来。它用这种方式把它们结合起来是为了增强和使用它们。它不是把所有的对象变成整齐划一的芸芸众生,而是进行分类、解析、区分,其分解程序的目标是必要而充足的独立单位"。②

四、权力运行的机制化规训

机构改革的本质是规训权力,其一方面表现为对权力结构体

---

① 周振超、赵家豪:《新中国成立以来条块关系的演进与变迁》,《中国治理评论》2023年第1期。
② [法]米歇尔·福柯:《规训与惩罚》(修订译本·第四版),刘北成、杨远婴译,生活·读书·新知三联书店2012年版,第193页。

系的规训;另一方面则表现为对权力运行规范和效能的驯化。对权力结构体系的规训主要是一种结构化规训,而对权力具体运行的驯化,则主要通过一些治理机制和技术手段来实现,主要是一种机制化规训。所谓机制(mechanism),"指的是那些经常发生和容易指认的因果模式"①,具有动态性、或然性(而非必然性)、过程性、实践性等特征。因此,尽管结构化规训和机制化规训都是对作为关系的权力或权力关系的规训,但是,前者规训的对象和结果是相对稳定的、制度化的权力关系;后者规训的是动态发展的、灵活化的权力关系。我国党和国家机构改革主要通过整合、规范和赋能三重机制的综合运用,实现对具体运行中的权力关系规训。其中,整合机制旨在实现权力运行的整体性与协同化,规范机制旨在实现权力运行的规范性与透明化,赋能机制旨在实现权力运行的适应性与效能化。

(一)整合机制:权力运行的整体性和协同化

机构改革通过整合机制实现权力运行的整体性与协同化。作为对动态权力关系的机制化规训,整合既包括(权责)分工性整合,也涵盖(功能)协同性整合,是"分"与"合"的动态辩证调适。一方面,机构改革对于动态权力关系的整合建立在权责分工的基础上,因而,这种整合并非混沌一体而是基于区隔的分工性整合。机构改革过程中部门间的职责划转,旨在解决机构间职责交叉与冲突问题,实现政府系统内不同部门间权责的科学配置与合理分工。2023年,《党和国家机构改革方案》要求组建中央科技委员会,中央科技委员会办事机构的职责由重组后的科学技术部整体承担;重新组建科学技术部,它仍作为国务院的组成部门,保留国家基础

---

① [美]乔恩·埃尔斯特:《心灵的炼金术:理性与情感》,郭忠华、潘华凌译,中国人民大学出版社2009年版,第1页。

研究和应用基础研究、国家实验室建设、国家科技重大专项、国家技术转移体系建设、科技成果转移转化和产学研结合、区域科技创新体系建设、科技监督评价体系建设、科研诚信建设、国际科技合作、科技人才队伍建设、国家科技评奖等相关职责,其余旁支职责划入相关部门,从而实现职能聚焦。机构间的职责划转与职权优化可以有效地规避部门间的职责交叉和职权摩擦,从而消除部门合作的阻力,避免在合作过程中各部门因职责不清或职责交叉而相互掣肘、迟滞不前,基本上实现一类事项原则上由一个部门统筹、一件事情原则上由一个部门负责的整体性改革理念。另一方面,机构改革对于权力关系的整合旨在实现权力间的功能性协同,因而这种整合是协同性整合,意在实现部门间权力关系的协同行动、在具体治理实践中高效联动。

"政府组织结构可以理解为部门职能分工和在分工的各部门之间达到协调整合的方式的总和。"[1]机构改革通过整合机制对运行中的权力关系进行机制化规训,意在调整政府部门的职能分工,并在此基础上优化部门间的协同形式,以实现权力运作的整体性和协同化。首先,分工性整合实现了部门的职能聚焦与职权集中,强化了政府部门间的差异性,进而提升了各部门的专业化程度和专业性水准。其次,协同性整合在分而立之的部门间建立了联动的桥梁,强化了部门合作。在政府系统内部,这种合作建立在部门分工与清晰事权的制度基础上,是一种在结构化规训基础上的行动性联动与常态化合作;在政府系统之外,这种合作进一步修正了政社互动的界面,使得民众眼中的政府从碎片走向整体。最后,通过部门职能分工及部门间协调整合方式的调整,实现了对于权力关系的动态性、实践化、高效化调整。也就是说,以关系网络形式

---

[1] [美]乔纳森·R.汤普金斯:《公共管理学说史——组织理论与公共管理》,夏镇平译,上海译文出版社2010年版,第118页。

存在并运行于关系网络之中的权力并非一个不可分割的混沌整体,而是可以进行拆解组合的零件,通过对零件的规训及零件间的齿合,达到规训权力的目的。

(二)规范机制:权力运行的规范性和清单化

机构改革通过规范机制实现权力运行的规范性和透明化。权力是关系性存在,作为关系存在的权力是流动的,具有内在的扩张和独断属性。为避免权力的肆意流动与无序扩张,机构改革的规范性机制设计成为限制权力扩张、破除权力独断,进而实现权力运行的规范性和清单化的重要工具。具体来讲,其主要包括机构编制法定化和权责清单制两个方面。

其一,机构编制法定化。机构编制说到底就是对各单位、各部门的职能配置、机构设置、人员编制、领导职数、法定责任及其运行程序等所作出的规范性限定。[1] 因此,机构编制法定化表现出机构限额和编制法定双重面向。一方面,机构限额指机构改革对机构数量的硬性约束。2018 年,《中共中央关于深化党和国家机构改革的决定》明确要求:推进机构编制法定化,强化机构编制管理刚性约束,坚持总量控制,严禁超编进人、超限额设置机构、超职数配备领导干部。2019 年,中共中央印发的《中国共产党机构编制工作条例》规定:地方党政机构设置实行限额管理,各级机构限额由党中央统一规定。严格的机构限额管理带来了政府规模的明显收缩:1982 年机构改革开始前,国务院所属部委、直属机构和办公机构共有 100 个,截至 2018 年机构改革后,除国务院办公厅外,国务院设置组成部门缩减为 26 个。另一方面,编制法定。通过编制的法定化程度提升改革的约束性水平,充分发挥编制资源的杠杆

---

[1] 郭庆松:《机构改革的系统性整体性协同性考量》,《中共中央党校(国家行政学院)学报》2019 年第 1 期。

作用。1997年,国务院颁发的《国务院行政机构设置和编制管理条例》提出:国务院办公厅、国务院组成部门、国务院直属机构、国务院办事机构的司级内设机构的领导职数为一正二副;国务院组成部门管理的国家行政机构的司级内设机构的领导职数根据工作需要为一正二副或者一正一副。机构编制法定化形成了一整套自我推动、自我惩戒的自制系统,是限于政府组织内部以及基于政府组织机体法治化发展而作出的自我规制努力,这种自我规制努力彰显了政府机构对行政活动良态化的寻求以及对良善治理的追求。①

其二,权责清单制。权责清单制度是推进机构改革和机构编制公开的制度性着力点,其本质是对"三定"的深化,便于广为人知和广泛监督。② 2018年,党的十九届三中全会审议通过的《中共中央关于深化党和国家机构改革的决定》要求:全面推行政府部门权责清单制度。而后,党的十九届五中全会再次强调,要加快转变政府职能,深化"放管服"改革,全面实行政府权责清单制度。机构改革实践通过对权力清单、责任清单和负面清单等清单形式的深化,规训动态权力关系,实现权力的规范性与透明化。其中,权力清单、责任清单以正向的方式对行政机关的职权事项和责任事项进行系统梳理和全面整合;负面清单则以反向的方式划定政府的权力作用边界和责任归属范畴。清单制的系统运用,从正反两个方面对运行中的权力关系进行规范化约束,将权力置于全景敞视之中,增强权力关系的透明化程度与可视化水平,从而实现权力规训。

(三)赋能机制:权力运行的有效性与高效化

机构改革中权力关系的调整与优化不限于整合基础上的规

---

① 刘启川:《共通性:权责清单与机构编制法定化关系解读》,《内蒙古社会科学》(汉文版)2019年第5期。
② 马震:《机构编制法定化是深化党和国家机构改革的重要保障》,《中国机构改革与管理》2018年第6期。

范取向,还暗含了整合视角下的赋能逻辑,其背后体现的是对权力关系的"善的期待",即在中国,政府权力是一种"必要的善"而不是"必要的恶"。机构改革的赋能逻辑意在实现权力运行的有效性与高效化,并集中体现在对基层放权赋能与编制资源调配两个方面。

其一,对基层放权赋能,明晰权力范围,优化权责关系。2021年,《中共中央、国务院关于加强基层治理体系和治理能力现代化建设的意见》强调,要向基层放权赋能。"基层不只是一个行政层级的概念,更是一个治理界面的概念,是国家、市场与社会在基层交互的场域。从这个意义来讲,向基层放权,至少包括两个层面的内涵:一是在政府系统内,向基层政府放权,即由省、市、县三级地方政府向乡镇(街道)放权,推动治理重心下移;二是在政府系统外,由各级政府向市场和社会放权,减少政府对微观事务的控制与管理。"①政府系统内的治理重心下沉和向基层放权,旨在改善基层政府权小责大的权责困境,实现权责适配的理想效果。建构在属地管理之上的治理重心下沉和权力下放在政府系统内建立了正向激励通道,有利于激发基层政府主动作为的行为动机,从而为基层善治提供可能空间。此外,政府系统外的向市场和社会放权,旨在优化政府、市场、社会三者的关系,明确政府的职责范畴和功能定位。肇始于2015年的政府机构"放管服"改革,旨在同步推进简政放权、放管结合、优化服务,其中,"简政放权就是以减少行政审批为主要抓手,将不该由政府管理的事项交给市场、企业和个人,减少政府的微观管理,减少政府对资源的直接配置和对经济活动的直接干预,激发市场主体的活力"②,进而实现政府、市场与社会三者关系的重构。

---

① 颜昌武:《以放权赋能改革破解基层治理困境》,《人民论坛》2022年第10期。
② 沈荣华:《推进"放管服"改革:内涵、作用和走向》,《中国行政管理》2019年第7期。

其二,编制资源调配,通过调整机构编制资源,实现机构"瘦身""健身"与"赋能"的同步转变。机构编制资源是重要的政治资源、执政资源,机构编制工作在加强党和国家机构职能体系建设、深化机构改革、优化党的执政资源配置方面发挥着至关重要的作用。[1] 2018 年,《中共中央关于深化党和国家机构改革的决定》规定:中央组织部统一管理中央机构编制委员会办公室,即中央机构编制委员会办公室作为中央机构编制委员会的办事机构,承担中央机构编制委员会的日常工作,归口中央组织部管理,从而加强党对机构编制和机构改革的集中统一领导。"中央编办归口中央组织部管理的体制,发挥了中央全面控制机制的优势,实现党通过党内职能部门对国家和社会事务实行有效控制和管理,也进一步增强了'党管干部''党管人才'等集中统一领导趋势,让编制这种政治资源得以最大限度地在中央的集中调配下更好地服务于'四个全面'的战略布局。"[2] 2023 年,《党和国家机构改革方案》规定:中央和国家机关各部门的人员编制不纳入统一精减范围;为确保基层有人有权有物,保证基层事情基层办、基层事情有人办,对县、乡两级的人员编制不作精减要求。易言之,2023 年的《党和国家机构改革方案》将编制作为重要的政治资源在部门间调配,通过编制资源的调配与流动,充分发挥编制的杠杆与赋能作用,从而优化党政关系、央地关系和条块关系,保证机构"瘦身"与机构"健身"同步进行,以完善国家治理体系,增强国家治理能力。

---

[1] 裴秋云:《关于推进机构编制法定化建设的实践与思考》,《行政科学论坛》2022 年第 11 期。
[2] 谭波:《机构编制法定化的三重意义及其改革面向》,《行政科学论坛》2019 年第 11 期。

五、结论

机构改革兼具工具指向和价值取向,是工具理性和价值理性的统一。然而,机构改革的工具理性和价值理性之间未必相辅相成,良好的工具手段并不总能实现积极的价值目标,需要精心设计和动态调适方能实现二者的有机统一。基于福柯的权力-规训理论,本文构建了规训权力分析框架,对党和国家的机构改革进行全新阐释。机构改革的实质是规训权力;规训权力是机构改革系列工具手段得以实现其价值目标的重要机制。一方面,权力是关系性存在,是弥散于关系网络内的规范化力量。机构改革的核心本质,就是对作为关系的权力或权力关系的规训。另一方面,这种权力关系规训既是对静态层面制度化、体系化的权力关系的结构化规训,也是对动态运行中的权力关系的机制化规训。结构化规训旨在通过优化党政关系、央地关系、条块关系,对国家治理体系进行调整,以实现国家治理体系现代化的目标;机制化规训旨在通过对整合、规范和赋能三类机制的综合运用,以提升国家治理能力实现国家治理能力现代化的目标。新时代中国党政机构改革在治理体系现代化方面,意在贯彻落实党的全面领导、有机融合"大一统"与"小同异"、充分发挥"两个积极性"、构建"条抓块统"协同性条块关系等。在治理能力现代化方面,意在通过整合机制的分工性整合与协同性整合,实现权力运行的整体性和协同化;通过规范机制的机构编制法定化和权责清单制度设计,避免权力在关系网络内的肆意流动和无序扩张,实现权力运行的规范性与清单化;通过赋能机制的放权赋能和资源调配,理顺政府系统内部门间的关系以及政府、市场、社会间的关系,实现权力的有效性与高效化。通过规训权力,机构改革追求权力秩序与效能、工具理性与价值理性的有机统一和融合实现。

专题论文

未来已来：未来城市与数智治理研究综述

张琳萱*

[**内容摘要**] 互联网革命与数智技术的迅猛发展掀起了第四次科技革命浪潮，给城市的生活方式带来了巨大革新，也推动了城市空间营造和社会治理制度的变迁。随着数智技术在未来城市发展中扮演日益重要的角色，数智治理正成为城市规划与管理的新范式，并催生出两个重要问题，即未来城市的呈现形态以及数智技术在未来城市治理中的作用和影响。目前，国内外在未来城市与数智治理领域的研究发展迅速，已取得了一定的成果。本文对既有研究进行了梳理和总结，主要包括未来城市与数智治理的发展脉络与主要理论范式建构、城市数智治理兴起和发展的动力与阻碍因素、未来城市数智治理的应用场景与运作机制，以及未来城市数智治理的绩效评价、风险隐忧与优化路径等内容。同时，既有研究还存在一些不足，主要体现在暂未形成独立系统的研究体系、本土化的理论建构和经验挖掘不够深入、研究视角和研究方法相对单一等方面。本文在对未来城市与数智治理研究的总体情况进行评述的基础上，对未来可能的研究方向提出了相关建设性意见。

[**关键词**] 未来城市；数智治理；智慧城市；研究综述

---

* 张琳萱，复旦大学国际关系与公共事务学院博士研究生。

一、问题的提出

人类文明正在全面走向数智文明。预计到2050年,全球将有70%以上的人口生活在新一代的人工智能城市或者智慧城市之中。① 城市理论学家刘易斯·芒福德(Lewis Mumford)曾言:"一座城市,象征地看,就是一个世界;而这个世界,从许多实际内容来看,已变成一座城市"。② 在农业革命、蒸汽工业革命和信息技术革命之后,数智技术的发展带来了第四次科技革命浪潮——科技智造的时代已经来临。新技术在改变着我们的社会关系、产业结构、生活方式的同时,也正在极大地影响着城市的塑造过程。③ 如今,数智技术给城市生活带来了巨大的改变,互联网、区块链、云计算、物联网、大数据、人工智能、VR、5G、虚拟引擎、边缘计算、元宇宙等革命性成果的出现,正在消弭时间线性与空间有限性对人类宿命的约束,最大限度地拓展着人类的生存维度和感官。④ 数智技术使城市生活充满了未来感,而居民对美好生活的期盼也对数智治理提出了更高的要求。当前,我国中心城市及大都市圈的经济发展活跃,科技实力强劲,但人口密度高、社会问题复杂、精细化管理的难度较大。数字化、智能化的治理工具和平台为解决城市

---

① 麦肯锡全球研究院:《智慧城市:数字技术打造宜居家园》(2018年6月5日),麦肯锡大中华区,https://www.mckinsey.com.cn/wp-content/uploads/2018/07/MGI_Smart-Cities_Report_June-2018_CN-full-report.pdf,最后浏览日期:2024年5月20日。
② [美]刘易斯·芒福德:《城市发展史——起源、演变和前景》,宋俊岭、倪文彦译,中国建筑工业出版社2005年版,第6页。
③ 杨俊宴、郑屹:《城市:可计算的复杂有机系统——评〈创造未来城市〉》,《国际城市规划》2021年第1期。
④ 向安玲、陶炜、沈阳:《元宇宙本体论——时空美学下的虚拟影像世界》,《电影艺术》2022年第2期。

社会治理难题、缓解治理压力,提供了新的路径。①

习近平总书记指出,"数字技术正以新理念、新业态、新模式全面融入人类经济、政治、文化、社会、生态文明建设各领域和全过程,给人类生产生活带来广泛而深刻的影响。"②党的二十大报告作出了加快建设"数字中国"的重要部署,建设"数字中国"是数字时代推进中国式现代化的重要引擎,是构筑国家竞争新优势的有力支撑。2023年印发的《数字中国建设整体布局规划》提出:"以数字化驱动生产生活和治理方式变革,为以中国式现代化全面推进中华民族伟大复兴注入强大动力。"③将数字技术广泛应用于国家治理,是建设"数字中国"的应有之义和必然要求,对推进国家治理体系和治理能力现代化具有重要意义。④ 信息技术的快速迭代不断催生着政府治理模式变革,政府数字化、智能化运行成为推进国家治理体系和治理能力现代化的有力支撑。⑤ 国务院印发的《关于加强数字政府建设的指导意见》中明确提出:到2035年,"整体协同、敏捷高效、智能精准、开放透明、公平普惠的数字政府基本建成"。⑥ 2022年,我国数字政府市场规模已增长至4 226亿元,

---

① 王英伟:《技术权力、政企依赖与城市智能治理平台建构模式选择——基于城市大脑的比较分析》,《电子政务》2023年4期。
② 《习近平向2021年世界互联网大会乌镇峰会致贺信》(2021年9月26日),中国政府网,https://www.gov.cn/xinwen/2021-09/26/content_5639378.htm,最后浏览日期:2024年5月12日。
③ 《数字中国建设整体布局规划》(2023年2月27日),中国政府网,https://www.gov.cn/zhengce/2023-02/27/content_5743484.htm,最后浏览日期:2024年5月12日。
④ 薛澜、张楠:《以数字化提升国家治理效能》(2023年11月3日),人民网,http://theory.people.com.cn/n1/2023/1103/c40531-40109349.html,最后浏览日期:2024年5月12日。
⑤ 黄璜:《赋物以"智",赋治以"慧":简论ChatGPT与数字政府建设》,《学海》2023年第2期。
⑥ 《关于加强数字政府建设的指导意见》(2022年6月23日),中国政府网,https://www.gov.cn/zhengce/content/2022-06/23/content_5697299.htm,最后浏览日期:2024年5月12日。

预计到 2028 年整体市场规模超过 2 000 亿元。① 据国家互联网信息办公室发布的《数字中国发展报告(2022 年)》显示,从 2012 到 2022 年,我国电子政务发展指数国际排名从 78 位上升到 43 位,是上升最快的国家之一。全国一体化政务服务平台实名注册用户超过 10 亿人,实现 1 万多项高频应用的标准化服务,大批高频政务服务事项实现"一网通办""跨省通办",有效地解决了市场主体和群众办事难、办事慢、办事繁等问题。②

我国高度重视数智治理的发展。2017 年 7 月,国务院印发的《新一代人工智能发展规划》提出,围绕行政管理、司法管理、城市管理、环境保护等社会治理的热点难点问题,促进人工智能技术应用,推动社会治理现代化。③ 同年 10 月,党的十九大报告在全球首次提出实施智慧社会战略,提升社会治理的智能化水平。2020 年,针对技术治理实践活动,五部门联合印发了《国家新一代人工智能标准体系建设指南》等政策文件,优化了制度环境,初步形成了技术治理的结构性制度体系。2021 年,"十四五"规划和 2035 年远景目标将人工智能技术及其治理纳入国家规划,一方面要求加快人工智能核心技术突破及产业化发展,另一方面高度重视人工智能治理体系建设,集中呈现了基于人工智能的治理和面向人工智能的治理两条主线的交织融合。中共中央、国务院印发的《关于加强基层治理体系和治理能力现代化建设的意见》进一步指出,要"加强基层智慧治理能力建设","统筹推进智慧城市、智慧社区

---

① 《2023 中国数字政府建设与发展白皮书》(2023 年 5 月 24 日),数字菁英网,https://www.digitalelite.cn/h-nd-6514.html,最后浏览日期:2024 年 5 月 12 日。
② 国家互联网信息办公室:《数字中国发展报告(2022 年)》(2023 年 5 月 23 日),中国网信网,https://www.cac.gov.cn/2023-05/22/c_1686402318492248.htm,最后浏览日期:2024 年 5 月 12 日。
③ 《国务院关于印发新一代人工智能发展规划的通知》(2017 年 7 月 20 日),中国政府网,https://www.gov.cn/zhengce/content/2017-07/20/content_5211996.htm,最后浏览日期:2024 年 5 月 12 日。

基础设施、系统平台和应用终端建设,强化系统集成、数据融合和网络安全保障"。① 国家工业信息安全发展研究中心等编制的《2022智慧城市白皮书》指出,智慧城市将继续下沉,并强调具体运营方式的落地以及在运营中的自我革新。② 2024年4月1日,国家市场监管总局批准发布了国家标准《智慧城市 城市运行指标体系 总体框架》(Smart city-City operation indicator system-General framework)③,日前已正式开始实施。深入推进数智治理是进一步深入贯彻习近平新时代中国特色社会主义思想,推动高质量发展,促进新质生产力涌现,创新新型城市建设和发展方式等目标的有效举措。

未来已经到来,第四次科技革命浪潮对城市的影响催生了两个重要的问题:未来城市将呈现何种形态?数智技术如何帮助我们治理未来城市,又会带来哪些新的问题?这种对未来生活的思考与想象伴随着城市产生、治理与发展的始终,数智技术的发展无疑使无数愿景成为可能,也带来了许多前所未有的挑战。本文在对相关文献进行系统性梳理的基础上,对未来城市与数智治理的既有研究进行评述,寻找现有研究对上述两个基本问题的解答,并展望这一领域的未来研究方向,为进一步拓展未来城市与数智治理的研究空间、提升未来城市的数智治理水平贡献绵力。

---

① 中共中央、国务院:《关于加强基层治理体系和治理能力现代化建设的意见》(2021年7月11日),新华社,https://www.gov.cn/zhengce/2021-07/11/content_5624201.htm,最后浏览日期:2024年5月12日。
② 国家工业信息安全发展研究中心、中国产业互联网发展联盟、工业大数据分析与集成应用工信部重点实验室、人民网财经研究院、联想集团:《依托智慧服务,共创新型智慧城市——2022智慧城市白皮书》(2022年5月24日),人民网,http://finance.people.com.cn/n1/2022/0524/c1004-32429406.html,最后浏览日期:2024年5月12日。
③ 国家市场监督管理总局、国家标准化管理委员会:《智慧城市 城市运行指标体系 总体框架》(2023年9月7日),全国标准信息公共服务平台,https://std.samr.gov.cn/gb/search/gbDetailed?id=B24EBF2D757C1A15E05397BE0A0AB7D5,最后浏览日期:2024年5月12日。

二、未来城市与数智治理的发展脉络与主要理论范式建构

纵观城市治理的发展史,自第一次工业革命以来,人类社会的治理范式大致经历了科层制治理范式、多元共治理论范式和网络化治理范式的变迁与共存。进入数智时代后,以大数据、人工智能和区块链为标志的科技革命正在重塑城市治理进程。随着学术界对未来城市治理的关注渐强,数智治理领域涌现出大量研究,数智治理本质上已经成为城市治理的一种新型范式。托马斯·库恩(Thomas Kuhn)指出,新范式必须能够解决问题,而且非它不可,且透过旧范式而累积的科学解谜能力大部分会保留。① 数智治理的诞生不仅是一场科学进步,更是一场"站在巨人肩膀上"的范式转换,因此,有必要考察前人研究的累进与突破,梳理未来城市与数智治理的发展脉络与主要理论范式建构。

(一) 未来城市治理的研究发展脉络

1. 未来城市治理的研究范畴

城市的兴起与发展受到社会生产力发展的影响。针对未来城市治理的研究,也可以理解为人类在不同发展阶段、技术条件和社会文化背景下,面向未来而提出的具有针对性、阶段性、预测性、理想性的各种城市发展模式,其学科基础包括未来学、城市规划学、管理学以及环境科学等。② 在未来城市研究与实践中,存在数据实证、未来学想象、工程技术与空间设计等路径,武廷海等人指出,未

---

① [美]托马斯·库恩:《科学革命的结构》(第四版),金吾伦、胡新和译,北京大学出版社 2012 年版,第 141 页。
② 毛其智:《未来城市研究与空间规划之路》,《城乡规划》2019 年第 2 期。

来城市研究与实践可以概括为"认知""预测""创造"三个环节。①目前,学界也大致从这三个范畴对未来城市治理进行了探索。

第一是有关未来城市发展的战略和理念,研究内容主要考察社会意识和理念的变迁,多围绕改善城市人居和生态环境展开。例如,20 世纪 90 年代,钱学森从中国传统的山水自然观、天人合一哲学观中汲取思想,提出了极具中国传统色彩的"山水城市"设想。《2049 年中国科技与社会愿景:城市科学与未来城市》一书提出,未来城市发展理念应为"生态、包容、循环、创新"。② 吴志强提出"以数明律,以律定城,以流定形,形流相成"的城市智能规划理念,强调智能规划要遵循空间生成的规律,构建 AI 城市发展和城市智化理论体系。③

第二是智库学者、规划设计机构、城市开发商等主体对未来城市进行的构想和预测,具有较强的需求导向性和丰富的想象力。例如,荷兰 UNStudio 设计事务所设计了希尔弗瑟姆媒体园区、Brainport 智慧街区等研究策略及概念性作品,并将公司与未来相关的工作总结为环境的深度适应、公共空间的滋养、生产活动的整合和自给自足的社区 4 种类型。④ 谷歌组建了 Sidewalk Labs"城市创新"公司,致力于通过前瞻性设计和尖端技术来解决城市问题。⑤ 顾朝林则就中国城市可能出现的城市类型进行了归纳,尤其注重第三波和第四波的城市转型,如后福特主义城市、文化城

---

① 武廷海、宫鹏、郑伊辰等:《未来城市研究进展评述》,《城市与区域规划研究》2020 年第 2 期。
② 中国城市科学研究会编著:《2049 年中国科技与社会愿景:城市科学与未来城市》,中国科学技术出版社 2016 年版,第 63 页。
③ 吴志强:《数智时代与未来城市》(2023 年 11 月 28 日),武汉大学新闻网,https://news.whu.edu.cn/info/1015/447227.htm,最后浏览日期:2024 年 5 月 12 日。
④ 高宁、廉明恒、徐象国:《"未来之城"——荷兰 UNStudio 事务所设计理念解析》,《现代城市研究》2022 年第 8 期。
⑤ [加]玛丽亚娜·瓦尔韦德、亚历山大·弗林:《"多些答复,少些噱头"——致"步道实验室"主持的多伦多更新项目》,陆小璇、孙一鹤译,《景观设计学》2018 年第 2 期。

市、生态城市、低碳城市和智慧城市等。①

第三是研究新兴科学技术对未来城市的具体影响,旨在发掘技术及其应用在未来城市治理中的巨大作用和发展潜力。巫细波、杨再高探讨了互联网、物联网等技术在智慧城市中的应用,并认为智慧城市体系从功能上可以分为感知层、网络层和应用层,即更透彻的感知、更广泛的互联互通和更深入的智能化。② 仇保兴通过对交通、能源、资源利用等城市关键技术的发展历程、趋势进行分析,提出了 2049 年中国未来城市科技与社会的发展愿景及实现策略。③ 吴志强提出,未来城市将依托新一代 AI、物联网、大数据、云计算、数字孪生、元宇宙、可穿戴生理传感器、分布式新能源等各类新技术,新技术将深入城市多方位的创新应用场景,与城市活动深度融合,进而改变生态格局,未来城市将演进为智慧、开放、进化的生态智能体。④ 迈克尔·巴蒂(Michael Batty)指出,城市在很大程度上是无法"预测"的,但我们可以"创造"城市。她认为,当前未来城市的研究聚焦在数据导向的实证研究和技术导向的城市愿景方面,偏重数据主义和工具理性。⑤ 她还提出,应当重视城市中的各种联系,将未来城市视为高度移动的流与网络组成的动态系统。⑥

2. 未来城市治理的发展脉络

古往今来,人们畅想过许多关于未来城市的愿景:公元前 4 世

---

① 顾朝林:《转型发展与未来城市的思考》,《城市规划》2011 年第 11 期。
② 巫细波、杨再高:《智慧城市理念与未来城市发展》,《城市发展研究》2010 年第 11 期。
③ 中国城市科学研究会编著:《2049 年中国科技与社会愿景:城市科学与未来城市》,中国科学技术出版社 2016 年版,第 101 页。
④ 吴志强:《人工智能推演未来城市规划》,《经济导刊》2020 年第 1 期。
⑤ Batty M., Axhausen K. W. and Giannotti F., "Smart Cities of the Future", *The European Physical Journal Special Topics*, 2012, 214(1), pp. 481-518.
⑥ See Batty M., *The New Science of Cities*, Cambridge:The MIT Press, 2013; Batty M., *Inventing Future Cities*, Cambridge:The MIT Press, 2018.

纪,老子提出"安其居、乐其俗"的小国寡民理念;公元前5世纪,亚里士多德(Aristotle)在《政治学》中书写了理想中的城市与空间规划;16世纪初,西方出现了"空想社会主义"思潮,由此催生了一批将城市建设与社会改良相联系的理想化探索,其中,以托马斯·莫尔(Thomas More)的"乌托邦"地图最为典型;19世纪末至20世纪初,为了化解城市病,"海上城市""仿生城市""光辉城市""田园城市""广亩城市"等技术应对型城市方案相继出现;20世纪以来,《雅典宪章》《马丘比丘宪章》和联合国《新城市议程》等全球共识性文件出现,可持续理念导向了对城市的多元探索,倡导生态、低碳、健康和韧性的城市发展方向;21世纪,赛博城市崛起,智慧城市、数字孪生城市、城市大脑乃至虚拟世界元宇宙等新型城市理念诞生,人类对未来社会的展望越来越科学、细密、创新,并深刻地影响着城市治理的实践。围绕未来城市治理进行的研究,能够反映人们对美好生活的憧憬和向往。

根据Wed of Science 2000—2024年未来城市治理研究关键词的检索(图1),未来城市治理研究呈现了显著的阶段性差异:在21

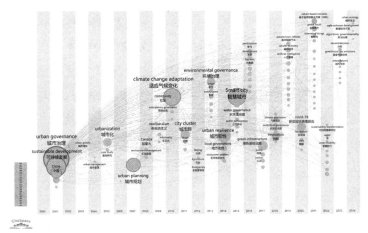

图1 2000—2024年未来城市治理研究关键词演进趋势

(资料来源:Wed of Science论文检索,"主题"= future city & governance)

世纪初,随着发达国家进入城市化成熟阶段,中国、印度等发展中国家迈入城市化快速发展阶段,有关城市治理的研究大量涌现,学术界重点关注城市治理议题,探索城市的可持续发展道路,并在快速城市化的背景下注重对城市增长、城市管理和城市规划等的研究;2010—2015 年,城市群及大都市带富集发展,环境治理与适应气候变化成为城市治理研究的新议题,学者重点关注城市韧性、社区治理、生态环境与非正式制度,2015 年《巴黎协定》的签订进一步号召城市作为治理行动主体积极应对气候变化,参与全球气候治理;2015 年后,有关智慧城市的研究发展迅猛、与时俱进,第四次科技革命浪潮将世界对未来城市的关注推向了前所未有的高潮,针对大数据、人工智能、区块链、物联网等数智技术的研究方兴未艾,产生了诸多如多层级治理、敏捷治理、算法治理等新型城市治理模式,标志着未来城市已经进入了数智治理研究的新阶段。

(二) 城市数智治理研究的主要理论范式建构

数字信息技术和人工智能技术的飞速发展正在改变城市的生产、生活、生存方式和社会运作逻辑,逐渐催生出全新的城市形态和城市特征,引发了治理主体、内容、工具、模式等的根本变革。数智化发展代表社会和经济迈向新的范式,将为城市带来产业组织模式、现代基础设施体系、科技人才培育体系、社会发展治理模式等各方面的革新与重构,是我国治理体系和治理能力现代化的重要支撑。因此,可以说未来城市建设的基础就是数智治理,数智化是城市治理的必由之路。目前,学界针对城市数字治理和智能治理的研究汗牛充栋,代表城市未来走向的数智治理趋势乃二者的融合。

1. 数字治理:从传统数字化到大数据赋能

数字化一般是指"利用计算机信息处理技术把声、光、电和磁等信号转换成数字信号,或把语音、文字和图像等信息转变为数字编码,用于传输与处理的过程"。① 数字机器的运行过程有赖于二进制逻辑,并在这种逻辑的支配下演化成一种数字化状态,这种状态即数字治理概念中"数字"的内在要义。当今社会,大数据、物联网、云计算、区块链等技术的产生,推动了数字经济与数字社会的发展,运用数字技术能够实现数据泛在融通共享、精准研判、及早预警、紧急处置突发性重大公共事件,解决各类复杂问题。②

对数字治理的研究,经历了较为长期的发展。帕特里克·邓利维(Patrick Dunleavy)等学者较早地提出了"数字时代的治理"(Digital Era Governance, DEG)的概念,指数字技术驱动下政府在创新、管理制度简化、体察民情民意、解决社会问题等方面的角色转变与能力提升。③ 大卫·萨莫拉(David Zamora)等将数字治理理解为国家政府普遍使用信息和通信技术来大幅改善政府服务,以促进公共管理的透明度和问责制度,从而提高公民生活质量的一种新型公共管理模式。④

当信息与通信技术(Information and Communication Technology, ICT)在政府中逐渐普及后,政府的角色也发生了转变,电子政务、在线政府和虚拟政府等概念相继出现。信息与通信技术不仅从技术层面改善了政府的管理和服务,也对传统政府统治模式的固有基础提出了挑战,促使科层制政府从传统的等级结构转变为更加扁平的网络结构,为促进权力下放、无缝衔接和民主参与提供了可

---

① Mayer-Schönberger V. and Cukier K., "Big Data: A Revolution that will Transform How We Live, Work, and Think", *American Journal of Epidemiology*, 2014, 179(9), pp.1143-1144.

② 蔡翠红:《数字治理的概念辨析与善治逻辑》(2022年10月16日),中国社会科学报,https://www.cssn.cn/skwxsdt/gjhy/202210/t20221014_5549350.shtml,最后浏览日期:2024年5月12日。

③ Dunleavy P., Margetts H. and Bastow S., *Digital Era Governance: IT Corporations, the State, and E-Government*, Oxford: Oxford University Press, 2006, pp.216-217.

④ Zamora D., Barahona J. C. and Palaco I., "Case: Digital Governance Office", *Journal of Business Research*, 2016, 69(10), pp.4484-4488.

能性和技术支持。黄璜指出,数字治理关注治理主客体间的互动,赋能民众在数字技术的支持下参与公共事务。① 陈水生认为,在数字时代的全新环境下,技术、组织、关系和行为的再造呼唤新的公共管理模式的出现,而传统的政府管理模式已无法有效应对诸多现实挑战,以帕特里克·邓利维为代表的学者所提出的数字治理理论,作为一种回应数字时代治理要求的全新模式,日益成为一种普遍的公共治理新取向。数字治理理论的主张主要包含"重新整合""数字化变革""基于需求的整体主义"三个方面。② 莫丰玮以上海市为例,说明了超大城市治理数字化转型蕴含的技术—结构—制度三重逻辑:指向智能化、一体化、精准化的技术逻辑;全域全局统筹布控的结构逻辑;常态化运作治理的制度逻辑。③ 樊博和王妍认为,当前的数字治理主要涵盖三种核心任务与发展逻辑,即"互联网+政务""大数据治理"和"大数据决策",在未来,数字治理将逐步向智慧治理或智能治理转型。④

随着城市规模的扩大,城市运作和发展所产生的数据成为一座"富矿",而互联网革命带来的算法和算力的提升,让这些资料逐步从"大数字"走向了可被分析和利用的大数据,作为一种新的生产要素,数据的收集、存储、处理和共享是城市开发和部署以及产生公共价值的必要条件。孟天广和赵娟认为,大数据能够驱动社会治理创新,走向智能化社会治理的机制和模式,他们还阐释了数字技术如何基于技术赋能和技术赋权机制嵌入国家治理体系,将

---

① 黄璜:《对"数据流动"的治理——论政府数据治理的理论嬗变与框架》,《南京社会科学》2018 第 2 期。

② 陈水生:《新公共管理的终结与数字时代治理的兴起》,《理论导刊》2009 年第 4 期。

③ 莫丰玮:《城市治理数字化转型的内在逻辑与实现机制——以上海市 A 街道"全岗通"数字政务转型为例》,载唐亚林、陈水生主编:《市域社会治理现代化与智慧治理》[《复旦城市治理评论》(2022 年第 1 期)],复旦大学出版社 2022 年版。

④ 樊博、王妍:《数字治理的发展逻辑解析》,《吉首大学学报》(社会科学版)2021 年第 4 期。

整体政府、智慧政府、开放政府、回应政府、濡化政府等形态融为一体。① 张引等指出,大数据分析在结构化数据分析、多媒体分析、文本分析、Web分析、社交网络分析和移动分析等领域起到关键性的作用。② 克里斯汀·托利(Kristin Tolle)等指出,大数据分析应当从计算机模拟的第三范式中分离出来,独立成为第四种科研范式,认为其不同于基于数学模型的传统研究方式,强调了数据密集型科学研究的快速发展。③ 迈尔·舍恩伯格(Mayer-Schönberger)指出,大数据应用带来了思维的转变,通过对大规模的微观数据的挖掘,能够把握要素间的相关关系和发展总体规律,为未来城市发展指明方向。

2. 智能治理:治理工具与对象的双重智能化

智能的概念起源于17世纪帕斯卡(Pascal)和莱布尼茨(Leibniz)关于智能机器的设想④,现代意义上的人工智能概念则来自20世纪艾伦·图灵(Alan Turing)发表的经典论文《计算机器与智能》⑤,而1956年达特茅斯会议的召开使人工智能的概念在世界范围内广泛流行。此后的60多年里,在逻辑求解、模拟决策、棋类竞技等领域,人工智能的发展不断走向新的高度。谢恩·莱格(Shane Legg)提出,"智能"的独特性在于能够互相交流、学习、采用和借鉴经验信息以及处理不确定性。⑥ 人工智能使智能机器能够

---

① 孟天广、赵娟:《大数据驱动的智能化社会治理:理论建构与治理体系》,《电子政务》2018年第8期;赵娟、孟天广:《数字政府的纵向治理逻辑:分层体系与协同治理》,《学海》2021年第2期。

② 张引、陈敏、廖小飞:《大数据应用的现状与展望》,《计算机研究与发展》2013年第S2期。

③ K. M. Tolle, D. S. W. Tansley and A. J. G. Hey, "The Fourth Paradigm: Data-Intensive Scientific Discovery", *Proceedings of the IEEE*, 2011, 99(8), pp.1334-1337.

④ 曾毅、刘成林、谭铁牛:《类脑智能研究的回顾与展望》,《计算机学报》2016年第1期。

⑤ A. M. Turing, "Computing Machinery and Intelligence", *Oxford*, 1950, 59(236), pp.433-460.

⑥ Legg S. and Hutter M., "A Collection of Definitions of Intelligence", *Computer Science*, 2007, 7(7), pp.17-24.

执行与人类智能有关的任务,在语言处理、计算机视觉、智能决策、情感感知计算等领域有着广泛应用。随着图灵所关注的机器思考逐渐超越人工的控制,"智能"机器便成为"智慧"机器,实际上,人工智能是数字化革命浪潮的下一个前沿,并且这一前沿已然来临。国际上目前对于智慧的特征达成的共识是"具有对信息进行解释,对变化进行识别和自适应,改进结果的能力"①,而这些特征也正是传统人工智能所欠缺的。

有关智能治理的研究则起步较晚,但发展迅猛。20世纪80年代末期,治理的概念进入公共管理的视野,这种转变的深刻根源在于,全球化的快速推进及其引发的一系列问题对各国的治理体系都提出了挑战。可以说,智能治理的出现应当归因于人工智能技术和治理理论的双重影响。颜佳华、王张华认为,智能治理一是强调了治理过程、行为的智能化,二是强调了治理对象的智能性。② 马尤尔·奇哈莱(Mayur Chikhale)等认为,具备转换为智能系统组件能力的系统可被称为智能系统,智能治理的概念将被应用于大规模城市,是证明城市可持续性的重要绩效指标和关键子系统。③

目前,城市发展和治理对人工智能的需求很大,中国在该领域的研究进展处于世界领先水平,研究重点主要集中在人工智能技术在城市规划、城市大脑模拟、大数据平台治理等各场景中的应用。牛强认为,人工智能在城市规划的研究、编制、实施阶段都有

---

① 张晖:《解码未来:"数智"时代》(2023年7月27日),光明日报网,https://epaper.gmw.cn/gmrb/html/2023-07/27/nw.D110000gmrb_20230727_1-16.htm,最后浏览日期:2024年5月12日。
② 颜佳华、王张华:《数字治理、数据治理、智能治理与智慧治理概念及其关系辨析》,《湘潭大学学报》(哲学社会科学版)2019年第5期。
③ Chikhale M. M., Mansouri M. and Mostashari A., "Intelligent Governance of Large Scale Engineering Systems: A Sub-Systemic Approach", paper presented at The IEEE International Systems Conference Syscon, March 19-22, 2012, Vancouver, British Columbia, Canada.

优势,他谨慎地提出,目前大多数人工智能还处于理论阶段。① 吴建南认为,人工智能技术将广泛运用于城市治理,大模型或生成式人工智能包含"大数据＋大参数＋大算力",呈现任务泛化性、能力涌现性、交互拟人化和人机协同性的技术性特征,为城市治理提供了新的可能性。② 吴志强阐明了人工智能与城市规划两个学科的发展交融,对人工智能促进城市规划变革的前景进行了预测,并展示了智能数据捕捉、城市功能智能配置、城市形态智能设计等实际应用案例对城市规划的辅助。③ 王德指出,智慧城市通常会运用基于人工智能的新规划手法和调控机制,减少空间规划的弹性引导,增加刚性控制。④ 李栋认为,人工智能是将数据工程化、业务化并应用于规划行业的路径,是一种更加务实可行的城市规划方式。⑤

综合来说,智能治理可以指治理主体在社会治理实践的过程中,运用人工智能技术,推动治理方式和手段的智能化,实现治理的精细化、个性化和智能化,同时对人工智能进行综合管理的一个过程。姜李丹和薛澜指出,我国新一代人工智能适应性治理应当致力于形成"治理理念动态平衡、治理主体多元协同、治理对象频谱细分、治理工具多维组合"的有机治理范式格局。⑥ 孟天广认为,中国式智能治理包含三个方面:首先是智能治理强调将智能技术与治理实践紧密结合,注重机器智能与社会智能的相互融合和相互增强。其次是注重机器系统和社会系统的有机融合与协同治

---

① 牛强:《人机分工与协作——基于人工智能的城乡规划方式展望》,《城市规划学刊》2018 第 5 期。
② 郑若婷、于文轩、赵昊雪等:《"AI 驱动的社会科学研究与公共治理新范式的构建"高端学术论坛综述》,《公共管理学报》2024 年第 1 期。
③ 吴志强:《人工智能辅助城市规划》,《时代建筑》2018 年第 1 期。
④ 王德:《智慧城市与时空行为规划》,《城市规划学刊》2018 年第 5 期。
⑤ 李栋:《用数据科学来支撑城市规划》,《城市规划学刊》2018 年第 5 期。
⑥ 姜李丹、薛澜:《我国新一代人工智能治理的时代挑战与范式变革》,《公共管理学报》2022 年第 2 期。

理,通过赋能、赋权和赋智三重机制,激发多元主体的治理资源,从而建立数字治理生态,推动智能治理体系的发展。最后是关注人类福祉,即以人为本,坚定致力于确保人工智能服务于人民的核心理念。①陈水生指出,数字技术与智慧治理将深度融合,在以人民为中心的价值理念引领下,充分发挥数字技术和智能技术的作用,实现数智治理。促进城市治理体系和治理能力的双向变革,采用技术创新、制度改革、过程优化和体系重构等手段,以实现城市治理的科学化、精准化、便捷性、高效率和智能化等目标。②

3. 数智治理:数字化与智能化的"双剑合璧"

数智治理是指治理主体利用数据和人工智能技术进行经济社会治理的过程,这是一个融合了数字治理和智能治理的新兴研究领域,有关智慧城市、城市大脑、超级智能城市的研究均建立在数智治理的基础上。利用数据和智能技术是数智治理的主要特征,它能够提高治理的有效性,但也提出了新的挑战。③

陈振明指出,公共治理的数据化和智能化趋势不断增强,并提出以"AI+公共治理"为研究方向,缔造人机同谋、共融共进的新范式,实现从理论驱动到数据驱动再到 AI 驱动的转变。刘文富提出,智慧城市的政府治理经历了从电子政务发展到智慧政务的范式转变,并概述了智慧政务的"5I 服务原则"和五个方面的"SMART"新范式。④ 尼科斯·科姆尼诺斯(Nikos Komninos)提出了智慧城市的四个重要维度:第一个维度是应用广泛的电子和数

---

① 孟天广:《智能治理的中国内涵及路径》(2023 年 3 月 1 日),中国社会科学网,https://www.cssn.cn/skgz/bwyc/202303/t20230301_5600035.shtml,最后浏览日期:2024 年 5 月 12 日。
② 陈水生:《城市治理数字化转型:动因、内涵与路径》,《理论与改革》2022 年第 1 期。
③ 王芳、张超、黄梅银等:《数智赋能政府治理的理论与实践进展:一个跨学科学术会议综述》,《图书与情报》2023 年第 3 期。
④ 刘文富:《智慧政务:智慧城市建设的政府治理新范式》,《中共南京市委党校学报》2017 年第 1 期。

字技术来创建一个网络、数字、有线、信息或知识型城市；第二个维度是利用信息技术来改变生活和工作；第三个维度是将信息和传播技术嵌入城市基础设施；第四个维度是将信息和通信技术与人结合起来，加强创新、学习和知识。① 维也纳技术大学区域科学中心开展的一个项目对这一清单进行了扩展，确定未来数智城市的六个主要要素，这些要素包括智能经济、智能交通、智能环境、智能人群、智能生活和智能治理。② 王芳等提出，关于数智治理的国际共识涵盖三个核心维度：社会属性、主体属性和技术属性。在社会属性方面，强调通过数字化转型，运用具有颠覆性的创新技术，共同营造一个更健康、更宜居的数字化未来社会；在主体属性方面，最为关键的是以人为本，注重公共、私人和公众的参与、合作伙伴关系以及集体智慧的完整性、多样性、包容性、主权性、公正性和透明性；在技术属性方面，着重于人机协作，保障个人权利，并确保公共利益与价值的最大化，这需要以负责任、值得信赖、安全以及风险管理的方式，革命性地应用数据、信息、知识和技术。③ 王鹏等研究了第四次工业革命下城市的关系转变，认为未来城市将演变为信息、物质与社会空间相互融合的集合体，形成流、场、网的运行机制，并提出通过数字纽带的基本平台连接供需、系统和时空作为基础方法论，进而延展出三种构建未来城市体系的基本方法。④ 顾朝林认为，在数字城市和智能城市之上，智慧城市是一个新概念，是信息化、工业化与城镇化建设的深度融合，也是城市信息化

---

① See N. Komninos, *Intelligent Cities: Innovation, Knowledge Systems and Digital Spaces*, London: Spon Press, 2002; N. Komninos, "Intelligent Cities: Variable Geometries of Spatial Intelligence", *Intelligent Buildings International*, 2011, 3(3), pp.172-188.

② R. Giffinger and H. Gudrun, "Smart Cities Ranking: An Effective Instrument for the Positioning of Cities?" *ACE Architecture*, 2010, 4(12), pp.7-25.

③ 王芳、张超、黄梅银等：《数智赋能政府治理的理论与实践进展：一个跨学科学术会议综述》，《图书与情报》2023年第3期。

④ 王鹏、付佳明、武廷海等：《未来城市的运行机制与建构方法》，《城市与区域规划研究》2023年第1期。

的高级形态,应当具备基础设施先进、信息网络畅通、科技应用普及、生产生活便利、城市管理高效、公共服务完备、生态环境优美等特征。①

三、城市数智治理兴起和发展的动力与阻碍

城市数智治理是一项系统工程,其兴起和发展的影响因素众多。城市作为治理对象中最为庞大的系统,其复杂性和多样性对数智治理提出了更高的要求,也带来了更多的挑战。目前,学界已对城市数智治理兴起与发展的动力与阻碍因素进行了较多的讨论,其中,顶层规划与政策制定、技术进步以及城市化带来的负面影响可能会促进城市开展数智治理转型,提升城市数智治理的水平和效率。推进数智治理的改革措施与既有制度之间的冲突,以及政府和监管机构对数智技术安全隐患的警惕将阻碍数智治理的发展。

(一)城市数智治理兴起和发展的动力

国内学者普遍认同,顶层的规划和政策的制定能够显著提升城市的治理水平和数智化转型效率。邓崧等指出,我国数字政府建设创新扩散受政治权威的影响较为显著。② 赵娟等指出,上级政策信号和行政压力,以及同侪学习与竞争压力对数字政府的建设具有显著影响。③ 刘华珂等利用国家新一代人工智能创新发

---

① 顾朝林:《转型发展与未来城市的思考》,《城市规划》2011年第11期。
② 邓崧、巴松竹玛、李晓昀:《府际关系视域下我国数字政府建设创新扩散路径——基于"试验-认可-推广"模型的多案例研究》,《电子政务》2021年第11期。
③ 赵娟、杨泽森、张小劲:《趋同性与多样性:数字政府政策扩散模式与影响机制——一个事件史分析》,《公共管理学报》2023年第4期。

展试验区政策设计准自然实验,研究发现,在国家新一代人工智能创新发展试验区建设前后,企业的创新投入存在显著的变化,国家新一代人工智能创新发展试验区设立后,企业获取行政服务的效率显著提高,对企业相关问题的处理速度和关注度明显提高。[1] 莫靖新、吴玉鸣认为,中国的智慧城市试点政策提高了绿色发展的效率,并推动了城市绿色全要素生产率(Total Factor Productivity,TFP)的增长。[2] 袁航、朱承亮认为,智慧城市试点有助于促进城市创新与降低污染。[3] 不过,孟天广指出,在我国"数字中国"战略实施的过程中,地方政府的数字化建设动能不仅是行政意志主导的产物,也受到治理"问题和技术"要素的共同主导。[4]

许多研究显示,技术进步也是驱动城市变革的重要因素。陈水生认为,数字时代的城市治理面临的治理任务、难题和挑战日趋复杂多元,技术进步给城市治理创新提供了技术支持,多重因素共同推动城市治理的数字化转型。技术变革的驱动力、治理生态的不确定性、治理问题的复杂性以及治理需求的多样性共同驱动城市治理的数字化转型。[5] 进入 21 世纪,互联网开启了 Web 2.0 时代,现实世界的网络投射变得空前普及,物联网、射频识别、传感器、纳米、智能嵌入等技术得到了更加广泛的应用[6],大数据、云计算、人工智能、5G 通信等技术也在近十年先后进入高速发展期。

---

[1] 刘华珂、李旭超、聂禾等:《AI 时代:城市数智化转型与企业创新》,《中国软科学》2024 年第 2 期。
[2] 莫靖新、吴玉鸣:《新型智慧城市的绿色发展效应研究——基于多时点 DID 的准自然实验》,《生态经济》2024 第 3 期。
[3] 袁航、朱承亮:《智慧城市是否加速了城市创新?》,《中国软科学》2020 年第 12 期。
[4] 参见孟天广、张小劲等:《中国数字政府发展研究报告》,经济科学出版社 2021 年版。
[5] 陈水生:《城市治理数字化转型:动因、内涵与路径》,《理论与改革》2022 年第 1 期。
[6] Pena-Lopez I., *ITU Internet Report 2005: the Internet of Things*, ITU, 2005, pp.3-5.

许竹青、骆艾荣指出,所有这些人类在网络通信技术和机器算力上取得的卓越成就,都为数字城市的出现和演进提供了日益革新的基础条件支撑,同时也持续影响着城市作为高度系统化的组织向更信息化的形态演进。① 许鑫、梅妍霜等建立了城市数字化转型陀螺仪模型(UDTGM),利用中国268个地级以上城市的平衡面板数据集,验证了该模型的动态机制,发现基础设施发展、知识驱动力量和经济运营之间的协作显著增强了城市数字化转型的效率。②

还有部分学者认为,快速和大规模的城市化导致的负面影响会倒逼城市治理向可持续发展转变。预测表明,到2050年,城市将会承载世界75%的人口③,城市化的负面效应逐渐凸显,交通拥堵、食品安全、环境污染、生物多样性减少、经济分化以及生育率低与老龄化等问题使得经济的可持续发展与人类的生活质量都面临巨大威胁。④ 1997年,192个国家或地区(欧盟)共同签订了《京都议定书》,作为人类历史上第一个具有法律约束力的环保国际文件,《京都议定书》对城市在环境保护、可持续发展以及绿色城市的建设等方面的探索产生了深远影响,也在后来成为数智城市的重要内涵,城市希望借助信息与数字化技术提供高效智能的问题解决方案,从而更好地处理城市与人的关系,提供稳定、安全、高效、

---

① 许竹青、骆艾荣:《数字城市的理念演化、主要类别及未来趋势研究》,《中国科技论坛》2021年第8期。
② Yanshuang Mei, Xin Xu and Xupin Zhang, "Study on the Urban Digital Transformation Gyroscope Model", *Asia Pacific Journal of Innovation and Entrepreneurship*, 2024, 18(2), pp.156-171.
③ Alawadhi S., Aldama-Nalda A. and Chou Rabi H., "Building Understanding of Smart City Initiatives", paper presented at The International conference on electronic government, Berlin, Germany, September 3, 2012.
④ UNEP, "The Global Initiative for Resource Efficient Cities" (June 10, 2012), https://capacity4dev.europa.eu/system/files/documents/global_initiative_resource_efficient_cities.pdf, retrieved May 20, 2024.

可持续的生活环境。① 娜塔莉亚·维塞利茨卡娅（Natalia Veselitskaya）认为，推动城市数智治理进程的关键因素还包括成熟的基础设施、市民对城市发展的参与以及公私合作伙伴关系的扩大。② 熊易寒提出，超大城市存在超级不确定性，传统的"人海战术"式治理手段与现代城市治理的复杂需要不匹配，同时，超大城市作为一个复杂巨系统具有自身的脆弱性，在此背景下，迈向智慧治理是超大城市应对治理挑战和提升城市治理水平的战略选择。③

（二）城市数智治理兴起和发展的阻碍

城市数智治理面临着许多阻碍因素。王嵩等认为，城市治理长期处于一种矛盾境地：一方面，其对象是最复杂的巨型系统——城市；另一方面，城市规划和公共政策的强绑定属性及其处于技术应用下游的定位使得行业对新技术的敏感度较低，这就导致规划从业者往往采用传统方法来解决城市发展中的新挑战。④

首先是推进数智治理的措施与政府既有制度的冲突。陈美等运用政策文本量化评价的方法，探究了良好的制度设计对开放政府数据运行效果的影响，以及影响开放政府数据运行效果的因素及组合路径。研究结果显示，我国市级政府开放数据制度的政策质量与运行效果不一致，数据管理、财政资源、技术能力、平台建

---

① Bosansky D., "The United Nations Framework Convention on Climate Change: A Commentary" (May 9, 1992), https://www.ungm.org/shared/knowledgecenter/pages/unfccc, retrieved May 20, 2024.
② Veselitskaya Natalia, "Drivers and Barriers for Smart Cities Development", *Theoretical and Empirical Researches in Urban Management*, 2019, 14(1), pp.85-110.
③ 参见熊易寒：《城市治理的范式创新：上海城市运行"一网统管"》，中信出版集团2023年版。
④ 王嵩、黄经南、王存颂等：《人工智能影响下的城市空间演变设想：基于城市未来学的视角》，《城市发展研究》2023年第12期。

设、公众需求等要素对开放政府数据工作意义重大。① 技术创新的迅猛发展给政府带来了严峻的挑战,政府必须应对在许多领域发生的破坏性速度和范围的变革。虽然这些技术为提高生态经济效率和生活质量提供了机遇,但它们也产生了许多意想不到的后果,并带来了新形式的风险。②

其次是政府和监管机构对数智技术安全隐患的警惕。维塞利茨卡娅的研究指出,市政当局、市民和企业之间的利益冲突以及信息安全问题会阻碍智慧城市的发展。③ 佩珀·卡尔佩珀(Pepper Culpepper)等认为,监管机构在应对这些技术挑战方面存在的问题或滞后进一步加剧了这种状况,这些技术为消费者带来的便利形成一种非正式联盟,为大型技术公司建立了巨大的政治权力,给政府有效应对新兴技术风险造成了困难。④ 同时,技术本身的发展轨迹尚不明确,新兴技术的监管基于信息不对称、政治不确定性、权力动态以及政策设计和政府应对措施的失误,颠覆性的技术给政策制定者和监管者带来了严峻的挑战。⑤

四、未来城市数智治理的应用场景与运作机制

城市数智治理涉及众多跨部门、跨业务、跨系统的协同治理,

---

① 陈美、郝志豪、曹语嫣等:《我国地方政府开放数据制度评价与运行效果研究》,《图书情报工作》2023年第8期。

② Li Y., Taeihagh, A. and De Jong M., "The Governance of Risks in Ridesharing: A Revelatory Case from Singapore", *Energies*, 2018, 11(6), p.1277.

③ Veselitskaya Natalia, "Drivers and Barriers for Smart Cities Development", *Theoretical and Empirical Researches in Urban Management*, 2019, 14(1), pp.85-110.

④ Culpepper P. D. and Thelen, K, "Are We All Amazon Primed? Consumers and the Politics of Platform Power", *Comparative Political Studies*, 2020, 53(2), pp.288-318.

⑤ Taeihagh A., Ramesh M., and Howlett M., "Assessing the Regulatory Challenges of Emerging Disruptive Technologies", *Decision-Making in Public Policy & the Social Good eJournal*, 2021, 15, pp.1009-1019.

其应用场景碎片化,运作机制较为复杂。目前,研究者重点关注的数智治理应用场景包含城市空间、公共服务、未来社区、生态环境、交通物流、智慧养老等多个领域,而对于未来城市数智治理的运作机制,研究者则从宏观的发展模式与路径、中观的平台建构及内在机制、微观的具体功能与作用三个层面进行了探讨。

(一)未来城市数智治理的应用场景

1. 城市空间

孔宇认为,新兴技术一方面直接作用于城市空间,影响城市空间的形态和效能;另一方面通过改变社会生产生活方式,间接影响城市空间的使用方式和运营模式,进而推动城市空间的发展演进。① 张晖也认为,数智技术一方面通过改变居民的生活方式影响其活动模式,另一方面通过影响社会生产生活方式间接作用于城市空间。② 刘泉认为,信息技术改变了居民的交往方式,使城市空间呈现交互化、数字化、虚拟化的发展趋势。③ 李忠认为,智能驾驶会从城市体验模式的变革、创新城市形态的诞生、城市建设方式的改变三个方面重塑城市空间。④ 卡伊莎·埃勒戈德(Kajsa Ellegård)指出,在个体层面,数字技术使人们得以随时随地借助互联网参与生产生活活动,活动与场所之间不再遵循简单的捆绑关系,呈现出在线、即时和碎片化的特点。⑤ 威廉·米切尔(William

---

① 孔宇、甄峰、张姗琪:《智能技术影响下的城市空间研究进展与思考》,《地理科学进展》2022 年第 6 期。
② Kwan M. P., Dijst M. and Schwanen T., "The Interaction between ICT and Human Activity-Travel Behavior", *Transportation Research Part A: Policy and Practice*, 2007, 41(2), pp.121-124.
③ 刘泉:《奇点临近与智慧城市对现代主义规划的挑战》,《城市规划学刊》2019 年第 5 期。
④ 李忠:《智能驾驶对城市空间的变革》,《人工智能》2018 年第 6 期。
⑤ See Ellegrd K., *Time Geography in the Global Context: An Anthology*, Oxford: Routledge, 2018.

Mitchell)指出,互联网改变了个体之间传统的交往互动方式,极大地降低了信息传递的成本,使信息传递进一步脱离物理空间的约束。①

2. 公共服务

樊博、于元婷从数智技术赋能政府的视角出发,提出数智技术的发展使政务热线从"回答问题"的工具逐步转变为一种数据驱动的社会治理抓手,能够为"热线服务赋智""热线数据赋值""政府部门赋能""社会大众赋权"。② 谭必勇、刘芮基于上海市"一网通办"的实践与探索,从全链条服务平台、双引擎并驾齐驱、全媒体沟通反馈、多主体协同合作四个方面分析了数字政府建设的结构要素。③ 陈水生以上海市"一网统管"为例,揭示了平台治理的多重功能集成、全域系统架构、全面技术驱动和整体流程再造四大运作逻辑。④ 赵勇、曹宇薇指出,"一网通办"改革,惠及民众像网购一样方便和"进一网、能通办",其未来价值取向是推进政务服务流程的革命性再造,打造"一网通办"和"一网统管"相融通的整体性政府。⑤ 张晓杰认为,大数据在公共服务供给领域的应用是基于数据化、物联化、智能化搭建的智慧平台,基于大数据的城市公共服务供给新转向包括三个方面:由行政决策到数据决策;由供给导向到需求导向;由碎片化供给到多元合作供给。⑥ 托马斯·伊尔维斯(Toomas Ilves)指出,安全有效的数智治理增加了人们获得公共

---

① See Mitchell W. J., *City of Bits: Space, Place, and the Infobahn*, Cambridge: The MIT Press, 1996.

② 樊博、于元婷:《基于适应性结构化理论的政务数据质量影响因素研究——以政务12345热线数据为例》,《图书情报知识》2021年第2期。

③ 谭必勇、刘芮:《数字政府建设的理论逻辑与结构要素——基于上海市"一网通办"的实践与探索》,《电子政务》2020年第8期。

④ 陈水生:《数字时代平台治理的运作逻辑:以上海"一网统管"为例》,《电子政务》2021年第8期。

⑤ 赵勇、曹宇薇:《"智慧政府"建设的路径选择——以上海"一网通办"改革为例》,《上海行政学院学报》2020年第5期。

⑥ 张晓杰:《基于大数据的城市公共服务供给模式创新研究》,载唐亚林、陈水生主编:《城市公共服务创新研究》[《复旦城市治理评论》(2017年第2期)],上海人民出版社2017年版。

服务的机会,降低了公民参与公众生活的障碍,增强了政府机构的透明度,并开启了新的创新领域。只有在政府与公民之间建立起信任的情况下,数智治理才能充分发挥作用,为此,需要两个关键的政策干预措施:公民的安全数字身份和政府的弹性数据架构。①

3. 未来社区

申悦等②和张锋③对未来社区建构的模式与路径进行了总结。曹海军、侯甜甜等指出,智慧社区建设具有鲜明的逻辑理路,是社区建设的理论逻辑、技术逻辑和实践逻辑的高度统一,理论逻辑体现在不断坚持和发展生态复杂系统论的基本思想,技术逻辑体现在物联网、互联网和区块链等技术的深入融合,实践逻辑则体现在总结和凝练了党的十九大以来社区建设的基本经验,三重逻辑表现出相互作用的关系。④ 胡志明等对浙江省金华市的两个区展开调研并进行 Logistic 回归分析,发现物业管理、养老服务、公共服务等因素对居民的满意度影响较大,结构方程模型也得到了同样的结果。社区数字化成为居民生活的热点议题;不同职业的居民群体对于社区服务有着不同的数字化需求,其对于社区数字化建设有不同程度的需求和满意度;长久的居住感受和服务体验使得常住居民更热衷于社区数字化发展。⑤

4. 生态环境

沈清基从智慧城市的若干非智慧性、非生态性表现和风险认

---

① Toomas Ilves, "Unlocking Digital Governance", *#Tech2021: Ideas for Digital Democracy*, 2020, 1, pp.10-11.
② 申悦、柴彦威、马修军:《人本导向的智慧社区的概念、模式与架构》,《现代城市研究》2014 年第 10 期。
③ 张锋:《超大城市社区数字化治理:功能、价值、困境与路径》,《城市发展研究》2021 年第 12 期。
④ 曹海军、侯甜甜:《新时代背景下智慧社区建设:价值、逻辑与路径》,《广西社会科学》2021 年第 2 期。
⑤ 胡志明、刘畅、张辰悦:《智慧城市背景下社区数字化建设研究——基于金华市的调研》,《科技创业月刊》2023 年第 12 期。

知的非主动性出发,论证了建构智慧生态城市的必要性和迫切性,基于智慧内涵的全面认知提出了智慧生态城市的定义。① 石大千等基于中国 2005—2015 年 197 个地级市的面板数据,在熊彼特(Schumpeter)创新理论和波特(Porter)创新驱动理论的框架下,利用双重差分方法评估了智慧城市建设对城市环境污染的影响。② 汪辉等从生态智慧引导城市韧性建设的角度,从观念引导、权衡引导、功能引导、学习引导、协作引导、实施引导六个方面提出了建设韧性城市以及应对洪涝灾害的建议。③ 白鸥、李拓宇通过分析浙江省的三个智慧城市案例,剖析了城市如何发展动态能力、组合使用动态能力以实现智慧城市创新生态系统可持续发展。④ 荷塞·阿隆索(Jose Alonso)等从交易成本的角度分析了英国分散式可再生能源、灵活性和能源服务治理的变化,揭示了当前能源治理与去碳化、去中心化、数字化和民主化能源系统要求之间的一些矛盾。⑤

5. 智能交通

张晖指出,数智技术在国外的应用场景包括交通行业和物流行业,如根据流量自动调控红绿灯的智慧路网、能实现无人操作的巨型码头、自动分拣并配送的物流机器人等。⑥ 潘海啸通过解读未来城市街道与交通的相关实践,提出未来公共交通先导的重要

---

① 沈清基:《智慧生态城市规划建设基本理论探讨》,《城市规划学刊》2013 年第 5 期。
② 石大千、丁海、卫平等:《智慧城市建设能否降低环境污染》,《中国工业经济》2018 年第 6 期。
③ 汪辉、任懿璐、卢思琪等:《以生态智慧引导下的城市韧性应对洪涝灾害的威胁与发生》,《生态学报》2016 年第 16 期。
④ 白鸥、李拓宇:《从竞争优势到可持续发展:智慧城市创新生态系统的动态能力研究》,《研究与发展管理》2021 年第 6 期。
⑤ Jose M. Alonso, and Rhys Andrews, "Governance by Targets and the Performance of Cross-Sector Partnerships: Do Partner Diversity and Partnership Capabilities Matter?" *Strategic Management Journal*, 2019, 40(4), pp.556-579.
⑥ 张晖:《解码未来:"数智"时代》(2023 年 7 月 27 日),光明日报网,https://epaper.gmw.cn/gmrb/html/2023-07/27/nw.D110000gmrb_20230727_1-16.htm,最后浏览日期:2024 年 5 月 12 日。

性,认为应充分发挥智能技术在交通中的作用,实现交通与街道设计从"车本位"观念转向"人本位"。① 彼得·戈登(Peter Gordon)认为,自动驾驶等技术提升了传统空间的利用效率,全域感知网、环境智能监测等技术的应用提高了城市运行的韧性。② 颜姜慧指出,按照城市所提供的服务领域,城市的人居、交通、能源、通信、生态环境、公共服务和治理等子系统将会随着信息深度渗透城市空间而发生改变,例如,未来城市交通系统将成为人、车、路、网、云融合的交通生命体,自动驾驶将深刻影响传统城市道路改造。③ 程聪等构建了一个数据结构—认知模式匹配分析框架,并以杭州市城市大脑"交通治堵"大数据决策场景为研究案例,来探讨大数据决策过程中人类认知推动数据结构转变的微观基础。④

6. 智慧养老

鲁迎春、唐亚林指出,数字治理时代的到来给养老服务供给带来了全新的环境和条件,数字技术和数字治理理念的应用再造了公共服务供给流程,促进了基于大数据的养老服务供给互动服务模式的生成,使养老服务供给呈现出服务管理智慧化、资源整合平台化、供需对接精准化、服务产品智能化等典型特质。⑤ 同时,由于老年群体在数字时代所处的弱势地位以及他们对服务需求的特殊性,使得基于大数据的养老服务互动供给模式面临着需求表达的边缘化、服务回应的形式化、服务递送的技术性冷漠和服务获取

---

① 潘海啸:《未来城市交通与街道》,《城市建筑》2018年第30期。
② Gordon Peter and Harry W. Richardson, "Are Compact Cities a Desirable Planning Goal?" *Journal of the American Planning Association*, 1997, 63, pp. 95-106.
③ Yan J., Liu J. and Tseng F. M., "An Evaluation System Based on the Self-Organizing System Framework of Smart Cities: A Case Study of Smart Transportation Systems in China", *Technological Forecasting and Social Change*, 2020, 153, p. 119371.
④ 程聪、严璐璐、曹烈冰:《大数据决策中数据结构转变:基于杭州城市大脑"交通治堵"应用场景的案例分析》,《管理世界》2023年第12期。
⑤ 鲁迎春、唐亚林:《数字治理时代养老服务供给的互动服务模式:特质、问题及其优化之策》,《南京社会科学》2020年第7期。

的数字鸿沟等问题,而这些问题又深刻地制约着养老服务供给整体水平的提升。① 邢珍珍从医疗健康服务的视角出发,对社区智慧养老服务模型的构建、系统架构、服务流程与关键技术进行了研究。② 王宏禹等关注了社区居家养老模式,认为未来智能技术能够为社区提供颐养、照护、医疗即养护医三位一体的养老服务。③

综上所述,数智技术在未来城市发展中覆盖了众多领域,有着进军各行各业的巨大潜力和增长动力,呈现"千树万树梨花开"之欣欣向荣的态势,以满足人们对未来城市的期待。

(二)未来城市数智治理的运作机制

数智治理将在未来城市中产生巨大的影响,其运作机制较为复杂。目前,学界针对数智治理的运作机制主要从以下三个方面进行研究。第一,在宏观层面上,部分研究者从未来城市发展战略出发,对城市数智治理的方法和路径进行了研究。王鹏等基于国内外已有研究和实践案例的梳理,从单个系统内部的供需匹配机制、多系统间联动、区域多主体协同三个方面,提出了未来城市构建的基本方法,以系统论和本体论的视角阐释未来城市的创造逻辑,进而有效地引导未来城市的规划实践。④ 武廷海等提出了城市研究的实证路径,能够对城市活动中的可量化现象进行相关性和因果性分析,对城市问题进行规律化描述,将研究成果反映到空间上,进而运用演绎法提出相应对策,实现治理目标。其一般化研究步骤包括:确定观测变量、选定研究单元、空间数据统计、发现相

---

① 鲁迎春、唐亚林:《数字治理时代养老服务供给的互动服务模式:特质、问题及其优化之策》,《南京社会科学》2020 年第 7 期。
② 邢珍珍:《人工智能赋能下社区智慧养老服务模式及关键技术研究》,《护理研究》2021 年第 9 期。
③ 王宏禹、王啸宇:《养护医三位一体:智慧社区居家精细化养老服务体系研究》,《武汉大学学报》(哲学社会科学版)2018 年第 4 期。
④ 王鹏、付佳明、武廷海等:《未来城市的运行机制与建构方法》,《城市与区域规划研究》2023 年第 1 期。

关性和因果性、数据验证和模型向未来的推广。①

第二,在中观层面上,一些研究者对未来城市智能治理平台的建构及其内在机制进行了深入探讨,这一视角重点关注城市如何选择和构建数智治理的发展模式。郑磊主张以国家标准的形式统一城市运行指标体系的顶层设计与指标范围,以大数据、物联网、人工智能为代表的数字技术为城市治理提供了新的解决路径,例如浙江省的"最多跑一次"、上海市的"一网通办""一网统管"、杭州市的"城市大脑"等一系列实践探索。② 颜佳华、王张华指出,数字治理不仅实现了对政府组织的内部赋能,也实现了对外部的公众赋权,使公众可以借助信息技术所开辟的通道,参与政府决策过程,促进政府管理走向以公民为中心的治理转型之路。③ 孟庆国、李晓方认为,治理转型与数字技术发展趋势相关联,公共部门数字化转型的内容经历了从内部供给变革向供需互动、多元合作到整体智治的演变。④ 刘奕、沈双颖以上海市新城新区为例,认为城市数字化转型有三大要求:数字底座依托"物联感知城市、数联驱动服务、智联引领决策"的功能架构,从流程再造、规则重构、空间治理、功能塑造和生态构建五个维度助推城市全面数字化转型。⑤

第三,在微观层面上,许多研究者关注数智技术嵌入城市治理的过程,重点论述了数智技术在未来城市治理中所能发挥的功能和作用,也有研究者对数智治理的范围和限度进行了讨论。比如,

---

① 武廷海、宫鹏、郑伊辰等:《未来城市研究进展评述》,《城市与区域规划研究》2020年第2期。
② 郑磊:《城市数字化转型的内容、路径与方向》,《探索与争鸣》2021年第4期。
③ 颜佳华、王张华:《数字治理、数据治理、智能治理与智慧治理概念及其关系辨析》,《湘潭大学学报》(哲学社会科学版)2019年第5期。
④ 孟庆国、李晓方:《公共部门数字化转型:供需视角与转型深化》,《电子政务》2022年第5期。
⑤ 刘奕、沈双颖:《新城新区数字底座建设助推城市数字化转型的理论与路径研究》,载唐亚林、陈水生主编:《新城新区建设与特殊经济功能区治理》[《复旦城市治理评论》(2022年第2期)],复旦大学出版社2022年版。

杰拉德·乔治(Gerard George)等探讨了数字技术如何帮助城市应对气候变化和促进可持续发展的巨大挑战。他们指出,借助数字技术,创业组织会采用数字可持续发展活动来应对看似棘手的社会挑战,这种数字可持续性能够推动创业、创新和战略方面的经验进步,并有可能对社会产生积极影响。① 巴特·赫克特(Bart Hecht)提出,数智治理能够通过引入通信技术的方式,为市民提供创新的优质服务,同时减少城市管理在财政、社会和环境方面的开支。② 帕特里克·邓利维等指出,数据驱动决策和数据驱动工具的发展,提高了公共服务的自动化和定制化程度,改变了政府和企业的成本效益比,开发了具有改善政策和企业的潜力的分析能力,改善了与社会的沟通,并在卫生、社会福利、公共安全、教育等不同领域实现了多种应用。③ 王方方等选取了 2011—2020 年中国 299 个城市的面板数据,运用多期双重差分模型实证检验智慧城市试点政策对城市数字经济发展水平的影响,发现智慧城市试点政策对城市数字经济发展水平有显著的促进作用,智慧城市建设通过提高信息基础设施和信息产业水平来促进城市数字经济发展。④ 黄和平等发现智慧城市建设能够抑制环境污染⑤,可以有效降低

---

① George G., Merrill R. K. and Schillebeeckx, S. J. D, "Digital Sustainability and Entrepreneurship: How Digital Innovations are Helping Tackle Climate Change and Sustainable Development", *Entrepreneurship Theory and Practice*, 2021, 45(5), pp. 999-1027.

② Bart Hecht, Katarina Valaskova and Z. Rowland, "The Digital Governance of Smart City Networks: Information Technology-Driven Economy, Citizen-Centered Big Data, and Sustainable Urban Development", *Geopolitics, History, and International Relations*, 2019, 11(1), pp. 128-133.

③ Dunleavy P. and Helen Z. Margetts, "The Second Wave of Digital-Era Governance: A Quasi-Paradigm for Government on the Web", *Philosophical Transactions of the Royal Society A*, 2013, p. 371.

④ 王方方、谢健、李德洗:《智慧城市建设与城市数字经济发展——基于双重差分模型的实证分析》,《技术经济与管理研究》2024 年第 2 期。

⑤ 黄和平、谢云飞、黎宁:《智慧城市建设是否促进了低碳发展? 基于国家智慧城市试点的"准自然实验"》,《城市发展研究》2022 年第 5 期。

城市碳排放。[①]

五、未来城市数智治理的绩效评价、风险隐忧与优化路径

基于城市数智治理的建设现状,国内外研究者已着手制定绩效评价的指标体系,并取得了各城市在数智政策设计、数智化水平、政府数字赋能等方面的评价结果。然而,随着数智技术的迅速发展和广泛应用,城市治理过程中的技术风险、系统风险、伦理风险、价值风险、"内卷化"风险等问题日益突出。因此,现有研究从理念、政策、制度等层面提出了未来城市数智治理的优化路径。

(一)未来城市数智治理的绩效评价

目前,国内外已有相当多的城市制定了城市数智治理的战略规划并实现了部分目标,在这一过程中,研究者为城市数智治理制定了评价指标和绩效标准,以便为未来城市的建设给出更清晰的反馈。例如,2022年,清华大学数据治理研究中心发布了《中国城市善治指数指标体系》,从"人民城市人民建、人民城市为人民"的根本理念出发,创新性地提出了善治导向的中国城市治理指数,总结提炼中国城市治理规律及创新模式,全面阐述了城市之治的中国方案。唐斯斯等基于2019年国家新型智慧城市建设评价相关数据和分析,总结了我国新型智慧城市的发展现状,评价结果显

[①] Xin B. G. and Qu Y. M., "Effects of Smart City Policies on Green Total Factor Productivity: Evidence from a Quasi-Natural Experiment in China", *International Journal of Environmental Research and Public Health*, 2019, 16(13), p.2396.

示,超过88%的参评城市已建立智慧城市统筹机制,进一步推动新型智慧城市建设落地实施。① 侯甜甜和曹海军以2016—2021年我国出台的75项新型智慧城市政策为样本,通过文本挖掘法确定新型智慧城市政策评价体系并以此建立PMC指数(Policy Modeling Consistency Index)模型,进而对其中的8项新型智慧城市政策进行量化评价,研究表明,我国新型智慧城市政策总体设计较为合理,政策质量表现优良。② 国脉研究院发布的《第十三届(2023)智慧城市发展水平评估报告》从数字化发展力、网络化协同率、智能化渗透率、一体化创新力四个方面,构建了智慧城市的内涵体系和总体框架,基于PSF(People-oriented, City-System, Resources-Flow,以人为本、城市系统、资源流)智慧城市发展水平评估模型,对全国105个样本城市的智慧化水平进行分析。结果显示,在城市群中,长三角、珠三角城市群起步早,智慧城市发展水平较高,从城市看,排名前5位的为北京、杭州、上海、深圳、无锡。南开大学发布的《2023数据赋能政府治理评价报告》显示,在城市群中,成渝双城经济圈参评城市的整体得分排名最高,珠三角城市群的得分位列第二,长三角城市群和京津冀城市群的得分相近。从城市看,城市整体排名为上海、北京、深圳、成都、广州。③

  国际上也已经形成了诸多城市数智治理的绩效评价标准。王思雪、郑磊对欧盟中等规模城市智慧排名评价指标、IBM智慧城市评估标准和要素、浦东新区智慧城市指标体系1.0、南京市信息中心智慧城市评价指标体系和智慧台湾绩效指标5个智慧城市评

---

① 唐斯斯、张延强、单志广:《我国新型智慧城市发展现状、形势与政策建议》,《电子政务》2020年第4期。
② 侯甜甜、曹海军:《基于PMC指数模型的新型智慧城市政策量化评价》,《统计与决策》2023年第22期。
③ 王芳、阴宇轩、刘汪洋等:《我国城市政府运用大数据提升治理效能评价研究》,《图书与情报》2020年第2期。

价指标体系进行了综合比较研究。① 维也纳大学开发了一套智能城市评估系统,用于对70个欧洲中等城市进行排名,该标准包含六个维度的一级指标和74项二级指标,考察智能城市的六个具体方面,例如,智能交通下分为本地可达性、国际可达性、信息和通信技术基础设施的可用性以及可持续和安全的交通系统。② 索蒂里斯·齐吉亚里斯(Sotiris Zygiaris)开发了一套衡量系统,确定了智慧城市的六个层面:城市层,强调智慧城市的概念必须与城市背景相结合;绿色城市层,受到城市环境可持续性的新型城市化理论的启发;互联层,与绿色经济在城市范围内的传播相呼应;仪器层,强调智慧城市需要智能仪表和基础设施传感器作出实时的系统响应;开放集成层,强调智慧城市应用应能够通信,并共享数据、内容、服务和信息;应用层,强调智慧城市应用必须与城市背景相结合。③ 除了传统工具外,越来越多的新福祉指标能够通过实时数据传感(如社交网络信息)进行评估。④ 例如,米娜·麦克布莱德(Mina McBride)等开发了未来城市指数(The Future City Index),使用词频计算机化文本分析,用以发现人群的特征、特性和情绪,并根据城市在确定的地理位置内日常用语中使用有意义的未来导向语言的频率进行排名。⑤

---

① 王思雪、郑磊:《国内外智慧城市评价指标体系比较》,《电子政务》2013年第1期。

② R. Giffinger, C. Fertner and H. Kramar et al., *Smart Cities: Ranking of European Medium-Sized Cities*, Vienna: Centre of Regional Science, 2007, p.28.

③ S. Zygiaris, "Smart City Reference Model: Assisting Planners to Conceptualize the Building of Smart City Innovation Ecosystems", *Journal of the Knowledge Economy*, 2013, 4(2), pp.217-231.

④ Albino, V., Berardi U. and Dangelico, R. M., "Smart Cities: Definitions, Dimensions, Performance, and Initiatives", *Journal of Urban Technology*, 2015, 22(1), pp.3-21.

⑤ McBride M., Daniels K. and Hines A., "The Future City Index: An Application of Computerized Text-Based Analysis to the Measurement of Community-Level Futures-Orientation", *World Futures Review*, 2020, 12(2), pp.229-238.

（二）未来城市数智治理的风险隐忧

1977年,著名制度经济学家理查德·尼尔森(Richard Nelson)针对协同治理面临的复杂问题提出:"既然我们可以把人送上月球,为什么不能解决贫民窟问题?"①简·芳汀(Jane Fountain)认为,从登月到贫民窟治理,再到人工智能治理,政府面临着机械复杂性、社会复杂性和计算复杂性三方面的问题。技术的进步并不是解决社会矛盾的灵丹妙药,有时反而会成为不公正的来源。②

随着智能技术和复杂算法的快速发展和广泛应用,不平等现象、制度化偏见以及人工智能伦理等问题日益严重。亚历山德罗·桑西诺(Alessandro Sancino)等指出,数字技术所带来的技术滥用、隐私保护、故障风险增加了城市治理的技术复杂性。③王嵩等认为,我们在讴歌第四次科技革命给城市带来的巨大机遇的同时,也要清醒地认识到人工智能、大数据等新技术带来的系统性危险。④许竹青、骆艾荣认为,目前我国数字城市建设重短期成效轻长期规划、重项目建设轻运维评估等旧问题仍然存在,同时,数据共享利用机制不完善、数据伦理等数字治理新问题凸显,数字城市建设面临挑战。⑤陈锋、王泽林指出,数字赋能治理不仅仅是一个理论问题,更是一个复杂的实践问题,涉及技术与制度、科层之

---

① Meltsher A. J., "The Moon and the Ghetto: An Essay on Public Policy Analysis", *Political Science Quarterly*, 1977, 99(2), pp.333-335.

② Fountain J. E., "The Moon, the Ghetto and Artificial Intelligence: Reducing Systemic Racism in Computational Algorithms", *Government Information Quarterly*, 2022, 39(2), p.101645.

③ Sancino A. and Hudson L., "Leadership in, of, and for Smart Cities: Case Studies from Europe, America, and Australia", *Public Management Review*, 2020, 22(5), pp.701-725.

④ 王嵩、黄经南、王存颂等:《人工智能影响下的城市空间演变设想:基于城市未来学的视角》,《城市发展研究》2023年第12期。

⑤ 许竹青、骆艾荣:《数字城市的理念演化、主要类别及未来趋势研究》,《中国科技论坛》2021年第8期。

间的互动与协同,甚至可能陷入数字治理的"内卷化"困境,探讨数字技术对治理关系的重塑机制是避免数字治理"内卷化"的关键。① 许丹、姜晓萍认为,地方治理数智化变革对技术理性的过度青睐导致了地方治理实践中对价值理性的忽视,极易引发工具支配的价值风险、责任缺位的伦理风险、技术至上的决策风险以及结构耗散的制度风险。因此,需要通过政策环境持续优化、责任规约体系建构、人机交互系统重塑和技术治理规则增量,以纾解地方治理数智化变革的风险,使赋能的智能技术真正实现高效能的治理。②

(三)未来城市数智治理的优化路径

刘易斯·芒福德曾大声疾呼:"必须以有机的生命世界观替代机械论的世界观,把现在给予机器和电脑的最高地位赋予人。"③ 面对数智治理的风险与挑战,既有研究已从理念、政策、制度等多个层面提出了未来城市数智治理的优化路径。李晨光指出,数智城市治理要不忘"国之大者",实行人民满意的和有温度的数智城市治理,充分以"需求、调查、问题、成效、反馈"为导向,联动政府、市场和社会协同发力,强化数字智能技术,推进政府和企业转型,提升治理效能,深化创新发展,优化可持续环境,构筑美好生活。④ 陈水生提出了城市治理数字化转型的构建路径,认为其实现需构建全功能集成、全网络融合、全周期管理、全要素连接的数智治理

---

① 陈锋、王泽林:《技术重塑治理关系与数字治理"内卷化"——以"12345"热线驱动市域治理为例》,《探索》2024 年第 1 期。
② 许丹、姜晓萍:《中国式现代化进程中地方治理数智化变革风险及其实践规制》,《行政论坛》2024 年第 1 期。
③ See Lewis Mumford, *The Myth of the Machine: The Pentagon of Power*, Harcourt, 1970.
④ 李晨光:《做人民满意的和有温度的数智城市治理》(2023 年 4 月 10 日),新浪财经, https://finance.sina.com.cn/money/bond/2023-04-10/doc-imypvxxw4701467.shtml,最后浏览日期:2024 年 5 月 12 日。

体系,促进城市治理现代化。① 郑磊指出,推进城市数字化转型,应始终以市民的实际体验和真实感受为依归,城市数字化转型的受益对象、目的、过程和结果都应以市民为中心,要让技术和城市"为人而转",而不是让城市和人"围着技术转"或"被技术转",更不是为了转而转,或为了数字化而数字化。城市数字化转型要能让全体市民都更有获得感、幸福感和安全感,让城市更智慧、更温暖和更美好。② 对于科技赋能带来的诸如唯智能论、公民个人信息受侵害、老人群体保障不足等新问题,唐丽萍和姜云认为,智慧城市建设和治理可以从三大方面进行路径优化:一是构筑有情怀的顶层设计;二是搭建有边界的技术平台;三是打造有温度的智慧城市。③

六、简要述评与研究展望

(一) 简要述评

本文是对未来城市与数智治理研究的简要评述和分析。首先,本文梳理了未来城市与数智治理的研究发展脉络和主要理论范式建构进程。其次,本文关注了城市数智治理兴起和发展的动因与阻碍因素,以及未来城市数智治理的应用场景与运作机制。此外,本文还归纳了未来城市数智治理的绩效评价、风险隐忧与优化路径研究。总的来说,未来城市与数智治理是当前以及可见未

---

① 陈水生:《城市治理数字化转型:动因、内涵与路径》,《理论与改革》2022年第1期。
② 郑磊:《城市数字化转型的内容、路径与方向》,《探索与争鸣》2021年第4期。
③ 唐丽萍、姜云:《智慧城市为人民:科技赋能公民权益保护问题研究》,载唐亚林、陈水生主编:《人民城市论》[《复旦城市治理评论》(2021年第2期)],复旦大学出版社2021年版。

来的一个热门研究主题,国内学界已经初步形成了未来城市数智治理研究的主要理论框架和主要实践领域。分析现有文献可知,学界对未来城市和数智治理的研究在近20年的时间里有了较大的发展和进步,但还是存在一些问题。

第一,城市数智治理研究暂未形成独立、系统的研究体系。现有研究较多关注未来城市和数智治理发展的理念和战略,已经成为城市治理研究的重要组成部分。但是,现有研究大多将城市的数字化、智能化趋势视作预设的背景和前提,较少将未来城市的数智治理作为一个单独的对象进行研究,研究主体不明,也没有形成独立于其他领域的明显特色,对数智治理的理解较为分散,缺乏理论性、完整性、系统性的研究。因此,未来研究需要进一步明确研究对象,将城市发展过程中的数字治理、智慧治理和智能治理等关键概念统合起来,形成合力,还需要确定研究主体,有针对性地关注城市数智治理过程中的实体及其行动策略。此外,由于我国经济社会发展不均衡的现状,现有研究对象主要集中在东部发达地区和重要城市,欠发达地区和中西部城市的研究领域近乎空白,未来研究有责任关注中西部城市数智治理的起步与发展过程,增强研究样本的多样性与代表性,方能形成系统全面的研究体系。

第二,本土化的理论建构和经验挖掘还不够深入,难以与国际研究展开对话。首先,国内关于数智治理的研究呈现"起步较晚,发展迅猛"的特征,因此,与欧美国家的研究相比还不够全面和深入,对城市数智治理的研究多停留在以政府为主体的政策实施和城市建设上,还需要更多地探索技术嵌入企业、社会、公民等多主体的协同参与机制,扩展数智治理的研究范畴,积极与国际研究进行比较和对话。此外,国内现有研究大多以理论推演为主,对实际案例的挖掘不够深入,且以西方舶来之理论居多,部分研究有照搬硬套之嫌。实际上,"数智中国"内部充满了许多鲜活的实践与案例,是宝贵的天然案例库,因此,未来研究需要加快突破本土化的理论建构和经验总结,为世界提供城市数智治理的"中国方案",还应不断"脱虚向实",立足我国城市数智治理的发展实际,切实解决治理过程中的具体问题,并在此基础上进行理论延伸和实践评估,提升城市数智治理研究的广度、深度和整体水平。

第三,研究视角与研究方法相对单一,多视角分析与跨学科合作不足。未来城市与数智治理属于新兴领域,现有研究着重使用规范性研究方法,以便在研究初始阶段构建学科领域的框架和范式,达成社会的一般共识。但随着城市治理的复杂性日益增大,对城市治理的科学化、现代化水平要求不断提高,研究者应当更多采用实证研究方法对现有实践进行深化,对有限时间和空间内的具体事件进行分析。国际上已有较多的研究从小切口、小视角出发,探索城市治理创新的具体运作机制,值得我们借鉴。同时,数智技术的发展逐步从"数字"分析走向"智能"分析,将人工智能应用在城市治理中是一门全新的学问,需要加强跨学科合作,融合计算机科学、数学、语言科学、仿生学、伦理学、传媒学等多学科的研究方法,以拓展研究视角,增强研究的科学性。

(二)研究展望

"所有的道路都通向城市,而无数的道路从今天到永远都在朝着城市走去"[1],比利时近代象征主义诗人维尔哈伦(Verhaeren)用优美的诗句,道出了城市是人类社会的最终归宿这一真谛。随着城市化进程的不断加速和数智技术的迅猛发展,未来城市治理将继续朝着数智化方向迈进,并持续向可持续化的方向发展。城市生活的许多方面都正在受到数智技术的渗透式影响,一批新兴领域逐渐崛起,例如,数字化政府服务和城市规划、智能交通系统优化、智能能源管理与可持续发展、智慧环境监测与治理、智能安全

---

[1] [比]维尔哈伦:《原野与城市》,艾青、燕汉生译,花城出版社2012年版,第7页。

监控与应急管理、社区治理与居民参与、数据安全与隐私保护等，都值得研究者深入拓展和探索。

习近平总书记提出了"人民城市人民建，人民城市为人民"的重要理念，人民城市理论与实践的双重创新进展，标志着人类社会城市理论的新发展与理论范式的新建构，意味着当代中国已进入一个基于人民本位观的现代城市发展的新时代。① 国家治理现代化是中国式现代化的重要组成部分，未来城市的数智建设必须服务于满足人民日益增长的美好生活需要，不断推进国家治理体系与治理能力现代化。未来，人工智能、大数据分析、物联网等新兴技术的应用将更加广泛，为中国的城市治理提供更多的可能性。综上所述，中国未来城市与数智治理的发展前景广阔，通过数智技术创新和治理变革的不断推进，未来中国城市将实现更高水平的数智治理，为城市居民带来更加便捷、舒适的生活体验。本文旨在综述当前中国在未来城市与数智治理领域的研究现状，在第四次科技革命浪潮深度影响城市的背景下，对国内外数智技术发展的关注、对城市空间的创新营造、对城市治理理论的系统深入研究等多方面探索构成了未来城市研究的主要领域，其中所取得的成就与存在的不足瑕瑜互见，尤其是在创建中国式城市治理现代化理论方面任重而道远。未来已来，热切期盼更多研究成果的出现。

---

① 唐亚林、郝文强：《人民城市的理论逻辑、历史逻辑与实践逻辑》，《行政论坛》2023年第6期。

数字孪生城市建设的实践类型、功能建构与运作机制

张丽娜* 谢新水**

[**内容摘要**] 城市是推进数字中国建设的重要载体。在智慧城市建设进入"深水区"阶段,中国从国家层面部署数字孪生城市建设,赋能城市治理提质增效。当前,中国是数字孪生城市最大的实践创新场域。雄安新区、上海和深圳三个城市分别形成了新城同步规划+同步建设模式、整体推进+数据驱动模式和应用牵引+产业拉动模式三种实践建设模式,还结合城市特点与资源禀赋探索了行之有效的驱动机制,对各地推进数字孪生城市建设具有良好的示范带动作用。数字孪生城市建设有自己的功能建构,具体而言,底层是全要素数据汇集,具有支撑城市治理中的大数据决策的功能;中层是数据大脑,其功能是提升城市治理中的整体智治;顶层是场景应用,其功能是引领城市治理中的智能创新。数字孪生城市建设需要按照这个功能建构的逻辑去推进。目前,中国的数字孪生城市建设遇到了一些共性问题,如顶层规划设计不足、体制机制有待理顺、资源要素不充分以及数据安全风险凸显等。要解决这些问题,应该坚持系统思维,完善以大数据局为主导的统筹协调机制、政企协同的分类建设机制、产业发展生态促进机制、数据安全治理机制以及专业人才培养机制等,才能持续推进数字孪生城市的高

---

* 张丽娜,首都师范大学管理学院副教授,北京市总体国家安全观研究中心研究员。
** 谢新水,首都师范大学管理学院教授、院长,北京市总体国家安全观研究中心研究员。

质量发展。

[关键词] 数字孪生城市;新型智慧城市;数字赋能;实践类型;运作机制

一、问题的提出与文献综述

数字孪生城市的概念自2017年提出以来,得到了理论界的广泛关注和政府部门的高度重视。特别是近些年智慧城市作为一种新型城市形态,在实践中存在概念宏观、应用场景稀缺、规划设计与技术脱节等新问题;外加数字化、智能化技术快速推进,数字基础设施建设加快,数字孪生城市迅速成为数字世界中引领新型城市建设的重要方向。其中,中央层面的政策推动是促进我国数字孪生城市建设的重要动力。《中华人民共和国国民经济和社会发展第十四个五年规划和2035年远景目标纲要》提出了"探索建设数字孪生城市"的任务,为数字孪生城市建设提供了国家层面的战略指引。《"十四五"数字经济发展规划》再次提出,要完善城市信息模型平台和运行管理服务平台,因地制宜地构建数字孪生城市。《数字中国建设整体布局规划》提出"全面提升数字中国建设的整体性、系统性、协同性"以及"探索建设数字孪生城市"等要求。同时,住房和城乡建设部、自然资源部等多部委陆续出台相关文件,加强对数字孪生产业、人才、技术、应用等方面的政策支持。2024年5月,国家发展和改革委员会、国家数据局、财政部和自然资源部四部委联合发布《关于深化智慧城市发展 推进城市全域数字化转型的指导意见》,提出要全面提升城市全域数字化转型的整体性、系统性、协同性,因地制宜,有序探索推进数字孪生城市建设,推动虚实共生、仿真推演、迭代优化的数字孪生场景落地。经过几年的探索,我国数字孪生城市研究与建设已经取得了一系列成效。在中国知网以数字孪生城市为关键词或篇名为限定条件进行检索,2018年之前,数字孪生城市研究尚未受到关注,2018年之后呈快速增长的趋势。截至2024年6月份,已有268篇期刊论文发表,数字孪生城市成为多学科领域的研究热点且文献量逐年上升(图1)。从研究主题来看,多数研究侧重于技术视角,聚焦数字孪生城市的主要支撑技术、数字孪生框架体系搭建、数据要素及标准等问题;部分研究从应用场景的视角对数字孪生技术在城市交通、公共安全等领域的深度应用展开研究;还有部分研究聚焦数字孪生城市的治理困境、建设路径、法治规范等方面(图2)。概括而言,现有研究主要集中在以下三个方面。

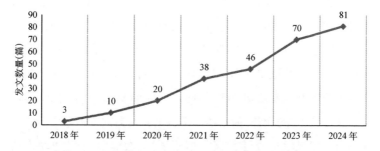

图1 2018—2024年数字孪生城市研究文献数量

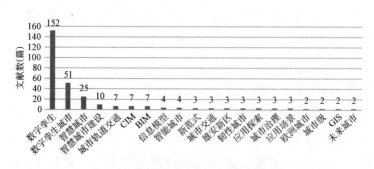

图2 数字孪生城市相关文献研究领域

一是对数字孪生城市概念的认知。在人类的思想和行为中,模仿创新是一种基本模式,人的成长与发展或组织、民族和国家的建设发展大都是一种模仿,思想上的作恶或者行善,大体也是如此。数字孪生就是模仿创新思维的产物。数字孪生理念最早起源于美国航空航天局在"阿波罗计划"中使用的物理仿真技术,即建立一套完整的物理仿真系统,类似于"孪生"体,来预演登月过程中可能遇到的紧急情况。在这个时候,"孪生"就是仿真,即模仿真实登月的现实环境,目的是通过仿真生态来搭建一个无需登月的模拟自然系统。后来,这一理念与技术应用于飞机制造、医疗、军事等领域。随着仿真技术的发展,越来越多的物理部件被数字模型取代,并扩展至产品生命周期的各个阶段,直至形成与物理实体完全一致的虚拟数字模型。① 2003 年,美国学者迈克尔·格里夫斯(Michael Grieves)提出产品生命周期的概念范式,意指现实世界的镜像空间,可谓数字孪生概念的雏形。② 2010 年,美国航空航天局在一份有关机构技术路线图的报告中首次提出数字孪生的概念,指"集成了多物理量、多尺度、多概率的系统或飞行器仿真过程"。③ 物联网、大数据、BIM 等技术的发展,促进了以模型、感知、空间位置等多技术融合为主的数字孪生技术发展。由于政府希望能够在数字世界中对城市的发展与问题有整体的了解,以此为基础作出更好的决策,建设数字孪生城市并将其广泛应用于城市治理各领域就得到了巨大的认同。

在我国,数字孪生城市的概念最早由中国信息通信研究院于 2017 年提出,即通过数据标识、物联感知、网络连接、智能控制等技术,在数字空间再造一个与物理城市——映射的数字城市,推动

---

① 周瑜、刘春成:《雄安新区建设数字孪生城市的逻辑与创新》,《城市发展研究》2018 年第 10 期。

② Grieves M., *Product Lifecycle Management: Driving the Next Generation of Lean Thinking*, NY: McGraw-Hill, 2005, pp.3-5.

③ 陶飞、刘庭煜、胡天亮:《数字孪生:虚拟的? 真实的!》,《光明日报》,2023 年 7 月 13 日,16 版。

城市全要素数字化、全状态实时化,实现物理城市与数字城市平行运转、协同交互。理论上而言,数字孪生城市是可以通过数据和模型全时、全域、全空间地感知和同步城市活动,从而反映现实城市系统的网络系统,恰当的技术和算法将提升城市韧性,实现城市的积极管理。① 很多人希望,数字孪生城市可以驱动城市治理模式、服务模式、运营模式快速变革,促进城市生产协同高效、数字生活便捷包容、生态环境绿色低碳,助力城市可持续发展。②

二是对数字孪生城市结构和运行逻辑的描绘。数字孪生城市是城市建构的数字化和智能化,这不是一个绘画过程,而是要用数智技术制造城市生命体的复杂技术过程。有学者提出基于城市信息模型(City Information Modeling, CIM)的数字孪生城市建设的总体架构,即信息基础设施、感知体系、数字底座、智能城市中枢、应用场景和城市大脑。③ 数字孪生城市可以看作包括城市骨架、城市血肉、城市神经网络和城市大脑的一个智能有机生命体,其中,基于3S空间信息技术而获取的城市自然、人文、生态等基底模型是数字孪生城市的骨架;基于三维建模技术、建筑信息模型(Building Information Modeling, BIM)和城市信息模型等技术,将城市的实体建筑数字化成计算机上的建筑,形成了数字孪生城市生命体的血肉;物联网感知技术生成数字孪生城市神经网络,而人工智能技术最终将塑造一个成熟的城市大脑,将城市打造成一个可感知、可判断、快速反应、会学习的智能城市生命体。④ 数字孪生城市的运行逻辑包括四个层面,即现实城市的数字基础设施、数

---

① 仇保兴、陈蒙:《数字孪生城市及其应用》,《城市发展研究》2022年第11期。
② 张竞涛、陈才、崔颖等:《数字孪生城市框架与发展建议》,《信息通信技术与政策》2022年第12期。
③ 汪艳霞:《基于CIM的新城新区数字孪生城市建设研究》,《城市勘测》2023年第6期。
④ 张新长、李少英、周启鸣等:《建设数字孪生城市的逻辑与创新思考》,《测绘科学》2021年第3期。

字空间的城市数据、运行空间的数字技术能力以及在数字空间中仿真推演并预测城市各领域运行状态的业务应用场景。① 数字孪生技术赋能城市治理,使得城市治理体现出虚实结合、高度仿真、实时连接、动态交互、多层拓展等方面的特征。②

三是对数字孪生城市建设阶段的划分。城市是一个技术环境、人文环境和人的行动的综合体。在数智技术和人类对数字孪生城市理解不深的条件下,数字孪生城市建设不可能一蹴而就,而是分阶段迭代更新的。21世纪初,北京市东城区首创网格化管理新模式,通过信息平台进行权威整合与行政力量下沉,成为应对快速增加城市问题的有效模式。③ 随后,中国开启城市治理数字化转型之路,在全国范围有序试点推进智慧城市建设,这是中国城市治理告别传统、走向现代的一次革命。④ 数字孪生城市是数字城市的发展目标,成为智慧城市建设的新高度。⑤ 有学者提出构建数字孪生城市的六阶段论,包含创建城市信息模型、数据交互、数据聚合、分析、洞察、辅助决策6个阶段,助力城市实现数据驱动决策。⑥ 也有学者提出数字孪生城市发展的三阶段论及其主要任务。数字孪生城市1.0阶段的主要任务是:数字技术打造孪生城市基础设施,遵循物理世界规则,实现对现实物理城市的镜像再现,这一阶段的数字孪生城市尚难反映城市中人的行为与活动关

---

① 陈才、张育雄、张竞涛等:《数字孪生城市的驱动力、功能框架与建设路径》,《上海城市规划》2023年第5期。

② 向玉琼、谢新水:《数字孪生城市治理:变革、困境与对策》,《电子政务》2021年第10期。

③ 李颖玥、刘朝晖:《中国数字化城市管理发展综述》,《智能建筑与智慧城市》2017年第2期。

④ 焦永利、史晨:《从数字化城市管理到智慧化城市治理:城市治理范式变革的中国路径研究》,《福建论坛》(人文社会科学版)2020年第11期。

⑤ 李德仁:《数字孪生城市智慧城市建设的新高度》,《中国勘察设计》2020年第10期。

⑥ Petrova Antonova D., Ilieva S., "Digital Twin Modeling of Smart Cities", International Conference on Human Interaction and Emerging Technologies, Cham: Springer, 2020, pp.384-390.

系。数字孪生城市 2.0 阶段的主要任务是:打造城市"孪生"角色,遵循平台规则,以反映角色在数字孪生城市中的活动为主,参与、管理现实世界。数字孪生城市 3.0 阶段的主要任务是:打造数字孪生城市的社会属性,遵循多元参与自治的规则,以沉浸式城市建造为主,通过经济驱动数字城市共生发展,为数字人提供城市生活环境,达到机器智能和人的智慧高度协同的高级状态。①

总体而言,相关数字孪生城市的研究大多处于思维建构的层次,对如何从概念和理论到实践落地的转换研究相对较少。对数字孪生城市技术问题和建设方案的研究,也往往多为理想条件下的应用研究,与实际城市治理中的应用有一定的脱节。且对数字孪生城市建设实践的分析,多聚焦于某一个案本身的技术实现路径,尚缺乏从系统思维的角度探讨整体推进数字孪生城市建设的实施思路与运行机制问题。本文关注如何推进数字孪生城市的整体性建设,聚焦数字孪生城市建设先行城市的创新实践,对其建设运行的类型进行总结归纳,挖掘面临的共性挑战,探寻数字孪生城市建设运行的有效机制。

二、我国数字孪生城市建设的三种实践类型

在中央政策的指引下,我国部分地区的数字孪生城市建设已驶入"快车道"。北京、河北、上海、浙江、海南等省(市),深圳、贵阳、南京、合肥、福州、成都等城市均出台了以数字孪生城市为导向推进新型智慧城市建设的文件。其中,海南省计划到 2025 年年底基本建成"数字孪生第一省",浙江省提出了建设数字孪生社区的

---

① 中国信息通信研究院等:《数字孪生城市白皮书(2023 年)》,转引自搜狐网,https://www.sohu.com/a/777511504_121123737,最后浏览日期:2024 年 6 月 22 日。

行动,深圳市提出了建立"数字孪生先锋城市"的目标,北京市提出以建设世界智慧城市典范为目标,以城市副中心为试点,打造数字孪生城市。目前,尚未有城市完全建成数字孪生城市,需要在实践探索中不断总结创新。总体看来,各地数字孪生城市建设大致可以概括为三种实践类型。

(一)新城同步规划+同步建设模式

新城建设与老城更新不同,新城建设如同在一张白纸上绘图,在规划建设之初就可以系统规划、超前布局,整体性推进数字孪生城市建设。2018年,《河北雄安新区规划纲要》提出,坚持数字城市与现实城市同步规划、同步建设,打造具有深度学习能力、全球领先的数字城市。自雄安新区建设以来,围绕"一中心四平台"——城市计算中心、综合数据平台、城市信息模型平台、物联网平台和视频一张网平台,整体推进雄安新区数字孪生城市建设。

具体而言,城市计算中心是雄安新区数字孪生城市运行服务系统的重要载体,不仅可以把城市各领域的数据进行汇总集成,实现"规划一张图、建设监管一张网、城市治理一盘棋";同时,城市计算中心承载的边缘计算、超级计算和云计算等设施可以为雄安数字孪生城市的大数据、区块链、物联网、人工智能提供网络、计算、存储服务。综合数据平台是雄安城市数据的底层汇聚平台,打通了部门间的信息壁垒,实现资源数据集成共享;物联网平台是雄安数字孪生城市的"神经末梢",实现新区全域感知设备的统一接入、集中管理、远程调控;视频一张网平台是雄安新区视频数据的生产者、供给者、治理者和运维者,统筹实现新区视频资源数据的管控和治理;城市信息模型平台则通过汇聚新区全域地形地貌等地理信息系统(Geographic Information System,GIS)的数据和新建片区建筑信息模型的数据,初步构建天地空一体化、室内外一体化的"云"上一座城,为新区数字化建设协同、智慧管廊、智慧社区等应用服务提供支撑。①

物联网平台和视频一张网平台是全国首个城市级物联网平台。建设伊始,雄安新区就在地上、地下所有市政、道路、桥梁、水质等各个方面安装传感器,将城市的所有数据汇集起来,可以从源头上为城市治理提供高质量的适时运行数据。目前,这一平台已接入终端设备45万个,实现物联设备的全域感知、统筹管理与维护,可以确保物联数据实时汇聚共享,实现了物联服务能力"即插即用"。依托这一平台的多表集抄系统,将各类水电气的感知数据进行统一采集、汇聚、融合、共享、分析,不仅可以为新区用户提供远程抄表服务,还可以通过居民的用水、用电、用气数据的适时采集,分析其入住状态。此外,雄安新区的综合管廊智能化管理平台集合了电力、通信、燃气、供热、给排水等各种工程管线,同步建有建筑信息模型,可以及时地将管廊内的环境参数信息实时回传至管理平台,实现线上巡检查验和自动预警。② 未来,雄安新区数字孪生技术领域的创新应用场景将创新,全面赋能城市建设、交通、运行、政务、生活、产业等方面,使雄安新区变得越来越"智能"。

(二)整体推进+数据驱动模式

早在2018年,上海就在全市开展"一网统管"建设工作,提出"一屏观天下、一网管全城"的治理愿景。2020年,《上海城市运行"一网统管"建设行动三年计划(2020—2022)》发布,统筹推进"一网统管"工作,并在市、区、街道(镇)三级成立了城市运行管理中心。近些年,上海市全方位推进数字化、精细化治理,为数字孪生

---

① 解楚楚:《高标准高质量建设雄安新区|孪生共建,向改革创新要动力》(2023年4月1日),河北新闻网,https://hebei.hebnews.cn/2023-04/01/content_8974984.htm,最后浏览日期:2024年6月15日。
② 《数字化应用赋能未来之城》(2023年12月12日),雄安发布,https://mp.weixin.qq.com/s/WUwUjNtcjRei64cpxyAqbg?clickpos=1566&clicktag=bar_share&scene=294&from_safari=1,最后浏览日期:2024年6月20日。

城市迭代升级奠定了较好的基础。《上海市数字经济发展"十四五"规划》提出,发展万物互联、虚实映射、实时交互的数字孪生城市,并在临港新城建设数字孪生城市先行示范区。当前,上海市的数字孪生城市建设进程正加速实施,明确了"抓住数字化赋能智慧治理的核心要素是数据"这一本质,形成了整体推进+数据驱动的城市智慧治理转型发展的建设路径。

针对前期城市治理数字化转型中难以克服的"数据烟囱""信息壁垒""数据质量不高"等难题,上海市在推进"一网统管"进程中建立了城市数据资源平台,依托标准化的数据,将政务数据按照种类、级别、性质等特性分类管理。从应用的角度出发,上海市通过建构公共资源数据目录体系,编制公共数据需求清单、责任清单和负面清单,明确采集数据项、使用需求、数据颗粒度等数据轨迹标准,形成了公共数据归集长效管理机制;还通过购买服务或动员方式,汇聚企业、社会组织等其他治理主体的相关数据,拓展城市数据的来源。

2021年,上海市启动城市最小管理单元数字化治理项目,从市民真实需要和城市治理出发,对超大城市治理规律进行整体把握,以此为基础重新定义城市运行最小管理单元。上海市将城市运行最小管理单元细分为楼宇、社区、基础设施、公用事业、公共空间等多种类型,并将其视为一个智能生命体和有机体,通过物联、数联、智联等技术和管理手段,对最小管理单元开展数字孪生建设,形成统一的城市数字底座,并通过"系统"来进行数据的采集、管理和维护。上海市基于海量多维数据,打造最小管理单元的城市运行生命体征,通过适时感知,及时发现各种问题与风险,实现对最小单元的数实融合治理和处置。① 在数据管理和使用方面,

---

① 熊易寒:《城市治理的范式创新:上海城市运行"一网统管"》,中信出版集团2023年版,第262页。

上海市采取"一朵云"+市、区两级数据库+街镇、村级小数据库管理方式。对基础性数据进行归集化管理与有条件共享,对于实时治理数据则采用分布式数据库本地存储。同时,建立数据开放共享机制,促进部门之间的互联互通。进一步地,通过大数据中心对集成数据的标准化处理,实现对特定服务对象的特定事项进行快速精准的数据需求匹配。①

当前,上海市正推进以整个城市为视角打造城市级数据资源平台,充分利用上海市海量应用场景优势,推动城市数字化转型加速升级。2024年1月,《浦东新区综合改革试点实施方案(2023—2027年)》获批,该方案提出建立城市治理智能化统筹提升机制,健全城市信息模型平台,推动智慧城市时空大数据平台应用,打造数字孪生城市。

(三)应用牵引+产业拉动模式

深圳是一座信息产业高度发达、信息基础设施相对完备、市民信息化素养较高的新兴城市。2020年,《深圳市人民政府关于加快智慧城市和数字政府建设的若干意见》提出,探索数字孪生城市,构建可视化城市空间数字平台,链接智慧泛在的城市神经网络,提升城市可感知、可判断、快速反应的能力。2022年,《深圳市数字政府和智慧城市"十四五"发展规划》提出,打造国际新型智慧城市标杆和"数字中国"城市典范,成为全球数字先锋城市。《深圳市数字孪生先锋城市建设行动计划(2023)》提出,通过"四个先锋计划"将深圳市建设成国内领先、世界一流的智慧城市和数字政府。一是先锋底座,即建设一个一体协同的城市级数字底座;二是先锋数据,即构建不少于十类数据相融合的数据底板;三是先锋应用,即上线承载超百个场景、超千项指标的多跨协同数字孪生应用;

---

① 李嘉宁、张逸平、汤舸等:《面向基层治理的数字孪生城市工作体系初构——以花木数字孪生城市为例》,《上海城市规划》2023年第6期。

四是先锋科技,即打造信创驱动、数字赋能的万亿元级核心产业增加值数字经济高地。该计划中的不少举措均属国内外首创或首次提出,彰显了深圳市加快布局数字孪生领域的战略决心。

数字孪生城市是多种数字技术融合的复杂系统,由无数个应用场景构成,通过自我迭代、持续演化,才能最终解决城市的治理和发展的实际问题。① 深圳市数字孪生城市建设的突出特点,在于强化应用导向和数字经济产业培育,以此牵引和驱动数字孪生城市建设。《深圳市数字孪生先锋城市建设行动计划(2023)》明确提出,以项目为抓手,围绕经济运行、城市建设、民生服务、城市治理、应急安全、生态文明等方面,梳理出6大领域100+个业务场景,涵盖1 000+项城市运行指标的数字孪生应用,为经济社会高质量发展提供有力支撑。此外,深圳市还谋划数字孪生城市建设与数字经济发展的深度融合,即通过数字孪生城市建设,带动培育具有自主知识产权的数字孪生城市全产业链,打造万亿级核心产业增加值数字经济高地。为此,深圳市计划成立数字孪生城市产业协会,设立城市数字化技术创新中心,建设一批技术创新实验室和产品测试验证实验室。通过举办BIM/CIM生态大会、应用大赛、高端论坛,培育数字孪生产业生态。深圳市还进一步加快推动数字孪生技术与更多产业相结合,为数字能源、智慧交通、智能建造、数字医疗、新一代物流等新产业、新业态提供赋能支撑,助推更多产业数字化转型和高质量发展。

三、数字孪生城市建设的功能建构

在现实建构中,数字孪生城市建设的整体架构基本上分为三

---

① 常迪:《深圳以数字孪生赋能千行百业建设数字孪生先锋城市》,《深圳特区报》,2023年11月15日。

个层次:底层智能基础设施,中层数字化处理平台和顶层智能应用场景。在传统智慧城市重大平台的建设基础上,进一步形成了泛在感知与智能设施管理平台、城市大数据平台等核心平台,构成数字孪生城市系统。① 数字孪生城市系统通过数字标识、网络连接、智能控制、平台服务等信息技术,同时深度融合新型测绘技术、地理信息技术、3D 建模技术、仿真推演技术等行业技术,形成了对城市治理的综合性技术赋能体系。

(一)底层全要素数据汇集:支撑城市治理中的大数据决策

数字孪生城市底层是数字孪生城市的基础支撑,它是由智能城市专线和泛在互联智能感知设施,地上、地下、空中、水域等边缘计算节点组成的智能基础设施层。从作用原理看,数字孪生城市的智能基础设施层通过泛在互联感知设施广泛地连接城市静态设施、社会动态事件、环境场景,从而实现物与物、物与人的泛在连接。与此同时,数字孪生城市的智能基础设施层要实现对水、陆、空等不同空间层面静态数据和运行状态数据的采集,并利用无人机三维影像等新型测绘技术,收集物理城市基础设施的全面信息。最终,为数字孪生城市打造一个城市全空间、数据一体化、相互耦合的数据底板,使数字空间与物理空间数据相互融通和反复迭代,进而达到实现城市信息的全要素表达和全息感知。当然,这些数字化和智能化的努力,为数字孪生城市治理的可视化展现、精准分析和科学决策等提供充分的信息支持。

数字孪生城市具有汇集底层全要素数据的功能,能够供给全量、精准、有效的大数据,是城市治理科学决策的前提。我们知道,对于传统的城市治理模式而言,由于城市地理空间和治理工作的

---

① 仇保兴、陈蒙:《数字孪生城市及其应用》,《城市发展研究》2022 年第 11 期。

复杂性,受决策时间及决策成本的约束,决策者难以穷尽资源对城市治理过程中海量的信息进行搜集和分析,要全面及时地掌握决策信息是比较困难的。特别是科层制体制的障碍,城市治理的决策过程中的信息传递链条十分冗长,容易产生信息失真等问题。在这种情况下,决策主体往往依靠主观经验进行判断,影响了对决策问题的精准识别和有效分析,也对后续的决策方案制定产生影响。① 数字孪生底层智能基础设施建设,可以对城市全域信息进行全要素适时感知与搜集,并进行实景化呈现,可以满足城市治理决策的所有数据信息需求,这为城市治理提供了相对充分的决策依据,相对而言,可以提升城市治理的效果。当然,城市治理的决策主体是优秀治理者、科学治理理念和高效治理行动的有效融合,详尽的城市治理数据绝不是提升城市治理成效的唯一依据。雄安新区、上海市和深圳市的数字孪生城市建设,都重视加强全要素数据底座的基础设施建设。雄安新区建成投用的块数据平台,集数据汇聚、数据管理、数据服务、数据赋能于一体,是雄安新区孪生城市的数据基底,为新区征迁安置、工程建设管理、政务办事、疫情防控等提供重要支撑。② 上海市针对各类城市运行数据,建立了自然人、法人、地理空间、电子证照四大综合数据库和公共安全、市场监管、卫生健康等8个主题数据库,以及土地房屋、小微企业、城市部件等一批专题数据库和临时数据库,为城市治理决策提供海量的数据信息支持。③ 深圳市的5G网络覆盖、城市智能物联设施和物联网信息传输网络一直走在全国前列,在国内较早地搭建了空

---

① 梁正:《城市大脑:运作机制、治理效能与优化路径》,《人民论坛·学术前沿》2021年第9期。
② 《"一中心四平台"建设基本成型 "云上雄安"初步建成》(2023年3月27日),国脉电子政务网,www.echinagov.com/news/337792.htm,最后浏览日期:2024年11月18日。
③ 熊易寒:《城市治理的范式创新:上海城市运行"一网统管"》,中信出版集团2023年版,第213页。

间基础信息平台,为深圳城市规划建设、国土资源、应急、教育、环保、水务、医疗、公安、气象等90余个政府部门决策提供信息支持服务。①

(二)中层数据大脑:提升城市治理中的整体智治

数字孪生城市的中层是数据大脑,它是连接底层终端设施、驱动上层行业应用的智能中枢,是数字孪生城市的大脑。数字孪生城市的中层主要包括数据汇聚、数据融合和数据赋能三部分。其中,数据汇聚是依托城市大数据平台、城市感知平台、城市实景三维平台和城市信息模型平台等,全面汇聚城市运行相关数据;数据深度融合是围绕实体对象孪生、实体关系孪生、业务规则孪生,以分级分类的形式,融合多元、多源、多态数据,打造城市级数字孪生底座平台;数据赋能是将底座平台能力以服务组件的形式向各类应用场景赋能。②

中层数据大脑通过数字算法和应用模型的开发利用,可以对城市空间、人群和各类经济社会活动进行细致画像,准确定位城市问题,全面理解城市的运行过程。此外,在分析、模拟的基础上实现风险早期预警、趋势精准研判及方案科学制定;数字孪生城市具有可学习、可诊断、可预测、可决策和可验证等功能,极大地提升了城市治理决策的智能化水平。例如,在城市应急治理中,数字孪生城市可以实时呈现城市运行状态。一旦物理城市出现交通事故、矛盾冲突、自然灾害等突发状况,则可以通过深度学习、模拟仿真进行智能预警,报告警情识别、警情分析、警度评估、警报发布和警源控制等。数字孪生城市可以智能干预城市原有发展轨迹和运

---

① 袁义才等:《深圳智慧城市建设研究报告(2022)》(2023年2月),转引自搜狐网,https://www.sohu.com/a/716055140_468661,最后浏览日期:2024年6月25日。
② 中国信息通信研究院等:《数字孪生城市白皮书(2023年)》,转引自搜狐网,https://www.sohu.com/a/777511504_121123737,最后浏览日期:2024年6月22日。

行,实现智能治理。在城市规划与城市更新中,系统可以通过模拟仿真推演能力,在虚拟空间中耦合动态数据和三维模型,对城市建设方案进行反复分析与评估,并对施工过程进行全面管控。在后期运维阶段,系统可通过适时数据开展智能分析,并对可能出现的问题进行预测、预警。① 雄安新区依托物联网平台的多表抄集系统,可以对新区内用户的用水、用电、用气等适时数据进行智能分析,实现对独居老人的重点关注(前提是征得亲属同意)。若独居老人长时间没有用水,系统会自动生成预警事件并派单到社区,由工作人员查看老人是否需要帮助。上海市普陀区人行道旁安装的温度感应器,可以适时对接区级城运中心,将路面气温汇入数据资源平台,当路面结冰时便能第一时间调动应急部门赶赴现场。②

(三) 顶层场景应用:引领城市治理中的智能创新

数字孪生城市顶层具有智能应用服务的功能,是数字孪生城市价值的直接体现和活力之源。当前,数字孪生场景已广泛应用于区域综合治理、城市治理、规划建设、安全与应急、工业生产流程、交通物流、公共服务等领域。数字孪生应用成熟度等级由低到高可分为五个等级:起始级(外观孪生、实景呈现)、应用级(机理孪生、点状应用)、集成级(孪生互动、综合集成)、优化级(智能优化、动态推演)和引领级(虚实共生、创新引领)。③ 随着数字孪生城市建设的全面铺开和不断完善,未来的数字孪生城市不仅仅是一个可视化工具,而且是一个分析、模拟、决策和管理的平台,更是一个物联感知操控、全要素数字化表达、仿真推演、虚实融合互动的智

---

① 许广富:《我国数字孪生城市发展初探》,《中国建设信息化》2023 年第 10 期。
② 熊易寒:《城市治理的范式创新:上海城市运行"一网统管"》,中信出版集团 2023 年版,第 229 页。
③ 中国信息通信研究院等:《数字孪生城市白皮书(2023 年)》,转引自搜狐网,https://www.sohu.com/a/777511504_121123737,最后浏览日期:2024 年 6 月 22 日。

能治理生命体。数字孪生城市的顶层场景应用可以引领城市治理不断创新突破。

当前,探索政府与公众共建共享数字孪生城市底座平台,成为数字孪生城市长效运营的新方向。在公共服务领域中,基于保障用户信息及隐私安全的前提,政府深入构建群体用户画像,打通公民各类信息,打造个人数字孪生体应用,为公民提供定制化、精准化的服务推送;并依托个人数字孪生体应用,打造立体化交互、沉浸式体验的新场景;公众被允许在孪生城市中发布内容,打造公共服务新模式,提升数字孪生城市的黏性。① 如上海市"一网通办"系统,政府部门联合有关企业开发智能手环,一旦失能老人活动轨迹超出一定的地域范围,系统就会自动预警,工作人员也可以第一时间介入处理。② 深圳市为市民提供统一便捷的预约挂号、在线问诊、分时候诊、诊间结算等全流程在线诊疗服务,及个人健康档案信息、健康画像、疾病预测等健康服务;还可以为老年人、妇幼、慢病患者等特殊人群提供健康信息跟踪、护理信息推送等服务。③ 在人工智能技术和深度学习技术的支持下,未来数字孪生城市将不断实现城市自主学习和智慧成长。

四、我国数字孪生城市建设面临的主要问题

根据数字孪生城市的运行逻辑可知,数字孪生城市建设是一

---

① 中国互联网协会数字孪生技术工作委员会等:《数字孪生城市创新应用场景研究报告(2023年)》(2023年7月28日),搜狐网,https://www.sohu.com/a/707163070_121015326,最后浏览日期:2024年6月20日。
② 熊易寒:《城市治理的范式创新:上海城市运行"一网统管"》,中信出版集团2023年版,第135页。
③ 袁义才等:《深圳智慧城市建设研究报告(2022)》(2023年2月),转引自搜狐网,https://www.sohu.com/a/716055140_468661,最后浏览日期:2024年6月25日。

个整体推进、逐步完善的过程。尽管我国数字孪生城市建设的成效已初步显现,但尚处于初期探索阶段,要达到数字孪生城市的理想形态,还面临顶层规划设计不足、体制机制不畅、资源要素不充分及安全风险凸显等方面的主要问题。

(一)数字孪生城市建设的顶层规划设计不足

中央和地方已密集出台了数字孪生城市建设的相关政策,为数字孪生城市建设提供了战略与框架指引;在具体建设实践中,每个城市的情况又迥然不同,需要更为细致的建设规划与建设方案。截至目前,只有深圳市出台了整体性数字孪生城市建设方案,大部分城市将数字孪生城市建设纳入政府相关工作规划后,尚缺乏顶层系统规划文件的指导。顶层规划设计不足会导致各级政府对数字孪生城市的认识不足,导致数字孪生城市建设中出现重物理属性轻社会环境属性、重技术轻应用的现象。例如,一些数字孪生城市建设项目过度关注对城市空间的数字呈现,缺乏对城市中的人类交互、活动及社会习俗等社会属性的建模分析,缺乏对实际应用场景的深度理解和使用需求的深入分析,从而导致数字孪生技术应用与城市发展实际需要相脱节,一些落地应用场景"中看不中用",最终成了摆设。① 顶层规划设计不足也会导致数字孪生城市建设缺乏系统性思维和整体性布局,对数字孪生城市的总体架构和整个实现路径不够重视,导致建设无序、成本加大、资源浪费以及难以避免的信息孤岛等问题。

(二)数字孪生城市建设的体制机制有待理顺

在层级制的管理模式下,政府组织结构呈现以条块分割的金

---

① 盛见:《我国数字孪生城市建设面临的现实问题及破解路径》(2023年12月25日),中国社会科学网,https://www.cssn.cn/glx/glx_llsy/202312/t20231225_5722389.shtml,最后浏览日期:2024年6月25日。

字塔体系,各部门以职能为基础而划分,导致跨部门业务协同难、资源共享难的困境。在前期智慧城市建设中,因层级政府职责划分不够科学,没有明确的牵头部门,不同层级的政府及不同部门通常自行设计和建设一套智能治理系统,致使政府内部智能治理系统重复建设、数据分割问题较为严重。在上海、深圳等城市推进数字孪生城市的建设中,最难解决的仍是信息资源共享与整合、有效利用和跨部门业务协同的问题,具体原因如下:一是科层制和部门制的长期惯性,一些部门将数据资源和业务权力视为重要的部门利益,担心数据共享和业务协同后,会失去信息垄断优势,部门权力旁落。二是数据资源产权界定模糊。如何在数据采集、使用共享过程中发挥数据价值并兼顾数据产权,对各部门来说是较难把握的事情,因此,往往选择较为保守的做法。三是各级政府尚未完善数据共享的事项清单、数据责任以及责任清单。部门职责不清导致共享工作推进缓慢。此外,因缺乏统一标准而导致数据格式不统一,也制约了部门间的数据共享。[①]

(三)数字孪生城市建设的资源要素不充分

数字孪生城市建设需要资金、技术、人才等的长期持续投入,周期长、成本高。在资金方面,数字孪生城市系统建设所需要的前期经费投入通常较大,很多财政实力较弱的城市政府面临较大的财政压力。一些城市政府受限于财政资金不足,在建设数字孪生底座基础设施或进行智能化升级改造时,希望花小钱办大事,短期是省钱省事,但是长期来看会导致后期运维成本、改造或者升级成本急剧增加,对数字孪生城市建设和发展是不利的。在技术方面,我国相关企业在数字孪生关键技术领域占比较小,自主可控水平

---

① 熊易寒:《城市治理的范式创新:上海城市运行"一网统管"》,中信出版集团2023年版,第166—169页。

较低,容易被"卡脖子"。国内相关产业基础薄弱,在基础支撑、数据互动、仿真分析、共性应用高等领域,支持高性能计算、图形计算等的硬件芯片,支撑建模、渲染、仿真等的底层软件大多数由国外主导。在人才方面,当前中国数字化人才缺口在 2 500 万至 3 000 万,而在数字孪生城市领域,数字孪生城市管理者、数字孪生科学家、数字孪生工程师、数字孪生应用技术员等人才的短缺问题更为突出。

(四)数字孪生城市建设中数据安全风险凸显

数字孪生城市建设中的安全风险主要来自数据信息的采集、存储、分析和利用过程中可能出现的各种不好的结果。毕竟,在数字孪生城市系统中,每一个城市居民都获得"数字居民"的身份,其姓名、性别、位置信息、电话信息、出行信息、内容创作信息、浏览过的信息都会被一一记录,这些信息经过简单的数据收集和智能算法,便可以推测出个人癖好等私密信息,通过深度学习则可进行人物画像。如果这些信息被泄露,不仅损害其利益,更有可能为其带来风险隐患。[①] 数字孪生城市中海量数据分析运用中的算法歧视和数据资源权责归属模糊问题也不容忽视。算法歧视是指在算法设计和应用过程中,由于偏见、歧视性数据集或其他因素导致的"不公平结果";数据权责归属模糊是指数据资源作为数字孪生城市的核心资源,在使用中的权利与责任界定不清。此外,数字孪生城市安全风险还来自数字孪生相关技术,包括技术本身的风险和技术绑架政治的风险。技术是一把双刃剑,迄今为止,人类还没有任何一项技术是绝对安全的,都需要辅之以一定的使用规范限制和安全保障措施。一方面,数字孪生城市所依赖的数字孪生技术

---

① 本清松、彭小兵:《人工智能应用嵌入政府治理:实践、机制与风险架构——以杭州城市大脑为例》,《甘肃行政学院学报》2020 年第 3 期。

尚处于初期发展阶段,不仅存在许多未知领域,也存在系统不稳定的安全风险,如何防止和避免数字孪生城市系统因受攻击而瘫痪,确保系统安全运行,对各级政府来说都是较大的挑战;另一方面,政府在数字孪生城市建设中往往处于技术弱势地位,掌握核心技术的企业具有更大的主动权,随着科技企业垄断地位的逐渐提升,技术绑架政治的风险不可忽视。

五、完善我国数字孪生城市建设的运行机制

数字孪生城市建设是一项复杂宏大的全社会工程,涉及城市治理理念与模式重塑、组织与制度变革、资本与科技创新等方面,需要有一套能促进复杂工程规范高效安全实施的系统性机制,来对数字孪生城市建设工程进行整体性规划,统筹协调各方利益与资源,提供制度、技术、人才等保障,实现创新突破。

(一) 以大数据局为主导的统筹协调机制

数字孪生城市建设是一项涉及多个部门、多个主体、多种专业技术的复杂巨系统工程,政府必须突破建设数字城市、智慧城市的传统思维,充分认识到数字孪生城市在促进城市治理现代化和培育数字经济新业态方面的巨大潜力与必然趋势,加强对数字孪生城市建设的整体规划与统筹协调。深圳市在推进数字孪生先锋城市建设中,依托智慧城市和数字政府建设领导小组,设立数字孪生先锋城市建设工作专班,由市政务服务数据管理局具体牵头,加强跨区域、跨部门、跨层级、跨政企组织的联动。首先,各级政府推进数字孪生城市建设,应成立数字孪生城市工作统筹推进领导小组,全局谋划数字孪生城市建设目标,准确把握城市的区域特点与资源禀赋,以适度超前的眼光,制定相应的数字孪生城市建设方案,

系统地进行数字孪生城市一体化架构设计;推动政府部门纵向和横向间的业务整合,促进城市政府业务变革和流程重塑,最终实现数据驱动的政府业务运作机制。其次,建立政府部门间的联动协调机制,形成由大数据局牵头的多部门协调联动机制,规范各委办局之间的协作模式。数字孪生城市建设中要明确各部门的主体责任,其中,大数据局、规划建设局、自然资源局等政府部门提供基础数据、平台和工具,各业务部门提出数字孪生场景需求,大数据局对需求进行统筹,形成数据、平台、场景协同一体。[1] 在数字孪生城市运行管理中,可根据城市运行综合管理的需要,制定统一标准和机制,建立围绕特定城市公共事件或场域的联动指挥系统,统筹协调各部门的资源,提高处置效率。最后,探索多元主体合作共治机制。政府是数字孪生城市建设的主导者,数字科技企业、其他企事业组织、智库、市民等众多主体是不可或缺的重要参与主体。各级政府都要发挥社会资本的优势作用,不断完善政企合作中的利益分配机制、风险共担机制,促进社会资本参与数字孪生城市建设。与此同时,要加强政社合作中信任机制与参与机制建设等,促使数字孪生城市建设更加以人为本、更加普惠包容。

(二)政企协同的分类建设机制

数字孪生城市建设需要投入巨大资金,仅靠公共财政支持难以维持数字孪生城市的长期建设与可持续发展。在数字孪生城市的建设中,政企合作中最重要的是建立利益共享、风险共担的开发模式。雄安新区、深圳、上海等城市在数字孪生城市建设各项目中,都重视加强政企合作。上海市在全域数字系统架构的建设过程中,采用了政企合作的模式,即政府作为运营方,企业作为数字

---

[1] 中国信息通信研究院等:《数字孪生城市白皮书(2023年)》,转引自搜狐网,https://www.sohu.com/a/777511504_121123737,最后浏览日期:2024年6月22日。

平台的开发方,以外包、众包等方式提供公共服务。《关于深化智慧城市发展 推进城市全域数字化转型的指导意见》提出,探索新型政企合作伙伴机制,推动政府、企业、科研智库和金融机构等组建城市数字化运营生态圈,打造多元参与、供需对接、价值驱动的社会长效运营机制。根据这一政策要求,可考虑建设促进政企协同的分类建设机制。

政企协同的分类建设机制是指将数字孪生城市建设相关项目分为非经营性项目、准经营性项目和经营性项目三类。非经营性项目不具备营利空间,一般由政府出资向数字孪生企业购买服务;准经营性项目具有一定的营利空间,需要政府授权或搭建平台;经营性项目可以通过提供服务收回投资并获得回报,可以由企业市场化运作。此外,可考虑创新建立数字孪生底座平台和孪生体资产的专业运营公司,负责数字孪生城市的孪生体资产管理、资源管理、效益评估、日常运维等工作,不断丰富孪生体数字资产、提升数字孪生城市平台对各场景的支撑能力,促进数据、能力和资源高效利用。①

(三) 产业发展生态促进机制

数字孪生城市技术体系复杂,要实现以数字孪生城市赋能城市治理效能提升,必须依靠一个发展强劲的产业生态,为数字孪生的可持续迭代演进、城市治理能力的不断升级提供不竭的技术支撑和创新支持。现阶段数字孪生城市建设涉及的产业已初步形成了8大领域:(1)基础支撑层:包括芯片、传感器、边缘计算、视频监控等;(2)数据互动层:各类数据融合的引擎;(3)仿真分析层:在数字化模型中融入物理规律和机制;(4)模型构建层:为用户提供数

---

① 中国通信研究院等:《2022 数字孪生城市白皮书》(2023 年 1 月 12 日),腾讯网, https://dsj.guizhou.gov.cn/xwzx/gnyw/202301/t20230113_77919510.html,最后浏览日期:2024 年 6 月 25 日。

据获取和建立数字化模型的服务;(5)共性应用层:软件定义的数字孪生工具和平台;(6)行业应用层:针对行业需求的数字孪生技术在智慧城市、交通、工业生产等领域的各种应用服务;(7)支撑技术层:包括云计算、边缘计算、大数据、区块链、人工智能、智能硬件、AR/VR;(8)安全层:包含物联网安全、网络安全、数据安全等。①

当前,我国发达地区(如深圳、苏州等城市)已率先布局数字孪生产业生态、开展数字孪生应用示范,抢占全国数字孪生产业高地;但总体来说尚未形成数字孪生产业生态,难以使企业发挥技术产品互补优势,开展集智创新。某些产业领域缺乏具有开拓创新和行业影响力的领军企业,无法为产业发展提供行业引领和示范作用。因此,政府层面应加强数字孪生产业政策扶持,推动数据、技术、人才、企业等创新要素集聚,引导全链条产业协作;聚焦关键领域关键技术,协同产业上下游关键环节共同攻关,实现创新突破;探索创新企业示范培育,打造标杆项目,待成熟后进行推广复制;建设数字孪生产业公共服务平台,聚合政府、企业、行业协会及科研机构等力量,围绕技术、标准、战略等方面,为企业提供全方位服务。②

(四)数据安全治理机制

数据是数字孪生城市的关键要素,要建立数字孪生城市的数据治理机制,包括数据标准机制、数据共享机制以及数据安全机制等。雄安新区制定了《雄安新区数据资源目录设计规范》,从数据准备、数据使用和数据评价三个阶段为新区的数据安全提供技术

---

① 《一图看懂〈数字孪生应用白皮书〉》(2020年11月16日),https://data.wuhan.gov.cn/zxy/xwdt/202012/t20201201_1524434.shtml,最后浏览日期:2024年6月30日。
② 刘郁恒、许鸿宇、刘彦俊:《数字孪生城市建设进展及突破点思考》,《广东通信技术》2024年第3期。

和管理保护。深圳市、上海市陆续出台"数据条例",围绕城市数字化转型的基础命题,构建数据工作的法治框架。

首先,完善城市数据信息标准。当前,数据信息标准不统一导致同一事物的信息难以有效地追溯和聚合,信息孤岛现象加重。因此,应建立基于统一编码体系的城市不同类型事物信息的关联规则,实现虚拟世界中各类数字孪生体的有效标识和关联索引,实现同类传感器在数据格式上和精度上的统一,不同类型感知设备在数据交换格式上的统一,各类感知设备和传输设备在管控上分布、级联,在平台上实现多格式数据间无障碍交换。①

其次,建立数据共享机制。在数字孪生城市的建设中,各级政府掌握了海量的公共数据,但是存在数据孤岛、数据闭环等现象,需要进一步完善数据共享政策,明确数据共享的目的、范围、方式和安全措施等方面的规定。在数字孪生城市的建设过程中,可构建公共数据分级分类授权机制,一方面,推动公共数据在不同政府部门、不同行政区域的流动,赋能城市政府的"数治"和"数智"能力;另一方面,向数字经济实体共享公共数据,促进公共数据作为数据要素进入数字经济各行各业的生产活动。② 此外,建立政府部门与企业等社会主体的合作伙伴关系,在互信互利原则下共享数据资源。

最后,建立数据安全保护机制。在数据保存、共享以及使用过程中,既要采用适当的数据处理方法对敏感信息进行脱敏处理,以保护数据主体的隐私;又要采取充分的安全措施来保护数据的机密性、完整性和可用性。此外,严格做好数据的质量管理,确保数

---

① 中国信息通信研究院等:《数字孪生城市,引领未来城市智慧新纪元》,《大数据时代》2023年第11期。

② 周迪、施新伟:《数字政府建设:数据共享与数字共治》(2022年7月29日),中国政府网,https://www.gov.cn/xinwen/2022-07/29/content_5703413.htm,最后浏览日期:2024年6月30日。

据的及时性和准确性,以保证数据使用的有效和可靠。①

(五) 专业人才培养机制

高水平数字孪生城市管理人才和高技能人才,将为数字孪生城市建设发展提供"源头活水"。首先,加强对政府部门数字孪生管理人才的培育。数字孪生城市建设的关键不在于技术本身,而在于其带来的城市治理转型与变革。一方面,一把手要深刻认识数字孪生对城市治理的变革型影响,对数字孪生城市建设保持高度的好奇心和敏锐的洞察力,把握智能城市有机生命体的治理方向和思路,结合区域实践,推动数字孪生城市建设和治理转型;另一方面,要有能够推进数字孪生城市建设与应用的专家型业务骨干,具备数字化专业知识,能够运用数据进行分析和决策。其次,在社会层面,加强数字孪生专业技术人才培养,尤其要加强培养具备数字孪生与其他领域知识储备的复合型人才。人力资源社会保障部等九部门发布的《加快数字人才培育支撑数字经济发展行动方案(2024—2026 年)》指出,要用 3 年左右时间,扎实开展数字人才育、引、留、用等专项行动,增加数字人才的有效供给,形成数字人才集聚效应。为了实现人才培养的目标,一方面,要通过深化产教融合、校企合作,构建与数字孪生相匹配的专业集群;搭建数字孪生人才的培育平台,举办多层次的数字孪生相关技能培训班和竞赛活动;推进数字职业技能标准和评价体系建设。另一方面,要通过国际合作、人才计划、创新创业项目等方式引进人才,鼓励各类国际高水平人才参与城市建设和服务。再次,数字孪生城市建设还应加强对城市居民数字素养的培训和数字能力的提升。在数字社会中,个体具有了"数字人"的身份,每天产生大量的身份数

---

① 赵旭、马新智:《数字孪生城市的结构、技术及策略》,载《第十八届(2023)中国管理学年会暨"一带一路"十周年研讨会论文集》,2023 年 7 月。

据、关系数据、行为数据、影像数据、语音数据等。① 在数字孪生有机生命体中,城市居民本身也是数字孪生城市的一部分,既是数字孪生城市重要的数据来源,也是数字孪生城市应用服务的主要对象。为更广泛地促进城市居民参与数字孪生城市的建设,保障城市居民在数字孪生城市中的各项权益,应将城市居民数字素养与数字技能教育培训纳入城市数字孪生人才的培养范畴,定期开展数字知识普及和数字技能培训,让城市居民能用、会用、乐用数字技术与数智平台,引导群众参与数字孪生城市建设和使用各环节,提升城市居民享受数字孪生技术带来的获得感。

六、结语

数字孪生城市是在智慧城市建设的基础上,进一步把真实物理世界与基于数据模拟的虚拟世界结合起来,并将对虚拟世界的智能分析和决策反馈给物理世界,从而实现对物理世界运行的影响和干预,是一个能对城市问题主动发现与超前治理的智能城市生命体。其在城市治理中的初步实践,为我们展示出未来城市发展的无限美好想象,但其建设过程充满挑战与未知。数字孪生城市建设需要理论研究的持续深入和实践经验的不断总结,以系统性思维整体推动数字孪生城市的实践进程。

---

① 马长山:《数字公民的身份确认及权利保障》,《法学研究》2023 年第 4 期。

数智驱动城市社区空间精细化治理的变革逻辑与实现机制

滕明兰[*] 庞 娟[**]

[内容摘要] 城市社区空间是基层治理运作的核心场域,是实现城市公共服务供需匹配的有机衔接场域。随着数智技术的进步,其引发的创新已全方位渗透城市社区治理的各个方面,深刻地影响着社会治理方式的不断变迁。近年来,数智技术在产业与城市治理领域的应用使得数智赋能城市社区治理成为可能。基于技术嵌入理论为基础的数智驱动城市社区空间治理的变革逻辑可分为三个阶段,即通过嵌入—吸纳—整合实现城市社区空间的善治。数智驱动城市社区空间精细化治理的场景赋能主要表现在三个方面:一是通过智慧社区实现治理效率化;二是通过功能社区实现服务专门化;三是通过优化资源配置促进公共服务供需均衡化。为实现城市社区空间精细化治理目标,拟从三个方面构建其实现机制:一是构建社区服务需求获取及信息挖掘机制,实现信息搜集—信息整合—信息反馈三者之间的结构互嵌与统一运行;二是构建社区服务精准决策机制,以数智技术为纽带联结决策前—决策中—决策后三个环节,全链条地提升决策效能;三是构建社区服务供给实现机制,通过资源链接—治理主体—组织动员的良性互动,优化社区公共资源配置,实现城市社区空间精细化治理。

---

[*] 滕明兰,广西财经学院海上丝绸之路与广西区域发展研究院副教授。
[**] 庞娟,经济学博士,广西财经学院经济与贸易学院教授。

[**关键词**] 数智驱动;城市社区空间;精细化治理;变革逻辑;实现机制

一、问题的提出

党的二十大报告提出,要"健全城乡社区治理体系","健全基本公共服务体系,提高公共服务水平,增强均衡性和可及性,扎实推进共同富裕"。作为城市运行和居民生活的基本单元,城市社区空间集地理属性、社会属性和政治属性于一体,是基层治理运作的核心场域,是实现城市公共服务供需匹配的有机衔接,是加快推进市域社会治理现代化的关键抓手,是提高市域社会治理能力的重要举措。[①] 近年来,党和政府高度重视公共服务体系建设,不断加强公共服务供给治理,构建公共服务的多元供给模式,不断丰富人均公共服务资源,从而使得覆盖城乡的公共服务体系逐渐完善。但是,由于一些深层次的体制机制问题并未完全解决,从而导致城市社区空间治理过程中呈现出诸多问题,如社区空间公共产品供给与需求不平衡、多元化居民需求与个性化需求相矛盾、社区公共服务配比需求较粗放、公共服务管理碎片化、监管不规范等。

党的二十大报告指出,要"完善网格化管理、精细化服务、信息化支撑的基层治理平台"。依托数字化技术,不断提升社区治理服务智慧化、智能化水平,为社区减负、为治理赋能,已然成为社区治理新的发展趋势。数字社区是应用大数据、云计算等信息技术手段整合社区各类资源,打造基于信息化、数字化管理服务的社区治理

[①] 郑琼:《基层治理数字化转型的应然逻辑、现实困境及优化路径》,《中州学刊》2023年第9期。

新形态。数字社区通过数字化技术实现信息提供者、社区管理者、社区居民的有机连接,实现对传统社区治理的升级改造。深入推进数字社区建设,对提升社区治理水平,推动社区高质量发展具有重要意义。随着数字技术的发展与应用程度的快速提高,数智化的概念应运而生,并不断地丰富与扩展。数智化不仅被广泛应用于制造业、物流业、医疗卫生、交通运输、金融服务等各个产业领域,也逐渐开始应用于城市治理和社区治理。因此,运用数智技术为城市治理增权赋能,将精细化理念引入城市社区空间治理,研究城市社区空间精细化治理的运作逻辑、主体构成、关系呈现、实现机制,能更好地为城市居民提供精准化、精细化服务,使得人民群众的获得感、幸福感、安全感更加充实、更有保障、更可持续,共同富裕取得新成效。本文拟通过探讨数智驱动城市社区空间精细化治理的变革逻辑与实现机制,探寻城市社区空间公共产品(服务)供需矛盾的解决方式,从而为城市社区居民提供更加精准化和精细化的公共服务。

二、数智驱动城市社区空间治理变革:寻找"善治"逻辑

当前,大数据、人工智能等新技术被广泛地引进和运用到城市社区治理中,既扩展了社区的时空边界,又带来了社区治理模式的革新,形成了全新的基于数智化技术的城市社区治理共同体,实现了社区内外各种资源的高效、优质整合,以及社区治理各主体的责任共担与利益共享,有效解决了"谁来治理""怎么治理""治理得如何"等核心问题。依托数智技术打造城市社区治理共同体,已成为推动我国基层治理现代化的主要方向和抓手。但随着数智赋能打造智慧社区的实践展开,传统的社区治理模式正受到极大的冲击,城市社区空间治理的结构、过程及结果均发生着深刻的转变。数智驱动城市社区空间治理不能仅仅停留在社区传统服务的数字化升

级上,而应从数据化、智能化、可视化、协同化、服务化等方面着眼,从社区空间治理的主体性和能动性出发,借助数智技术,重构社区空间与社会关系,逐步形成共建共治共享的社会治理共同体。那么,数智驱动城市社区空间治理的变革逻辑是什么?在数智驱动城市社区空间治理转型的过程中,技术与制度的互动关系究竟如何?数智驱动与城市社区空间精细化治理的运行逻辑和内在机制是什么?数智驱动在城市社区空间治理的逻辑理路与价值趋向又如何?

(一)数智驱动城市社区空间治理的变革逻辑

进入新时代以来,我国城市社区依托党建引领,持续强化组织核心、创新基层治理模式,联动多元治理主体解决社区治理难题,社区治理的效能不断地得以提升。但是,在城市社区治理过程中也呈现出诸多问题,传统的社区治理方式难以适应多元化与个性化的社区服务需求,从而导致城市社区空间治理困境凸显;与此同时,由于数智技术的进步,其引发的创新已全方位渗透城市社区治理的各个方面,深刻地影响着社会治理方式的不断变迁。数智技术首先广泛地应用于产业领域,然后为城市治理增权赋能,其治理经验将为城市社区空间的精细化治理提供借鉴。数智技术的不断创新构成了数智驱动城市社区空间治理的变革逻辑,揭示了数智赋能城市社区空间治理的价值含义。

1. 数智技术广泛应用于产业领域

当前,随着智能时代的到来,数智化已广泛应用于诸多领域,尤其是产业领域,如制造、物流、医疗卫生、交通运输、金融服务等领域。2024年,中央经济工作会议强调,要广泛应用数智技术、绿色技术,加快传统产业转型升级,发挥数智技术对传统产业的赋能作用。以杭州市新华三未来工厂为例,该厂通过运用数字技术,在行业内首创全自动服务器主板组装线,作业人员减少60%,单台设备人均产出提升了5倍,大大提升了生产效率。作为制造业数字化变革的新标杆,这个未来工厂集合了 5G、AI、边缘计算、工业互联网等前沿数字技术,可支撑年 50 万台服务器的生产规模。

2. 数智化为城市治理增权赋能

当前,数智技术不仅广泛应用于产业领域,而且不断地为城市实现精细化治理与现代化治理增权赋能。近年来,随着 5G、超级计算机等新技术的快速发展并融入数字政府的建设,部分城市开始实现数字化转型,无论是管理决策还是公共服务,都实现了明显的提质增效,数字化治理服务水平不断提升。从公共服务供给层面来看,数智化为城市治理增权赋能主要体现在三个方面。

其一,畅通公共事务信息。传统城市治理是一种自上而下的行政管理模式,缺乏居民诉求的多元表达机制,从而使得居民难以主动参与城市公共事务治理;同时,由于信息传递主要通过自上而下的方式,居民所表达的诉求缺乏回应渠道,使得城市公共事务信息不够畅通,从而产生公共服务管理碎片化以及信息公开不及时、不透明等诸多问题。随着数智赋能城市治理,借助各级政务服务平台、智能化公共数据平台、大数据中心等,公共事务信息得以整合畅通,社会治理的效率得以提升。

其二,优化公共服务配比。传统的公共服务配比主要从"上"的层面加以规划设计,也即从公共服务供给端加以考虑。然而,随着城市化与人口流动加速,社会变迁也在加速,城市异质性增加,呈现出收入水平、消费结构、身份地位较大差异的纵向分化与种族、民族、文化、宗教、职业等较大差异的横向分化。相对于社会结构的快速变化,原有公共服务配比显得较为粗放,难以满足城市居民的多元化需求与个性化需求。随着数智赋能城市治理,借助各级政务服务平台、微信小程序等各类数智平台,可以充分地掌握居民的公共服务需求,不断优化公共服务配比。

其三,平衡公共产品供需。当前,我国城市公共产品(服务)供需失衡,尤其是中西部城市,其"生老医行游"等社会民生领域供不匹配现象明显,居民的基本公共服务需求难以得到满足,出现托育一"位"难求、养老一"床"难求等问题。根据2022年国家卫生健康委的调查显示,大部分家庭期盼的方便可及、价格可接受、质量有保障的托育服务需求,目前还难以得到有效供给。随着数智赋能城市治理,通过数智托育中心、网络教育、网上医院、智能养老等模式,不断地实现区域公共产品供给增加与供需均衡。

3. 数智赋能城市社区治理成为可能

数智技术在产业领域与城市治理过程中的广泛应用,为数智赋能城市社区空间精细化治理成为可能。随着数智技术的发展,将精细化理念引入城市社区空间治理,可为城市居民提供更加精准化和精细化的公共服务。当前,从人脸识别到智能社区的网格化,数智技术已逐渐嵌入城市社区空间治理实践。通过灵活、开放的数智技术,在政府、社会、市场、社区居民之间已然架起了一座畅通的沟通桥梁,实现了城市社区居民的自主参与和多元化治理,从而满足社区居民对公共服务的多元化、个性化需求,优化社区公共资源的配置效率。

(二) 数智驱动城市社区空间治理变革的理论基础

数智技术是以大数据、人工智能等为主导的技术思维、技术产品和技术应用[1],具有渗透性、联通性、协同性、辐射性等技术-社会特征。以技术嵌入理论作为数智驱动城市社区空间治理逻辑变革的理论基础,在此基础上搭建分析框架,系统剖析数智嵌入城市社区空间治理的逻辑变革模型,这将有助于深入了解数智应用与城市社区空间治理精细化转型之间的内在机理,对规范数智有序嵌入、激活数智应用潜能、寻找城市社区空间的"善治"逻辑具有一

---

[1] 金波、杨鹏:《"数智"赋能档案治理现代化:话语转向、范式变革与路径构筑》,《档案学研究》2022年第2期。

定的理论与现实意义。

嵌入性的概念最初主要定义在社会学层面。嵌入性是指社会成员在多大程度上嵌入一个社会结构或者网络的内部[①];有的学者则用嵌入性去定义市场,认为市场是一种镶嵌于社会、宗教、政治、文化之中的非独立性存在[②];在嵌入性概念的基础上加以借鉴和扩展,专家学者们提出了技术嵌入理论,认为物质层面通过技术被引入组织构成要素(包括思维方式、互动关系、运行机制等),且在与组织的互构过程中不断推动着组织的变革。[③] 传统的组织包括形式层面、执行层面和物质层面。形式层面是"抽象的、概括的、原则上的"组织惯例;执行层面是"由特定人在特定地方和特定时间进行的特定行动";物质层面则是形式层面和执行层面的中间环节。而传统的组织变革主要是指组织的形式层面与执行层面之间的相互作用,物质层面则通过影响人们对形式层面的理解和执行层面的实际表现,拉近两者间的距离[④],一旦组织构成要素中嵌入了新技术,技术的物质层面将与组织的形式层面和执行层面发生相互作用并产生影响,成为推动组织变革的关键所在。

技术嵌入引发组织变革分为三个阶段:结构初始化、社会互动和结构优化。[⑤] 结构初始化阶段是指技术强制性嵌入原有的组织形式,包括制度基础、行动机制、思想观念等组织惯例;社会互动阶段是指随着技术在组织中逐步实施,技术逻辑对组织要素产生影

---

① Granovetter M., "Economic Action and Social Structure: The Problem of Embeddedness", *American Journal of Sociology*, 1985(3), pp.485-510.

② See Polanyik K., *The Great Transformation: The Political and Economic Origins of Our Time*, Boston: Beacon Press, 2001.

③ Feldman M. S. and Pentland B. T., "Reconceptualizing Organizational Routines as a Source of Flexibility and Change", *Administrative Science Quarterly*, 2003(1), pp.94-118.

④ Volkoff O., Strong D. M. and Emes M. B., "Technological Embeddedness and Organizational Change", *Organization Science*, 2007(5), pp.832-848.

⑤ 魏楠、刘潇阳、郝伟斌:《档案信息服务中的数智嵌入:过程模型与驱动路径》,《档案学通讯》2023年第4期。

响;结构优化阶段是指技术应用在组织内引入新的思维方式、运行规则和互动关系,组织成员需要按照新的行为模式行事,构成了组织新的执行层面,并对组织的形式层面造成冲击,推动其进入组织优化或再造阶段。① 一般认为,城市社区空间治理引入新的技术后,其传统的治理理念、治理结构、政府角色、治理主体等要素都将发生变化,原来自上而下的治理方式,随着信息打通之后将变成平级治理,旧有制度需要不断吸纳先进技术并产生碰撞,最终实现技术与制度的重新整合。

(三)数智驱动城市社区空间治理变革的分析框架

基于技术嵌入理论为基础的数智驱动城市社区空间治理的变革逻辑可分为三个阶段:首先,数智技术嵌入促进传统社区空间治理模式更新,实现组织结构初始化;然后,传统治理制度吸纳先进的数智技术"为己所用",实现社会互动;最后,数智技术与传统社区空间治理制度互相整合,耦合为新的城市社区空间治理模式,实现组织结构再造(图1)。

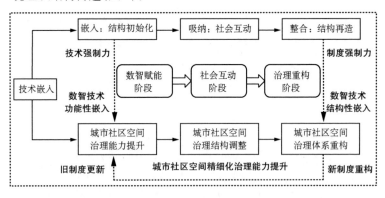

图1 数智驱动城市社区空间治理逻辑变革的模型框架图

---

① 邱泽奇:《技术与组织的互构——以信息技术在制造企业的应用为例》,《社会学研究》2005年第2期。

1. 数智技术嵌入促进传统社区空间治理模式更新

在将数智技术嵌入城市社区空间治理之前,城市社区空间治理拥有既定的治理理念、治理结构、治理主体、治理过程、治理方式和治理效能。随着数智技术的嵌入,传统的社区空间治理理念、治理结构、治理主体、治理过程、治理方式和治理效能将发生较大程度的更新,甚至是颠覆(图2)。

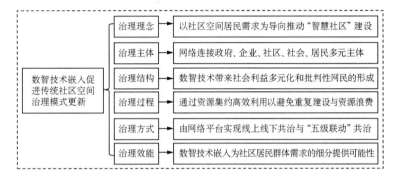

图2 数智技术嵌入促进传统社区空间治理模式更新的模型框架图

从治理理念来说,在整体上都是要确立人民本位的治理价值,提升居民的客观生活质量和主观生活满意度。传统治理主要以供给为导向处理不同层次、不同类别的利益关系问题,存在"重管理,轻服务"的管控思维、"重局部,轻全局"的部门利益导向、"重政府,轻社会"的工作偏向。① 数智技术的进入改变了城市社区空间治理的物质与技术基础,坚持以社区空间居民的需求为导向,注重服务意识、全局把控与社会需求,注重在具体行动中以社区公共利益为前提妥善处理群体间、群体与个体间的利益分歧和冲突,积极推进数智技术在社区建设与管理中的创新应用,推动"智慧社区"建设,以适应社区内居民整体个性化、多样化的公共服务需求。

---

① 徐拥军、熊文景:《档案治理现代化:理论内涵、价值追求和实践路径》,《档案学研究》2019年第6期。

从治理主体来说,在传统的城市社区空间治理中,主导角色是政府,形成以政府为中心、自上而下的行政体制。政府是城市社区空间治理体系的核心与规则制定者,城市社区空间不同利益主体的多元诉求主要通过政府的行政规划或者行政干预加以平衡,而社会、企业、居民均为被治理的客体。数智技术的嵌入为城市社区空间的治理模式创新提供了契机。一方面,数智技术本身能够实现社区公共服务的"电子供给"(如网络医生、网络教学等);另一方面,数智技术将政府、企业、社区、社会组织、居民、网民等多元治理主体有机地连接到网络平台上,实现了点对点的沟通和协调,从而形成一个紧密协作、高效沟通的治理联合体,有效地改变了传统单一主体的社区管理模式。[1]

从治理结构来说,传统社区治理结构的构成主要包含政府、社会、企业三个基本要素,一个健康的、成熟的和谐社区就是社区与政府、社区与社会、社区与企业处于良性互动和协调发展的社区。数智技术的进入改变了城市社区空间的治理结构,其构成包含政府、社会、企业、社区居民、网民五个基本要素。随着信息技术的快速发展,大数据、区块链、云计算、人工智能等数智技术广泛而深刻地影响着城市社区空间的治理结构,不仅使得社区居民多元化需求表达的成本降低、表达的方式便捷,从而促进居民积极参与社区空间治理事务;同时,数智技术通过降低信息发布与获取成本、扩大社会交往范围等机制,带来社会利益多元化和批判性网民的形成,在某种程度上对城市社区空间治理产生关键性的影响。[2]

从治理过程来看,在传统的城市社区空间治理中,以政府为中心的自上而下的行政体制导致资源配置不畅。数智技术的嵌入为

---

[1] 江山舞:《数字传播赋能社区治理的机制与变革路径——基于杭州未来社区的实践考察》,《未来传播》2023年第3期。

[2] See Norrisp, *Introduction: The Growth of Critical Citizens?* Oxford: Oxford University Press, 1999.

城市社区空间治理的资源整合提供了便捷,能将分散的人力资源、信息资源、设施资源加以整合开发,实现资源的集约高效利用,避免重复建设与资源浪费。

从治理方式来看,传统的城市社区空间治理容易出现治理主体相互孤立分散,缺乏协同合作,从而导致信息碎片化和应用条块化等弊端。数智技术的嵌入不仅从横向上将城市社区空间治理主体打造为治理共同体,建立统一的网络信息平台,实现线上线下共治;同时,也在纵向上打通市—区—街道—社区—居民的五级联动,实现共建共治。

从治理效能来看,传统的城市社区空间治理主要采取"一刀切"的方式,从公共服务的供给端解决问题,难以有效地区分不同居民群体的个性化需求。数智技术的嵌入为社区居民群体需求的细分提供了可能性。政府通过数智技术的应用获取大数据后,可对居民群体的需求进行分类和细化;同时,居民也可通过数据平台表达对社区公共服务的个性化需求,使其获得感、幸福感、安全感增加。

2. 传统治理制度吸纳先进的数智技术"为己所用"

随着数智技术的不断嵌入,数智技术为城市社区空间公共服务数字转型、智能升级提供了融合创新的支点,城市社区空间治理在公共服务供给与流程优化时,通常会吸纳多种数智技术,例如,利用信息技术推进社区智慧党建;推进城市社区空间公共服务系统要素数字化;促进城市社区数字服务平台的开发应用等。传统社区空间治理制度通过吸纳先进的数智技术"为己所用",不断优化其公共服务供给的内部系统,重新构建基层治理的组织框架,规范基层组织的内部关系,提升组织运行效能,实现城市社区空间治理的多层次互动与"线上+线下"无缝连接。传统治理制度吸纳先进的数智技术"为己所用"的具体内容主要体现在三个方面(图3)。

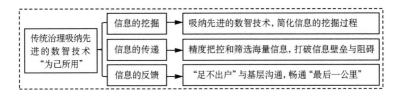

图 3　传统治理制度吸纳数智技术产生的效能框架图

首先,信息的挖掘。在传统的城市社区空间治理模式下,基层组织的主要工作内容在于海量信息的收集、分类、整理、记录、更新等,随着城市社区人口结构的多元化与复杂化,其基层治理的工作量不断攀升,基层工作人员需要投入越来越多的时间与精力用于信息的细致化处理工作,政府对于信息问题面临着增员压力与公共服务供给效率的取舍困境。因此,随着数智技术的快速发展并不断嵌入,城市社区治理不断吸纳先进的数智技术,从而简化信息的挖掘过程,减轻基层人员的负担,实现基层治理的稳定性与高效性。

其次,信息的传递。在传统的城市社区空间治理模式下,信息的传递会因时空受到限制,从而导致信息在流动过程中出现偏差与失真,影响社区空间公共服务的精准供给以及基层治理的工作效能,甚至导致决策误差与行政失效。随着数智技术的不断嵌入,城市社区治理不断吸纳科学的数字技术,不断提升海量信息的精度把控与精准筛选,同时,通过网络空间实现治理主体之间的信息实时分享,超越时空限制,打破信息壁垒与阻碍,保障信息在传递过程中的真实性与时效性。

最后,信息的反馈。在传统的城市社区空间治理模式下,随着社会的发展和组织的扩张,基层的科层制与组织固化问题逐渐明显,治理项目增多与办事程序烦琐等问题影响着基层治理的服务质量。随着数智技术的不断嵌入,城市社区治理不断吸纳数字技术,通过"数据跑腿"等方式,减少城市社区空间治理主体之间的空间阻碍,降低时间成本,提升质量要求。在城市社区空间治理过程中,社区居民通过各种社区APP、微信群等信息化服务平台,以"手机图片+语音文字"等多种形式,实现足不出户就可与基层单位沟通问题、办理业务、实时反馈等治理诉求,畅通了基层治理的"最后一公里"。

3. 数智技术与传统社区空间治理制度的互相整合

随着数智技术嵌入城市社区空间治理,旧有的治理制度与先进的数智技术产生碰撞并吸纳先进技术,从而数智技术与传统社区空间治理制度实现相互整合(图4)。整合是指城市社区空间治理多元主体通过关系协调,将其构建为一个有效的复合主体功能。从理论和实践来看,数智技术具有独特的工具性价值,数智技术赋能城市社区空间治理,有助于破解综合治理、系统治理等治理难题,但是,数智技术在赋能城市社区空间治理取得显著成效的同时,也存在一定的问题,如基层数字形式主义、数字技术赋能所需的资源不足、数字化治理观念缺乏等,因此,数智赋能尚不足以单向支撑城市社区空间治理和决策,即并非只要拥有了数智技术就是实现城市社区空间治理目标,相反,数智应用受到制度环境、组织机制和社会基础的影响,需要与传统的城市社区空间治理在治理目标、治理理念、治理机制等治理要素上进行深度融合,促进数智技术与城市社区空间治理过程的相互更新、相互交织与相互依存,最终实现数智驱动城市社区空间治理的现实性与可能性。

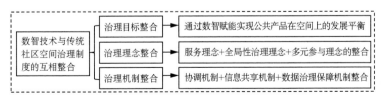

图4 数智技术与传统社区空间治理制度的互相整合框架图

其一,治理目标整合。党的二十大报告提出,要"加快推进市域社会治理现代化,提高市域社会治理能力"。随着经济社会的持续发展,我国已逐渐进入"城市中国"的时代,市域治理现代化将逐渐成为城市治理的目标和方向,其城市治理要求精细治理、协同治理和中国特色治理,最终实现公共服务均等化与共同富裕。城市社区作为城市最小的治理单元,探索数智赋能城市社区空间治理实践是推进市域社会治理现代化的重要发展方向,其目标是通过数智赋能,精准识别不同社区、不同个体的多样化需求,从而提供精细化和精准化的公共服务,从空间上实现公共产品(服务)的供给与发展平衡。

其二,治理理念整合。随着数智赋能城市社区空间治理,其治理理念要与传统治理理念发生整合,包括管理理念与服务理念的整合、局部治理理念与全局性治理理念的整合、政府主导理念与多元参与理念的整合。数智时代的城市社区空间治理更强调坚持以社区居民的需求为根本,不断提升治理效能。要提供平台式的综合性服务,通过数智平台的一体化服务方式聚合资源、整合服务,尤其是充分利用移动服务,提升移动服务质量,提高移动服务体验,让移动终端成为社区居民获得服务的一个重要途径。数智赋能城市社区空间治理需遵循整体性治理理念,即以社区居民的需求为导向,以数智技术为治理手段,以协调、整合、责任为治理机制,对各治理层级的碎片化信息进行整合,为社区居民提供无缝隙且非分离的整体型服务。[①]

其三,治理机制整合。随着数智赋能城市社区空间治理,需要对顶层机制进行重新设计与整合,从原则、规则层面作出基本指引,从而促进数智技术融入城市社区空间治理。一是建立社区空

---

① 胡睿、侯净雯、刘玲玲等:《重塑与整合:北京的基层社会治理实践》,《社会治理》2022年第8期。

间治理的跨部门、跨区域的联席会议或多元参与理念的整合。建立常态化的政策沟通交流机制,围绕数智赋能城市社区空间治理工作落地过程中的重点和难点,明确落实街道、社区、民政、公安等部门的责任清单,促进各部门的相互协作机制。二是形成"纵横交叉"的信息共享机制。打通城市社区空间治理数据的纵向通道与横向通道,建立城市社区空间信息系统资源的共享标准,明确社区信息的共享范围、使用方式、权力归属等,在部门之间消除数据壁垒,实现社区空间共享数据的准确性、有效性、完整性和通用性,形成社区空间治理数据成果实时共享的一体化机制。三是构建数据治理保障机制。对于城市社区数智平台的居民信息,从物业、社区、街道到政府职能部门,都要建立严格的数据安全管理制度,确保城市社区空间治理主体严格按照最低限度的原则搜集服务对象信息,明确城市社区空间治理的信息开放边界,确保数智平台的社区居民数据不会被泄露和滥用,从而构建数据安全保障机制。

三、数智驱动城市社区空间精细化治理何以可能与何以可为

近年来,随着数智技术广泛嵌入城市社区空间治理,城市社区空间的时空边界得以大大拓展,城市社区空间治理模式发生极大创新,实现了城市社区空间多种资源的高效整合。例如,部分社区依托数智化构建"五级机长制",形成横向到边、纵向到底的社区治理数智系统解决方案;部分社区通过数智技术实时收集细化社区共建共治指标参数,综合形成社区创新活力指数,为社区合理配置服务资源、配建服务设施、配备服务力量提供决策依据和指明发展方向。

（一）数智驱动城市社区空间精细化治理何以可能

数智驱动城市社区空间精细化治理何以可能，是探讨数智驱动城市社区空间精细化治理的目标所在，也就是数智技术对城市社区空间治理的场景赋能。一般而言，数智驱动城市社区空间精细化治理的场景赋能主要基于三个方面：一是通过智慧社区实现治理效率化；二是通过功能社区实现服务专门化；三是通过优化资源配置促进公共服务供给均衡化。

1. 治理效率化：建设智慧社区

当前，我国部分城市开始探索建设智慧社区，其重点建设内容涉及社区公共安全、特殊人群服务、服务事项办理、社区环境治理和居民线上参与等。智慧社区依托数智技术打造社区空间治理共同体，为社区提供生活性服务、生产性服务和互助性服务等多场景应用，形成了"全域治理＋全域服务＋全域发展"的社区治理格局。智慧社区建设一般结合社区实际，引进先进的数控技术，打造社区统一的数智化治理平台，将社区与公安、医院、学校、住房等部门相联结，不断推进治理技术与治理平台升级更新。数智化平台的建设促进了社区空间治理信息的全面搜集、优化整合与快速流转，使得城市社区空间治理数据"多"起来、"准"起来、"跑"起来，促进城市社区空间治理的效率化。

以山东省日照市为例，2023年以来，该市统一建设智慧社区综合信息平台，在智慧社区中开启居民的美好生活。首先，通过数智平台汇聚数据资源。山东省日照市东港区秦楼街道阳光海岸社区靠近旅游景区，且陪读家庭较多，是一个人口流动性较大的典型"候鸟型"社区，居民的社区参与度较低。2023年，该社区开始进行智慧社区建设，搭建智慧社区综合信息平台，形成智慧社区平台数字驾驶舱。平台不仅汇聚整合了各类相关基础数据，还建设有数据分析、业务管理两大功能模块和配套的居民端小程序，通过各种新技术、新应用源源不断地推动社区空间便民服务走向智能化和便捷化;通过综合信息平台,阳光海岸社区对辖区人、地、事、物、情、组织等多维度数据资源进行汇聚管理,打造政策找人、智能填表、旅游管理等一系列亮点应用场景,并与城市管理、无证明办事等系统对接,不断提升社区空间治理和服务的智慧化水平。

其次,通过数智实现社区监控全覆盖。山东省日照市东港区石臼街道金港社区成立于 2019 年 12 月,辖区面积 0.7 平方千米,共有 9 个居民小区。2023 年,金港社区开始建设智慧社区。社区内的监控范围覆盖小区广场、社区活动中心、商贸市场、公园景区、地下通道等区域;实现对社区道路卡口、小区出入口进出车辆的实时管理,包括车辆轨迹跟踪、车辆图像采集、车牌车主信息比对等;实现社区内重点区域和人群高密度区域的社会视频资源接入"天网"系统。

最后,社区实现全方位的智慧渗透。山东省日照市东港区日照街道沙墩社区的智慧管理已渗透社区居民生活的各个方面,形成五大智慧板块。一是智慧警务。沙墩社区共安装有 860 余个监控探头,涵盖了居民小区、幼儿园、市场、沿街主干道,实现了社区全覆盖。监控大屏幕上如果出现非本社区人员,可以链接智慧警务匹配其身份;此外,通过智慧警务,还能够对接在逃、吸毒、涉恐等数据库,此类人员一旦进入,就会被预警推送,从而迅速抓获。① 二是智慧云章。通过智慧云章系统,采用"人章分离"自动盖章,群众网上提交申请,社区、街道两级管理员手机 APP 签字审批、网上盖章,不仅将盖章完成时限由过去的几小时缩短为几分钟,提升了"指尖上"的服务效率,实现了"群众动嘴、网络跑腿、一网通办",改变了传统的盖章方式,同时也提高了公章使用的安全性。三是智慧消

---

① 姜东良、曹天健:《日照健全网格化管理体系推进社会治理创新》,《法治日报》,2020 年 12 月 31 日,第 008 版。

防。根据社区的实际需要,沙墩社区成立了微型消防站,消防站有17名兼职消防队员,并配备消防车和消防器材等。四是智慧物业。让静态的物业管理"动起来",除了最常见的公众号缴费、APP物业报修外,社区还建设了"电子巡更"业务。五是智慧党建。建成集党务财务信息公开、党员会议于一体的智慧党建。

2. 服务专门化:建设功能社区

功能社区是指按功能区域划分的市民重要活动场所,包括机关企事业单位、产业园区、商务楼宇、学校、医院、养老机构等。推进功能社区建设的关键在于完善社区服务网络,以社区公共服务中心为平台,根据不同区域的特点与人群需求开展。随着数智技术不断嵌入城市社区空间治理,在依托智能设备的基础上,可全面掌握社区空间的人口结构、文化层次、公共服务需求等情况,并联动社区公共服务中心,打造线上、线下一体化的数字驿站体验馆。以养老功能为例,随着数智技术嵌入城市社区空间治理,可借助现代化技术手段,整合医疗、保健、物业、家政等各方资源,根据跨终端设备的数据信息互联及同步,连接医院、物业公司、家政公司等各单位,产生一个详细的智慧管理闭环控制,保持老年人与儿女、服务项目组织、医务人员的信息内容互动,为老龄及困难老年人解决医疗护理、紧急救助、家政服务、精神慰藉等实际问题,为其提供更加安全、便利、舒适、快捷的养老服务,满足他们多样化、多层次的养老服务需求,充分享受物联网带来的便捷和舒适,提升晚年生活质量。智慧养老的应用场景包括三个方面。一是居家养老。对于独自在家的老人,在家中意外摔倒,可通过地面的安全传感器立即通知老人亲属;如果忘记关炉灶,厨房里的传感器会发出警报;智能水表可监测用水量,对老人忘关水龙头等造成的异常水量发出预警提醒;智能床垫能分析心率、呼吸、体动情况,家人可远程监测老人的身体状态;床头、卫生间安装的"一键呼"能及时帮助老人联系到紧急联系人。① 二是社区养老。通过远程方式,针对不同老人的类型、区域、时段进行智能化监控,给社区管理机构提供安全可靠、精准智能的数据信息。社区居家养老系统将社区作为基本的服务单元,基于系统平台,社区的工作人员可及时了解社区老人的需求,并根据需求及时作出回应。三是机构养老。通过计算机软件与智能化产品的有效对接,形成智能互联,实施模块化分类型管理。从长者接待到入住,再到物品管理、床位管理、疾病管理、健康管理、用药管理、财务管理、人员管理、安全消防管理、培训管理等,提供系统性管理方案。

以上海市长宁区为例,该区仙霞新村街道共有23个居民区,75个自然小区,户籍人口7.17万,其中,60周岁以上老年人口2.87万,占户籍人口的40.03%,是一个人口密度较大、老龄化程度较高、服务需求较强的居住型社区。目前,仙霞新村街道通过"系统+设备"的服务模式推行辖区智慧养老服务,切实营造智慧宜居的生活环境,最大化地满足老人的需求。该社区已正式开放的综合为老服务中心,作为仙霞新村街道推进智慧健康养老的枢纽,为街道老年人群体提供医疗护理、助餐康养、日间照护、长者照护、认知障碍支持等服务,同时建立了一套基于"AI+物联网+大数据分析"技术的智慧空间管理平台及老年人数据资产管理系统。系统依托不同场景,通过智能硬件为终端采集相应的数据,让老人在中心的行为、动作均可量化;借助基于"IOT+AI大数据"的数字化养老服务系统,形成养老数字化可量化指标,将实时动态的智慧健康养老数据融入"一网统管"和"一网通办"平台;引入社会力量集聚社区为老服务企业机构,组建智慧健康产业与为老服务机构联合体,打造医养护、文教娱、住食行街区式智慧健康养老生态链,形

---

① 姜琳琳:《智慧养老 奔向更美好生活》,《中国老年报》,2023年3月9日,第002版。

成居家、社区、机构相互契合的长宁街区式智慧健康养老服务模式。

3. 供给均衡化：优化资源配置

数智技术为城市社区空间资源配置提供了新机遇。随着数智技术不断嵌入城市社区空间治理，城市社区空间的公共资源配置将产生新生态、新动能、新模式，从而促进城市社区空间公共资源优化配置，实现公共服务与人口发展相匹配。首先，数智技术催生城市社区空间公共资源配置的新生态。数智技术通过电子化的流动打破层级与部门之间的壁垒，实现信息资源的整合与共享，构建整体性、系统性、集中性的公共资源体系，提升城市社区空间公共资源的规范性、透明性和高效性。其次，数智技术为城市社区空间公共资源配置注入新动能。随着数智赋能城市社区空间治理，社区公共资源配置将实现超越时空的网络化协同，出现远程医疗、在线教育、智慧养老等新场景，从而缓解城市社区空间资源配置的不均衡。最后，数智技术重构城市社区空间公共资源配置的新模式。数智技术促进城市社区空间多元治理主体之间的互动，拓宽治理主体的利益表达渠道，营造公开透明、规范有序的公共资源交易环境，确保社区公共资源配置的公平性和公正性。[①]

以广州市增城区为例，该区通过数智赋能，积极开展远程诊疗，将优质医疗资源下沉社区，从而增加社区空间公共服务的供给质量，实现公共服务均等化。该区成立的医学影像中心挂靠在广州医科大学附属第四医院（增城区人民医院），与医联体基层医院形成影像科远程会诊机制。该院实施的 DR、CT 等检查可以通过远程会诊系统实时传送，由广州医科大学附属第四医院（增城区人民医院）影像科专家会诊并出具检查报告。[②] 2023 年 1 月至 8 月，

---

① 陶长琪、宜梦莹：《"数字赋能"打造公共资源配置新优势》，《中国社会科学报》，2022 年 11 月 30 日，第 003 版。
② 徐弘毅：《我国基层卫生健康服务提质增效》，《经济参考报》，2023 年 9 月 27 日，第 006 版。

仅石滩镇中心卫生院的 DR 远程会诊就达到 90 余人次，CT 远程会诊达到 200 余人次。通过建立医学影像远程会诊机制，社区居民可在基层享受大医院专家的诊断服务，降低检查费用，实现了社区空间医疗公共资源配置的均等化。从广州市增城区的实践可以看出，在数智嵌入城市社区空间治理的过程中，城市社区公共服务的外延得以扩展。一是通过数智介入实现了部分传统治理无法实现的服务；二是数智化提高了城市社区公共服务基础设施硬件，提升了社区空间公共服务供给效率与供给质量；三是数智化促进了城市社区空间公共服务的均等化。

（二）数智驱动城市社区空间精细化治理何以可为

数智驱动城市社区空间精细化治理何以可为，是探讨数智驱动城市社区空间精细化治理的手段及方式，即数智驱动城市社区空间精细化治理所需具备的要素构成。数智驱动城市社区空间精细化治理，是应用大数据、云计算等数智技术手段整合城市社区空间的各类资源，从而形成城市社区空间治理新模式和新形态。数智技术赋予城市社区空间治理新的场景，并通过数智技术实现信息与社区治理主体之间的有机连接，构成城市社区空间治理大数据场景新的要素及特质，提升城市社区空间治理水平，推动城市社区高质量发展。

1. 重视数智赋能的顶层设计

要用系统性和全局性的视角去理解数智驱动城市社区空间精细化治理，要想打造一体化的城市社区空间数智治理服务平台，首要的是建立统一的数据标准和规范。因此，数智驱动城市社区空间精细化治理的首要要素构成是规范数智建设标准。中共中央、国务院在《国家标准化发展纲要》中提出了我国标准建设的"四个转变"。在数字化转型、数字经济发展标准方面，明确提出要加快数字社会、数字政府、营商环境标准化建设。以上海市为例，通过

《上海城市数字化转型标准化建设实施方案》系统性地提出了上海城市数字化转型的"四个标准":完善支撑全局的基础标准、完善融合发展的经济数字化转型标准、完善服务民生的生活数字化转型标准、完善精细管理的治理数字化转型标准。事实上,数智驱动城市社区空间精细化治理的首要阶段也在于通过顶层设计制定数智建设的管理服务标准,实现城市社区空间治理主客体之间的治理目标、治理理念相统一,实现城市社区空间治理的最佳效能。数智驱动城市社区空间精细化治理的建设标准包括标准体系、标准规范、标准实施等内容。其中,标准规范涵盖数智基础设施建设、运营管理、服务保障等方面,是数智建设中最重要的架构。数智基础设施是城市社区空间治理实现数智化的一大步,其中包括物联网、云计算、大数据等技术的应用;数智驱动城市社区空间精细化治理意味着创新的运营模式,通过互联网、物联网、人工智能等技术手段,提升治理水平和服务能力;数智驱动城市社区空间精细化治理一方面要加强政府引导,另一方面也要充分发挥市场机制的作用。

2. 提升城市社区居民的数智素养

城市社区空间治理的主体之一是社区居民,因此,数智驱动城市社区空间精细化治理必须不断提升社区居民的数智素养。居民数智素养是指城市社区居民在数智赋能社区空间治理过程中应当具备的获取、加工、使用、交互、分享、评价信息资源的素质和能力的集合,反映着社区居民如何更好地应对社区生活方式、管理服务方式的数智化。居民数智素养具体包括三个方面的内容:一是从了解数智社区建设的新战略、新规划、新模式成长为具有数智意识、终身学习能力、社会责任感的"数智居民";二是在数智社区平台办理各类事项中,逐渐寻找到适合自身参与数智社区空间治理的有效方式,最终形成良好的数字信息资源使用习惯;三是通过为未成年人、老年人、残疾人等欠缺数字素养与技能的社区特殊居民提供教育培训服务,使其能够共享数智生活,消除"数智鸿沟"。实现城市社区空间精细化治理,需要针对社区居民的多元诉求,从广大社区居民的真实需求出发,从而社区居民的社区参与就显得极为重要。因此,要不断提高社区居民的信息素养和数智素养,增强城市社区居民数字化治理参与的广度与深度,充分释放数字红利,才能通过数智驱动以实现城市社区空间精细化治理。

3. 实现数智治理的常态化监管

数智赋能城市社区空间精细化治理的持续健康发展,离不开数智社区治理全过程的常态化监管。常态化监管意味着监管规则的确定和监管行为的日常化,是贯穿数智赋能城市社区空间治理全过程的日常化监管。从长期来看,需要建立一个完整的、可持续的协调机制,即立法与执行。因此,在法律层面,需要及时修订和清理与数智建设不相适应的内容,通过立法不断健全数智赋能城市社区空间治理的管理机制。从短期来看,实现数智治理的常态化监管主要包括以下四个方面:一是搭建数智社区空间治理的在线监管平台;二是建立规范的监管标准和规则体系,通过精准化、规范化监管,发现数智治理中的问题;三是建立持续、动态的监管数据形成机制,快速分析监管结果,提高监测预警能力,提升事中、事后监管水平;四是建立监管协同联动机制,实现线上线下的综合监管与联动监管,全面提升数智驱动城市社区空间治理监管的精准化、协同化与智能化。

4. 加强数智化治理的安全保障

数智驱动城市社区空间精细化治理是一个综合性公共事务,在享受数智治理便捷与效能的同时,也存在社区居民信息被盗用、网络威胁攻击等安全问题。因此,要实现数智驱动城市社区空间的精细化治理,需要加强数智化治理的安全保障,实现数智治理的整体安全,具体体现在以下三个方面:一是借助网络安全企业数智安全技术的创新发展,强化治理主体关键信息的基础设施保障,保证数智社区平台的安全运行和数据信息安全;二是政府、社区及相关部门等治理主体要加强社区网络和数据安全管理,依法保护社区居民的信息安全和隐私;三是社区居民要提升安全意识,关闭敏感数据收集权限,筑好个人信息"安全堤"。

四、数智驱动城市社区空间精细化治理的实现机制

传统城市社区空间治理主要面临三个方面的困境:一是社区公共事务信息不畅通;二是社区公共服务配比较粗放;三是社区公共产品供需不平衡。大数据、人工智能等新兴技术的发展,推动着数智化的发展进程,在技术逻辑上使得数智驱动城市社区空间治理变革成为可能,数智技术成为城市社区空间精细化治理与精准化治理的新方法和新途径。为解决传统城市社区空间治理困境,实现数智驱动城市社区空间精细化治理,拟从社区服务需求获取及信息挖掘、社区服务精准决策、社区服务供给实现三个方面构建实现机制。

(一)社区服务需求获取及信息挖掘机制

传统社区治理的首要困境在于社区公共事务信息不畅通,从而导致公共服务管理碎片化,社区服务需求较模糊。因此,数智驱动城市社区空间精细化治理的实现机制,首先在于构建社区服务需求获取及信息挖掘机制,不仅要保证城市社区空间治理资源纵向上的下沉,还要实现社区空间治理资源的内部挖掘,使得社区空间治理资源从自上而下的路径依赖转向社区空间内部潜在治理资源的挖掘与激活。社区服务需求获取及信息挖掘机制的构建在于整合社区、企业、社会组织和社区居民所拥有的丰富社会资源,打通其沟通壁垒,明晰其服务需求。社区服务需求获取及信息挖掘机制通过信息搜集—信息整合—信息反馈三者之间的结构互嵌与

统一运行,实现城市社区空间治理对象广泛化、社区服务精细化、信息反馈及时化。

首先,推进"网格化+民情搜集"的信息全覆盖。要实现城市社区空间精细化治理,首要解决的问题是畅通社区信息,从而全面高效地知民意、解民忧。因此,在社区信息搜集上要借助"网格化+服务机制",不断拓宽信息渠道。数智技术的赋能为城市社区信息搜集的广泛性和全面性提供了可能。依托"小网格+大社区"的工作机制,通过数智与现实技术层面的全面关联,能将信息搜集对象扩充到社区的各个群体,既包括常住居民,也包括流动人口。具体来说,可通过移动终端,将平台关联到社区治理,实现"人—组织""人—人""人—物"的全面关联;合理利用微博、微信群、智能APP等方式推动数智技术与社区治理的全面关联;充分开发社区管家服务系统、民生服务系统等数智服务,让社区居民的各个群体都能反映其诉求,实现社区信息全覆盖,从而推动网格化治理和精准化治理。

其次,实现社区服务信息的纵向与横向大数据整合。一是实现数智与社区公共服务信息的纵向深度融合。以数据为核心,推动数智技术下沉到城市社区空间治理,将社区居民真正纳入数智应用,实现数智与社区公共服务的深度融合;积极构建依托数智化进行社区共治的技术标准体系、服务评价体系、运行体系,实现数智技术同社区现实的充分链接。二是实现数智与社区日常治理的横向全面融入。通过数据和技术的合理运用,将数智融入社区空间治理的日常事务中,形成数智赋能下的智慧治理社区共同体。依托数智技术形成资源聚合平台——聚合社区周边的学校、医院、超市等,发展资源平台——社区企业、社会企业,打造社区综合数智治理库,与公安、住房、民政、教育等职能部门联防联治。

最后,构建社区信息沟通反馈的"一户一码"机制。社区服务需求获取及信息挖掘机制不仅在于信息的搜集和整合,还需要信息的及时反馈。为了保证信息反馈及时化,在信息搜集及整合的基础上,可充分利用数智技术,为社区居民定制"户内码",居民通过扫码可便捷地与社区网格员、物业服务人员等进行沟通联系,构建起"线上对话框",有效通达社情民意,实现网上办、掌上办、码上办。此外,通过"户外码"实时跟踪监督,引导居民对楼道私拉乱堆、车辆停放无序、破坏公共设施等行为进行监督举报,社区居民可随时上报发现的问题和矛盾纠纷,交由专门机构第一时间接件、转办、反馈,并对办理情况进行动态跟踪,确保群众反馈的意见建议有人听、有回音,实现城市社区空间治理的精细化。

(二)社区服务精准决策机制

传统的社区治理模式决定了社区公共服务配比较为粗放,难以满足城市社区居民的多元化需求与个性化需求。数智技术的发展为社区服务精准决策提供了可能。因此,数智驱动城市社区空间精细化治理的实现机制需要构建多元主体(尤以社区居民为主)参与决策的社区服务精准决策机制。社区居民参与决策的机制是一种重要的民主实践。通过社区居民参与社区服务决策,可提高决策的公正性和合法性,增强社区的凝聚力与认同感。社区服务精准决策机制主要以数智技术为纽带,联结决策前—决策中—决策后三个环节,并与社区服务需求获取及信息挖掘机制形成完美的耦合,全链条地提升决策效能。

决策前:构筑全面立体的社区信息工作平台。社区服务决策前,可借助数智技术全方位、立体式地加强信息工作,确保把收集、整理的各种政策型、问题型、建议型、经验型信息,通过社区智慧平台予以汇总,并整理出社区居民关心的热点和难点问题。因此,当前社区大信息工作平台建设应包括两方面的内容:一是网格化管理云平台。通过智慧社区云屏,社区居民一方面可通过视觉、听觉等方式学习党政政策、红色文化等；另一方面可通过云屏上所展示的公益、文娱活动播报，丰富居民生活，也为物业提供数字化管理和居民触达工具。二是社区综合服务小程序平台。通过社区智慧便民终端，主要为社区居民提供社区生活馆和健康小屋的生活场景，提供集便民、惠民、康养于一体的社区服务生态链，并通过社区智慧便民终端的大数据信息，获取社区居民对社区服务的真实需求。

决策中：打造开放透明的社区数智参与平台。为了向社区居民提供高效与个性化的社区服务，实现城市社区空间的精细化治理，在社区服务决策中，需要遵循科学化、民主化、规范化的原则，及时组织和协调社区治理主体参与其中，形成运作有序的良性机制。因此，在决策中的关键环节是借助数智技术打造开放透明的社区参与平台，推进全面有效的协商共治，最终建立能够让政府、市场、社区居民、社会组织、基层社区等多方利益诉求得以表达的党建引领社区协商对话机制，避免一己之见和权力滥用，确保决策的精准性、公正性和合理性，其最终目标是实现城市社区空间的精细化治理，满足社区居民的多元化需求与个性化需求。具体来说，即通过提供线上调查、网络投票、网上公众听证会、网上议事厅、虚拟社区论坛、在线会议等数智协商平台，让社区居民充分了解社区服务决策的背景、目的和影响，充分表达其多方诉求，形成多元主体间的平等参与与积极共治，促进社区服务精准决策，实现社区服务精细化。

决策后：建立日臻完善的社区数智监督平台。社区服务精准决策的最终目的在于落实，并不断提升社区服务决策的执行效果。因此，需要建立日臻完善的社区数智监督平台，形成及时有效的社区服务决策信息反馈。一是建立精准监督的"智能公章+"管理系统。从规范社区服务的小微权力开始，探索建立可查询、可追溯、可全程精准监督的"智能公章+"管理系统，针对社区服务项目审批、财务收支报账、合同签订等社区小微权力,通过该系统用手机实现在线审批、实时办理、全程留痕、动态监管。二是推动监督力量落地社区楼栋。按照"每栋一群,一户一人"的原则,在社区各个楼栋建立民声监督服务微信群,实现社区居民"定向找人"反映问题、"定点询问"解惑答疑。通过建立"线上智能巡群+线下实时监督"的工作机制,确保微信群内反映的事项能跟踪到底。

(三)社区服务供给实现机制

在传统的社区空间治理过程中,社区居民需求表达机制不完善,公共服务资源存在空间差异,政府部门不能完全及时有效地加以处理,社区空间公共服务往往存在供需偏差和失衡的问题,从而可能导致社区资源的低效率配置。数智技术借助信息系统与数智平台等载体,能够对接社区居民的个性需求,实现社区空间公共服务供给的针对性与有效性。因此,在数智驱动下,社区服务供给在信息全面挖掘与服务精准决策的前提下,通过资源链接—治理主体—组织动员的良性互动,能够优化社区公共资源的配置,实现社区公共服务供给的均衡化,最终实现城市社区空间精细化治理。

资源链接:数智优化居民需求与资源的匹配度。社区服务供给实现的首要因素在于资源链接,即通过将城市社区居民与社区内外的资源相连接,为城市社区提供全方位的服务和支持。[①] 资源链接意味着将社区居民的需求与社会可用资源相匹配,以达到最佳的服务效果。首先,借助数智技术推进信息搜集全覆盖。构筑全面立体的社区信息工作平台,促进社区工作者更加充分地了解和收集居民的需求,更加畅通地与居民进行沟通和交流,更加深

---

① 翁俊芳:《社会资源与社区服务的双向互动——基于50个城乡社区典型案例的分析》,载唐亚林、陈水生主编:《街区制与基层治理创新》[《复旦城市治理评论》(第5辑)],上海人民出版社2020年版。

入地获悉居民所面临的问题和困难,通过以先进的数智技术、高效的信息采集手段对城市社区空间的信息进行挖掘与分析,形成城市社区空间公共服务在教育、医疗、安保等多方面的信息集成,社区居民的教育需求、医疗需求、养老需求、安全需求能够得以充分表达。然后,数智驱动社区服务资源的大数据整合。在数智驱动下,社区工作者充分利用自身的专业知识和社会网络,与社区内外的组织、机构、志愿者等进行合作,形成数智技术资源聚合平台,寻找并整合适合的资源,同时扩展在线培训、远程医疗、线上安保等社区基本公共服务领域,实现社区公共服务的增量供给,使得社区空间公共服务供给与居民需求形成精准对接,从而提高社区空间公共服务资源的配置效率。最后,链接资源为居民提供全面而精准的服务和支持。数智技术使得资源链接更加全面化与精准化,社区工作者通过大数据了解社区居民的需求,通过资源整合平台整合与之匹配的资源,不仅为社区居民提供诸如就业培训机会、社会福利申请指导、心理咨询服务、医疗资源推荐等全面而精准的服务和支持,而且逐步建立起社会支持网络,促进社区居民之间的互动与支持,帮助社区居民提升社区参与意识。

治理主体:培养社区居民数智意识与数智能力。数智驱动下的城市社区空间治理主体是多元的,通过数智技术与互联网连接政府、企业、社区、社会、居民等多元主体。数智驱动城市社区空间精细化治理的最终目标是为城市社区居民提供更加精准化和精细化的公共服务,提升社区居民的获得感、幸福感、安全感。因此,社区服务供给实现过程中尤为重要的一环是通过培养社区居民的数智意识与数智能力,提升其社区服务参与意识与参与能力。培养社区居民的数智意识与数智能力,需要帮助他们通过数智平台表达诉求、监督服务、纠正社区服务的供给偏差,从而实现城市社区空间的精细化与精准化治理。一是培养社区居民的数智参与意识。通过开办数智培训课程、举办数智研讨会等方式,提高社区居民对社区数智服务决策的理解和参与意识。二是提升社区居民的数智参与能力。引导社区居民成长为具有数智意识和终身学习能力的"数智居民",鼓励社区居民形成良好的数智信息资源使用习惯,尤其要为欠缺数智素养与技能的特殊居民(如老年人和未成年人)提供教育培训服务,帮助他们消除"数字鸿沟"。

组织动员:数智联动社区空间治理"N"方主体。社区服务供给的实现还在于社区广泛而高效的组织动员能力,链接社会资源,促进居民参与,通过数智联动社区空间治理"N"方主体,从而实现城市社区空间的精细化治理。① 一是社区内部动员。社区提供小程序,通过发布微信公众号、楼栋微信群、社区智慧云屏等方式,动员社区居民、商户、新业态新就业群体注册社区小程序,持续更新基础数据,梳理需求清单,依托物业企业、业委会等社会力量,分类分级解决社区居民的难题,让社区居民从社区管理的旁观者变为参与者。二是社区外部动员。依托数智技术形成的资源聚合平台,协调学校、医院、公安、政法、民政、人社、司法、住建、应急管理、综合执法等政府部门,围绕义务教育、居民就医、城市道路交通、流动人口治理、物业管理、停车场管理、企业服务、居民服务、公共资源管理经营等相关业务进行统筹管理,建立协调机制,实现城市社区空间管理效率的提升。

五、结论与讨论

随着城市化与人口流动的加速,城市社区结构的异质化明显

---

① 胡重明、彭龙胜、谢婷:《情境导向、组织动员与网格化治理效能的多重实现路径——基于江浙两地45个案例的模糊集定性比较分析》,载唐亚林、陈水生主编:《大都市圈治理:战略协同与共荣发展》[《复旦城市治理评论》(第10辑)],复旦大学出版社2023年版。

增强,传统的城市社区治理呈现诸多困境;与此同时,数智化为城市社区精细治理提供了可能。由于数智技术的嵌入,传统的社区空间治理模式得以更新,城市社区空间精细化治理成为可能。随着数智技术广泛嵌入城市社区空间治理,城市社区空间的时空边界得以大大拓展,实现了城市社区空间治理效率化、服务专门化以及公共资源配置优化。为实现城市社区空间精细化治理,关键是要解决三个问题,即社区公共事务信息不畅通、社区公共服务配较粗放、社区公共产品供需不平衡。基于此,拟从三个方面构建其实现机制:一是构建社区服务需求获取及信息挖掘机制。通过信息搜集—信息整合—信息反馈三者之间的结构互嵌与统一运行,实现城市社区空间治理对象广泛化、社区服务精细化、信息反馈及时化。二是构建社区服务精准决策机制。以数智技术为纽带,联结决策前—决策中—决策后三个环节,并与社区服务需求获取及信息挖掘机制形成完美的耦合,全链条地提升决策效能。三是构建社区服务供给实现机制。通过资源链接—治理主体—组织动员的良性互动,优化社区公共资源的配置,实现社区公共服务供给均衡化,最终实现城市社区空间精细化治理。

2023年5月,浙江省公布第一批30个"未来社区"的试点名单。"未来社区"究竟是怎样的社区?包括杭州、宁波、温州等城市在内的浙江省16个地级市的试点社区给出了答案,"未来社区"是通过建设智能化物业管理、智慧停车、智慧安防等功能,能为社区居民提供更加便捷、高效的智慧化生活服务,从而享受数字化红利的社区;是能够以人工智能、区块链、5G等为代表的数智技术赋能社区空间精细化治理,从而精准地满足社区居民多元化服务需求,满足人们美好生活愿望的社区。但是,数智赋能城市社区空间精细化治理目前尚处于起步阶段,其治理的科学理念尚有待形成,其治理的体制机制尚有待完善,其治理的技术风险防范尚有待强化,其治理的技术能力尚有待提升,其治理的社区居民主体智能素养尚有待提高。因此，未来在如何重构数智化背景下的社区空间治理主体边界、如何依托数智技术进一步推动社区治理主体之间的高效交流、如何加强数智背景下社区空间治理的技术风险防范、如何提升城市社区居民的数智素养、如何实现数智驱动城市流动人口聚居社区的精细化治理、如何实现数智驱动老年社区的精细化治理等方面均尚有研究的拓展空间。

[本文系国家社科基金一般项目"西部大城市流动人口相对贫困及其治理研究"（项目编号：20BZZ054）、教育部一般项目"数字乡村建设驱动下乡村空间重塑与治理转型实现路径研究"（项目编号：22XJA630004）、广西高校人文社科重点研究基地"海上丝绸之路与广西区域发展研究院"、应用经济学广西一流学科建设项目、广西财经学院海上丝绸之路与广西区域发展研究院开放基金项目"广西边境城市流动人口治理研究——以崇左市为例"（项目编号：2022KFJJ13）的阶段性研究成果]

智慧治理:当代中国政府治理范式创新的理论建构与实践路径

王小芳[*]

[**内容摘要**] 人类社会对政府治理的探索历经科层制、新公共管理以及网络化治理的范式变迁。网络化治理范式在受到智能技术发展的影响之后,开始迈向智慧治理的高阶形态。目前,智慧治理逐渐外显为数字政府这一新型政府形态。数字政府展现了当代中国政府治理范式智慧化转型的未来图景,包括公众需求的数据化、智慧化与体系化,政府决策的数据化、集成化与统筹化,智慧治理共同体的建构,以及基于数据要素的"良心+良制+良治"的新型智慧治理范式。为了更好地驱动政府治理范式的智慧化转型,须着重构建党政领导、社会参与和技术支撑的复合型变革机制,并从政府治理理念、政府组织结构、政府办事平台、政府服务流程以及政府人力资源体系的智慧化转型等出发,构建政府治理范式的智慧化转型路径。

[**关键词**] 数字政府;智慧治理;政府治理范式;范式转换

---

[*] 王小芳,管理学博士,苏州大学马克思主义学院师资博士后。

一、数字时代政府治理新范式的提出

数字政府是数字中国时代政府信息化建设的新命题。1993年12月10日,国务院批准成立了首个国家层面的信息化管理机构——国家经济信息化联席会议,标志着我国政府信息化建设与发展正式拉开序幕。自20世纪90年代初至今的30年间,我国的政府信息化建设大致走过政府信息化起步期、电子政府时期以及数字政府①三大发展阶段。数字政府建设将数字技术广泛应用于政府管理服务,通过创新政府治理理念和方式,着力建设与国家治理体系和治理能力现代化相适应的数字政府框架体系,主要包括构建协同高效的政府数字化履职能力体系、构建数字政府全方位保障体系、构建科学规范的数字政府建设制度规则体系、构建开放共享的数据资源体系以及构建智能集约的平台支撑体系。② 数字政府建设所涵盖的履职能力、保障体系、制度规则体系、数据资源体系以及平台支撑体系五大框架体系,是我国政府信息化建设在数字时代的新方向与行动指南。

数字政府是数字中国时代政府治理变革孕育出的一种新治理范式。纵观人类社会对探索政府治理范式变革的历史进程,自马克斯·韦伯(Max Weber)提出的科层制是最理想的政府组织

---

① 中国信息通信研究院产业与规划研究所、中国信息通信研究院政务服务中心:《数字政府发展趋势与建设路径研究报告(2022年)》(2022年11月24日),贵州省大数据发展管理局,https://dsj.guizhou.gov.cn/xwzx/gnyw/202211/t20221124_77211401.html,最后浏览日期:2024年10月8日。

② 《国务院关于加强数字政府建设的指导意见》(2022年6月23日),中国政府网,https://www.gov.cn/zhengce/content/2022-06/23/content_5697299.htm,最后浏览日期:2024年10月8日。

形式与政府治理范式以来,政府治理范式在总体上大致历经从科层制治理范式到新公共管理范式再到网络化治理范式的变迁历程。数字政府是网络化治理范式在数字技术时代政府治理范式的外在显现。从科层制到新公共管理再到网络化治理的范式变迁来看,无论是政府治理理念还是政府治理结构,抑或政府治理的主导机制,以及政府治理的价值取向①,数字政府在前述四大维度方面均带有与科层制治理范式及网络化治理范式完全不同的内容体系与典型特征。这是数字政府作为数字时代中国政府治理新范式的"第一新"所在。从相对微观与细分的视阈(聚焦于网络化治理范式的内在变迁)而言,作为网络化治理范式的高阶形态,数字政府也在生成机理、治理结构以及外在形态等多个方面,明显区别于处于低阶形态与中阶形态的网络化政府治理范式。

基于此,无论是相对于科层制治理范式与新公共管理范式,还是相对于初级形态与中级形态的网络化治理范式,数字政府的提出与建设均带有创造实施政府治理新范式的意味。

二、政府治理范式变革的理论基础与基本特质

"范式"(paradigm)是科学共同体公认并遵从的共有信念、规则、技术及价值的集合。② 在库恩(Kuhn)看来,科学的研究范式绝

---

① 政府治理理念、结构、机制以及价值是本文所关注的政府治理范式的核心构成要素,本文将政府治理范式理解成一个由治理理念、结构、机制以及价值等多种要素构成的有机整体。详情请参见后文。
② [美]托马斯·库恩:《科学革命的结构》(第四版),金吾伦、胡新和译,北京大学出版社2012年版,第36—43页。

非一成不变,科学发展的危机时期——当科学共同体意识到反常,即认识到自然界总是以某种方法违反支配常规科学的范式所做的预测①之时——为新范式的出现提供了可能。当代政治科学家与公共管理学家关注的政府治理也具备范式及范式转换的特征。因此,梳理和呈现政府治理理论范式的变革过程,进而阐明政府治理理论范式的内涵与基本特征,是当代中国政府治理范式研究极为重要的前置性问题。

(一)政府治理范式的迭代变革

1. 科层制治理范式

科层制治理范式的思想基础奠定于19世纪末20世纪初,并于20世纪二三十年代形成独特的理论体系。② 在政府治理理念上,科层制治理范式强调科学管理。科学管理理念注重规范化和标准化,体现的是科层制治理范式的思想基础——理性主义。科层制的政府治理结构以权力高度集中的科层制组织为基础。在政府治理的主导机制方面,科层制治理范式高度依赖缺乏竞争、缺少合作与参与的行政机制。这种行政机制以命令与控制为典型特征。③ 科层制治理范式追求秩序化价值与行政效率,关于伦理与道德方面的价值则被认为是不合时宜的,也缺乏存在的现实基础。即便如此,科层制治理范式仍有其进步性与合理性,顺应了当时中央集权国家与资本主义经济发展的现实需要,专业化分工、权责明确等原则极大地保证了行政效率的提升。

与此同时,科层制治理范式因为忽视人格与情感因素、公共服

---

① [美]托马斯·库恩:《科学革命的结构》(第四版),金吾伦、胡新和译,北京大学出版社2012年版,第44页。
② 陶庆:《新公共管理学范式》,上海社会科学院出版社2017年版,第32页。
③ [德]马克斯·韦伯:《社会学的基本概念》,顾忠华译,广西师范大学出版社2005年版,第71—74页。

务成本攀升、偏离公共目标以及无法有效回应公众需求等内在弊端①,而不可避免地遭受来自各方面的挑战与质疑,并逐渐失去其在政府行政、治理、服务实践以及政府治理研究等领域的主导范式地位。

2. 新公共管理范式

西方发达国家自20世纪70年代末和80年代初先后兴起声势浩大的新公共管理改革运动。自20世纪90年代初开始,以克里斯托弗·胡德(Christopher Hood)、戴维·奥斯本(David Osborne)以及欧文·休斯(Owen Hughes)为代表的学者对新公共管理改革运动进行系统的理论总结与提炼,认为新公共管理运动产生了一种相对于韦伯式科层制而言的新的范式。在政府治理理念方面,新公共管理范式强调公共部门应该坚持市场原则,并借鉴私营部门管理的理念、方式以及方法等,主张用分散化、独立的新型组织结构(如执行机构等)取代权力高度集中的科层制组织结构。② 就政府治理的主导机制而言,新公共管理范式倡导具有竞争性和选择性的市场化机制,强调追求市场导向的、顾客导向的政府治理价值,认为只有以顾客导向、市场导向为价值取向的政府才能满足公众的多样化需求。③ 与科层制治理范式相比,新公共管理范式在加强公私部门连接、引入私营部门的先进管理理念与管理方法、更加重视政府服务质量和顾客满意度而非效率等方面,具有明显的进步性和比较优势。但是,新公共管理范式也不可避免地陷入碎片化治理、公共精神缺失以及背离民主价值等现实困境。

3. 网络化治理范式

随着信息通信技术日益被嵌入并固化到现代政府治理过程之

---

① 张云昊:《规则、权力与行动:韦伯经典科层制模型的三大假设及其内在张力》,《上海行政学院学报》2011年第2期。

② Patrick Dunleavy, "New Public Management is Dead: Long Live the Digital Era Governance", *Journal of Public Administration Research and Theory*, 2006, 6(3), pp. 467-494.

③ 陈振明:《评西方的"新公共管理"范式》,《中国社会科学》2000年第6期。

中,逐渐产生一种既不完全等同于科层制治理范式也不完全等同于新公共管理范式的新型政府治理范式——网络化治理范式。网络化治理范式跳出"更多政府还是更多市场"的泥淖,凭借ICT(information and communications technology,信息与通信技术)所具备的联结整合以及赋权参与的功能与特性,通过信任、合作以及互动协调等机制的建构和实施,创设了现代治理多元主体力量得以真正合作共治的网状治理结构与新型治理范式。① 在政府治理理念方面,网络化治理范式强调多元主体之间的合作共治。这种合作共治,一方面体现在政府内部不同层级、不同部门之间,另一方面体现在政府与市场、社会、公民等多样化主体之间。② 因此,网络化治理范式以非等级式的、扁平化的网状结构为政府治理的结构基础。

此外,在政府治理的主导机制上,网络化治理范式以建立在信任与合作基础上的互动协商机制为主。此种互动协商机制,既不同于科层制治理范式之下以命令与控制为典型特征的行政机制,也不同于新公共管理范式之下单纯强调市场化、私有化而背离民主行政价值的市场化机制。网络化治理范式所倡导的互动协商,是通过政府的恰当引导与制度安排,创设一种充分发挥政府、市场、社会、公民多元主体各自优势的治理格局。③ 因此,网络化治理范式强调合作共治理念、扁平化的网状结构以及互动协商机制,既能有效地追求和实现民主行政价值,又能极大地促进公共价值的增进与增殖,从而最终实现维护参与化权利与推动公共价值迭代升级与累积创造两者的动态平衡。

---

① 唐亚林、王小芳:《网络化治理范式建构论纲》,《行政论坛》2020年第3期。
② 陈剩勇、于兰兰:《网络化治理:一种新的公共治理模式》,《政治学研究》2012年第2期。
③ 朱立言、刘兰华:《网络化治理及其政府治理工具创新》,《江西社会科学》2010年第5期。

(二)当代中国政府治理范式变革的基本特征

政府治理理论范式的迭代变革是一个动态过程,将其置于长时段的历史视距,聚焦于政府治理理论范式产生与发展,锚定中国情境下政府治理范式转型的特质与进路,分析其展现出的自主性和开拓性,具有重要的理论和现实意义。

本文从广义立场出发理解政府治理理论范式,其核心构成要素和内容体系主要涵盖政府治理理念、政府治理结构、政府治理机制以及政府治理价值四大要素。从理论演进的历时态来看,西方政府治理理论范式变革几乎都坚持系统思维,围绕"理念-价值-结构-机制"四大要素,开展由表及里、由内而外的政府治理变革方式和路径。① 因此,政府治理理论范式变革具有时间上的延续性、过程性和阶段性。从其变革过程的时间截面来看,政府治理范式变革的共时态——特定实践情境下的政府治理变革,又具有阶段的稳定性、动态的变化性以及内在的一致性三大特征所构成的一般性特征,也在中国语境下具有政府的主导性这个独有特征。

首先,在一个特定的阶段内,政府治理范式是稳定的、确定的,带有明显的阶段的稳定性。这种稳定性一方面体现在政府治理范式的四大内容体系——治理理念、结构、机制以及价值在特定时期是稳定不变的。这种理念、结构、机制以及价值上的稳定性,能够为特定时期的政府建设以及政府治理提供指引,也为学术共同体从事政府治理的研究提供基本前提与公认范例。也就是说,在特定时期内,在某种政府治理范式的指引之下,实务部门以及学术界对如下重要问题——何种政府治理理念、何种政府治理结构安排、何种政府治理机制以及何种政府治理价值是适宜且值得追求

---

① 张立荣:《当代中国政府治理范式变革——基于麦肯锡7-S系统思维模型的一种探讨》,《武汉大学学报》(哲学社会科学版)2007年第4期。

的？——具有稳定的共识。另一方面，阶段的稳定性指向特定时期政府治理范式的地位及其作用的稳固性。纵观科学研究范式或是政府治理范式的演进与发展历程可以发现，在某个特定时期，某种特定的政府治理范式不会遭受根本质疑和实质性挑战，因而一时不会全部地或是部分地为某种全新的政府治理范式所取代，该种范式对于实务部门与学术界的引领作用在特定时期也是一直存在的。

其次，动态的变化性是指从政府治理实践的历时态来看，从中析出的政府治理范式又是动态变化的，是不稳定和不确定的。具言之，在不同时期，政府治理范式的四大内容体系——治理理念、结构、机制以及价值具有不同的内涵，并处于不断地变化之中。当某个政府治理范式为新的政府治理范式所取代之后，新旧范式在政府治理范式的四大内容体系上会存在实质性差异，新范式较之于旧范式发生了根本性变化。此外，动态的变化性体现在政府治理范式对实务部门与学术界而言的地位与指引作用会发生变化。这种变化并不是说有的政府治理范式具有指引作用，有的范式不具有指引作用。而是指，正如库恩所强调的，在范式历经范式时期、反常时期、危机时期以及革命时期这种循环往复的发展阶段之时，政府治理范式的地位与作用会在不同的时期呈现出差异性。比如，在范式时期，政府治理范式对政府治理实践与学术研究的指引作用是稳固的，政府治理范式的地位是未受到质疑和挑战的。在除此之外的其他时期，政府治理范式的地位和作用或是受到质疑和挑战，或是遭致根本性颠覆。

最后，政府治理范式是一个由包括治理理念、结构、机制以及价值等多种要素构成的有机整体。就内在逻辑关系而言，要素与要素之间并非彼此独立和相互割裂的关系，而是具有密切联系和内在一致性的关系特性。要素彼此间需要相互协调和彼此适应，这种协调和适应的状况将会最终影响政府治理范式整体效能的实现。具体来说,特定的政府治理理念决定特定的政府治理的结构安排、政府治理的机制构建及其运作,也会决定政府适合于追求何种治理价值。因此,内在的一致性逻辑关系决定了政府治理范式的改革与创新不仅需要顺应外在的时代形势与社会发展趋势的变化,也要遵循政府治理范式的内部要素间所具有的相互联系和一致性逻辑关系。内在的一致性要求在改革与创新政府治理范式之时,实务部门必须全面统筹和整体推进治理理念、结构、机制以及价值等要素,而非有所偏颇,即仅关心和考虑特定要素。

值得注意的是,显著区别于西式政府治理范式变革的一般性特质,中国政府治理转型实践因受到中国本土化情境的影响,而展现出独有特征——突出政府的主体性角色和主导性作用。这一独有特征是中国在社会经济发展、现代化建设和政府治理变革过程中长期积累和汲取的宝贵经验。改革开放40多年的发展经验表明,政府主导是我国现代化建设、发展与治理取得成效的重要保障,政府主导型现代化模式也是理解中国现代化一个重要而鲜明的特色。因此,政府主体性和主导性是当代中国政府治理范式的独有特征,我国的政府治理范式必须强调政府的主体角色和主导地位。与这种基本国情与发展治理经验相适应的是,中国在事实上强调且未来也必将继续强调政府的主导性地位与关键性角色。由此可见,政府的主导性是当代中国政府治理范式鲜明的也是极为重要的基本特征,未来中国政府治理范式的建构必须以政府主导为前提。[①]

综上,当代中国政府治理范式的基本特征集政府治理范式的一般性特征与中国的独有特征于一体。在一般性特征与独有特征的逻辑关系上,独有特征的落实与体现必须以一般性特征为前提,

---

[①] 张立荣、冷向明:《论中国未来政府治理范式的特质与进路》,《江海学刊》2007年第3期。

即在改革创新中国政府治理范式的过程中,必须在遵照阶段的稳定性、动态的变化性以及内在的一致性特征的基础上,强化和贯彻落实政府主导的独有特征。

(三)智慧治理新范式与数字政府新形态

就上文而言,科层制治理范式、新公共管理范式以及网络化治理范式在治理理念、结构、主导机制以及价值方面的主要差异如表1所示。值得注意的是,网络化治理范式本身历经纵横交错型(初级形态)、嵌套型(中级形态)以及智慧型(高级形态)由低阶到高阶的形态变迁。[①] 其中,智慧型网络化治理范式是目前网络化治理范式的最高形态;在数字经济与数字社会时代,智慧型网络化治理范式的外在形态即数字政府这一新型政府形态。

表1 科层制治理范式、新公共管理范式、网络化治理范式比较

范式	维度			
	政府治理理念	政府治理结构	政府治理主导机制	政府治理价值
科层制治理范式	科学管理	科层制组织结构	行政机制	秩序化价值、行政效率
新公共管理范式	市场原则、借鉴私营部门管理	分散化、独立化的新型组织结构	市场化机制	市场导向、顾客导向
网络化治理范式	合作共治	扁平化的网状结构	互动协商机制	民主行政、公共价值增殖

"十四五"规划要求"将数字技术广泛应用于政府管理服务,推动政府流程再造和模式优化,不断提高决策科学性和管理效

[①] 唐亚林、王小芳:《网络化治理范式建构论纲》,《行政论坛》2020年第3期。

率"。① 就此可将数字政府建设理解成政府流程与模式在数字技术被广泛应用于政府管理与服务背景下的政府变革过程,其目标在于提高政府决策的科学性与政府管理、服务的效率。②《国务院关于加强数字政府建设的指导意见》(下文简称《指导意见》)强调,数字政府建设是"创新政府治理理念和方式、形成数字治理格局、推进国家治理体系和治理能力现代化的重要举措,对加快政府职能转变,建设法治政府、廉洁政府和服务型政府意义重大"。③《指导意见》将数字政府所变革的对象进一步拓展至政府治理理念、方式等方面,并明确指出数字政府建设的意义不仅在于转变政府职能和强化政府自身建设,也能够服务于国家治理体系和治理能力现代化等国家战略目标。由此可见,数字政府就其实质而言,可以说是为了顺应数字时代发展趋势以及数字技术广泛应用于政府管理服务的现实而对政府治理所进行的调整与革新。④ 调整与革新的对象可包括政府流程、模式、政府治理理念和方式等多个方面,其直接目标在于提升政府决策、管理、服务的效率与质量,更为深远的目标则在于优化政府自身建设并服务于国家治理战略目标。

　　以上是对数字政府所作出的一般意义上的整体性解读。如果从更加细分的视角深入把握数字政府的内涵,我们可从过程与结果的双重视角进一步深化对数字政府的理解与把握。首先,从过程视角来看,数字政府包括基础层次、中间层次以及最高层次的多维度内涵。在基础层次,数字政府指的是在政府决策、管理与服务

---

① 《中华人民共和国国民经济和社会发展第十四个五年规划和 2035 年远景目标纲要》(2021 年 3 月 13 日),中国政府网,https://www.gov.cn/xinwen/2021-03/13/content_5592681.htm,最后浏览日期:2024 年 10 月 8 日。
② 戴长征、鲍静:《数字政府治理——基于社会形态演变进程的考察》,《中国行政管理》2017 年第 9 期。
③ 《国务院关于加强数字政府建设的指导意见》(2022 年 6 月 23 日),中国政府网,https://www.gov.cn/zhengce/zhengceku/2022-06/23/content_5697299.htm,最后浏览日期:2024 年 10 月 8 日。
④ 黄璜:《数字政府:政策、特征与概念》,《治理研究》2020 年第 3 期。

中强化网络基础设施建设、网络信息系统建设、网络公共服务平台建设、大数据开发与利用等;在中间层次,数字政府意味着智慧产业、智慧生产(分享经济)、智慧生存、智慧传播、智慧文化等重要方面;在最高层次,数字政府指向智慧城市与乡村(城区、社区)治理的流程、标准化、机制、制度、法规、理念等。其次,从结果视角来看,当谈及数字政府时,我们可能关注和强调的是:其一,数据信息、数据资源、数据资产与数据要素;其二,数字技术、数字平台(人工智能、区块链、工业互联网等)与数字公共服务平台;其三,数字产业与数字产业链群生态;其四,数字治理范式与数字治理文化;其五,数字权利、数字主权与数字政府。

综上,数字政府建设的未来创新空间包括:第一,技术赋能与应用场景(经济、生活与治理领域);第二,公众需求的数字化表达与公共服务的数字化供给;第三,数字化公共服务产业链与全生态链建设;第四,政府组织的数字化与生态化;第五,数字政府的智慧化形态建设。其中的逻辑在于,首先,数字政府建设的重要定位之一在于更加有效地引领发展、治理与服务,因此,在大数据与人工智能等现代技术的赋能之下,大力拓展技术治理与数字政府的应用场景势在必行,这也是数字政府建设的首要关切。其次,政府公共服务供给不能"无的放矢",社会公众也不再是被动的服务接收者,参与意识的增强与数字技术广泛应用于政府决策、管理与服务,为社会公众更加主动而又经常地参与公共管理与公共服务供给创造了必要性与可能性,也为公众参与以及政府与社会的互动提供了坚实的技术与平台支撑。因此,在拓展技术与数字应用场景的基础上,政府必须重视公众需求的表达与有效吸纳,确保政府所提供的公共服务始终是"基于公众需求"的。最后,为了顺应公众需求表达的数字化变化趋势,实现更加精准有效的公共服务数字化供给,政府组织结构及其形态必然会随之发生适应性调整与革新,即政府组织的数字化与智慧化建设势在必行。

三、当代中国政府治理范式的复合变革机制塑造

复杂化、多元化和异质化的社会治理需求与政府治理"总体有效,局部失效"的应对能力形成了诸多结构性矛盾,使得如何提升政府治理对社会需求回应性成为驱动政府治理范式变革的重要因素。科层制治理范式的刻板思路难以有效地回应激增的人民美好生活需要。因此,如何探索影响政府治理范式的适应性变革的动力因素,凝练和总结政府应对复杂社会需求的关键机制成为中国政府治理转型的关键。①

(一) 政府治理范式变革的动力机制分类

政府治理范式变革在一定程度上体现为对既定治理关系的调整②,从政府统治、管理到治理,是党和政府与社会关系变革和政府职能转变的必然趋势,反映了政府与社会、主体与客体、管制与被管制的辩证统一。关于政府治理范式转型的动力问题,既有研究主要从社会需求③以及技术基础④等动力要素出发进行考察和分析。本研究基于驱动主体及其与政府间关系的不同,将政府治理范式转型的动机机制划分为市场化机制、社会机制、技术机制以及党政机制四种类型。

首先,市场化机制受到新公共管理范式的影响,主张基于经济

---

① 宋锴业、徐雅倩:《中国治理转型过程中社会需求回应的组织形式及其演变机制》,《河海大学学报》(哲学社会科学版)2024年第1期。
② 孙柏瑛:《城市基层政府治理转型中的机构改革》,《公共管理与政策评论》2018年第5期。
③ 臧雷振、张振宇:《智慧城市建设中的政府治理转型:需求耦合与运作机制》,《甘肃行政学院学报》2021年第1期。
④ 陈水生:《技术驱动与治理变革:人工智能对城市治理的挑战及政府的回应策略》,《探索》2019年第6期。

逻辑和治理理念,通过货币化的项目向市场购买服务来回应社会需求。① 市场化机制主张发挥市场在资源配置和需求满足过程中的基础性作用,通过价格、供求、竞争和交易等方式实现治理资源和需求之间的优化配置。因此,在市场机制的理论预设中,通常将政府置于弱激励情境中,认为它没有足够的动力对自身结构进行变革式调整,从而建立与社会需求相应的组织机制。

其次,社会机制关注作为核心行动者的社会组织的角色和作用。社会组织具有比较优势,它能够有效地弥补政府失灵和市场失灵。② 社会机制强调关注异质性社会需求,主张动员更多的行动者参与政府治理过程之中。这种"去中心化"的治理要素的整合,既体现了政府治理范式变革要素(治理需求、治理理念和治理价值)之间的适应性配置,也反映了科层制治理范式的刻板思路难以有效地回应激增的人民美好生活需要。

再次,政府治理范式变革的技术机制依赖于现代技术应用具有优化开放性治理结构、拓宽多元异质性治理主体、丰富技术性治理工具等优势。③ 有学者认为,技术变革是政府治理范式变革的起点④,现代技术的社会化应用为政府治理提供了新的治理范式和技术手段,进而"开辟了一条以技术促进制度优化、引领机制变革的政府治理体制改革发展道路"。⑤ 具体而言,从政府与技术关系的视角来看,政府治理范式演进凸显了"政府治理吸纳技

---

① 史普原、李晨行:《从单位制到项目制:中国国家治理机制沿革》,《公共管理学报》2023 年第 1 期。
② 江亚洲、周俊:《第三次分配的社会机制:基本构成与作用机理》,《江苏社会科学》2024 年第 1 期。
③ 陈剩勇、卢志朋:《信息技术革命、公共治理转型与治道变革》,《公共管理与政策评论》2019 年第 1 期。
④ 陈振明:《政府治理变革的技术基础——大数据与智能化时代的政府改革述评》,《行政论坛》2015 年第 6 期。
⑤ 唐亚林:《ICT 技术与行政体制改革》,《国家治理》2015 年第 27 期。

术"和"技术重构政府治理结构"两大循环交替过程。① 前者体现了政府治理结构、价值和理念对现代技术发展的适应性调试,政府及政治系统不断采纳技术来强化甚至补充政治系统的结构,提升其治理效能,后者更强调技术对政府治理体系和结构的"技术化"塑造,新治理技术嵌入(带来的新理念、价值和体系)倒逼政府治理结构整合,形成与技术体系网络化、一体化的政府治理体系。基于此,技术驱动意味着政府治理技术化进程的开始,即将政府治理的技术特征与治理需求进行对接并对政府治理加以改造,形成革新政府治理范式的外生性动力机制。②

最后,第四种动力机制源于对党政体系政治功能的自我阐释。党的自我革命是中国共产党开展政党治理的模式选择,党的自我革命精神有助于提升政党适应性、组织内聚性、政党自主性和社会扎根性。③ 坚持党的领导是中国共产党领导人民进行革命、建设与改革的最宝贵经验。在政府治理范式的改革与创新之中,以问题倒逼、理念汲取与自我改革相统一为导向的中国共产党"自我革命力量"是实现政府治理范式创新的根本领导力量,也是驱动政府治理范式变迁的内在动因。作为使命型政党(Mission-oriented Party)的中国共产党具备自我革命的精神以及自我认知、自我塑造、自我期许、自我实现的政党能动性与主体性。④ 这种能动性与主体性反映在政府治理上,即中国共产党内在地具有领导政府进行治理范式改革与创新的主体自觉与自我

---

① 王磊、赵金旭:《结构与技术的互动:我国政府电子治理的演化逻辑——基于政治系统的结构功能理论视角》,《探索》2019年第6期。
② 陈水生:《技术驱动与治理变革:人工智能对城市治理的挑战及政府的回应策略》,《探索》2019年第6期。
③ 陈家喜:《自我革命:中国共产党政党治理的模式选择》,《江汉论坛》2023年第9期。
④ 唐亚林:《使命型政党:新型政党理论分析范式创新与发展之道》,《政治学研究》2021年第4期。

意识。在中国语境下,中国共产党与政府之间是一种领导与被领导的关系,党相对于政府具有支配地位,这种领导关系与支配地位既得到宪法确认和保障,也为"党建国家"的历史事实所阐明。这种执政党与国家(及其代表政府)间的特殊关系意味着中国共产党拥有有效地领导政府进行治理范式改革与创新的合法性与正当性基础。

(二)党政领导—社会参与—技术支撑:当代中国政府治理范式的复合型变革机制

从政府统治、管理到治理与服务,是党和政府与社会关系变革和政府职能转变的必然趋势。在政府治理理念和价值框架下,同时考虑政府治理的主体间关系——党政体系内部的纵横权力结构及其关系,以及与外部社会公众需求、技术情境等多重维度,构建中国政府治理范式转型的党政领导—社会参与—技术支撑复合型变革机制,是理解中国政府治理范式转型的关键。这种复合型变革机制体现了党政与社会、主体与客体以及治理目标与技术工具之间的辩证统一关系。

第一,坚持党和政府在治理过程中的领导性和主体性,形成以问题导向和党的自我革命驱动政府治理范式变革的党政领导动力机制。不同于西方"为选举而生"和"选票本位"的竞争型政党,中国共产党这种马克思主义政党是典型的使命型政党[1],内蕴着崇高的使命引领与强烈的责任担当的本质特征。[2] 在党政关系上,中国共产党与政府之间的关系是一种领导与被领导的关系,这种领导关系由《中华人民共和国宪法》规定和保障。长期执

---

[1] 唐亚林:《使命型政党:新型政党理论分析范式创新与发展之道》,《政治学研究》2021年第4期。
[2] 唐亚林:《使命型政党:从概念到理论范式的生成过程》,《开放时代》2023年第1期。

政的中国共产党相对于政府更具支配地位,这种支配地位既是自然而然取得的,也被长期而稳定地维持着,自新中国成立至今从未动摇过。这种执政党对政府的支配地位,具体反映为政府的框架结构、职能划分、运行规则、人事安排等,处处体现了党的意志。① 中国共产党对国家政权的长期领导,中国共产党相对于政府的领导关系与支配地位,是中国党政关系的独特优势,这一优势也奠定了中国共产党领导政府进行治理范式改革与创新的合法性与正当性基础。在政府治理方面,在"问题倒逼"驱动改革的发展情境下,中国共产党具有清晰的历史使命和主体责任,能够不断地发挥自我革命的精神品质,通过理念汲取与自我改革,为政府治理理念、结构、机制以及价值等要素变革,主动创设一种有利的领导环境与领导力量。"问题倒逼"改革蕴含着三重关键性内涵:一是改革的目的着眼于解决问题;二是改革的方法论要坚持问题导向;三是要立足新时代新矛盾而全面把握深化改革的着力点。因此,"问题倒逼"的要义在于改革须坚持问题导向,无论是改革需要着力解决的现实问题,还是改革什么以及如何改革,都不能主观臆断,必须立足于新形势下的新矛盾和新问题。这与自我革命精神所强调的实事求是的思想路线高度契合。"问题倒逼"和自我改革是中国共产党在推动政府治理范式的改革与创新中,坚持自我革命精神的根本要求与指导方针,也深刻地影响着党政领导机制对政府治理范式改革与创新的实际作用。

第二,充分发挥各类主体的治理优势,搭建整合多元化社会力量的行动者网络,形成政府治理变革的社会参与机制。行动者网络的核心要素包括行动者(actor)、网络(network)以及转译(translation)。三要素间的逻辑关系在于,异质的行动者之间通过

---

① 陈崎:《中国与西方国家党政关系比较研究》,《当代世界与社会主义》2009年第4期。

转译①活动实现需求识别和利益联结，组成利益联盟，构建互动的关系网络。② 因此，行动者网络要能够产生行动力才能作用于实践活动，其基础与前提在于不同主体间能够构建形成网络。然而，网络的形成并非自然发生，而是异质性主体主动建构的结果。在政府治理范式的演进实践中，当旧的政府治理范式的弊端越来越凸显，不可避免地会遭遇来自多元主体的质疑与挑战。但是，主体多元性往往意味着利益诉求异质性，这将不利于行动者网络的建构与形成。此时，关键行动者或核心行动者的作用就显得极端重要。关键行动者将借助转译机制把自己看重的问题、兴趣或利益转化为其他行动者的问题、兴趣或利益，使其他行动者认可并参与由关键行动者主导建构的网络。③ 以科层制治理范式的式微、新公共管理范式的兴起这一范式转换为例，新公共管理范式的兴起代表着西方新自由主义意识形态替代其他意识形态而成为公共哲学的内核与社会普遍性共识，意味着新自由主义意识形态将自己的政策主张成功上升为指导国家政治与行政改革的主导理念。从本质上来看，新公共管理运动是新自由主义改革对行政国家和福利国家的颠覆。④ 因此，通过问题化、介入、招募和动员这四个策略，核心行动者能够将各类异质性主体联结成为政府治理范式变革支持联盟。同时，核心行动者的结盟行动也能将新治理范式蕴含的理念、行动框架等价值观念同化为联盟成员的一致观念，进而形成政府治理变革的行动者网络。

---

① 转译指行动者将其他行动者的问题和兴趣用自己的语言转换出来，它是维系行动者网络的动态机制；行动者的聚集不能形成网络，只有通过转译机制才能建构出行动者网络。参见刘伟忠、张宇：《与异质性行动者共生演进：基于行动者网络理论的政策执行研究新路径》，《贵州社会科学》2022年第8期。

② 余敏江、邹丰：《制度与行动者网络：新加坡环境精细化治理的实践及其启示》，《学术研究》2022年第7期。

③ 雷辉：《多主体协同共建的行动者网络构建研究》，人民出版社2017年版，第17页。

④ 夏志强、田桑作：《西方公共行政学评议》，商务印书馆2021年版，第174页。

第三,强化现代技术的应用与嵌入,塑造政府治理数字化转型的技术支撑机制。技术特别是数字技术是重塑政府治理理念、结构、机制以及价值的重要力量,现代技术嵌入为政府治理结构变革、治理过程优化和机制创新等创造了必要性和可能性。一般而言,技术变革往往引发社会结构的变动,社会结构的变动会反过来重塑政府行动者的治理理念。因此,新技术是承担政府治理理念转型的"赋能者"。① 与之相适应,政府治理范式的核心构成要素必须进行适应性调整与变革。在政府部门结构和关系网络方面,互联网、生成式人工智能等技术为实现政府组织的纵向整合和横向整合,进而重塑政府组织结构与组织形态提供了新的契机。纵向整合是指,就政府层级结构而言,信息通信技术赋能特别是数字技术赋能,依靠大模型、算法和机器学习等技术,能够提升政府对社会需求信息的处置能力,通过互联网的"虚拟政府"折叠和压缩政府层级化信息传送结构,形成扁平化、网络化和虚拟化的信息传送结构,进一步增强政府的回应性、互动性和服务性。横向整合则是指现代技术的结构化机制对政府部门间关系重新塑造,以实现跨部门合作与政府横向整合。现代技术搭载的结构化模块能够打破政府部门因职权划分而呈现出的碎片化结构,并通过技术模块的可拆解性和重组性②,以治理具体事件为单位重塑政府部门间的关系,形成以"高效处置一件事"为目的的"事件制"治理结构,以取代传统的"部件式"治理结构。③ 因此,技术特别是互联网技术的去中心化、开放性、高效性等特性打破了政府部门联结的时空限制,为政府内部横向部门和纵向层级间以及政

---

① 阙天舒、吕俊延:《智能时代下技术革新与政府治理的范式变革》,《中国行政管理》2021年第2期。
② 王磊、赵金旭:《结构与技术的互动:我国政府电子治理的演化逻辑——基于政治系统的结构功能理论视角》,《探索》2019年第6期。
③ 王磊、王小芳:《复杂任务情境中技术如何促进部门协同——基于S市市域社会治理现代化指挥中心的案例研究》,《公共行政评论》2024年第1期。

府与非政府主体之间的互动合作提供了技术支撑,这将为政府治理中的互动协商机制的贯彻实施创设有利条件,因此,技术是赋能政府治理机制转型的重要驱动机制。

四、迈向智慧治理:当代中国政府治理范式的转型图景与实践路径

中国政府治理范式智慧化转型的未来图景,首先是公众需求的数据化、智慧化与体系化;其次是政府决策的数据化、集成化与统筹化;再次是智慧治理共同体的建构;最后则是形成基于数据要素的"良心+良制+良治"①的新型智慧治理范式。其逻辑在于,政府治理以公众需求为出发点,政府决策则是将公众需求转化为公众满意的公共政策,而在"公众需求—政府决策"转化的过程中,由政府主体与非政府主体协商互动建构的智慧治理共同体是政府治理的主体基础。因此,政府治理范式的智慧化转型或数字政府建设的路径在于:一是政府治理理念的智慧化建构;二是政府组织的智慧化重构;三是政府办事平台的智慧化重塑;四是政府治理流程的智慧化再造;五是政府人力资源的智慧化提升。

(一)政府治理范式的智慧化转型图景

未来,中国政府治理范式的智慧化转型应当从政府治理的起点和出发点(公众需求)→政府治理的关键环节(公众需求转化或政府决策)→政府治理的主体→政府治理的目标等方面进行系统化和持续性变革。这种"链式"智慧化转型图景具有变革过程上

---

① 唐亚林:《使命型政党:新型政党理论分析范式创新与发展之道》,《政治学研究》2021年第4期。

的阶段性、变革目标上的整全性以及变革手段上的系统性等特征。

第一,基于公众需求的数据化、智慧化与体系化图景。① 与政府治理的智慧化转型需求相适应,公众需求应当成为政府改革的根本出发点。公众需求是政策"原料",它源源不断地被输送到政治体系中,经由政治体系"加工转换"后,输出公众满意的公共政策。② 对于政府治理而言,公众需求是治理活动的逻辑起点和出发点,是政府治理范式转型的关键所在,也是评判政府治理范式实际成效的基本标准。公众需求的智慧化转型,涉及公众需求管理的全过程并贯穿公众需求管理活动的始与终,主要包括公众需求搜集(站在公众角度而言即"需求表达")、公众需求分析以及公众需求反馈。只有在政府治理中坚持以人民为中心,积极借用数字经济与数字社会的数字化、智慧化技术手段优势③,将公众需求有效地吸纳进政府决策与公共政策的制定过程中,才能始终保证政府治理的合法性。

第二,政府治理决策的数据化、集成化与统筹化图景。与公众需求的智慧化转型图景密切相关的是,政府决策也将实现数据化、集成化与统筹化转型。政府决策意味着对公众需求的吸纳和转化,是政治系统"加工转化"后的结果。理想的政府决策或公共政策必须"始于公众需求"且"终于公众需求",也就是自始至终紧扣公众需求,以公众需求作为决策依据,并以公众需求的满意状况作为决策好坏的评判标准。在政府治理实现智慧化转型之前,传统的政府决策模式是非数据化的(经验化)、非集成化的(碎片

---

① 沈费伟、诸靖文:《数据赋能:数字政府治理的运作机理与创新路径》,《政治学研究》2021年第1期。
② 蔺思涛:《基于公众需求的移动政务建设》,《中国行政管理》2015年第4期。
③ 王炜、蔡羽茜:《技术驱动、人才赋能与需求导向:中国数字政府建设的三个关键维度——基于电子政务发展指数的分析》,《行政论坛》2022年第6期。

化)和非统筹化的(即期化)。这种决策特征不仅制约政府决策或公共政策精准而又有效地满足公众需求,而且不利于决策信息在政府内部不同系统、不同层级、不同部门不同地域之间的流动与共享,最终影响政府的决策水平与治理成效。随着现代数字技术的飞速发展,大数据、算法和大模型等现代技术在很大程度上改变了传统经验式政府决策的信息基础——颗粒度粗、信息规模小、处理能力低以及主观经验依赖度高等。在数字技术的帮助下,通过对大数据的处理、模拟和预判,政府决策具备了更强的信息处置能力,更客观地趋近理性决策的特征,将政府决策实质性地推向了"循数决策"和"智能决策"的科学模式,很大程度上提升了政府发现真正的市场需求和社会需要的能力。[①]

第三,未来政府智慧治理共同体建构。互动协商机制是网络化治理范式所依赖的政府治理的主导机制。智慧治理仍然有赖于互动协商机制的建构与实施,持续的协商互动是智慧治理的典型特征。在政府治理范式的智慧化转型之中,由社会公众、市场主体、志愿团体以及社会组织等组成的非政府主体不再是被动的接受者,而是积极的参与者,这不仅是由于非政府主体的参政意识得到增强,也是由于数字政府建设与智慧治理对大数据与人工智能技术的应用,以及技术治理平台的搭建为非政府主体的参与提供了技术支撑。通过持续的协商与互动,政府与非政府主体得以建构与智慧治理相适应的智慧治理共同体。共同体一方面意味着非政府主体与政府主体围绕"公众需求—政府决策"转化活动而形成一种稳定的联系,另一方面意味着非政府主体与政府主体有着相同或相近的治理诉求与治理目标,即两者都关注和追求公众需求的有效实现。

[①] 刘成、李秀峰:《"AI+公共决策":理论变革、系统要素与行动策略》,《哈尔滨工业大学学报》(社会科学版)2020年第2期。

第四,基于数据要素的"良心+良制+良治"的新型智慧治理范式。数字政府建设表征着政府信息化建设迈向新阶段和新征程。与政府信息化建设的起步期、电子政务时期所不同的是,数据是支撑数字政府建设、政府治理范式智慧化转型的关键性生产要素和重要的战略性资源。① 这种要素和资源是驱动一国政府、经济与社会发展的新型生产要素,也是全球数字竞争所角逐的前沿。为此,必须重视挖掘数据生产要素的价值与生产力。对于政府治理和政府治理范式的转型而言,数据要素的关键性意义在于,数字政府建设中所强调的大数据与人工智能技术的应用,能推动政府部门实现横向联通,并有效地激发和提升数据要素等治理资源跨层级跨系统跨地域流动、整合与共享,这将赋能政府治理"良治"目标的追求和实现。与此同时,数据要素实现跨层级跨系统跨地域流动、整合与共享过程中所遭遇的制度性梗阻,又会倒逼政府进行制度改革,这将构成驱动政府追求"良制"目标的重要动因。因此,数字政府建设以及新型智慧治理范式的未来图景将是:以数据要素作为关键性生产要素与战略性资源,充分发挥数据生产要素的价值与生产力,政府治理能够同时追求和实现"良心""良制"以及"良治"多重复合目标。

(二)政府治理范式智慧化转型的实践路径

首先,以政府治理理念变革为先导,树立数据和技术驱动的智慧化治理理念。在理念、组织、平台、流程、人力资源五大要素的相对地位及其相互关系之中,理念带有根本性、优先性和至上性,是政府治理范式智慧化转型的基础与前提,是其他要素变革

---

① 沈费伟、胡紫依:《数据生产力驱动数字政府建设的实践逻辑与优化路径》,《西安交通大学学报》(社会科学版)2023年第5期。

的导向和底线。① 政府治理转型首先要求政府治理理念得以智慧化建构。在一般意义上,政府治理理念可被理解成政府在从事内部治理以及社会公共事务治理活动中所体现出的自身对于政府治理的看法、思想以及观念的集合。政府治理理念与治理结构、治理机制、治理价值等共同构成政府治理体系的重要组成部分,因而推动政府治理理念重构与再造是实现政府治理范式的智慧化转型的重要方面。政府治理理念的智慧化重构,是按照智能化时代与智慧治理的要求,在政府治理过程中大力提倡并积极践行智慧化的政府治理理念。政府治理理念的智慧化建构,先要加深治理主体(既包括政府也包括非政府主体在内的多元治理主体)对智慧治理的认知,为治理理念的智慧化转型塑造坚实的主体基础。② 然后,依据智慧治理的要求,对政府治理的其他要素(结构、机制、目标、价值取向等)进行重新设计与重构,使治理理念与政府治理的其他要素之间形成一种相互强化、相互支撑的良性互动格局。③ 最后,需要在政府内部治理以及公共服务中大力强化大数据、物联网、区块链、人工智能等现代技术的运用,强化全员数字素养,进一步为政府治理理念的智慧化再造提供智慧化的技术手段与基本素养基础。

其次,以政府治理组织结构变革为核心,构建学习型政府组织和开放性政府治理体系。组织重构是指对组织结构、组织关系、职权层次、指挥和信息系统等进行的调整与革新。当谈及组织结构时,我们往往更为关注和强调的是组织的内在结构以及这种内在结构所呈现出的外在表现形态。对于政府组织而言,在信

---

① 魏治勋、李安国:《当代中国的政府治理转型及其路径》,《行政论坛》2015年第5期。
② 鲍静、范梓腾、贾开:《数字政府治理形态研究:概念辨析与层次框架》,《电子政务》2020年第11期。
③ 韩志明:《迈向多元良性互动的治理转型——破解建构社会治理新格局的密码》,《南京社会科学》2022年第11期。

息化与智能化时代,政府组织重构的重要趋势在于推动政府组织由传统的层级式、金字塔式的科层组织向扁平化的网络组织形态转变。政府组织智慧化重构的要义是以先进的数字技术与人工智能技术为基础重塑和再造组织结构,驱动等级化的僵化的机械化的组织结构及其形态向扁平化的灵活式的智能型组织结构与形态转变。因此,政府组织智慧化重构的思路即指:一是强化大数据与人工智能等先进技术在政府管理与服务中的大力运用与价值挖掘;二是重新定位政府组织中的个人或组织成员,转变科层制之下螺丝钉式的组织成员定位,赋予个体更多自主性与能动性;三是强化组织学习,既强化组织中的个体学习、部门学习,又强化组织中的整体学习,学习型组织的打造与组织学习能力的提升将会极大地助力组织的智慧化重构。

再次,以变革政府部门间关系为抓手,探索建立健全"高效处置一件事"的政府组织体系及协同机制。政府办事平台的智慧化重塑,旨在解决传统科层部门林立的分割状态,构建跨部门协同的整体性智慧化服务平台,最终搭建起让"数据多跑路、百姓少跑腿"的一站式、一门式和整全式政务服务供给体系。实现政府服务平台和办事平台的智慧化重塑,重点在于,第一,以"高效处置一件事"为目标导向,加快构建以技术智调①为基础的政府部门集成机制,围绕具体治理任务和事件,形成"牵头部门+"的弹性化任务共同体,进而实现政府资源向治理事项的精准聚集。② 第二,构建以"前台+中台+后台"的"三台一体"的政府治理机制。③ "门""站""窗"和"云""网""端"是政府提供政务服务和民

---

① 技术智调,指政府部门间以信息与通信技术为基础,旨在协调高效处置事项而形成的一种新型协调形态。
② 王磊、王小芳:《复杂任务情境中技术如何促进部门协同——基于S市市域社会治理现代化指挥中心的案例研究》,《公共行政评论》2024年第1期。
③ 刘伟:《技术运行与"一网统管"新型组织模式的建构》,《行政论坛》2021年第3期。

生服务的前台界面。技术中台实现了信息数据共享体系和资源网络体系相互嵌套,通过技术模块融通政府部门间的对话渠道,打通部门间的数据共享"藩篱",有助于降低沟通成本和维护部门间的协作网络。[①] 以科层组织体系为底座的权力后台还需承担起对技术中台的调控和规制,让技术服务于人。因此,加快推进办事实体空间和虚拟空间相互融合,制度权力体系和技术服务体系互耦是实现和提高政府办事准度、精度和效度的重要突破口。

从次,以政府服务流程优化为基础,建构开放、扁平、高效的公共服务体系。政府流程再造是以政府流程为中心的改革,指的是通过现代化信息技术手段的运用,使原本依顺序串联进行的多项业务同步并联进行,从而提高效率并改善服务质量。[②] 在此基础上,政府流程智慧化再造即指运用大数据与人工智能技术,改革与创新政府业务的处理流程,使得政府可以同步处理多项业务,以提高政府内部管理的效率并向社会公众提供更加高效而优质的政务服务与公共服务。政府流程包括政府内部流程与政府外部流程,政府外部流程又包括公共服务流程与跨部门合作流程两种类型。因此,政府流程智慧化再造所涉及的范围既包括政府内部流程的智慧化再造,也包括公共服务流程以及政府跨部门合作流程的智慧化再造。为了推动实现政府流程的智慧化再造,首先需要跳出传统的职能导向型的管理、服务(办事)与合作思维,树立流程导向型的管理、服务与合作思维。其次需要从整体上(特别是针对跨部门跨机构的业务和职能)对政府流程进行重新设计与整合,推动分散的业务和职能实现再造与重组。

最后,以强化数字化人才队伍建设为依托,优化政府人力资源

---

① 余敏江、王磊:《平台型政府的"重层嵌套"组织结构及其制度逻辑》,《学术月刊》2022年第9期。
② 金竹青:《政府流程再造:现代公共服务路径创新》,国家行政学院出版社2008年版,第34页。

体系的智慧化建设。政府治理的智慧化转型需要强化干部队伍的现代化建设。除了服务意识、技术态度、技术化操作等技能培训之外,还需从组织力(制造智慧叙事)、数字领导力①(构建智慧化转型联盟)、技术执行力(搭建智慧转型框架)等方面建构多层次、全方位的智慧化干部人才培训体系,进而提升政府人员的组织技术能力,并确保人才队伍结构的科学化配置。一方面,注重政府智慧化转型叙事,为政府人才队伍建设、数字公共服务创新提供重要的情感和符号支撑,这也将助力各方达成共识,提升政府治理转型的凝聚力和向心力。另一方面,构建数字联盟,以此提升政府智慧化转型的组织力。构建数字联盟和提升数字领导力,可以促进组织成员之间更深入的合作关系,并建立政府成员对整体战略目标的一致理解,进而降低政府人力资源智慧化建设的执行阻力。② 此外,搭建智慧转型的要素与主体框架,能够助力数字企业家整合政府内外部的技术、人力等多种要素,促使不同要素间形成相互衔接、相互依赖的共生关系。这种要素与主体框架聚焦数字公共服务创新和政府治理的智慧化转型,将强化政府内部人员之间、领导与普通成员之间、政府人员与公众之间等多元主体对整个创新数字生态体系参与的黏性,为智慧化政府治理范式提供基本的人力资源基础和人才保障。

[本文系江苏省卓越博士后计划资助项目(项目编号:2024ZB032)、江苏省社会科学基金项目(项目编号:24ZZC006)、苏州大学人文社会科学研究项目(项目编号:24XM2009)的阶段性研究成果]

---

① 马亮:《数字领导力的结构与维度》,《求索》2022年第6期。
② 徐雅倩、宋错业:《"数字企业家"如何促进中国数字公共服务创新?——基于三省十四市的实证研究》,《公共管理学报》2023年第3期。

政策工具视角下未来社区建设政策文本研究
——基于浙江省级层面的分析(2019—2023)

唐丽萍*　张志伟**

[内容摘要]　构建未来社区是健全社会治理体系与推进基层治理改革的创新性举措。已有研究主要聚焦未来社区的价值确认与路径构建等,鲜有运用政策工具进行分析。本文基于2019—2023年浙江省级未来社区建设的政策文本,利用质性分析软件Nvivo11plus,依据文本分析法与访谈法,从政策工具理论的视角阐释未来社区建设的实践逻辑。研究发现,未来社区建设的政策动力源是"管理向治理变革、试点到全域推进、委托与代理契合"三重作用的结果,但存在政策工具内外结构失衡、场景体系建设程度不均和"工具-要素"交叉匹配度较低等问题。基于此,需进一步提升未来社区建设政策的合理性,打造供给推进—内需拉动—环境稳定的未来社区建设新格局,高质量推进未来社区全域覆盖。

[关键词]　未来社区;政策工具;场景体系;政策动力;文本分析

---

* 唐丽萍,东华大学人文学院公共管理系副教授、硕士生导师。
** 张志伟,东华大学人文学院公共管理硕士研究生。

一、问题的提出

未来已来,将至已至。人们在现实场景中观察到的制度安排,要比任何一个简单的博弈结果更为复杂。[①] 2019 年,《浙江省人民政府工作报告》提出"建设未来社区等标志性项目",未来社区理念首次被提出。《浙江省人民政府关于印发浙江省未来社区建设试点工作方案的通知》明确提出了未来社区建设试点的目标定位、任务要求、组织实施与措施保障,未来社区"139"系统框架正式形成,该文件为全面开展未来社区试点建设奠定了基调。《省发展改革委关于开展浙江省未来社区建设试点申报工作的通知》明确了试点标准与评价指标,未来社区试点建设工作正式启动。截至 2023 年 9 月,浙江省级层面共发布了未来社区相关政策 30 余项,公布了六批省级未来社区创建项目,其建设实践走在全国前列。未来社区省级政策文件的相继公布,标志着浙江省在全国范围内率先明确建设未来社区的方针政策,并将其作为健全社会治理体系与推进基层治理改革的创新性举措。在这一制度背景下,如何通过制定相应的政策以推进未来社区的高质量建设与发展,成为社区治理领域的一项重要议题。

然而,学界对于未来社区的相关理论研究滞后于政策实践,多集中于概念界定、价值确认或路径构建,忽视了对未来社区相关公共政策的探索以及政策工具的经验分析,也缺乏具有本土特色的理论分析框架,这便为本文发现研究切口以及突破研究阈限提供了可能。

[①] [美]埃莉诺·奥斯特罗姆:《公共事物的治理之道:集体行动制度的演进》,余逊达、陈旭东译,上海译文出版社 2012 年版,第 23 页。

基于此,本文试图回应以下问题:在推进未来社区建设的过程中采用了哪些政策工具及其分布特征？运用与选择不同的政策工具推进未来社区持续建设的政策动力从何而来？哪些治理要素是政府在推进未来社区九大场景体系构建中格外关注的内容？未来应如何完善公共政策的有效供给与治理要素的有机匹配以提升社区治理效能？

二、文献述评

随着现代社区智慧化发展,"社区未来应是何形态"这一命题受到国内外学者的广泛关注,未来社区成为学界热议的主要议题之一,相关文献数量呈现增长趋势。国外学界普遍关注现代化社区更新,以智能生活化和绿色生态化两大主题为主要发展目标,具体分析当前已建成的几种特色未来社区发展模式,例如,新加坡从"组屋"①计划到"邻里中心"计划再到"智慧社区"计划,构成了新加坡社区迭代模式的发展脉络,形成以现代管理服务体系支撑现代宜居社区的探索②;日本从"共享住宅"③社区到可持续智慧城镇,形成以新能源与低碳技术支持可持续城镇社区的探索④;加拿大滨水区(Quayside)社区形成以空间、低碳与数字的技术集成探

---

① 李琳琳、李江:《新加坡租屋区规划结构的演变及对我国的启示》,《国际城市规划》2008年第2期。
② 徐小卫、黄红华:《躬身入局:社区现代化的七彩实践》,红旗出版社2023年版,第35页。
③ [日]筱原聪子:《日本居住方式的过去与未来——从共享住宅看生活方式的新选择》,姜涌译,《城市设计》2016年第3期。
④ Eva Heiskanen, Mikael Johnson, Simon Robinson, et al., "Low-Carbon Communities as a Context for Individual Behavioural Change", *Energy Policy*, 2009, 38(12), pp.7586-7595.

索未来社区规划。① 同时,国外学者还强调未来社区的治理要在坚持以人为本、人与自然环境相互之间和谐相融共生的基础上,将前沿的城市设计理念与数字化的科技手段相结合,打造未来社区可持续性发展的标杆。② 这一观点与浙江省未来社区建设的指导思想和为了满足人民群众美好生活需要,聚焦人本化、生态化、数字化三维价值坐标,以和睦共治、绿色集约、智慧共享为内涵特征,突出高品质生活主轴的总体目标不谋而合。国外相关文献多是以具体发展模式为对象开展研究,尚未形成对未来社区的系统分析。

我国未来社区的理念是融合了多方经验并结合我国国情,为打造新兴城市功能单位而提出的。相较而言,国内学界对于未来社区的研究更成体系化,将当前国内已有研究进行归纳,未来社区的讨论主要聚焦在以下四个方面:一是关于未来社区概念内涵与外延,例如,有学者认为未来社区是在我国语境下人们追求跨越简单居住模式的新的生产—生活—生态耦合模式③;是一改以往"怀旧模式"的新模式④;是政策、产业与研究三条路径共襄下的城市住房政策的在地创新。⑤ 二是关于未来社区发展的困境与路径,例如,有学者认为我国未来社区建设存在法律规制问题,应从制度安排视角下对法律真空地带或治理灰色地带辨症施治⑥;存在综

---

① Constance Carr and Markus Hesse, "When Alphabet Inc. Plans Toronto's Waterfront: New Post-Political Modes of Urban Governance", *Urban Planning*, 2020, 5(1), p.69.
② Ann Dale and Lenore Newman, "Social Capital: A Necessary and Sufficient Condition for Sustainable Community Development?" *Community Development Journal*, 2010, 45(1), pp.5-21.
③ 汪欢欢、姚南:《未来社区:社区建设的未来图景》,《宏观经济管理》2020年第1期。
④ 田毅鹏:《"未来社区"建设的几个理论问题》,《社会科学研究》2020年第2期。
⑤ 曹康、林惠慧、王艳侠等:《未来社区:多路径共襄下的城市住房政策在地创新》,《现代城市研究》2021年第10期。
⑥ 曾智洪、沛验:《城市未来社区发展图景及其法律规制研究》,《法律适用》2022年第7期。

合运营问题,应从项目管理视角下推进未来社区开发运营和创收实现①;应从韧性治理的视角解决未来社区面临的技术进步与社会分化、空间共享与隐私保护以及发展扩张与制度滞后等悖论。② 三是关于未来社区理论的构建与逻辑,例如,有学者认为未来社区构建是从未来性、技术性与传统性等方面展开的③;邻里效应、新城市主义、社群主义、城市更新等理论可以分别解释未来社区的邻里性、社会性、自治性与战略性等特性④;有学者运用空间生产理论来剖析未来社区空间治理并构建分析框架对其做了理论解读等。⑤ 四是关于未来社区创新的场景与构建,如未来建筑⑥、未来邻里⑦、未来教育、⑧未来健康、⑨未来治理⑩等角度。综上,现有研究从多方面剖析了未来社区建设与发展过程中的相关问题并进行了较为充分的学理探索与现实关怀,但仍有可拓展的空间。具体表现在以下三个方面。

一是研究视角单一。现有研究多是从建筑学、设计学、城市规划与社会学等学科的角度开展研究。尽管学界已基于部分相

---

① 王艳侠:《未来社区综合运营问题及优化对策研究——以杭州七彩社区为例》,《现代城市研究》2021 年第 10 期。
② 曾智洪、陈煜超、朱铭洁:《城市未来社区智慧治理面临的五大挑战及其超越》,《杭州师范大学学报》(社会科学版)2020 年第 4 期。
③ 田毅鹏:《"未来社区"建设的几个理论问题》,《社会科学研究》2020 年第 2 期。
④ 邹永华、陈紫微:《未来社区建设的理论探索》,《治理研究》2021 年第 3 期。
⑤ 沈费伟:《未来社区的空间实践与调适治理——基于空间生产理论的研究》,《河南社会科学》2022 年第 7 期。
⑥ 叶筱、刘佳妮:《"未来社区"背景下的工业遗产环境更新设计方式探索》,《产业创新研究》2023 年第 14 期。
⑦ 王列生:《论居缘作为未来社区生存的内在维系》,《山东大学学报》(哲学社会科学版)2021 年第 5 期。
⑧ 陈海强:《价值传承视角下未来社区教育运行范式研究》,《中国成人教育》2021 年第 23 期。
⑨ 李娜、何莉花:《未来社区的公共智能医疗服务设计》,《智能建筑与智慧城市》2023 年第 5 期。
⑩ 郁建兴、吴结兵:《走向科学化、精细化、智能化的未来社区治理体系》,《浙江经济》2019 年第 7 期;周佳松:《面向未来社区的合作治理:逻辑、限度与进路》,《观察与思考》2022 年第 1 期。

关理论对未来社区展开分析,但较少关注相关公共政策,鲜有基于政策工具理论的探索,忽视了对政策工具选择运用与未来社区建设之间关系的讨论。政策工具是达成政策目标的重要手段,不仅能增加政策制定的科学性,还能改进政策的执行过程与效果。① 因此,以政策工具的视角为切口,在公共政策领域探究未来社区相关问题,是从更深的层次了解未来社区建设现状与把握未来发展方向。

二是实证方法较少。虽然有的学者对未来社区建设的评价体系设计做了实证研究②,但当前仍多为规范性研究,分析方法的选择与运用较为局限,未有基于混合方法开展设计的研究。因此,可以结合文本分析软件形成的量化数据与访谈收集的定性资料,这类混合方法研究有助于我们基于多元的方式理解社会以及判断未来社区实践的多元价值立场。

三是研究深度不足。学界对于未来社区建设的研究涉及困境、路径与逻辑等方面,研究面较广,但只是停留在实践的场景设计与路径规划上,理论与实践相结合的逻辑阐述不足,关于未来社区的理论解释尚浅,且未形成本土的理论体系与对应的分析框架,亟待构建适合未来社区建设政策实践的理论解释模型。

因此,本文拟从政策工具的视角出发,基于浙江省 2019—2023 年发布的未来社区省级政策文件,利用文本分析法与访谈法进行文本选取编码与框架构建。一方面,本文不拘泥于单个城市的公共政策,将研究视野置于省级这一更加广阔的视域中;另一方面,依据政策工具的视角尝试抽象构建一套具有本土特色、可解释、可实践的公共政策实践逻辑解释框架。

---

① 谢小芹、姜敏:《政策工具视角下市域社会治理现代化政策试点的扎根分析——基于全国 60 个试点城市的研究》,《中国行政管理》2021 年第 6 期。
② 林帅君:《乡村振兴背景下温州市乡村未来社区建设评价体系设计与实证研究》,《浙江农业科学》2023 年第 7 期。

三、理论视角与研究设计

(一) 政策工具分析框架的构建

逢山开路,遇水架桥。政策工具在政策目标达成过程中具有路与桥的作用。关于政策工具的定义,国内外学者做了多种阐释:迈克尔·豪利特(Michael Howlett)认为,政策工具是指政府部门为了解决政策问题而制定的政策方案、达到政策目标效果等所采用的政策手段[1];张成福、党秀云认为,政策工具是政府将其实质目标转化为具体的行动路径和机制;朱春奎则认为,政策工具对政策的有效执行和政策目标的顺利达成具有决定性影响。[2] 虽然国内外学者对政策工具的定义不完全相同,但其本质内涵均有路与桥之意。关于政策工具的具体分类,学界也有较多分类标准,如划分为"市场化政策工具、工商管理技术和社会化手段"[3]与"自愿型、混合型和强制型"的三分法[4];"权威、财政、信息与组织"[5]与"命令性、激励性、能力建设、系统变革和劝解"的五分法等。[6] 本文采用学界运用最广并经过国内外学者验证显示、在分析创新政策时具有很强解释力的罗伊·拉斯韦尔(Roy Rothwell)和沃尔特·

---

[1] [加]迈克尔·豪利特:《公共政策研究:政策循环与政策子系统》,庞诗译,生活·读书·新知三联书店2006年版,第144—145页。

[2] 陈振明等:《政府工具导论》,北京大学出版社2009年版,第6—12页。

[3] 陈振明:《政策科学:公共政策分析导论》,中国人民大学出版社2003年版,第172页。

[4] R. Phaal, E. O'Sullivan, M. Routley, et al., "A Framework for Mapping Industrial Emergence", *Technological Forecasting and Social Change*, 2010, 78(2), pp. 217-230.

[5] Rhodes R. A. W., "Policy Networks: A British Perspective", *Journal of Theoretical Politics*, 1990, 2(3), pp. 293-317.

[6] Lorraine M. McDonnell and Richard F. Elmore, "Getting the Job Done: Alternative Policy Instruments", *Education Evaluation and Policy Analysis*, 1987, 9(2), pp. 133-152.

泽格维尔德(Walter Zegveld)提出的供给型、需求型和环境型三类政策工具,其所构建的政策工具模型具有更强的包容性①和操作性。②

本文认为,政策工具是政策目标实现的有效机制与重要手段,公共政策的目标能否实现除了政策制定与执行者之外还直接指向政策客体。在现实背景中,浙江省政府基于多场景、体系建设,出台各类公共政策以助推未来社区发展,以实现"一中心三化九场景"的政策目标,其中,九大场景体系的构建是未来社区建设政策客体的直接指向,也是治理要素的根本体现。因此,本文以"工具-要素"结构逻辑为指导,构建政策工具与政策客体的分析框架,用于深入分析政策文本中政策工具与场景体系的相关关系。同时,借鉴上述政策工具理论并立足我国未来社区建设的实践逻辑,探究当前浙江省级层面未来社区公共政策中政策工具运用的分布特征与政策动力来源。

1. 未来社区政策工具维度

本文借鉴拉斯韦尔和泽格维尔德对政策工具的分类方法,结合我国未来社区建设实际来对政策工具进行具体分类。首先,利用质性分析软件 Nvivo11plus 进行分词操作。运用软件中的词频查询功能,将最小长度设置为"3"或"4",在剔除"连词、虚词与数词"的前提下,利用软件"同义词合并"功能并输出词语云图,选取具有实际意义的中文高频词组,将其作为初始概念。其次,根据软件导出的词语云图总结相关核心概念词,在这个过程中结合省级政策语境和内容,并与编码小组成员充分讨论,明确相关概念划分的合理性,以"是否与未来社区建设过程相关"为判断标准,获取政

---

① 王辉:《政策工具视角下我国养老服务业政策研究》,《中国特色社会主义研究》2015年第2期。

② 李健、顾拾金:《政策工具视角下的中国慈善事业政策研究——以国务院〈关于促进慈善事业健康发展的指导意见〉为例》,《中国行政管理》2016年第4期。

策工具子节点。最后,根据政策工具理论与未来社区相关政策内容总结子节点的定义,得出下述分类与内涵。

本文认为,供给型政策工具是指政府为实现未来社区从试点到全域推进的政策目标而投入资金、服务、人才和技术等资源要素,以此推动未来社区建设。在未来社区的建设过程中,可以将政府运用的供给型政策工具细分为服务优化、基础设施、技术支持、人才培育、资金支持和组织领导等。环境型政策工具是指,政府为了在未来社区的建设过程中有较为稳定的运营与发展环境,出台相关政策,为项目建设创造良好与稳定的制度环境。在未来社区的建设过程中,可以将政府运用的环境型政策工具细分为安全保障、法规管制、机制创新、目标规划、评价考核和业务协同等。需求型政策工具是指,为了满足未来社区建设的社会与市场等多主体的需求,出台相应的调节政策与外部合作信息,以推进未来社区的需求端建设。在未来社区的建设过程中,可以将政府运用的需求型政策工具细分为鼓励宣传、经济调节、居民参与、示范工程、政企合作和资源共享等。

综上,本文根据浙江省未来社区相关省级政策文件,提炼总结包括三大类共 18 种政策工具类型(详细内涵定义见表1)。

表1 基本政策工具类型分类与内涵

类型	工具分类	内涵
供给型	服务优化	政府通过完善公共服务体系,依托数字技术,构建未来智慧服务平台,保证未来社区的生活服务供给
	基础设施	政府加强未来社区软场景与硬场景的基础建设,从数字空间与现实空间出发,提供各大场景的基础设施建设

（续表）

类型	工具分类	内涵
供给型	技术支持	政府构建数字化建设管理平台,为各个社区的数字化转型、数字化规划建设等提供技术赋能,实现全流程数字化
	人才培育	政府提供人才创业支持,建立社区人才资源库,鼓励人才入驻,为未来社区建设培育生活共同体
	资金支持	未来社区建设项目优先纳入全省重点项目,政府积极提供补助资金,并引导国资、民资、外资投入资金建设
	组织领导	未来社区建设各类工作在党组织的统一领导下开展,责任落实到各单位,建立三级联动机制,构建党建引领的治理架构
环境型	安全保障	政府通过数字预警技术与安全生产智能互联技术,保证建设过程中的生产安全,建立完善监管激励机制,省级、县级、社区级等层面确保资金管理安全有序
	法规管制	政府制定未来社区建设相关法规制度体系,保证试点建设过程扩面推进,规范未来社区用地的相关制度环境
	机制创新	政府坚持因地制宜,推动未来社区建设多样化和差异化;简流程、简环节、简事项;为建设提供特色化管理机制
	目标规划	政府对未来社区建设目标进行总体性描述,包括未来社区建设的指导思想、基本原则和任务要求等内容
	评价考核	政府设置约束性和引导性指标,以居民满意度为最终评判标准;实施动态考核评估调整,为验收提供公平的考核环境
	业务协同	政府在明确建设主体责任、明确分工的基础上,持续地提供交流活动,建立多部门协同工作机制,强化政策综合集成

(续表)

类型	工具分类	内涵
需求型	鼓励宣传	政府鼓励未来社区示范点建设,营造各地"比、学、赶、超"的氛围,鼓励打造样本品牌,吸引多方参与,拉动多方参与需求
	经济调节	政府运用宏观审慎管理,通过货币政策引导银行业与金融机构给予信贷支持,拉动市场需求
	居民参与	政府通过调研问卷与深度访谈等方式,分析居民的核心常规需求,拉动居民联动参与社区建设,满足居民自治需求
	示范工程	政府打造未来生活方式变革美好家园示范标杆,培育示范案例形成高标准样板,由点扩面,促进地区建设需求
	政企合作	政府引导,市场运作,通过服务外包,充分调动市场主体、投资主体的积极性,激发社会活力
	资源共享	政府依托社区智慧平台,开放共享,整合优化各部门资源,扩大政务资源共享范围,形成各级政府部门的政策合力

资料来源:作者自制(依据浙政发〔2019〕8号、浙发改基综〔2019〕138号与〔2019〕363号、官方解读等文件归纳整理)。

2. 未来社区场景体系维度

政策客体是政策目标的根本指向,也是政策文本的主题体现。浙江省在推进未来社区的建设过程中始终坚持党建统领,以人民美好生活的实现为中心目标,在人本化、生态化和数字化三维价值坐标引领下,始终坚持因地制宜地落地九大场景建设,其中包括未来邻里、未来教育、未来健康、未来创业、未来建筑、未来交通、未来低碳、未来服务与未来治理。浙江省未来社区建设政策文件多数以九大场景构建的基本场景体系为内容(图1)。

未来社区建设的核心要素与政策目标,是以九大场景的创新为重点构建集成系统,打造城市文化融合、市民凝聚力和幸福感提

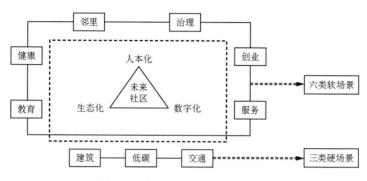

图 1　未来社区九大场景体系构成

升的重要功能单元。本文依据《浙江省人民政府关于印发浙江省未来社区建设试点工作方案通知》界定未来社区九大场景的具体内涵(表2)。

表 2　未来社区九大场景体系的内涵

场景体系	内容
未来建筑	采用集约高效的布局方式,构建宜居生活空间和人文地标,引入全周期管理平台,将艺术、数字与建筑相融合
未来邻里	以远亲不如近邻为理念,构建全新邻里关系,具体采取邻里积分机制、邻里特色文化、邻里互助生活等方式
未来健康	推进基本健康服务和居家养老助残服务全覆盖,提供名医、名院零距离服务
未来教育	打造涵盖幼儿教育、青少年教育等在内的终身学习平台,实现3岁以下托育全覆盖,构建"人人为师"的共享学习机制
未来交通	提供共享车位、充电设施、智慧物流服务,优化道路,车、路、人协同
未来治理	党建引领、居民自治、数字化管理
未来创业	以构建社区"双创"空间助推大众创业,鼓励共享经济发展,创新特色人才落户机制
未来低碳	提供低碳能源,以分类、分级的方式促进资源循环利用

(续表)

场景体系	内容
未来服务	构建基本物业服务免费和增值服务收费的物业运营模式,建立社区商业服务圈,建设安全防护网

资料来源:《浙江人民政府关于印发浙江省未来社区建设试点工作方案的通知》(浙政发〔2019〕8号)。

3. 政策文本二维分析框架

为了突出未来社区政策工具与治理要素的清晰指向,本文基于上述政策工具和场景体系两个维度,将两者进行结合,形成未来社区建设政策文本的二维分析框架(图2),深入剖析浙江省在建设未来社区的过程中公共政策的方向与特征。其中,X维度以政策工具的基本类型组成,Y维度由九大场景体系组成。

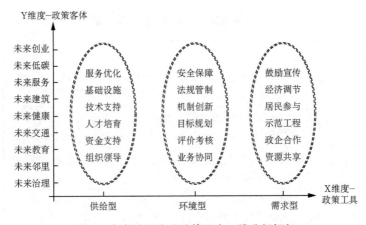

图2 未来社区建设政策文本二维分析框架

(二)政策文本选择与编码整合

1. 政策文本选择

截至2023年9月,浙江省人民政府及其各部门发布的直接关于未来社区建设或将未来社区作为其中重要主体的相关政策文件达30余份。本文选取政策文本作为分析样本遵循以下三个标准：第一，选取的政策文本的时间跨度为2019年3月至2023年9月。第二，这些政策文本均与未来社区相关，政策文本内容将其作为重要的组成部分，且均为正式颁布并已实施的政策。其中，政策解读、征求意见函等不在文本分析考虑范围内。第三，其中没有重合项(责任部门的重复转发与印发)。在整个政策文本的筛选过程中，通过北大法宝数据库、中国知网法律法规以及政府官方网站对浙江省省级未来社区相关建设政策文本进行多次复核、验证与补充，本研究最终确认以28份浙江省未来社区省级政策文件作为主要分析对象，获得文本数据20余万字，表3为部分政策样本节选。

表3 省级政策文本节选

序号	政策文件名称	发文时间	发文机构
1	《浙江省未来社区建设试点工作方案的通知》(浙政发〔2019〕8号)	2019年3月	省人民政府
2	《浙江省未来社区建设试点申报工作的通知》(浙发改基综〔2019〕138号)	2019年3月	省发展改革委
3	《省发展改革委关于公布首批未来社区试点创建项目名单的通知》(浙发改基综〔2019〕363号)	2019年8月	省发展改革委
...	...	...	...
6	关于印发《高质量打造未来社区公共文化空间的实施意见》(浙文旅公共〔2020〕1号)	2020年3月	省文旅局
7	《浙江省未来社区试点 建设管理办法(试行)》(浙发改基综〔2020〕195号)	2020年6月	省发展改革委

(续表)

序号	政策文件名称	发文时间	发文机构
8	《关于进一步加强财政金融支持未来社区试点建设的意见》	2020年8月	省发展改革委、省财政厅等
…	…	…	…
18	《关于高质量营造未来社区教育场景的实施意见》（浙教规〔2021〕23号）	2021年6月	省教育厅
19	《未来社区数字化建设指引（试行1.0版）》（浙风貌办〔2021〕4号）	2021年11月	省风貌办
…	…	…	…
28	《关于全域推进未来社区建设的指导意见》（浙政办发〔2023〕4号）	2023年1月	省政府办

2. 政策文本编码

本研究运用Nvivo11Plus软件，根据文本分析方法，基于上文提出的政策工具与场景体系二维分析框架，对未来社区建设省级政策文件内容进行逐一编码。X维度的具体编码过程为：第一，将本文通过政策文本选取标准确定的28份政策样本导入软件。第二，根据政策工具的基本类型在软件中的新建节点建立供给型政策工具、环境型政策工具和需求型政策工具三类树节点，后在三类节点下建立子节点，这类子节点的建立是基于上文提及的内涵定义而确定。第三，对所有选中的政策文本进行逐字逐句的内容分析，将相应的内容归类进相应的子节点中。第四，完成政策文本分析与编码后，本文获得供给型政策工具参考点123个、环境型政策工具参考点104个、需求型政策工具参考点36个（表4）。

Y维度的具体编码过程与X维度相同，但需要指出的是，在建立未来社区场景体系子节点时，未重新建立新的树节点，而是直接在 X 维度下已建立的树节点下直接建立子节点,这一步骤是在上文建立的政策工具与场景体系二维分析框架的指导下将 X 维度与 Y 维度深度结合,便于对未来社区建设的政策文本进行系统分析。该做法在一定程度上弥补了当前学界分析未来社区相关问题时研究角度分散且未形成系统分析这一缺陷。完成政策文本分析与编码后,本文获得未来社区场景体系参考点共 282 个。

表4 未来社区政策文本编码节点表

政策工具类型	子节点	文本来源(份)	参考点(个)	占比(%)
供给型 (123,46.8%)	服务优化	8	25	9.5
	基础设施	7	24	9.1
	技术支持	10	24	9.1
	人才培育	3	3	1.1
	资金支持	9	15	5.7
环境型 (104,39.5%)	组织领导	12	32	12.2
	安全保障	6	7	2.7
	法规管制	3	3	1.1
	机制创新	12	27	10.3
	评价考核	19	38	14.4
	目标规划	13	18	6.8
	业务协同	9	11	4.2
需求型 (36,13.7%)	鼓励宣传	3	3	1.1
	经济调节	1	1	0.4
	居民参与	3	3	1.1
	示范工程	5	7	2.7
	政企合作	8	18	6.8
	资源共享	3	4	1.5

3. 编码信度检验

为保证编码结果的信度,本文对编码过程进行了多重步骤监控和编码一致性检验。检验方法一:编码概念与编码类型唯一。为检验未来社区建设中政策工具分析框架模型的理论饱和度,编码小组多次独立地对文本资料进行编码分析、概念化与范畴化,其间并未发现新概念与新类型,其与当前已有范畴与工具类型之间也并未出现新的关联。因此,可以进一步确认选择性编码构建的理论信息已被充分挖掘。检验方法二:编码一致性检验。通过编码小组的多次详细讨论并确定概念内涵后,进行统一学习政策工具类型的内涵解释与编码规则演绎。然后将政策样本分析导出数据分别予以两位编码者进行再次独立编码。通过Nvivo11plus的编码合作功能,分别检验两个编码者的一致性分析,通过两轮合作编码,编码一致率约为98%,卡帕系数约为0.7,表示具有较好的一致性。因此,通过双重检验方法可知,编码结果具有较高的信度,编码结果可被接受。

四、政策工具视角下未来社区建设实践逻辑的理论阐释

未来社区的建设推进离不开政府层面公共政策的持续供给,作为政策产出的关键性主体,其选择与运用的政策工具有何特征?制定政策的动力缘何启动?如何准确地锚定政策指向以实现未来社区全域推进的政策目标?这些问题都需要进一步探究。

选择与运用不同类型的政策工具是建立在公共权力、公共资源、公共利益等基础上的,需要准确地了解政策理念和政策价

值。① 考虑到省级层面的政策样本均属于二手资料,尽管这些样本具有客观性,但在进行编码过程中可能存在研究者个人价值因素,由此造成对样本分析理解的误差以及可能脱离实际等相关问题。因此,本文为了降低可能存在的政策内容与落实执行之间偏差的不利影响,试图加入第一批省级试点社区——Q未来社区主要负责人的访谈资料与政策文本分析结果一同作为研究佐证。Q未来社区作为2019年第一批省级试点建设项目,是未来社区理念发源地,也是浙江省省级层面试点项目第一个综合类建设社区(旧改类+新建类),具有样本代表性,其中,访谈主体为未来社区党群服务中心书记、社区工作者、QC集团Q未来社区项目负责人等。下文将结合未来社区建设实践与文本分析的结果,构建政策动力—政策工具—政策目标的未来社区建设实践逻辑(图3)。

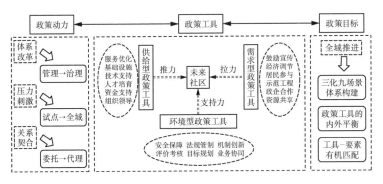

图3 未来社区建设实践逻辑图

(一)由何而成:未来社区建设政策工具的组合拳

1. 基于政策工具维度的分析

根据未来社区建设省级政策文件,基于编码小组规定的政策工具X维度政策文本编码程序与规则,通过Nvivo11plus对政策

---

① 丁煌:《行政管理学》,首都经济贸易大学出版社2016年版,第165页。

文本进行编码，共得到三类政策工具类型共 18 个主题涉及参考点 263 个，其中，供给型政策工具参考点 123 个，占比 46.8%；环境型政策工具参考点 104 个，占比 39.5%；需求型政策工具参考点 36 个，占比 13.7%（见表 4）。运用软件特有的层级分析功能，可以得到总体的各类政策工具分布及其占比（图 4）。总体上看，未来社区省级政策文件在政策工具的使用上具有较大的差异，其中，供给型政策工具运用最多，环境型政策工具次之，需求型政策工具较少。可以看出，浙江省未来社区的建设过程存在政策工具选择与运用总体呈非均衡性的特征，其主要通过供给型和环境型政策工具来实现，缺少使用需求型政策工具。

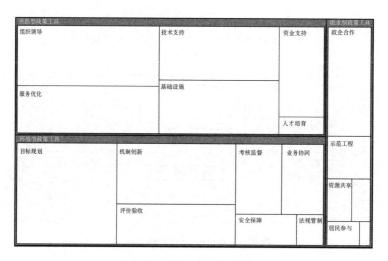

图 4　政策工具层级占比图

（1）供给型政策工具运用充分但非均衡。其中，"服务优化""基础设施""技术支持"和"组织领导"等次级政策工具运用丰富，这一数据表现符合当前浙江省在建设未来社区全域推进起步阶段的现状。浙江省的未来社区建设理念为国内首创，未有相关可借鉴的经验与方法，在建设过程中，浙江省人民政府及其各部门倾向于运用供给型政策工具，通过数字化技术和充足的项目资金推进未来社区所需基础设施的建设与服务的优化,在资金、技术与人才的供给过程中始终坚持党组织领导与政府各部门指引,从而实现未来社区建设的改革进程。

由表 4 可知,"技术支持"与"组织领导"两个次级政策工具在数十份政策文本中均有体现,参考点占比分别为 9.1% 与 12.2%。这反映了浙江省在未来社区建设过程中坚持价值维度中数字化的要求,上级政府部门通过相关技术支持基层社区建设,建设过程中也始终坚持党组织在未来社区建设与治理中的领导核心作用。但对于"人才培育"提及较少,仅仅占比 1.1%,这反映了未来社区建设过程中人才缺失的现状。另外,"基础设施"与"服务优化"子节点的参考点较多,分别为 24 个与 25 个,这充分反映了政府部门在未来社区建设过程中较多地聚焦于社区的公共服务设施与体系优化,这与未来社区建设中改造重建类的未来社区建设类型息息相关。在对一些老旧小区的处理上,未来社区除了改造并重建居民住房外,关注点聚焦在优化公共服务与完善基础设施上,这符合未来社区建设的人本化价值维度。综上所述,未来社区建设供给型政策工具存在的问题包括如下两方面。

一方面,忽视未来社区建设价值维度中的生态化维度。未来社区以人民美好生活为核心价值,延伸出的三大价值坐标体系分别为人本化、数字化与生态化。在供给型政策工具中,政府通过资金、技术与服务的供给在一定程度上满足了基层未来社区建设的数字化平台与协作系统的建设,同时,通过公共服务设施与体系的优化在一定程度上满足居民的生活需求,实现了人本化与数字化的二维价值。但生态化价值维度未在供给型政策工具中体现,这一文本数据在一定程度上折射出未来社区建设后续可能存在"重建设,轻环境"的问题。

我们一开始设想的八大中心,其实是对应了九大场景里的八个场景,可能有一个场景这里没有,就是低碳场景,是没有在这里落位的。当时是考虑到技术原因,这一块没有很重视。不过现在我们已经有了数据中心余热收集系统,地下有1.5万平方(米)的数据中心,最特色的低碳功能就是余热回收,但这个系统还没有开始运作,要等今年下半年。①

另一方面,忽视服务与建设未来社区的人才培育。在政府提供的相关资源要素中,人才是极为重要的资源之一。通过数据组合反映了未来社区的建设缺少人才资源的投入与培养,这在未来社区后续发展中往往会出现"重设施,轻人才"的问题。在全球化进程中,人才流动与城市群发展密不可分。② 政府及其相关部门在未来社区建设过程中是从主导者的身份转向引导者角色的过程,其在未来社区的后续发展与运营过程中是逐步退出的,若未为基层社区培育或引进相关的未来社区运营与发展人才,对于未来社区的建设与持续发展将是不利的。

现在只有人才达到一定量级的情况下才可能由政府买单,人才房才能投入使用。无论是开工厂还是提供技术服务,至少要能回馈社会并且带动就业,是双向互利才是可行的。如果人才达不到一定的量级,是没办法孵化相关产业的。目前那边的房子也还没出租和招租,也可能是这样的原因。③

---

① 访谈Q未来社区LYJ女士(社区工作者)20230818。LYJ为受访者姓名首字母,20230818表示访谈日期为2023年8月18日,下同。
② 陈文、陈设:《层级竞合:粤港澳大湾区城市群跨域合作与协同治理》,载唐亚林、陈水生主编:《大都市圈治理:战略协同与共荣发展》《复旦城市治理评论》(第10辑)、复旦大学出版社2023年版。
③ 访谈Q未来社区党群服务中心书记GJC20230817(1)。

（2）环境型政策工具运用较多但非均衡。其中,子节点主题中的"机制创新""评价考核"与"目标规划"运用充分,缺少"安全保障"与"法规管制"等次级政策工具。环境型政策工具在一定程度上是政府部门借助相关政策创新为未来社区建设创造有利的制度环境,从而保证相关政策目标的实现,该作用方法在表4中得到了充分体现。浙江省政府及其各部门在推进未来社区的建设过程中运用了较多的创新性政策,如"宽进严定"机制、精简审批流程、分类推进项目建设与多主体参与机制等。这些创新性举措提高了未来社区建设与发展的效率,还推动了未来社区全面创新政策体系的构建。同时,"目标规划"在政策文件中得到充分的体现,在一定程度上为下级政府建设未来社区指明了大致的发展方向与阶段性任务。"评价考核"在19份政策文本中均有体现,其是所有子节点主题文本来源最大的子节点,可以在一定程度上反映了浙江省政府十分重视对未来社区的考核评价,其将人民群众的满意度作为最重要的考核指标,同时,在试点评价指标体系中以直接受益居民数与引进各类人才为综合指标,设置了33项指标,每项指标均分为约束性与引导性两类内容。这一举措,为未来社区建设从目标与任务的明确、到发展与推进的效率提高、再到考核与验收的体系完善这一全生命周期均构建了良好的制度环境。环境型政策工具存在两个潜在问题。

一方面,存在"多创新,少约束"的问题。由表4可知,关于未来社区的相关法规管制不足,通过对政策文本的分析可以发现,省级政府存在过多程序性的创新,但忽视了对未来社区相关建设主体的程序性约束。强制性约束力的法律法规缺失,这不利于在未来社区后续建设中创建良好的法治环境。

另一方面,存在"重发展,轻安全"的问题。在环境型政策工具中"安全保障"的参考点仅有7个,占比2.7%,这对于未来社区试点地区起步阶段的建设是一个巨大的安全隐患,这类安全隐患不仅包括在基础设施的重建过程中存在安全建设的风险，还可能存在资金风险、运营风险与监管风险等。一个安全的制度与发展环境是未来社区建设起步阶段的坚实基础，若缺少对于程序性运作的约束和相关安全风险的把控，将给未来社区后续建设埋下隐患。

> 我们这边事情比较多，像安全隐患、消防隐患、卫生、食品都有问题得报到上级去。能不能形成多部门联合执法？肯定不行。因为比如公安系统有自己的权限，自己单打独斗就行，不愿意配合。多头性的问题合并不了，不能形成合力。现在没有相关法律规定，所以基层工作很难做。①

（3）需求型政策工具运用缺失且非均衡。除推进"政企合作"具有18个参考点，占比6.8%外，需求型政策工具相较于另外两种政策工具的运用处于边缘地位。这反映了政府在建设新兴的项目过程中存在一个共性问题，即一味地供给却忽视市场与社会需求。从市场的角度看，虽然省级政策坚持"政府引导，市场运作"的原则，其目的是激发市场活力，充分调动市场主体与投资主体的积极性。但在建设过程中可能缺少对市场发展动向的把控，在相关产业联盟支撑可持续未来社区建设模式上还只是处于探索阶段，未形成标准化的运营和发展模式。从居民的角度看，虽然政府部门在建设未来社区的过程中坚持"宣传"与"示范"并存的发展方式，试图在未来社区的建设过程中打造未来生活方式变革美好家园的示范标杆，其目的是吸引民众参与未来社区的建设过程。但仅通过加强宣传推广来展现未来社区的相关理念，却未有相关具体措施和规范确定"共谋、共建、共享"的共创方式方法，无法满足居民

---

① 访谈Q未来社区党群服务中心书记GJC20230817(2)。

参与未来社区建设的积极性与主动性。

2. 基于场景体系维度的分析

根据未来社区场景体系分析框架的编码方式,在 Nvivo11plus 中进行分类与整理,可以清晰绘制出浙江省未来社区建设在九大场景体系中的要素分布(图5)。从总体来看,未来社区场景体系建设过程中基本涵盖了九大场景体系中的所有场景体系,但从编码节点折线图的不均衡分布也可以看出存在部分潜在问题。

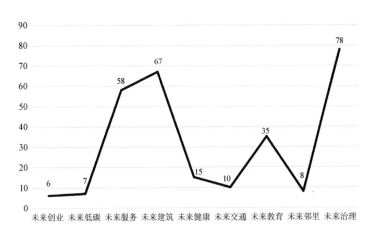

图 5　未来社区场景体系编码节点折线图

其中,"未来服务""未来治理"与"未来建筑"占据政策文本整体中的主体部分,未来服务与未来治理属于未来社区"软场景"建设,未来建筑属于未来社区"硬场景"建设。这样的分布呈现较为符合浙江省未来社区建设的起步阶段现状:在未来社区建设初期,政府及其各部门会将未来社区建设重点放在自身的服务体系与治理能力的提升上,注重相关资金和技术等要素的供给,这一表现与政策工具维度的文本分析契合。同时,浙江省未来社区建设试点项目分为"规划新建类"与"改造重建类",这样的项目分类使社区在建设过程中将目光聚焦于基础设施与建筑建设的部分,因为未来社区相关项目对所在区域有相关规定与要求,所以,"未来建筑"

这一"硬场景"在政策文本中的节点体现较多便可以得到解释，具有现实合理性。

需要指出的是，九大场景体系的"未来创业"与"未来低碳"等在政策文本中较少。这一政策文本节点缺少的表现与政策工具维度的分析具有一致性。究其原因，未来创业场景离不开人才与创业政策的支持，但从相关政策文本来看，未来社区政策文本有关人才方面的相关政策内容较少，而未来社区建设中过度注重技术等资源要素的投入与供给，在一定程度上忽视了人才培育与引进，进而使得未来创业场景的节点缺失。此外，由于政府对建设未来社区的三大价值坐标维度发力不均，导致生态化维度发展较慢，仅部分政策文本提及相关未来社区环境建设问题，存在"重发展，轻环境"的现状，未来低碳场景体系无法得到长足发展。总的来看，由于未来社区场景体系在"软场景"和"硬场景"上的相关建设存在不均衡性，这为未来社区的未来持续性发展埋下隐患。

3. 基于政策工具—场景体系的分析

将 X 维度与 Y 维度进行结合，构建政策工具与场景体系的政策文本分析框架，绘制出未来社区政策文本的二维编码节点表（表5）。从总体来看，关于未来社区九大场景体系的建设均运用了供给型、环境型和需求型政策工具，政策工具的分布同上文的分析一致，同样存在供给型与环境型政策工具占比较多而需求型政策工具缺失的问题。具体来看有如下三项。

第一，"未来服务"和"未来教育"场景体系在供给型政策工具中体现较多，其参考点分别为 34 个与 20 个，占比约为 31.5% 与 18.5%。从这一数据表现可知，浙江省未来社区关于服务与教育"软场景"的建设主要是通过政府供给的方式来实现的。这一表现符合现实情况，通过访谈可知，其主要做法是平衡城乡优质服务与教育资源，通过资源丰富区域的资源调配和下沉来实现公共服

表 5 未来社区政策文本二维编码节点表

政策工具基本类型		未来创业	未来低碳	未来服务	未来建筑	未来健康	未来交通	未来教育	未来邻里	未来治理	总计	比例(%)
供给型 (123, 46.8%)	服务优化	0	0	10	3	1	1	9	0	3	25	9.5
	基础设施	1	1	4	9	1	2	5	1	0	24	9.1
	技术支持	0	0	8	9	3	1	3	0	1	25	9.5
	人才培育	1	0	0	0	0	0	1	1	0	3	1.1
	资金支持	0	0	8	7	0	0	0	0	0	15	5.7
	组织领导	0	0	4	0	0	0	2	0	10	16	6.1
环境型 (104, 39.5%)	安全保障	0	0	1	6	0	0	0	0	1	8	3.0
	法规管制	0	0	0	1	0	0	0	0	2	3	1.1
	机制创新	0	0	2	7	3	1	1	1	11	26	9.9
	评价考核	1	1	2	4	1	1	3	1	18	32	12.2
	目标规划	3	4	8	15	4	4	5	4	11	58	22.0
	业务协同	0	0	1	0	0	0	1	0	8	10	3.8

（续表）

政策工具基本类型		未来社区场景体系										
		未来创业	未来低碳	未来服务	未来建筑	未来健康	未来交通	未来教育	未来邻里	未来治理	总计	比例(%)
需求型 (36,13.7%)	鼓励宣传	0	0	0	0	0	0	1	0	2	3	1.1
	经济调节	0	0	0	0	0	0	0	0	1	1	0.4
	居民参与	0	0	0	1	1	0	0	0	2	4	3.0
	示范工程	0	0	0	2	0	0	2	0	1	5	1.9
	政企合作	10	1	9	3	0	0	0	0	6	19	7.2
	资源共享	0	0	1	0	1	0	2	0	1	5	1.9
总计		6	7	58	67	15	10	35	8	78	282	—
比例(%)		2.1	2.5	20.6	23.8	5.3	3.5	12.4	2.8	27.7	—	100

务供给的均等化,同时,政府通过数字化技术的供给,搭建"5G+VR"的智慧学习场景,构建社区数字学习公共服务体系,根据全生命周期的构建方式打造了"四点半课堂""乐学课堂"与"常青课堂"等全年龄段的学习场景。

第二,"未来治理"场景体系在环境型政策工具中体现较多,其参考点分别为 51 个,占比约为 37.2%。未来社区的治理场景建设是依托社区数字精益管理平台,构建出的党建引领的"政府导治、居民自治、平台数治"的"三治"场景,其主要聚焦于社区治理效率不高的痛点问题,由此政府及其相关部门通过工作机制的创新、评价考核与验收方式的创新和目标规划的创新等方式,打造未来社区治理环境,通过环境型政策工具的运用打造良好制度环境下的未来治理。

第三,"未来建筑"场景体系在供给型与环境型政策工具中均有体现,其参考点分布具有均衡性,分别为 28 个与 29 个。究其原因,未来社区建设过程中"未来建筑"的发展需要依靠多种政策供给及其次级工具来解决相关问题。未来建筑的场景建设所涉及的因素很多,除了居民最基础的住房问题,从建设前期的资金筹集到建筑规划、技术与人才的供给,到建设中期的建设安全保障与建设流程的创新,再到建设完成后的检查验收,需要多部门的协同与支持。其中所涉及的政府部门包括省委办公厅、省人大常委会办公厅、省政府办公厅、省政协办公厅以及各设区市、县(市、区)发展改革委(局)、建委(建设局)、房管局、城市管理(综合执法)局、住房公积金管理机构等,复杂程度远高于其他未来"硬场景"体系,因此,在供给型与环境型政策工具中均多次涉及。但同样存在忽视需求型政策工具运用的潜在问题,未来建筑场景若未能把握市场需求动向与居民相关需求,"以人为本、品质发展"的建设原则将也较难实现。

第四,在需求型政策工具中,"政企合作"子节点在九大场景体系中的体现最为明显,共有 19 个参考点,远多于其他子节点。存在这一数据表征的原因可能在于,政府通过服务外包的方式充分激发市场需求,而为了满足居民多样化的生活需求和公共服务体系的完善,也需要通过市场的参与来运营和发展未来社区,摆脱公共服务供给主体单一的困境。

(二)缘何而起:未来社区建设政策动力机制解释

基于上文分析,浙江省关于未来社区建设的政策工具选择与运用组合呈现出一种"供给推进、内需拉动、环境稳定"的建设格局。作为政策产出的关键性主体,政府构建不同的政策工具组合的动力源于何处,需要结合上述政策工具的文本分析结果与相关访谈资料进行下一步探索,以便对未来公共政策供给的方向提供指引。本文认为基于以下三重作用维度,能够理解当前未来社区建设过程中政策工具运用组合的成因。

1. 管理向治理的变革

治理是一个上下互动的管理过程,它主要通过合作、协商、伙伴关系、确认认同和共同的目标等方式实施对公共事务的管理。① 尽管直至2013年中共十八届三中全会召开时,国家治理和政府治理等政策性、学术性话语才正式出现在执政党和国家的文件和报告中,然而,政府治理现代化一直是中国共产党领导的社会主义国家的一种主导性治理范式,其精神实质始终在一以贯之地传承着。中共十八届三中全会提出推进国家治理体系和治理能力现代化,其深刻地把握了基本国情,确定了党未来的治国方略。基层治理是国家治理的微观基础,管理向治理的变革带来体制改革的可能性,并产生了未来社区政策的第一动力。

基于浙江省级层面这一高起点展开规划与建设的未来社区,治理体系构建是核心,其建设过程强调的是多元主体治理,采取民

---

① 俞可平:《治理和善治引论》,《马克思主义与现实》1999年第5期。

主式、参与式与互动式等治理,而非单一主体管理。但应该认识到,政府与市场、政府与社会的关系是国家治理与政府治理的永恒主题,任何国家、任何社会都离不开政府的主导,这才是唯一正确的选择,即构建政府主导下的多元共治模式才是当务之急。① 同时,为了解决当前社区基层党组织弱化、虚化、边缘化的问题,未来社区坚持党建引领,把基层党建同社区治理紧密地结合起来,进一步强化党组织领导基层治理的职责。②

> 当时省委派工作组到我们这里来考察,开了两周的会议,就是讨论社区未来发展的方向。在开会之前,时任社区书记牵头,七彩集团带队,社区一群人一起到新加坡去考察再回来做的汇报。可以说未来社区这个概念我们这里是发源地。我们很重视党政领导,但不只我们,这里主要是和七彩集团未来社区项目组通过多种形式合作治理,我们也会组织居民参与每个月的六方会谈,这是一大特色。③

同样地,通过上述供给型政策工具维度的文本分析可知,"组织领导"这一子节点的参考点数达到32个,占12.2%,这一数据组合表明,浙江省级政府层面十分重视党组织在未来社区建设过程中的引领作用,不断完善未来社区党的组织建设,通过党建引领加强与社会协同治理,不断地巩固未来社区治理的微观基础。

2. 试点到全域的推进

未来社区在建设过程中受到的多重压力刺激是其持续推进的

---

① 唐亚林:《新中国70年:政府治理的突出成就与成功之道》,《开放时代》2019年第5期。
② 郁建兴、吴结兵:《走向科学化、精细化、智能化的未来社区治理体系》,《浙江经济》2019年第7期。
③ 访谈Q未来社区党群服务中心书记GJC20230817(3)。

第二动力。从顶层设计的视角来看,浙江省级层面推进未来社区的发展过程包括加快启动、增点扩面、全面推广三个阶段,多份政策文件明确提出未来社区建设的工作目标与建设时间要求,力求在五年内将试点项目考核验收,裂变相应显现,实现未来社区复制性发展。基于上述环境型政策工具维度的文本分析,"评价考核"与"目标规划"两个子节点的共同占比为21.2%,参考点达到56个。这一数据组合表明,浙江省级层面在推进未来社区建设过程中将目标、考核与时限等模块置于核心位置。压力型体制需要依靠目标管理责任制来运行操作,在基层实践逻辑中,其是以指标体系为核心,以责任体系为基础,以考核体系为动力,辐射形成目标管理网络,以期获得最佳行政效能的一套综合管理方法。① 从纵向压力来看,未来社区建设期间出台的公共政策将建设项目的时间要素纳入考量,无形中造成了压力型体制下的纵向层级压力,压力刺激下形成持续的建设动力源。未来社区在建设过程中将考核指标体系明确划分为约束性与引导性指标并进行打分,若建设期间的考核结果评分较低,省级政府层面便会直接将该项目从试点建设名单中予以取消或除名。同时,通过访谈可以发现,Q未来社区建设已满五年时间却还未验收,通过访谈而知:

> 市区的社区已经验收好了,我们没验收有两个原因:一个是范围的问题,一个是类型的问题。纯旧改和纯新建都很快。我们最尴尬的是范围很大,既有旧改又有新建,但这也是最不一样的特点。验收压力很大,只有我们这个项目是旧改和新建结合的,年底就要开始准备通宵整材料了。这是一直到现在还没有验收的原因。②

---

① 王汉生、王一鸽:《目标管理责任制:农村基层政权的实践逻辑》,《社会学研究》2009年第2期。
② 访谈QC集团Q未来社区项目负责人W女士20230817(1)。

从横向压力来看,多份政策文件中提及的"示范工程",要求未来社区在建设过程中突出特色,因地制宜地建设具有本地文化特征的未来社区,这也在一定程度上给其建设带来验收评比中的横向锦标赛压力。

3. 委托与代理的契合

由于行政管理中的问题复杂多样,政府与企业、社区及公共权力等相关机构存在多任务状态下的委托代理关系,多任务委托代理模型能够有效地为政府在制定激励机制、提供最优决策等方面提供理论依据及实施建议。① 在未来社区的公共服务体系构建中,通过政企合作的新模式,各大企业嵌入式地参与未来社区的建设、运营与治理,形成政府与市场之间的委托代理关系。政府作为委托方,通过明确未来社区的建设目标与规划,相关代理方通过数字赋能参与未来社区公共服务的供给。其基本逻辑在于,市场机制既丰富了社区服务项目并有效地提高了社区服务的供给效率,又为社区居民提供了多层次、多样化的服务选择。② 这一做法提高了公共服务的供给效率与质量,重塑并延伸了政府与市场等供给主体之间的互动关系。③ 在上述需求型政策工具的文本分析中,"政企合作"子节点参考点为 18 个,占比 6.8%,省级层面大力支持未来社区建设与发展的市场化运作,形成政府引导、市场运作的建设格局。

> 我理解的未来社区更多是一个资源平台,通过把所

---

① 赵蜀蓉、陈绍刚、王少卓:《委托代理理论及其在行政管理中的应用研究述评》,《中国行政管理》2014 年第 12 期。
② 张紧跟、李梦宸:《大型异质性社区业主自管何以可能——以广州市 Q 社区为例》,载唐亚林、陈水生主编:《物业管理与基层治理》[《复旦城市治理评论》(第 6 辑)],复旦大学出版社 2021 年版。
③ 张金荣、梅运田:《数字赋能视域下未来社区公共服务供给模式研究》,《贵州师范大学学报》(社会科学版)2023 年第 4 期。

有资源全部整合在一起，能够为居民提供所有服务资源。常说它是一个自发生长的，前期运营费用比较高，需要集团参与建设和运营。在这个过程中，和社区党委合作，不断地沟通需求和调整政策，先通过前期引导，后期自发生长。我们属于运营方。这边主打的就是政企合作，在行政管理上其实都是以政府或者社区主导，但是我们运营是更多去帮助社区实现某些功能。①

（三）有的放矢：未来社区建设政策目标实现考量

从宏观政策到微观落地，浙江省各地正围绕未来社区建设大胆创新、积极探索，加快形成一批可复制、可推广的实践经验。在未来社区已展开全域推进的大背景下，如何进一步实现公共政策供给合理性，以及建立社区公共服务从区域供给向全域覆盖的重要载体，值得进一步考量。基于上述分析，为推进浙江省未来社区政策体系持续优化，实现未来社区建设全域推广的政策目标，应基于以下三个维度考量。

1. 政策工具均衡发展

从外部看，未来社区的建设过程较多地依靠供给型政策工具与环境型政策工具，在一定程度上导致了需求型政策工具的缺失。因此，在未来政策工具的运用中，应该坚持系统思维，根据动态平衡的原则不断调整三大政策工具在相关政策项目建设过程中的结构比例，充分发挥政策工具的效用，完善未来社区建设的政策体系，为后续全域推进未来社区建设提供坚实的政策基础。

从内部看，根据上文分析，三类政策工具中存在"重建设，轻环境""重设施，轻人才""重发展，轻安全"与"多创新，少约束"等相关

---

① 访谈 QC 集团 Q 未来社区项目负责人 W 女士 20230817(2)。

潜在问题。为了未来社区建设的持续性发展,应坚持"人本化、数字化与生态化"三大价值坐标维度,从理念、组织、法律、安全等多个维度出发设计政策工具,处理好数据治理的效度、温度与尺度的关系。① 同时应注意,机制创新不是政策的本质核心,如何将创新的程序进一步发展为法律规范才是核心目的,将公共政策升级为相关法律规范以形成制度性约束,从而有效并规范地推进未来社区建设。

2. 场景体系优化完善

从"硬场景"看,应进一步推进未来交通与未来低碳的发展,构建三大"硬场景"体系的三角基础。为实现"促进车、路、人协同"等未来交通场景目标,应坚持组织领导,推进道路运输管理局与相关交通运输监察机构的业务合作,引进与培育创新型人才,打造一系列便民利民的高质量数字化交通服务系统。以"提供低碳能源,以分类分级方式促进资源循环利用"为目标,着重打造未来低碳社区,通过相关市场化投资、运营与开发,推进多主体协同参与构建。同时,加强低碳社区宣传,吸引社区全体居民参与低碳行动,搭建综合能源智慧服务平台,有效降低能源使用成本。

从"软场景"看,应该进一步推进未来创业与未来邻里的发展,构建起六大"软场景"体系的菱形基础。通过相关人才创业支持,实现创业—邻里双场景构建方式,推进未来社区形成创业人才邻里互助的文化氛围。未来社区相关负责主体应该积极探索人才引进与人才培育方式,按照分类与分层原则构建未来社区人才评定标准,完善未来社区人才体系,并通过相关鼓励与补助政策吸引人才开展自主创业。

3. 工具—要素有机匹配

在政策工具的视角下,九大场景体系的构建与发展是未来社

---

① 郑磊:《数字治理的效度、温度和尺度》,《治理研究》2021年第2期。

区建设过程中的主要任务。有效的政策工具必然是政策工具本身的价值功效与其所处政策环境、政策目标以及目标受众之间相互匹配的结果。① 政策工具的最终指向是工具与要素实现高度匹配,因此,政府在未来社区的建设过程中应改变政策工具在场景治理要素上的非均衡状态,调整未来社区建设中工具—要素的有机匹配,协同推进未来社区"一个核心、三个维度与九大场景"内核的高质量发展。一方面,要适当降低软场景要素建设中的供给型政策工具的使用,相应提升环境型与需求型政策工具比重,秉承政府引导与市场运作的原则,进一步推进市场主体与社区主体参与建设的需求,提升多主体参与的积极性与主动性,构建良好的场景要素制度环境。另一方面,要加大相关政策工具对创业、邻里与低碳等发展滞后场景要素的倾斜力度,政府及其相关部门应聚焦各自主要负责的场景要素,通过专项政策与业务协同创新等方式,弥补缺失与发展滞后的场景建设现状。同时,也应加强人才培育和法规管制等供给型与环境型政策工具和需求型政策工具的应用力度,从而进一步实现工具—要素的高度融合与有机匹配。

五、研究总结与展望

(一)研究结论

当前,浙江省各地正大力开展未来社区试点地的建设、运营与治理,以推进共同富裕现代化基本单元的建设发展。基于上文分析,本文形成以下结论:第一,浙江省关于未来社区建设的省级政策运用了供给型、环境型和需求型政策三类工具,但存在政策工具

---

① 唐贤兴:《政策工具的选择与政府的社会动员能力——"对运动式治理"的一个解释》,《学习与探索》2009年第3期。

使用的非均衡分布,其中,供给型政策工具与环境型政策工具运用充分,需求型政策工具运用缺失。九大场景体系的建设是推进未来社区人本化、数字化和生态化转型中格外关注的治理要素。第二,省级政策主要对各级人民政府的具体项目实施起到顶层设计与指导规范的作用,具体的项目方案指导性文件则落实于基层,是根据本地实际与约束条件因地制宜设计的。当前,未来社区的建设发展已形成省级统筹—市级协调—县级主抓的工作体系,最终落实于基层社区,在社区党建引领下确保了共谋共建共享的未来社区建设良好氛围,但政府存在压力型体制下考核验收的压力刺激。第三,工具—要素的有机匹配是确保未来社区由试点建设向全域推广的关键核心。未来相关政策的制定应持续优化政策工具与治理要素的体系结构,逐步实现动态平衡与有机融合,实现政策供给的科学化与精准化,以解决相关问题。

(二)研究展望

本文还存在有待完善之处,例如,未将市与县(市、区)人民政府及其相关部门的未来社区政策文件纳入考量范围。在未来社区建设过程中,市与县(市、区)人民政府及其相关部门也陆续出台了相关创新型工作方式与建设重点指导文件,这些相关政策也是未来社区研究的重要样本之一。受到政策文本检索时间与方法的影响,部分省级政策文本在后续呈依申请公开情况,相关研究样本搜集受限,可能会导致研究存在部分误差。同时,未来社区建设的个案研究也有待进一步挖掘。因此,后续研究可以聚焦于各个已申请创建未来社区项目的市、县,进行相关政策文本分析与多案例比较研究,对比不同地域未来社区的演进逻辑差异,随着试点深入与全域推广的逐步推进,进一步明确政策工具视角下未来社区建设方式与治理体系的实践逻辑。

研究论文

塑造统合式权威:基层复杂矛盾纠纷的化解机制

——基于湄洲镇妈祖评理室的研究

陈科霖* 张 倩**

[内容摘要] 本研究聚焦福建省莆田市湄洲镇妈祖评理室的案例,深入探讨在矛盾纠纷化解过程中构建统合式权威以有效化解棘手问题的机制。文章通过对湄洲镇矛盾纠纷处理机制的案例研究,揭示了在正式权威主导下,组织是如何通过正式权威、显性非正式权威、隐性非正式权威等多元权威之间的互动,成功塑造统合式权威机制,以化解基层矛盾纠纷中的棘手问题的内在逻辑。在多元权威的互动过程中,正式权威提供了法律基础和制度框架,确保过程的合法性和结果的可靠性;显性非正式权威于当事人而言,属于"对"的人,可以利用其个人魅力和社会地位参与纠纷解决,为调解过程赋予道德力量和社会支持;而隐性非正式权威为基层治理提供了一种正式权威所缺失的文化共鸣和情感联结,增强了治理效果的深度与广度。通过动态整合各类权威资源,统合式权威机制从多重构成上实现了应对棘手问题的功能重组与优化。这一机制的构建为基层矛盾纠纷解决提供了值得借鉴的模式,证明了在现代治理中融入传统文化元素的重要性和可行性。

---

* 陈科霖,深圳大学当代中国政治研究所副所长、深圳大学政府管理学院长聘副教授、博士生导师。
** 张倩,深圳大学政府管理学院硕士研究生。

[**关键词**]　基层矛盾纠纷;棘手问题;妈祖评理室;统合型权威;隐性非正式权威

一、问题的提出与文献回顾

(一)问题的提出

在当代中国,随着社会的快速变革与城乡结构的深刻调整,基层社会面临的矛盾和纠纷日益复杂多变。特别是在乡村地区,城市化与经济社会转型带来的传统与现代、习俗与法律、个体与集体间的矛盾交织,使得基层矛盾纠纷的化解机制和社会治理模式面临新的挑战。基层矛盾纠纷是国家治理过程中人民内部矛盾的重要表现形式。在当下中国的社会转型过程中,基于熟悉关系的社会结构正在发生显著变化,乡土中国进入传统与现代并存的半开放性社会。① 矛盾纠纷呈现出类型多样化、主体多元化、内容复合化、调处疑难化、矛盾易激化②的特点,行动主体、主体间的相互关系以及各种利益关系也随之变得复杂多元。③ 因此,乡村纠纷调解机制的创新与转型成为当前理论与实践研究的重要课题。

《中华人民共和国人民调解法》第二条规定,"人民调解,是指人民调解委员会通过说服、疏导等方法,促使当事人在平等协商基础上自愿达成调解协议,解决民间纠纷的活动"。由此可以看出,

---

① 郑容坤:《转型期乡村社会的半开放性及其纠纷治理》,《党政研究》2023年第2期。
② 郭志远:《我国基层社会矛盾预防与化解机制创新研究》,《安徽大学学报》(哲学社会科学版)2014年第2期。
③ 刘蔚:《城市居民纠纷解决方式的选择及其影响因素》,《四川理工学院学报》(社会科学版)2019年第4期。

调解更多的是通过"权威在场"的方式,通过中立的第三方讲"理"而非(或者大于)讲"法"的方式实现矛盾纠纷的解决。调解的本质是当事人双方自由平等的交换,它类似于协商,当事人双方需接受彼此间的互通有无。但双方又必须秉持妥协的方法,从而在原则机动的相辅相成下达成双方的共识并实现问题的解决。① 随着基层矛盾纠纷的不断涌现,单纯依靠传统的乡贤等非正式权威或者单纯依靠调解组织(如村级调解组织等)、公权力组织(如基层司法所、派出所等)等正式权威都可能存在正当性不足的问题,并由此产生一系列难以解决的复杂矛盾纠纷,这些复杂矛盾纠纷随着时间的推移,其复杂性会进一步增加。例如,广东省揭阳市曾经拥有持续200余年的"世仇村"②,就是时间推移导致矛盾复杂性上升的典型案例。

解决复杂矛盾纠纷,一方面需要借助复杂性理论,降低矛盾纠纷在机构复杂性、科学不确定性和社会多元化等方面的程度,另一方面更需要回到调解这一概念的本质,寻求多元权威的在场,从而实现矛盾纠纷当事人对调解过程的接受与利益诉求的让步,进而提升调解结果的正当性,以真正促进基层矛盾纠纷的化解,并构建和谐、稳定的基层治理氛围。以公权力为代表的正式权威与以当事人服从的乡贤、亲属等为代表的人格化的非正式权威在矛盾纠纷调解中各有优势,但上述两种权威多体现于法理型和传统型层面。事实上,在基层治理中,以民间信仰、文化传统为代表的另一类非人格化的非正式权威由于对当事人而言具备卡里斯马型权威的魅力性特征,成为基层矛盾纠纷化解中不可忽视的重要因素。基于此,本文旨在以福建省莆田市湄洲镇妈祖评理室为例,深入考察以司法所为代表的正式权威何以借助湄洲镇的海上妈祖信仰,

---

① 李文:《博弈与取舍:柔中有刚的诉讼调解》,《人民法院报》,2011年3月25日,第6版。
② 王宇:《两个百年世仇村决定和解》,《中国新闻周刊》2023年总第1121期。

并搭建妈祖评理室这一平台,成功构建统合式权威,并在该权威的作用下有效化解了基层社会中的复杂矛盾纠纷。基于对统合式权威塑造案例的考察,进一步探讨这一机制在解决基层矛盾纠纷中的运作机制和适用空间。

(二)文献回顾

从乡村社会中人际关系的熟悉程度出发,从熟人社会①到半熟人社会②再到无主体的熟人社会③,相关学术概念描绘了不同时期乡村社会的村庄结构,从社会学的角度揭示了当前乡村社会结构的转型。在这一乡村矛盾纠纷的治理底色中,乡村治理中正式制度的制度设计必须嵌入非正式制度的文化土壤之中才能达到其预期的效果④,即正式制度、正式权威往往需要通过邀请不同类型的权威主体参与,综合运用道德伦理、风俗习惯和地方知识等法律之外的手段来实现情、理、法兼容和双方利益均衡。⑤ 因此,在中国乡村治理的历史语境中,传统地方精英、国家行政系统和政党组织构成了村治权威的主体⑥,这种"官民共治"的现象实际上反映了官民互嵌性的权力结构体系。⑦ 从治理层面上来说,这种地方行政实践是一种半正式的行政方法,具备简约且高效的优势。⑧ 在不同的历史时期,这种半正式治理都是中国国家治理的底色,但

---

① 费孝通:《乡土中国》,长江文艺出版社 2019 年版,第 7 页。
② 贺雪峰:《农村的半熟人社会化与公共生活的重建——辽宁大古村调查》,《中国乡村研究》2008 年第 6 期。
③ 吴重庆:《从熟人社会到"无主体熟人社会"》,《读书》2011 年第 1 期。
④ 杨嵘均:《论正式制度与非正式制度在乡村治理中的互动关系》,《江海学刊》2014 年第 1 期。
⑤ 梁德阔:《人民调解权威的正当性、类型和功能》,《民间法》2021 年第 3 期。
⑥ 陈兰馨、姚勤华:《中国村治权威的历史演化及类型探析——以国家—社会关系为视角》,《社会科学研究》2020 年第 3 期。
⑦ 周庆智:《官民共治:关于乡村治理秩序的一个概括》,《甘肃社会科学》2018 年第 2 期。
⑧ 黄宗智:《集权的简约治理——中国以准官员和纠纷解决为主的半正式基层行政》,《开放时代》2008 年第 2 期。

随着国家进入治理现代化的进程中,半正式治理如何回应和处理现代化因素与传统型因素的关系成为转型期的关键。①

新中国成立以来,一方面,法理型权威呈现出日益强势的特征;另一方面,过去建立在传统型权威、卡里斯马型权威之上的非正式纠纷解决机制被打破,但其并未就此消失,而是在当代中国政体的常规化过程中转化为新的组织形式。② 在新中国成立后至改革开放前这一时期,群众运动就常被用作解决社会矛盾的手段,而政府及其派出机构则通过行政命令和调整来处理冲突和纠纷。在这一社会背景下诞生的"枫桥经验"的核心是依靠群众、预防为主、综合治理,其具备的原始生命力是以中国社会文化为基础的,并通过化解矛盾,改变人的思想的道德教化这一方法而展开的。③ 随着新中国成立以来各个时期政策导向和社会治理模式的变迁,"枫桥经验"也实现了从社会治安经验、维稳经验向社会治理经验的发展。④ 党的十八大以来,"枫桥经验"的创新重心体现了高度的共同利益凝聚的倾向,在实践中则表现为强调中华优秀传统文化,尤其是德治的思想聚合作用。⑤ 在新时代"枫桥经验"的指导下,基层在实践和创新过程中涌现了诸多鲜活的案例。

总体看来,当下基层纠纷治理在创新中探索出三项机制:一是在地性解纷的分层过滤机制;二是以集约式解纷重整多元解纷资源的资源统配系统;三是以柔性化解纷统合情、理、法的过程稳控

---

① 吕德文、吴欢欢、徐裕如:《半正式治理的现代转型——以宁海"老娘舅人民调解中心"为例》,《杭州师范大学学报》(社会科学版)2023 年第 2 期。
② 周雪光:《运动型治理机制:中国国家治理的制度逻辑再思考》,《开放时代》2012 年第 9 期。
③ 刘珏:《中国政法体制下"枫桥经验"的演进历程与新时代发展》,《毛泽东邓小平理论研究》2022 年第 8 期。
④ 卜清平:《"枫桥经验"何以长青?》,《开放时代》2020 年第 1 期。
⑤ 王道勇:《新时代"枫桥经验"的演进路径与创新趋向》,《行政管理改革》2023 年第 9 期。

机制。① 这些机制创新突出体现在由分治向共治转型,这种共治实质上是不同权威主体之间建立协同的过程。例如,公共权威主体与当事人共同参与的权威引导式协商②;正式权威通过宗族权威的合法性来源实现有效的社会动员③;正式权威对失落的舅权这一非正式权威的重建④等,这些都是地方在寻求建立不同权威主体协同的过程中探索出的经验和方法。但需要注意的是,多主体间的共治能力建设滞后仍是当下农村面临的现实情境⑤,在国家权威的渗透与介入下,民间权威虽仍存在强大生命力,但其控制力、影响力逐渐弱化。⑥ 此外,当前城乡基层社会治理还面临社会结构变化、基层政府权小责大、基层干部本领不足、个体意识高涨、利益矛盾错综复杂等问题⑦,各种行动主体之间的相互关系、利益关系在动态演化的过程中必然随之变得复杂多元⑧,从而催生棘手问题,进而对乡村社会建立不同权威主体之间的共治能力提出了更高的要求。

既有研究观照了正式权威及非正式权威在基层矛盾纠纷中发挥的作用,也有案例研究从实践层面揭示了正式权威与非正式权

---

① 温丙存:《我国基层纠纷治理的制度转型与创新发展——基于2019—2020年全国创新社会治理典型案例分析》,《求实》2021年第4期。
② 李华胤、张海超:《权威引导式协商:新时代乡村善治的有效形式及运行机制——以天长市"7+X"协商委员会为例》,《广西大学学报》(哲学社会科学版)2020年第1期。
③ 王海霞、董慧娜:《宗族权威、社会动员与乡村治理的有效性》,《东南学术》2023年第3期。
④ 郭星华、刘蔚:《纠纷解决机制的失落与重建——从舅权在传统社会纠纷解决所起作用中引发的思考》,《广西民族大学学报》(哲学社会科学版)2014年第4期。
⑤ 常军、吴春梅:《论新时代农村基层矛盾化解的共治能力建设》,《华中农业大学学报》(社会科学版)2022年第4期。
⑥ 曾钰诚、杨帆:《弱化的权威:乡村社会纠纷化解往何处去?——基于西江苗寨"议榔"组织的实证考察》,《广西民族研究》2018年第5期。
⑦ 刘永纯:《基层领导工作中引导和借重民意推进棘手问题解决的方略》,《领导科学》2021年第2期。
⑧ 刘蔚:《城市居民纠纷解决方式的选择及其影响因素》,《四川理工学院学报》(社会科学版)2019年第4期。

威在基层矛盾纠纷化解中存在互动关系。既有研究仍存在一些不足:一方面,关于正式权威及非正式权威之间的互动机制、权威之间的相互作用会如何促进权威发生转变(如权威的增强、弱化、融合等)的相关研究较少;另一方面,学者们侧重于关注乡贤、地方精英、社会组织等非正式权威主体发挥的作用。在现实情境中,非正式权威往往还依赖于传统文化、信仰、习俗等非物质因素。例如,在中国东南沿海的妈祖信仰、潮汕地区的"老爷"文化、长三角地区的"老娘舅"等。这些传统习俗和文化在一定程度上充当着基层处理纠纷、化解矛盾的重要工具和机制,这些传统习俗和文化在基层矛盾纠纷化解中扮演的作用仍有待进一步挖掘。

为此,本文选取福建省莆田市湄洲镇司法所妈祖评理室这一具有独特社会文化背景的案例,力求借助权威的视角,剖析基层如何构建多权威主体间的共治能力以化解棘手问题。本文的研究资料主要来源于笔者2023年11月至2024年3月在福建省莆田市湄洲镇的田野调研。通过参与式观察、深度访谈、半结构式访谈等方式,对妈祖评理室案例进行了深入研究,获取了大量真实详细的一手资料。调研期间,笔者与当事人、调解员等相关人员展开了27次访谈,累计访谈资料达20余万字。此外,还收集了相关规章制度、工作总结、政策文件、新闻报道、相关文献等二手资料,以确保分析的全面性和深度。

二、湄洲镇复杂矛盾纠纷的表现形态:静态构成与动态演化

湄洲镇隶属于福建省莆田市秀屿区,其行政区域全境位于湄洲岛,是一个典型的海岛镇,面积为13.78平方千米,下辖11个行政村。作为海上和平女神妈祖的发祥地,湄洲岛是全球3亿多妈

祖敬仰者的圣地。即使具备妈祖所带来的光环,湄洲镇与中国其他乡村一样,都经历着快速的社会转型,在矛盾纠纷治理的实践中面临着村规民约逐渐被破坏、亲缘关系网逐渐淡化等非正式机制、非正式权威弱化现象的挑战。但在这些共性中,湄洲镇因其地理环境、社会结构及文化背景又展现出一定的特殊性,这种特殊性在其矛盾纠纷的静态构成及动态演化中均有所体现。

(一)湄洲镇矛盾纠纷中棘手问题的静态构成

棘手问题的因果关系难以识别①,其构成包括社会多元化、机构复杂性和科学不确定性。② 棘手问题形成于包括多个层次的制度及多种组织的社会,知识来源众多且碎片化,进而导致利益相关者有着不同的价值观、政治信任及利益取向,在复杂的系统动力学中形成了棘手问题③,如图 1 所示。

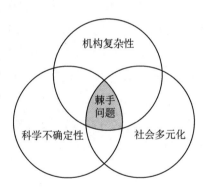

图 1　棘手问题的构成

---

① Mccall, Raymond, Burge, et al., "Untangling Wicked Problems", *AI EDAM—Artificial Intelligence for Engineering Design Analysis & Manufacturing*, 2016, 30(2), pp. 200-210.
② B. W. Head, J. Alford, "Wicked Problems: Implications for Public Policy and Management", *Administration & Society*, 2015, 47(6), pp. 711-739.
③ B. W. Head, *Wicked Problems in Public Policy: Understanding and Responding to Complex Challenges*, New York: Palgrave Macmillan, 2022, p. 61.

在基层矛盾纠纷的情境中,棘手问题是成因复杂或者涉及利益关系较大而难以解决的纠纷。在妈祖评理室这一案例中,棘手问题的构成要素既有普遍性,也有独特性,其特殊性尤其体现在社会多元化方面。

首先,其机构复杂性体现为在矛盾纠纷中涉及的机构部门数量及其对部门协作的需求。棘手问题通常不仅仅局限于一个部门或一个层级,而是需要多个部门甚至跨地区的多部门协作。海岛的地理位置决定了许多相关行政部门在岛外,增加了协调与合作的难度。

其次,科学不确定性主要体现在两个方面:一是当事人的认知分歧;二是矛盾纠纷因果关系的清晰程度。当事人的认知分歧主要受到信息混杂的影响。在湄洲镇,正式渠道、网络媒体、村规民约、妈祖文化多种信息并存,其中存在待验证的、误导性的信息。陷入纠纷的当事人往往会选择性地相信对自己有利的信息,甚至将未经验证的信息视为"救命稻草",进一步加剧了当事人之间的认知分歧,导致纠纷的激化和解决过程的复杂化。矛盾纠纷因果关系的清晰程度则会对调解员产生影响,矛盾纠纷中的证据链是否缺失以及当事人的证词是否一致,都会影响调解员的判断和行动策略。在处理矛盾纠纷时,如果证据链存在缺口或者当事人提供的证词相互矛盾,不仅会增加调解过程的复杂性,也会影响到调解结果的公正性和有效性。

最后,社会多元化在湄洲镇的案例中也较为突出。社会多元化在矛盾纠纷中具体体现为当事人的价值观差异程度、利益取向差异、矛盾纠纷的冲突程度及其社会后果。矛盾纠纷中每个人的价值观的差异往往源于教育水平和信息接收渠道的差异,在独特的妈祖文化背景下,其差异性更加显著。根据 2020 年的数据,湄洲镇全镇常住人口中 15 岁及以上人口的平均受教育年限为 8.15 年,与 10.8 年的全国劳动人口平均受教育年限存在明显差距。因此,岛民素质呈现出参差不齐的特征,基于其不同的价值观及利益取向,不同群体在矛盾纠纷中往往会产生差异化的行为模式。①在这个层面上,社会多元化则表现为当事人行为模式的差异及当事人之间的沟通和理解困难。

(二)湄洲镇矛盾纠纷中棘手问题的动态演化

从动态的行为层面来看,湄洲镇村民在矛盾纠纷中表现出的行为模式复杂多样,其中,部分反常规的行为模式往往是矛盾纠纷"棘手性"加剧的重要因素。在矛盾纠纷化解过程的不同时期,存在不同的反常规行为模式。调解本质上是一个追求"大事化小,小事化了"的过程。反观现实,在湄洲镇复杂矛盾纠纷中可以观察到,存在部分当事人会采取"不上公堂""小事闹大""试探博弈"等与调解的本意恰恰相反的行为模式。这些行为模式的选择背后一定程度上反映了社会多元化的特征。

首先,在矛盾纠纷形成的初期,部分群众往往在选择解决方式时采取"不上公堂"的行为模式,即回避正式权威的介入,其中,当事人C女士是这么表述的:

> 我一开始想着关系好好的,湄洲岛人也跑不了,一点钱就不上法庭了,后面一直没给,也是没办法。②

这种行为模式虽然在短期内可能避免了冲突的直接爆发,但长期看来,却可能导致问题的积累和复杂化,甚至发展为长期拉锯

---

① 2021年,莆田市秀屿区发生了一起"10·10重大杀人案",当事人欧金中因邻里建房纠纷,持刀对受害人邻居一家实施故意伤害,造成邻居一家祖孙四代2人死亡、3人受伤,后欧金中拒捕并畏罪自杀。该案件对附近地区的村民造成较大的影响,在调研中,笔者就发现,有的当事人在矛盾纠纷中就会扬言调解不成,便要采取欧金中那样的方式来解决问题,这也为部分复杂矛盾纠纷的调解造成了巨大困难。

② 资料来源:对当事人C女士的访谈记录,2023年11月27日。

的"老大难"问题。并且,矛盾纠纷的有效化解必须有权威的介入①,"不上公堂"的行为模式虽然在一定程度上反映了对传统调解机制的信任和依赖,但在传统调解机制失灵的情况下,最后仍需要正式权威"兜底"。传统调解机制未能彻底解决的矛盾纠纷在时间推移中累积了更加复杂的情绪,其涉及的人物关系也进一步复杂化。这种情况下,正式权威介入解决这些已经高度复杂化的矛盾纠纷就面临着更大的挑战。

其次,在矛盾纠纷前期,当事人的"小事闹大"行为方式通过选择扩大事态的严重性,并不利于矛盾纠纷的"大事化小、小事化了"。采取"小事闹大"行为模式的根本原因,在于部分当事人持有"会哭的孩子有奶喝"的错误认识,希望扩大事态找到"够大的官"来争取更多的关注和利益。这种行为模式不仅加剧了矛盾纠纷的复杂性,也在一定程度上延长了冲突的持续时间,使得矛盾难以迅速有效的解决。

最后,在调解过程中,当事人存在一种"试探博弈"的行为模式,这种"试探博弈"主要是对其真实诉求的隐瞒。例如,当事人并不会在调解前期说出自己的真实诉求,反而是以其他事由要求调解组织介入。除了在纠纷事由上"试探博弈",在调解的沟通环节中当事人同样存在这种行为模式,即当事人在沟通过程中会反复试探调解员,并与调解员博弈。L副镇长就指出:

> 他首先抛出这个问题,谈差不多了,他又抛出另外一个问题,他实质上不是要解决第一个问题,他是想解决第二个问题,以第一个问题来牵制你。②

---

① 钱大军:《组织与权威:人民调解的兴衰、重振和未来发展逻辑》,《法制与社会发展》2022年第2期。
② 资料来源:对湄洲镇L副镇长的访谈记录,2023年11月30日。

这种行为模式本质上是当事人希望通过"试探博弈"将个体利益最大化，目的在于探测调解员的反应，同时保留进一步谈判的空间。这种"试探博弈"往往使得调解员无法把握全部信息，难以制定出全面有效的解决方案，增大了调解的难度，降低了调解的效率和效果。

总结来说，在静态的棘手问题构成上，湄洲镇既展现出一般性的特征，也体现出特殊的地理和文化背景下的独特性。而在动态的矛盾纠纷过程中，当事人采取的行为模式多种多样，其中存在诸多反常规的行为模式，这些行为模式往往使得棘手问题不断发酵，加剧了其"棘手性"。

三、基层复杂矛盾纠纷的化解过程——妈祖评理室的实践

（一）构建多元化的矛盾纠纷应对协同机制

在湄洲镇，矛盾纠纷的发现和处理主要经由三种路径(图2)：一是人民调解组织主动发现并开展调解；二是当事人找到人民调解组织提出申请；三是人民调解组织接受地方政府、法院、公安、信访等部门的引导、委托开展调解。在调解主体受理矛盾纠纷后，基于矛盾纠纷的性质大致可以分为三类：第一类是村可以解决的事情，交由村人民调解委员会（简称"调委会"）展开调解；第二类是超出村调委会能力范畴的棘手问题，湄洲镇建立了多元化调解联席会议制度，这一制度涵盖13个部门协同解决矛盾纠纷，通过大量的"背对背"工作，将棘手问题的矛盾双方请进妈祖评理室调解；第三类则是不适合通过调解形式解决的矛盾纠纷，通常由司法所或相关部门告知当事人向仲裁机关申请仲裁或向人民法院提起诉讼。

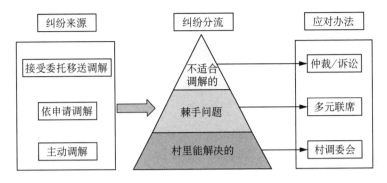

图 2　湄洲镇的多元化矛盾纠纷应对机制

在实际操作中,矛盾纠纷通常首先会提交到乡镇调委会,乡镇调委会再根据纠纷性质交办给职能及能力相匹配的部门,作为此次协同中的主导部门。然后,主导部门依据多元化调解联系制度与涉及的其他部门展开协同,牵动"下头"的村开展调解。在前期的沟通过程中,"上头"更多的是提供必要的资源和指导。通过建立上级部门之间的多元协同以及上级部门和基层部门的双向协同,各部门的资源得以最大化利用,这种"两头热"的多元化协同机制是从制度上接住棘手问题的关键所在。

(二) 寻找理顺矛盾纠纷的关键因素——找准"对"的人

在矛盾纠纷化解的过程中,任何有用的人物和资源都是可以动用的,正如 G 村 W 书记所说:

> 一个人是化解不了矛盾纠纷的,需要多方的力量,包括村、镇、司法所、警察、亲戚、朋友,动员一切可以动员的力量,知己知彼,方能百战百胜。①

---

① 资料来源:对 G 村 W 书记的访谈记录,2023 年 12 月 8 日。

这些力量不仅包括政府机构、司法部门等正式权威，还涵盖亲朋好友、乡贤、地方精英等非正式权威。在矛盾纠纷化解初期，正式权威首先要挖掘已有的非正式权威，若已有的非正式权威未被纳入调解过程，则需要正式权威进一步实现对非正式权威的再生产。

在矛盾纠纷化解的过程中，找准非正式权威的权威主体（包括能够对当事人发挥积极影响的"对"的人）十分重要，镇人大 Z 主席总结道：

> 人和人之间需要沟通交流，再难沟通的人，只是我们不了解他，只是没有找到"对"的人和"对"的路径而已。①

"对"的人往往是对当事人具有说服力的人。相较而言，当事人服从"对"的人的概率较高，且当事人是基于其内心认同的自愿服从。换言之，"对"的人的命令或劝说对于当事人来说具有正当性，而对"正当性的信仰"是权威存续的基础。因此，"对"的人实际上是在当事人看来具有权威的人。

在调解过程中，任何一个人的加入都可能使矛盾纠纷朝向更加复杂或更加简单的方向发展，因此，在调解过程中，找准"对"的人至关重要。在矛盾纠纷的化解过程中，当事人身边若能直接找到"对"的人，则应优先考虑将其纳入调解过程。L 村 L 书记结合调解的实战经验指出：

> 每个人都有服的那个人，（这个人）听他的话就会多一点。在这次的调解中，我就找了（当事人）他姨夫，我们就要跟他亲戚晓之以理，因为当事人听他亲戚的话，透过

---

① 资料来源：对湄洲镇人大 Z 主席的访谈记录，2023 年 12 月 14 日。

他亲戚来给当事人施加一些压力,包括亲情上的压力。①

在现实情境中,并不总是能够找到"对"的人。随着社会原子化、农民个体化趋势的日益明显②,个体对于介入矛盾纠纷的积极性大大降低。在这种情况下,调解员需要努力成为"对"的人,引导当事人达成和解。在调研中,当事人 H 女士在调解伊始对个别调解员存在一定程度的抵触心理,因此,她对作为这起案件主导部门的司法所并没有抱太大的期待,但在后续与司法所 Y 所长不断地沟通及协调中,H 女士对司法所的态度从一开始的不抱期待转变为十分信任,将 Y 所长视为可以信任的朋友,主动寻求 Y 所长的建议及帮助:

> 我觉得 Y 所长是真的想要帮忙,所以,我后面去找他,不是因为他是所长,真的感觉他是很信任的朋友,觉得他是站在我的立场上。他懂的东西比较多,能给出一些比较中肯的建议。③

调解进行到后半程,由于其他当事人态度消极,避而不见,司法所经研判决定帮助 H 女士申请法律援助及司法鉴定,通过走司法程序成功倒逼其他当事人的调解意愿,并最终达成和解。在最后达成和解时,H 女士在金额上作出了很大的退让。H 女士对司法所及 Y 所长的评价及态度转变形象地展示了调解员如何成为"对"的人。在不断的沟通中,通过与当事人建立信任关系,展现专业性及能力,调解员能够借此成为"对"的人,并有效促进矛盾纠纷

---

① 资料来源:对 L 村 L 书记的访谈记录,2023 年 11 月 28 日。
② 吕德文:《乡村治理 70 年:国家治理现代化的视角》,《南京农业大学学报》(社会科学版)2019 年第 4 期。
③ 资料来源:对当事人 H 女士的访谈记录,2023 年 11 月 17 日。

的解决。

总的来说,在进入妈祖评理室之前,湄洲镇的调解过程实际上是正式权威不断统合非正式权威的过程。通过"背靠背"的形式,调解员能够分别与各方当事人深入交流,通过"对"的人来深入理解事件的原委及当事人的真实诉求。在此基础上,调解组织动员一切可动员的资源,灵活运用各种技巧,将矛盾纠纷的"棘手性"大大降低。通过这种前期对矛盾纠纷的预处理,调解员不仅能够更准确地把握纠纷的核心,还能够有效地预判和规避可能的调解障碍,进而在适当的时机组织双方当事人到妈祖评理室进行现场调解。

(三)妈祖形象的出现:营造和谐的沟通氛围

在"背靠背"阶段结束后,纠纷双方具备了进入妈祖评理室的成熟条件。纠纷双方在进入妈祖评理室时,可以通过"点将台"各自选择一个信服的评理员参与调解。该评理员既可以是湄洲镇司法所的工作人员,也可以是纠纷一方所在村的村干部或是乡贤等。当事人点的"将"实际上就是当事人所认可的"对"的人,即对其有权威的人。当事人相信他们能够为自己争取权益,解决矛盾。在当事人选定其信服的评理员之后,纠纷双方正式走进妈祖评理室展开调解。

走进妈祖评理室后的第一个流程是举行致意仪式。在司法所调解员的主持下,全体起立面向评理室的妈祖致意,当事人面向妈祖回答是否愿意在妈祖的注视下开展评理,只有双方当事人作出肯定的答复后,调解才会开始。致意仪式实际上就是强调妈祖"在场",借妈祖的形象创造和谐的调解氛围。

首先,在妈祖评理室这一场域中,信任妈祖是在场所有当事人和调解员的共同社会资本。这种信任感的建立,为双方提供了一个更加开放和诚实沟通的平台,从而有效地降低情绪和非理性因

素的干扰。如镇人大 Z 主席所说:

> 我们敢站在妈祖评理室这边给你调解,是因为我信任妈祖,你们也信任妈祖。信任是基础,起码要信任你才能跟你交流沟通,站在妈祖评理室的人都是秉承妈祖"立德、行善、大爱"的精神来做事的。①

其次,在妈祖面前不能造次是岛民的共识。走进妈祖评理室后,当事人会收敛其情绪及行为。在当事人及调解员看来,妈祖评理室这个场域是神圣的,是以妈祖"立德,行善,大爱"的精神为导向的。Z 村的 L 书记认为,在妈祖评理室说出口的话是一种承诺,违背妈祖精神的行为等同于对妈祖的欺瞒:

> 走进评理室对我们调解员是非常庄严的,讲出来的话都是经过深思熟虑的,那是一种承诺。我们都是以妈祖的大爱精神,将心比心来解决事情,但不要去迷信。我们的信念肯定是做人做事要对得起妈祖。在这岛上如果你做了违背妈祖(精神)的事,你生活在这个岛上对妈祖都有点蒙骗。你还敢拿着香跪在那边发誓?②

因此,走进妈祖评理室,在妈祖面前坐下展开调解并不仅仅是物理空间的转变,更是心理上的转变。实质上是借助妈祖的形象及致意仪式强调妈祖"在场",以此建立信任的纽带,激发当事人内心的敬畏,牵动当事人内心的道德观念。

在致意仪式之后,整个调解过程的主旋律回归到正式制度及

---

① 资料来源:对湄洲镇人大 Z 主席的访谈记录,2023 年 12 月 14 日。
② 资料来源:对 Z 村 L 书记的访谈记录,2023 年 11 月 27 日。

正式权威主导下。虽然妈祖评理室冠以妈祖之名,但显然,妈祖并不能开口说话。因此,在妈祖评理室中,最关键的不是妈祖做了什么,而是妈祖的"在场"。整个调解过程仍然是在正式权威的推动下展开的。当事人 H 女士对走进妈祖评理室的感受就表明了这一点:

> 虽然是走进妈祖评理室,但更多还是相信镇政府、司法所。走进评理室,毕竟妈祖也在,镇上的人也在,所以,我还是比较放心,他们还是稍微会克制一点点。①

因此,妈祖评理室实质上是搭建了一个纠纷双方能够心平气和地进行沟通交流的平台,当事人 P 先生就认为:

> 妈祖评理室是处理事的地方,在那个地方大家双方的心敞开了,这是一个见面、处理事的机会。②

通过致意仪式对妈祖的强调以及妈祖评理室的场景设置,调解员成功地在妈祖评理室的场域中植入了妈祖的"势"。在这一层面上,妈祖评理室发挥的作用就是借助妈祖的"势",为调解过程赋能:一方面,妈祖的"势"能够唤起道德的作用。不同于常规的道德说教,妈祖精神所代表的道德准则在调解过程中始终在场,它通过唤起当事人内心的道德约束而发挥作用;另一方面,当调解陷入僵局时,妈祖可以作为转移焦点的手段,调解员可以借助妈祖引导当事人回归理性和公正,重新将调解的气氛拉回相对平和的状态,并最终推动矛盾纠纷的有效解决。

---

① 资料来源:对当事人 H 女士的访谈记录,2023 年 11 月 17 日。
② 资料来源:对当事人 P 先生的访谈记录,2023 年 11 月 30 日。

四、统合式权威何以成功化解矛盾纠纷:塑造逻辑与运作机制

正式制度权威因其碎片化、悬浮及替代性问题在应对乡村社会中的棘手问题面前显得有些力不从心。① 相反,非正式制度权威因其贴近乡村社会的实际,能有效弥补正式权威的不足。② 湄洲镇司法所妈祖评理室的案例提供了一个鲜明的范例,展示了正式权威如何通过推动非正式权威能动化,对多元权威进行创新性的整合和重组,进而通过塑造统合式权威,以有效化解基层矛盾纠纷中的棘手问题。

(一)湄洲镇矛盾纠纷化解过程中的治理权威构成

在湄洲镇的社会治理与矛盾纠纷化解中,权威的运用与构建展现出复杂而多维的特性。在这一体系内,我们可以观察到三种不同类型的权威:正式权威、显性的非正式权威以及隐性的非正式权威。这三种权威在化解棘手问题中各自发挥着独特而关键的作用。其中,区分非正式权威为显性或隐性的关键,在于权威主体在矛盾纠纷化解的过程中是否具备主观能动性。

1. 正式权威——基层公共部门

在湄洲镇的基层矛盾纠纷治理中,其多元联席会议制度包含12个基层事务管理部门:党工委政法委、旅游和文化体育局、建设交通局、社会事务管理局、农林水局、人力资源和社会保障局、工商

---

① 杨嵘均:《论正式制度与非正式制度在乡村治理中的互动关系》,《江海学刊》2014年第1期。
② 张磊、曲纵翔:《国家与社会在场:乡村振兴中融合型宗族制度权威的重构》,《社会主义研究》2018年第4期。

分局、海事处、湄洲人民法庭、湄洲派出所、湄洲镇司法所、湄洲镇土地所。这些基层部门构成了湄洲镇矛盾纠纷治理场域中的正式权威,依靠法律或正式政策来施加影响和控制。

正式权威在矛盾纠纷化解过程中发挥着基础性作用。它不仅提供了处理棘手问题的法律基础和制度框架,还通过组织的授权确保了过程的合法性及结果的可靠性。在湄洲镇的矛盾纠纷化解过程中,正式权威发挥的作用一定程度上体现在当事人 C 女士的如下表述中:

> 镇上就是"大人讲大话"嘛,我前面去了那些(地方),(通过先前尝试的多种途径)他都没还(之前欠我的钱),后面遇到镇上的人大主席,然后她第二天就联系了法庭、司法所、各个部门、村来调解。①

"大人讲大话"是当地方言中的表达,可以理解为官职越大,所说出的话就更具有效力,人们对其的认可度、服从度也越高。在这里,"大人讲大话"代表了民众对正式权威解决问题能力的认可和对正式权威决策的服从。

2. 显性非正式权威——"对"的人

"对"的人在当事人看来是有说服力、有权威的人。在乡镇的具体情境中,拥有显性非正式权威的主体可能是受人尊敬的长者、德高望重的乡贤、当事人的亲友或是具备正式权威的"街头官僚"以及调解员。显性非正式权威的权威主体基于其个人魅力、道德操守或问题解决能力而获得信任和尊重,通过个人的影响力、社会地位或专业能力参与矛盾纠纷化解过程,成为促进社会和谐与解决矛盾纠纷的关键力量。

---

① 资料来源:对当事人 C 女士的访谈记录,2023 年 11 月 27 日。

结合马克斯·韦伯划分的三种权威类型进一步理解"对"的人的权威构成。乡镇长者、乡贤及当事人的亲友这类"对"的人,其权威基础是传统型权威,其权威来自习俗——在熟人社会内部不遵守习俗的行为会遭到蔑视①的这一潜规则。具备正式权威的"街头官僚"以及调解员的权威基础则是法理型的,在调解过程中,他们具备更高的专业性,能够通过调动更多的社会资源而获得更多的权威性价值分配。不论是基于传统型权威还是法理型权威,这些"对"的人都具备一定程度的卡里斯马型权威,呈现出基于传统型权威或法理型权威的显性非正式权威特征。不同于依赖社会组织力量或强制性力量的权力,权力主体一旦获得组织授权即掌握权力②,权威则是在事件的积累以及个体的智识和道德力量③中建构的。在中国"草根"社会中的卡里斯马权威并不像韦伯定义般的那样神圣与狂热,中国民间的卡里斯马型权威更加强调道德品质,这种道德性来源于地方传统④,且在时代变迁中不断注入新的要素。

3. 隐性非正式权威——妈祖文化

隐性非正式权威通常依托于文化、传统及民情风俗,在乡镇中具有深远影响但不直接介入决策,更多是间接从心理层面上来影响乡镇成员的行为和决策。在湄洲岛,隐性非正式权威的代表无疑是妈祖文化,妈祖文化中"立德、行善、大爱"的妈祖精神是最具辨识度、最能彰显湄洲岛和谐气质的调解关键元素。

在湄洲镇的传统矛盾纠纷中,妈祖一度发挥着矛盾纠纷化解的作用,部分岛民在产生矛盾纠纷时会提出双方共同到妈祖宫庙前进行对质和起誓的要求。在湄洲妈祖祖庙工作的Z先生是这样

---

① 梁德阔:《人民调解权威的正当性、类型和功能》,《民间法》2021年第3期。
② 杨宏力:《勾连与嵌入:权力相关概念之辨析》,《理论导刊》2014年第2期。
③ 薛广洲:《权威特征和功能的哲学论证》,《浙江大学学报》(社会科学版)1998年第3期。
④ 刘琪、黄剑波:《卡里斯玛理论的发展与反思》,《世界宗教文化》2010年第4期。

解释的:

> 就不用说湄洲祖庙了,每个村的宫庙都有这个功能。在妈祖面前肯定不能欺骗神明,如果他说谎,肯定气势就弱下来了。其实,妈祖公信力很强,有些都不需要去对质,说完之后人家就觉得你肯定是很有底气。①

岛民普遍认为,在妈祖面前,所有人都应保持诚信与敬畏。首先,"妈祖面前不能造次",即当事人在妈祖面前会收敛其情绪及行为,这不仅是对当事人行为的约束,更是一种道德自律的体现。其次,"妈祖面前不讲假话"引导当事人放下利益争执,开诚布公地解决问题。这些岛民所共识的准则无一不源于岛上深厚的妈祖文化传统。因此,妈祖文化这一隐性非正式权威不仅降低了矛盾的紧张程度、利益分歧程度,还在心理层面为问题的和谐解决提供了道德指引。

(二)塑造逻辑:正式权威主导下多元权威的互动

不管何种社会系统,真正发挥功能并决定系统运行且保持平衡的往往是拥有特殊资源或者能力超群的部分行动者,可以将其称为权威。② 在湄洲镇的案例中,统合式权威的塑造过程展示了一种以正式权威为主导的权威互动逻辑。正式权威通过对显性及隐性的非正式权威进行统合,最终成功塑造了统合式权威。

1. 撬动显性非正式权威

"找到'对'的人"的实践,正是正式权威撬动显性非正式权威的行动逻辑。这类非正式权威虽是显性的,但在正式权威介入前,

---

① 资料来源:对湄洲妈祖祖庙工作人员Z先生的访谈记录,2023年12月7日。
② 陈天祥、魏晓丽、贾晶晶:《多元权威主体互动下的乡村治理——基于功能主义视角的分析》,《公共行政评论》2015年第1期。

显性非正式权威并不存在介入矛盾纠纷的动机和契机。因此,在应对棘手问题的过程中,正式权威通过挖掘并撬动那些具有积极影响力的非正式权威个体或团体,使得显性的非正式权威得以进入矛盾纠纷化解的场域。

虽然公开、正式的制度和关系是乡村治理的基础,但实质上道德基础与人伦关系才是维系乡村治理稳定的关键。[①] 正式权威撬动显性非正式权威的这个过程,一方面唤起了来自"对"的人的道德层面的权威,为矛盾纠纷化解提供道德基础;另一方面则引入熟人社会人伦关系的支撑,成为联结正式权威和群众的重要桥梁。

2. 显性非正式权威的再生产

"成为'对'的人"的实践,则是以正式权威为基础的显性非正式权威再生产的过程。科层制的运作以正式权威为基础,以组织规则和制度为根本来源,强调科层组织运作的"非人格化"特征。[②]但在矛盾纠纷化解这项高度灵活、强调沟通的工作中,调解员往往体现高度人格化的特征。调解员的权力受限于其职位,而权威则可以超越职位发挥作用。一个既拥有权力也拥有权威的人,其行为的作用空间通常会超出其职权所及的范围。[③]

以科层制所设立的调解成功目标为导向,拥有正式权威的调解员在介入案件调解后,由于正式权威在道德基础和人伦关系方面的支撑不足,必然地需要借助非正式权威作为补充。在无法直接撬动现有显性非正式资源的条件下,调解员充分发挥其人格化的特质,以正式权威为基础,结合个人的人格化的魅力及调解技巧,建立与当事人之间的信任关系,展示其专业能力,使自己在调

---

① 桑玉成、孙琳:《论政治运行中的人伦关系与道德基础》,《南京师大学报》(社会科学版)2012年第3期。

② 李棉管、覃志庆:《"新官不理旧事":基层科层制的人格化现象再思考——H镇征地安置的案例研究》,《公共管理学报》2023年第4期。

③ 俞可平:《权力与权威:新的解释》,《中国人民大学学报》2016年第3期。

解过程中逐渐成为"对"的人,实现以正式权威为基础的显性非正式权威再生产。

3. 隐性非正式权威的能动化

在湄洲镇,妈祖作为本土特定的文化符号,为乡村治理提供了独特的隐性非正式权威。对于湄洲岛的绝大部分岛民来说,任何关于妈祖的活动、节日都是出于自发参与的,所谓"妈祖面前不能造次""妈祖面前不能撒谎"的潜规则一定程度上存在着约束力,这也就体现了妈祖作为非正式权威使其对象服从的能力。由于妈祖并不具备提出命令或要求的主观能动性,在传统的矛盾纠纷化解过程中,妈祖作为一个隐性的非正式权威通常掩藏在纠纷的复杂图景之下。

在妈祖评理室的场域中,妈祖文化这一隐性非正式权威通过嵌入正式权威主导下的矛盾纠纷化解场景中,可以使矛盾纠纷双方成员间基于其相似价值观建立起信任感。在正式权威主导下的宣誓仪式,则是正式权威推动妈祖这一隐性非正式权威能动化的过程,实质上是正式权威借妈祖的权威向当事人提出诸如诚实、包容、大爱等要求,使本不具有主观能动性的妈祖得以能动化,降低矛盾纠纷的"棘手性",最终实现矛盾纠纷的化解。

4. 隐性非正式权威的赋能

作为隐性的非正式权威,妈祖虽然并不直接介入矛盾纠纷的具体操作,但其在一定程度上能够为正式权威与显性非正式权威在文化和道德层面赋能,增强其影响力和执行力。作为湄洲岛的传统文化,妈祖文化能够对各权威主体形成规范与约束,使其相互依存相互监督。[①] 对于正式权威而言,妈祖为正式权威的执行提供了文化上的支持和道德上的正当性。对于显性非正式权威的这

---

① 陈天祥、魏晓丽、贾晶晶:《多元权威主体互动下的乡村治理——基于功能主义视角的分析》,《公共行政评论》2015年第1期。

些个人及团体来说,一方面,妈祖能够激发他们的文化认同和道德自觉,为他们参与调解工作提供了内在动力;另一方面,他们的影响力和说服力会在妈祖所建立的信任关系的基础上进一步得到增强。此外,妈祖的道德准则也指引和约束着所有正式权威及显性非正式权威主体的行为,由此调解的过程实质上也体现出了湄洲岛民作为"共同体"去传承和实践妈祖文化的过程。

在妈祖这一隐性非正式权威的双重赋能基础上,正式权威与显性非正式权威在调解矛盾纠纷的过程中不仅获得了更深层次的文化与道德支持,而且显著提升了他们的社会影响力和执行效率。从短期来看,这种双重赋能有助于解决具体的矛盾纠纷;从长期看来,这种双重赋能对塑造乡村共同责任感、增强社会凝聚力都具有重要意义。

5. 权威的统合与统合权威的塑造逻辑

在正式权威的主导下,组织通过对非正式权威的撬动、再生产及能动化实现了对非正式权威的初步整合。在实践过程中,非正式权威又反过来为正式权威赋能。正式权威的组织通过其整合的多元权威,获得其多元权威所具备的功能面向,基于对其差异化功能面向的整合与重组(统合过程)①,扩大权威的影响范围,以降低矛盾纠纷的治理成本,提升其治理效率。

在正式权威实现了对非正式权威的统合之后,妈祖评理室在权威的互动过程中成功塑造了统合式权威机制,如图3所示。统合式权威不仅限于短期的纠纷解决,其更深层的影响在于正式权威通过对各类权威资源的全面动员和利用,建立具有文化认同、强调道德性的社会氛围,进而推动乡村的自我完善和发展。这种统合式权威的互动关系具有良好的正反馈机制。正式权威的引导和

---

① 陈科霖、周鲁耀:《"统合式治理":一种中国国家治理的权力运行机制》,《学海》2021年第4期。

非正式权威的响应形成一种互补和增强的关系,正式权威通过有效地利用非正式权威的资源,增强了自身的治理能力和社会影响力;同时,非正式权威在正式权威的框架下得到认可和激活,其在社会中的地位和作用也得到加强。这种互补性和相互强化确保了统合式权威的可持续性和稳定性。

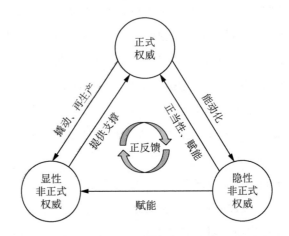

图 3　正式权威主导下的权威互动关系

其中,对妈祖评理室成功案例的积累和宣传是提升其社会认同、权威性和效能的有效途径,能够强化妈祖文化在地方现代社会治理中的重要作用。G 村 W 书记认为:

> 宣传是为了让更多人知道在这里面不能说谎。妈祖是起到说服的作用和正面引导的作用,是榜样的激励,叫大家积德行善做好事。①

因此,统合式权威的塑造逻辑不仅是权威主体之间的相互作

---

① 资料来源:对 G 村 W 书记的访谈记录,2023 年 12 月 8 日。

用,更是一个持续的社会实践过程,其构建的治理体系具有自我完善、自我发展的特征,并具备较强的自我调节能力,从而为湄洲镇的乡村治理提供一个可持续发展的路径。

(三)运作机制:权威统合与矛盾纠纷"棘手性"的消解

矛盾纠纷的处理过程本质上就是要构建一套权威的话语体系,对矛盾纠纷的起因、过程、后果等进行一个审慎的梳理,并给出公正的裁决。[1] 统合式权威之所以能够有效化解棘手问题,根本在于这一机制充分利用了非正式权威在社会治理中的积极作用,通过重新配置各类权威资源,以实现应对棘手问题过程中多重权威资源的功能整合。

1. 统合的必要性:多元权威的差异化功能面向

棘手问题的因果关系难以识别[2],其中,价值观和利益相关者之间的冲突往往是其化解的关键[3],因此,与其说解决棘手问题,不如说帮助利益相关者就问题及其可能的解决方案达成共识和意义。从这个层面上来说,应对棘手问题需要政府具备自反性(处理多个框架的能力)、复原力(针对不确定变化调整行动的能力)、响应能力(响应不断变化的议程和期望的能力)和振兴能力(振兴或消除停滞的能力)[4],而这些能力恰恰是正式权威的短板。因此,应对棘手问题,正式权威和非正式权威的结合成为必然的趋势。

---

[1] 郭星华、刘蔚:《纠纷解决机制的失落与重建——从舅权在传统社会纠纷解决所起作用中引发的思考》,《广西民族大学学报》(哲学社会科学版)2014 年第 4 期。

[2] Mccall, Raymond, Burge, et al., "Untangling Wicked Problems", *AI EDAM—Artificial Intelligence for Engineering Design Analysis & Manufacturing*, 2016, 30(2), p.200-210.

[3] B. W. Head, *Wicked Problems in Public Policy: Understanding and Responding to Complex Challenges*, New York: Palgrave Macmillan, p.61.

[4] C. J. A. M. Termeer, A. Dewulf, G. Breeman, et al., "Governance Capabilities for Dealing Wisely With Wicked Problems", *Administration & Society*, 2013, 47(6), pp.680-710.

在乡村治理的场域中，本就存在着不同类型的权威，并且各个权威都具备从不同角度应对棘手问题的能力。如图4所示，正式权威、显性的非正式权威和隐性的非正式权威在机构复杂性、科学不确定性、社会多元化这三个方面表现出不同的应对能力。

图4　三种权威应对"棘手问题"的差异化功能面向

正式权威在应对机构复杂性方面具有无可替代的作用，正式权威提供了处理棘手问题的法律基础和制度框架。在本案例中，湄洲镇通过建构多元联席会议制度，建立跨部门协作，实现了调解主体从碎片化转向整体化。正式权威能够提供官方信息及知识来降低科学不确定性，具备一定程度的应对能力。然而，在应对社会多元化方面，正式权威可能因其相对固定和僵化的结构而效果有限。

对于显性非正式权威而言，首先，其不具备应对机构复杂性的功能；其次，在科学不确定性方面，显性的非正式权威能够提供的是地方性知识及其个人所具备的知识；最后，显性非正式权威最大的优势在应对社会多元化方面，作为独立的个体而言，显性非正式权威能够利用地方性知识和个人影响力，使复杂的人际关系变得清晰、缩小利益分歧、促进当事人认知的一致性。

隐性非正式权威同样不具备应对机构复杂性的功能。妈祖这一隐性非正式权威能够在当事人及调解员之间建立信任的纽带，通过强调共同的价值观促进情感联结，构建信任、和谐的环境，从而在一定程度上降低因为利益博弈而产生的科学不确定性。其应对社会多元化能力则尤为突出,岛民对"妈祖面前不能造次""妈祖面前不讲假话"的共识不仅降低了矛盾的紧张程度和利益分歧程度,还在心理层面为问题的和谐解决提供了道德指引。

2. 多元权威功能面向的整合与重组

在统合逻辑之下,不同于简单地将正式权威与非正式权威的叠加,统合式权威的运作逻辑体现出对不同类型权威的有效统合与协同作用,并通过动态调整以达成权威效果的最大化。统合式权威通过充分发挥主观能动性,对显性及隐性的非正式权威进行整合,进而对显性及隐性的非正式权威所蕴含的多重进行重组(统合过程),弥补了正式权威在应对棘手问题的社会多元化及科学不确定性方面的不足,从而实现权威行使和治理棘手问题的效率最大化。图5清晰地呈现出了统合式权威的整合与重组机制。

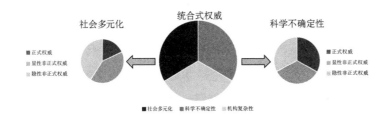

图5 统合式权威的整合与重组

正式权威、显性非正式权威、隐性非正式权威在应对棘手问题不同构成的功能水平及切入点上都存在着显著差异。将三者功能有机统合后,则形成了具备综合应对能力的统合式权威。

在机构复杂性方面,统合式权威能够整合不同机构和层级的权威,形成一个协同作用的治理网络。此构成仅有正式权威具备应对功能,因此,正式权威在应对棘手问题过程中是不可或缺且处于主导地位的,正式权威始终是矛盾纠纷化解的核心力量。此外,只有基于正式权威所提供的多元化调解联系制度的组织基础,才能够实现对显性及隐性非正式权威的统合。

在科学不确定性方面,结合了正式权威及显性非正式权威的统合式权威具备了官方信息、地方性知识及专业性知识,能够从不同层面化约科学不确定性,增强了决策的科学性和适应性。最重要的是,统合式权威通过调动隐性非正式权威的文化和心理影响,提高了社区成员对信息、知识及决策的信任和认同。

在社会多元化方面,统合式权威能够根据具体情境的不同,灵活地进行权威的配置和运用,也就具备了调解员、"对"的人、妈祖等多重权威主体的应对能力。例如,在处理与传统习俗相关的问题时,显性非正式权威可能会被赋予更大的比重;在需要强制执行法律规定的情况下,正式权威则处于主导地位。其中,在任何情境中,隐性非正式权威都能够在统合式权威所统合的权威主体之间、权威主体与当事人之间建立一种联结和约束。

综上所述,统合式权威超越了传统的正式权威和非正式权威的二分法,通过区分显性和隐性的非正式权威,实现了对复杂矛盾纠纷的有效化解。统合式权威通过推动正式权威与非正式权威之间的相互作用与整合,为应对复杂多变的棘手问题提供了有效的策略,并形成了具有创新性的治理模式。在这一模式下,各类权威资源得以充分发挥,共同构建一个更加灵活、包容和高效的治理框架。

五、结论与讨论

本文从多元权威互动的视角出发,结合棘手问题理论深入分析湄洲镇司法所妈祖评理室的实践案例,通过挖掘基层复杂矛盾纠纷化解过程中多元权威之间的整合与互动逻辑,深入探讨复杂矛盾纠纷化解机制的形成过程及关键要素。研究发现,统合性权威通过对正式权威、显性非正式权威及隐性非正式权威之间的有效互动和整合,构建适应当地社会文化和民情的治理模式,提供了对当前基层矛盾纠纷中棘手问题的新解。在当前纠纷解决的实践中,以基层司法所为代表的"街头官僚"发挥着指导、参与社会矛盾纠纷的关键作用,运用法治思维和法治方式化解社会主要矛盾,在法治轨道上实现社会的平衡、充分发展[①],而妈祖评理室利用妈祖文化中的道德教义和价值观,引导居民在道德层面上自我约束,解决纠纷,也符合现代法治的要求。通过将传统文化的道德教义与现代法治体系相结合,妈祖评理室确保了纠纷解决过程既遵循民间传统,又不脱离法治原则。

统合式权威的治理模式启示我们,在面对地方性的棘手问题时,治理策略应兼顾法律的规范性与本土文化的导向性,通过激活地方文化中内含的正面价值来增强治理的有效性和民众的认同感,以实现更加有效和具有持久影响力的治理。

妈祖评理室的案例具有借鉴和推广的价值。虽然不同地区由于文化背景、社会结构和法律环境的差异,对调解机制的设计和运作模式有着不同的要求。但是,在具有深厚地方文化根基和广泛社会认同的地区(尤其是民族、边疆地区),通过整合正式与非正式权威,构建以地方文化为纽带的调解机制,可以构建有效化解基层复杂矛盾纠纷的实现路径。为此,首先,要通过考虑目标地区的文化特性,并探寻能够与当地社区成员形成文化共鸣的元素;其次,要根据当地的社会结构,调整正式与非正式权威的整合方式,确保调解机制能够有效运作;最后,要确保调解机制与当地的法律和政策相适应,保障其正当性和合法性。通过对目标地区文化、社会结构和法律环境的深入分析和适当调整,妈祖评理室的经验有望在更广泛的地域范围内得到推广和应用,为解决基层矛盾纠纷提供

---

① 陈金钊:《中国式现代化内涵的法理诠释路径》,《法学》2023 年第 8 期。

新的思路和方法。同时,我们建议未来的研究能够进一步探讨在不同文化和社会背景下,如何有效地整合正式与非正式权威,构建符合当地特色的调解机制,以丰富和发展基层矛盾纠纷化解的相关理论和实践。

［本文系深圳市哲学社会科学规划课题"基于全周期理念的深圳城市治理体系建构研究"(项目编号:SZ2023B021)、国家社会科学基金青年项目"城市基层居民自治制度自我完善和发展的动力机制与实现路径研究"(项目编号:21CZZ019)的阶段性研究成果］

社区治理中基层政府部门的角色及其行动逻辑
——对 W 派出所建构共治联盟的微观解释

余亚梅*

[内容摘要] 政府在推进基层治理共同体建设中的角色和作用是当今学术研究中的一个热点议题,但已有研究侧重于对政府角色的总体性探讨和宏观解释,忽视了对某个具体基层部门的行为进行微观考察。本文选择基层派出所为微观研究对象,以 W 派出所建构共治联盟的行动为个案,考察了派出所在社区治理中扮演的公共服务供给者、协同治理建构者、公众参与组织者等多重积极角色。文章提出了一个由价值认知—动员能力—技术支撑三个维度构成的解释框架,用以分析基层派出所扮演这些积极角色的动机和动力,并进一步揭示了基层派出所治理创新的行动逻辑。研究发现,作为行动者的基层派出所,其在社区治理中的创新行为往往是其价值认知、动员能力和技术支撑耦合的产物。行动者的价值认知及其内化到身份角色的过程,行动者通过态度与行为形成的网络中心性地位从而增强了社会动员的能力,以及行动者对数据技术的正确认识与合理运用,不仅强化了基层派出所的治理创新动机,也使创新行为的产生具备了现实的可能性。

[关键词] 社区治理;社区治理共同体;基层政府部门;派出所的角色;共治联盟;行动逻辑

---

* 余亚梅,上海公安学院基础部副教授。

一、问题的提出

党的二十大报告明确提出了"社会治理共同体"的概念及其建设目标。根据中共中央、国务院印发的《关于加强基层治理体系和治理能力现代化建设的意见》的精神，基层社会的治理要基于共建共治共享的原则，形成"人人有责、人人尽责、人人享有的基层社会治理共同体"。一些研究者将基层或社区视为国家与社会相互重叠的"第三领域"[①]，受到此类概念框架的影响，学界一般把社区治理看作推进基层社会治理共同体建设的最合适场域。的确，社区处于社会的最基层，是人民群众日常生活的载体，公众微观生活层面的需求每天在这里大量产生和集聚，因此，如何有效回应社区民众的需求便成为构建良好的社区治理的一个重要课题。一些研究者由此认为，社区治理共同体的构建是一个形成社区治理制度的过程[②]，甚至将其视为一种全新的基层治理范式。[③]

社区治理共同体是基层社会治理共同体的一个重要类型。针对这一治理共同体的建设，学界已经产生了多样化的同中有异的阐释框架，如"三治融合"[④]、多元主体共生中的耦合与协同[⑤]、各方力量互构形成团结的网络[⑥]等，它们对基层/社区治理中的多元行

[①] 黄宗智：《集权的简约治理——中国以准官员和纠纷解决为主的半正式基层行政》，《开放时代》2008年第2期。
[②] 曹海军、鲍操：《社区治理共同体建设——新时代社区治理制度化的理论逻辑与实现路径》，《理论探讨》2020年第1期。
[③] 周进萍：《城市社区治理共同体构成要素与生成机制研究——基于三个典型案例的扎根分析》，《中共福建省委党校学报》2023年第3期。
[④] 郁建兴、任杰：《中国基层社会治理中的自治、法治与德治》，《学术月刊》2018年第12期。
[⑤] 刘银喜、周妍池、杨旸：《社区治理共同体的生成逻辑和建设路径》，《山西师大学报》(社会科学版)2024年第1期。
[⑥] 陈秀红：《城市社区治理共同体的建构逻辑》，《山东社会科学》2020年第6期。

为体在治理过程中的互动及其制度背景、关系结构、动力逻辑和行动策略都做出了较好的解释。然而,从总体上看,这些解释框架属于整体主义的或宏观的分析,鲜见对某个特定的基层政府部门在社区治理中的角色进行微观考察。针对社区治理的已有宏观解释至少存在两个方面的不足。首先,它们一般将基层/社区的治理结构和制度视为一个先验的存在,认为社区多元化的治理主体是在既存的治理结构和制度下行动、互动并被结构和制度所塑造。这种认识既忽视了行为体的互动在形成(至少影响)社区或基层治理结构和制度上的意义,也没有看到这些行为体在某些特定的情景中所表现出来的治理创新意愿、动力和能力。西方公共政策理论中的"街头官僚"视角肯定了基层治理者的自主性和调适能力①,虽然我们不能简单地借用这种理论视角来解释中国基层或社区治理主体的行为,但是不能否认,在中国的社区治理中,包括基层政府部门在内的基层治理者并不只是一个被动的行为体,而会以他们自己的角色和方式参与治理结构和制度的建构过程之中。其次,宏观解释倾向于强调社区治理中的多元化行为体之间是一种既有治理制度结构下的平等与合作关系,没有对不同行为体在治理结构中所处的地位、所拥有的资源、所具有的能力等方面的差异进行细致的观察和比较分析。这种认识几乎是协同治理或合作治理理论的通病,事实上,在任何协同或合作治理中,不同的行为体因各自的优势和劣势而形成相互依赖关系,但他们之间的角色是不同的,其地位和能力也是不对等的。②

  微观分析不能取代宏观解释,但个体(角色)之间的互动也不能仅仅通过宏观过程来说明。美国社会学家戈夫曼(Erving

---

  ① See Michael Lipsky, *Street-Level Bureaucracy: Dilemmas of the Individual in Public Services*, New York: Russell Sage, 1980.
  ② 余亚梅、唐贤兴:《政府部门间合作与中国公共管理的变革——对"运动式治理"的再解释》,《江西社会科学》2012年第9期。

Goffman)认为,虽然宏观现象不能用微观分析来解释,但可以通过提供个体如何在不同的环境和背景之下的互动来补充宏观解释的不足。① 本文将 W 派出所视为社区治理中的微观行为体,通过考察它的角色特征及其与其他行为体的互动关系来透视社区中的协同治理。尽管从 20 世纪 90 年代以来,公安部就已经强调要将"管理和防范"作为基层派出所的主要任务,派出所的理念和工作重心在实践中也由此开始了从"以打为主"向"以防为主"的转变②,但是,派出所推进社区治理创新的角色和行动尚未受到学术研究应有的关注。本文的案例调查发现,基层派出所远不只是一个人们认为的打击犯罪和治安管理的基层政府部门,也不只是社区协同治理中单纯的一方参与者,而是能够成为协同治理结构的建构者。在本案例中,W 派出所主导建构了共治联盟,通过这个协同治理的平台和制度,W 派出所把社区中多元化的行为体有效地组织到治理过程中来。作为一个基层政府部门,派出所为何有建构和推进社区协同治理的动机和动力?它又是如何做到联动其他部门、组织公众参与、提升治理效能的?本文试图把基层派出所置于分析的中心,借用角色理论和协同治理的有关视角,来检验和分析基层派出所在推进社区协同治理上的角色及其行为逻辑之间的关系。为此,在简要回顾文献(第二部分)的基础上,本文第三部分建立了由价值—能力—技术三个维度构成的简约框架,用以解释驱动派出所建构共治联盟、促进社区协同治理的原因,以及派出所行动的结果与意义。文章接着分三个部分,围绕这三个维度分别对实证案例进行分析,以检验理论分析框架的解释力。文章最后是一个简短的结论,提出了几个后续研究的方向。

---

① Erving Goffman, "The Interaction Order," *American Sociological Review*, February, 1983, pp.1-17.
② 鹿丙乾:《派出所工作重心由"主打"向"主防"转变的过程研究》,《公安研究》2023 年第 10 期。

二、文献回顾

派出所是公安系统中数量最多、任务最重、业务面最广的基层机构,并在当今变化的社区和基层治理中扮演着重要角色。然而,学界对派出所在社区治理中的角色的研究,尚未形成既有系统性、学理性又具有专业性的文献。这个议题的主要研究群体是公安部门的管理者和公安院校的研究者,他们的探讨侧重于实操的角度,学理性较为欠缺。

这个研究群体关注的一个焦点是,基于化解基层社会矛盾的需要,基层派出所应如何与其他相关部门、单位和基层组织进行协作与配合。① 一般认为,在基层和社区,要有效化解各领域的矛盾和纠纷,以推动社会治理共同体建设,需要运用和发挥好"三所联动"机制的作用②,保证派出所、司法所和律师事务所能真正发挥各自的职能作用、资源与专业优势。一些研究者进一步指出,政社互动下新的治理生态给派出所的回应能力及其治理模式带来了挑战和机会③,因此,基层派出所要在公共安全治理和为民服务等方面实现治理转型。④

这个研究群体关注的第二个焦点是对社区警务的思考。社区警务的概念最初是由西方学者提出来的,并在中国的实务部门得到了回响。根据约翰·艾克(John Eck)的定义,社区警务的核心

---

① 余定猛:《诉源治理视阈下多元矛盾纠纷化解的公安实践——以 G 派出所为例》,《公安研究》2023 年第 9 期。
② 柳国青:《以"三所联动"矛盾纠纷多元化解机制推动构建社会治理共同体》,《上海公安学院学报》2023 年第 1 期。
③ 余亚梅:《政社互动中社区公共安全治理新生态、新模式、新能力》,《公安研究》2023 年第 1 期。
④ 上海公安学院"党的二十大与公安工作"课题组:《新时代基层公安机关公共安全治理转型研究》,《上海公安学院学报》2023 年第 3 期。

内容包括社区参与和问题解决两个方面。① 国内外学术界和警察实务部门普遍将社区警务称为新型警务模式,并被视为第五次警务革命的核心内容。这是因为,社区警务建设不只是关涉警察系统内部管理模式的变革,它还构成了社区治理的一个重要领域,两者之间是相互塑造的关系。在中国,派出所是社区警务的最重要承接者,因此,社区警务的变革在某种程度上就是关于派出所与社区治理的关系变革。正因为如此,大多数研究者和观察者从治理的视角来理解这种新型警务模式,例如,有人提出要从三个方面来理解新型警务模式的特点:一是鼓励民众参与社区治理;二是需要依赖某些机制对民众的参与进行管理;三是政府在社会治理中占据主导地位。② 不过,依然有研究者着眼于从公安系统内部管理模式的变革来理解社区警务。例如,有人认为,在警务专一化向警务专业化全面发展转型的第五次警务革命中,基层警务专业化发展的新要求包括依法执行、改革创新、整体改革和承担责任四个主要方面。③

对基层派出所如何实现社区协同治理的途径的关注,构成了上述研究群体的第三个研究主题。这个主题很大程度上依然属于社区警务理论的内容,但是,研究的内容和范围还是有了一些新进展。例如,有研究者使用了社区警务第三方协同治理的概念④,不仅强调了警务部门与其他行为体之间协同的重要性,还提出要确立相互之间合理的权责关系,并在此前提下来探索实现社区协同

---

① Eck, John E., "The Threat of Crime Displacement", *Criminal Justice Abstracts*, 1993, 25(4), pp.527-546.
② 王英伟:《我国城市社区的多元型管理模式》,《中国矿业大学学报》(社会科学版)2003年第2期。
③ 王大伟:《民意导向警务模式的警察学思考》,《浙江警察学院学报》2014年第5期。
④ 王婧:《第三方警务理论实现路径的具体考察》,《山东警察学院院报》2019年第5期。

治理的各种途径。国内研究者使用的这些概念和方法,也是受到国外学术界的启发。布尔格(M. E. Buerger)和马泽罗(G. Mazerolle)最先提出了第三方警务的概念。① 此后,马泽罗和兰斯莉(Janet Ransley)对之作出了系统的定义和阐释,他们把借助多元主体共同治理社会治安的模式称为第三方警务,认为这种新模式是以多元化、分散性选择服务提供者、技术支撑、网格控制为主要特点的"警政"模式,这与先前单一集中控制的"警察"模式形成了巨大反差。② 在第三方警务模式中,与警察部门形成协同治理的第三方主体,包括学校(包括学生和家长)、出租房房东、网吧老板、餐饮业主等各方社会力量和市场主体。③ 显然,第三方警务是属于社会(社区)治理范畴的概念,它的目的在于合理迅速地整合社会资源,通过谈判合作、强迫合作等多种方式,促使警务管理主体都加入社区治理,实现社区主体的一体化,以便有效地共同预防和打击违法犯罪。

西方国家的警察制度,以及社区/基层治理模式,与我国的情况存在很大的差异,因此,对社区警务、第三方警务等概念和理论的借用能否较好地解释中国的基层治理中派出所的角色和行动,需要进一步讨论。目前的研究和讨论主要局限于公安院校的研究者和警务部门的工作者,鲜见其他领域的学者对基层和社区治理中派出所的角色和行为进行深入的学理性探讨。

---

① M. E. Buerger and L. G. Mazerolle, "Third-Party Policing: A Theoretical Analysis of an Emerging Trend", *Justice Quarterly*, 1998, 15(2), pp.301-328.

② [澳]洛林·梅热罗尔、珍妮特·兰斯莉:《第三方警务》,但彦铮、刘莹、刘端等译,中国人民公安大学出版社2012年版,第101页。国内一些翻译出版物和研究论文对这些作者的中文名翻译并不是统一的,这里和后面在引述时,尊重这种差别使用。

③ [澳]罗林·马兹勒:《第三方警务与保险——以市场为基准的犯罪预防案例研判》(上)(下),许韬译,《公安学刊》2009年第2期、第3期。

三、研究设计

(一) 案例选择

本文选取作者对其做过数次访问和调查的 W 派出所(表 1)为案例来讨论基层政府部门的角色及其行为。案例的选择基于两个方面的考虑。一是 W 派出所的特殊性。W 派出所位于上海市的城郊接合部,相较于其不算很大的管辖面积(约 7 平方千米),管辖人口数量较大(实有人口达 7 万人),派出所的人员配置则只有 68 人(49 个民警和 19 个辅警)。这意味着每个民警(辅警)要为超过 1 000 个居民提供各种公共服务。这种压力在超大城市的治理中属于比较普遍的情况,加上城郊接合部的社会结构和社会矛盾都比较复杂,使得 W 派出所具备案例研究的适恰性。二是在资源和警力严重不足的情形下,W 派出所建构了一个有效的共治联盟行动框架。这是一个社区公共安全领域基于公众利益表达、公众自主参与、由派出所主导和引导的社区联盟共治结构。在人们一般的认知中,基层派出所往往是在业已形成的基层治理结构下履行自身的法定职责,具有执法和纪律部队性质的特点决定了它不大可能具有主动去构建治理结构的动力。这说明本案例具有典型性。共治联盟的建构和运行,不仅提升了基层派出所对辖区民众的安全和其他服务需求的回应力,还产生了促进基层民主发展的政治效应。也正因为如此,W 派出所的治理创新实践被所在区域的公安分局充分肯定,并于 2022 年 6 月在全分局推广。

表 1　访谈对象汇总

访谈编号	对象	时间	访谈编号	对象	时间
W001	所长 Z	2022.08.13	W010	警员 X	2022.11.22
W002	教导员 L	2022.08.13	W011	警员 L1	2022.11.22
W003	警员 Y	2022.11.22	W012	警员 C2	2022.11.22
W004	警员 B	2022.11.22	W013	警员 Q	2022.11.22
W005	警员 C1	2022.11.22	W014	警员 P	2022.11.22
W006	警员 M	2022.11.22	W015	警员 W2	2022.11.22
W007	警员 S	2022.11.22	W016	警员 L2	2022.11.22
W008	警员 W1	2022.11.22	W017	警员 W3	2022.11.22
W009	警员 Z1	2022.11.22	W018—W032	社区群众	2023.07.15

共治联盟这个名称是由区公安分局和W派出所自己命名的。W派出所起初是基于平安建设的需要来构建治理联盟的。这个联盟由三个模块(三大主体力量)构成。首先是平安员队伍。在分局平安屋(岗)建设的总体部署下,以24小时保安门卫岗亭为基础,W派出所搭建了8家平安屋、18个平安岗,同时成立了由100余名保安组成的平安员队伍,这就形成了能实施24小时巡逻守护的协作联动机制。其次是平安商户的建设进一步扩展了联动机制的内容。派出所先后发动了32家商户和20家商圈物业公司参与平安社区的建设。最后是派出所在上海"志愿云"注册成立的平安志愿者服务队。这是一个范围更广的联盟,不仅居/村委干部、业主委员会成员、村民小组长、楼组长、物业保安、社工、周边企事业单位员工、社区热心群众等更多的志愿者被动员和组织到队伍中来,而且还与区文明办、区志愿服务指导中心实现了对接。志愿者的参与使得在第一时间为基层群众做好"最后一公里"的服务具备

了现实的可能性。实名注册的志愿者达 1 025 人①，他们是 W 派出所全体成员的 15 倍。

共治联盟既是一个治理平台，也是社区范围内众多行为体合作治理的一个制度结构。共治联盟框架下的社区协同治理，是通过一系列的制度和机制安排、信息化和智能技术的运用以及很多治理项目的设计来展开的。为节约篇幅，联盟平台及其运作的制度和机制将在后面几部分的具体分析中予以叙述和呈现。

（二）方法：微观分析的可行性

基层/社区治理涵盖一系列广泛的研究议题，是社区里所有利益相关者和各种行为体共建共治共享的过程。学界已有的研究，一般是对社区治理中各种类型的行为体的角色和互动关系进行相应的分析。这种方法具有整体主义特征，总体上属于宏观的叙事和解释。本文虽然也分析了行为体之间的互动关系，但由于把基层派出所置于分析的中心，细致地考察这个单一的行为体的角色及其行为选择，因此，本文的方法侧重于微观分析。

本文所采用的方法论的选择有三个方面的考虑。其一，对派出所这个重要的基层政府部门目前还缺乏深入的学理分析。前述提到从 20 世纪 90 年代以来派出所的工作重心已经发生了很大变化，在当今社会治理的大背景下，基层派出所的传统职能是如何发生变化的，它在社会治理中应该扮演什么角色、可以扮演何种角色，是值得基层/社区治理研究者去关注的重要议题。其二，基层/社区治理的宏观角度存在一些解释上的不足。例如，宏观解释视角把基层/社区治理制度看作一个既定的先验变量，也就是由较高层次的设计者设计出来的，基层或社区的行为体在这个既定的治理制度和结构下展开他们的互动关系，扮演着基层治理者的角色。

---

① 这是截至 2022 年 11 月 20 日调研所得的数据。

这意味着,宏观现象和结构被认为以再生产社会结构的方式制约着互动。事实上,互动并不是任何简单意义上结构安排的表达,行为体互动的实践与治理制度结构之间很多时候只是"松散的耦合"。与宏观解释不同的是,本文的微观解释认为,社区治理结构中多元化行为体的治理行为存在差异性,同时,互动的过程也有可能会自主地产生某种治理结构,从而成为整个基层治理宏观结构的一个组成部分。治理理论需要对这种差异性和行为体的互动及其主动性给予谨慎和细致的考察。其三,把基层派出所置于分析中心,虽然不是要得出派出所是基层/社区治理体系的核心主体的结论,但它说明了一个常被协同治理理论所忽视的事实,即在任何一种协同治理的情景和结构中,参与互动和治理的各种行为体并不是始终处于地位平等、能力对等、合作意愿同等强烈的关系状态中。出于历史、制度和行动实践的原因,基层派出所很多时候处于社区协同治理的优势地位,这决定了它能够组织和整合各方面资源来构建相应的协同治理结构。

需要说明的是,尽管微观分析可以弥补宏观解释的某些不足,但本文对 W 派出所建构社区协同治理的行动的解释和分析,并不意味着它代表了所有的基层派出所在社区治理中都具有同样的行为逻辑。微观分析可以通过提供某个行为体如何在不同环境和背景下的互动来补充宏观解释的不足,但它不是要取代宏观解释,我们也不希望将有关的研究发现不加鉴别地推广到其他情景之中。

(三)解释框架

为了考察 W 派出所构建共治联盟的动机、动力及其行动逻辑,本文提出了一个简约的分析框架。这个框架由价值、能力、技术三个维度构成。

1. 价值维度

任何治理行动及其过程中的各行为体的行为,都是以价值为基础的。① 有关基层和社区治理共同体的一些解释框架,例如,关于共同体性质的价值—目标—利益框架②,关于共同体建构的价值—技术—制度逻辑框架③,以及关于共同体运行的组织耦合—服务生产—价值激活逻辑框架④,都强调了价值的重要性。然而,这些解释把注意力放在诸如社区公共利益、治理中的公众参与等方面的同时,较少关注特定行为体的价值认知。根据行为体的行为特点,我们把价值维度的一个重点放在他们的价值认知上。价值认知往往与行为体的角色及角色认知联系在一起,外在价值会通过一定的机制内化到行为体的角色身份认知之中,甚至成为行为体的信念。在基层/社区治理中,外在价值体现在国家和政府的治理理念、有关制度规定以及民众对基层政府部门的期望和要求等方面,基层政府部门越能对这些外在价值有高强度的认知,就越能内化到其自身的身份认知中,这种信念会驱使行动者的责任担当。在社会学家斯特莱克(Sheldon Stryker)的身份理论中,责任担当(commitment)这个概念工具⑤与行为体的信念、价值观密切地联系在一起。因此,我们把角色认知视为价值维度的第二个重点内容。

2. 能力维度

许多分析框架考察了基层/社区治理中多元主体和机制之间的互动、协同和融合,却忽视了行为体的能力这个关键因素。治理

---

① Jenny Stewart, *Public Policy Values*, New York: Palgrave Macmillan, 2009, p.1.
② 徐顽强:《社会治理共同体的系统审视与构建路径》,《求索》2020年第1期。
③ 伍小乐、罗敏:《价值、技术与制度:社区治理共同体的三维建构》,《湖南科技大学学报》2023年第4期。
④ 陈晓运、黄丽婷:《"双向嵌入":社会组织与社会治理共同体建构》,《新视野》2021年第2期。
⑤ See Sheldon Stryker, *Symbolic Interactionism: A Structural Version*, Menlo Park, CA: Benjamin/Cummings, 1980; Sheldon Stryker and Richard T. Serpr, "Commitment, Identity Salience, and Role Behavior", in William Ickes and Eric Knowles, eds., *Personality, Roles, and Social Behavior*, New York: Springer-Verlag, 1982, pp.199-218.

主体之间之所以互动和协同,在于他们希望通过实现资源等方面的相互依赖而改变单个行为体自身能力不足的问题。① 协同治理可以被解释为行为体从他人那里汲取资源支持的过程。因此,行为体的能力至少包括汲取资源的能力和实现合作的能力两个方面。我们把它们合并为动员能力,使之成为能力维度中的关键变量。马兹勒的第三方警务的类型学②——公共第三方警务和私人第三方警务——实际上是动员的两种模式,即政府动员和社会动员。如果基层政府部门(如派出所)缺乏必要的动员能力,它们就无法履行其责任担当,也就无法推进和实现社区合作。案例显示,在其社区管辖和服务范围内,W派出所具有推进协同治理的能力、条件和优势,但它们不是根源于派出所的"强势"地位,而是来自派出所与社会的长时间密切互动积累起来的角色认同资源。

3. 技术维度

很多研究文献都突出强调技术对基层治理的支撑作用,且一般都聚焦到由新兴信息技术带来的智慧治理这一点上。本文的技术支撑维度首先是强调技术赋能。数字技术能够结合内外部组织资源和制度优势,数字赋能提高了基层和社区的治理能动性。③ 其次是强调数字赋权。社区智慧治理应关注以公众为中心,以提升公众生活质量为发展动力④,技术应用的最终归宿是提升社会参与意识。⑤ 最后是强调互嵌和调适。技术因素只有与其他变量

---

① 余亚梅、唐贤兴:《协同治理视野下的政策能力:新概念和新框架》,《南京社会科学》2020年第9期。
② [澳]罗林·马兹勒:《第三方警务与保险——以市场为基准的犯罪预防案例研判》(上)(下),许韬译,《公安学刊》2009年第2期、第3期。
③ 张廷君、李鹏:《技术赋能还是制度重塑:机关事务治理模式的创新路径分析——以福州"数字乌山"为例》,《中国行政管理》2021年第8期。
④ F. J. Carrillo, T. Yigitcanlar, and K. Velibeyoglu, "Rising Knowledge Cities: The Role of Urban Knowledge Precincts", *Journal of Knowledge Management*, 2018, 12 (5), pp.8-20.
⑤ 谭荧、韩瑞波:《基层智慧治理的运作机制与关系解构——基于上海B区"社区通"的考察》,《探索》2021年第6期。

(如组织、制度、结构、行为体及其行动等)融合和协同在一起,才会产生它应有的价值。智慧治理是制度结构与智慧技术相互嵌入和融合的适应性过程,也是行动者与技术、组织和制度相互作用的结果。虽然也有研究文献强调了这三个方面的含义,但这些文献是从基层治理的宏观视角来阐述技术的应用及其价值,本文的分析框架则分析了作为一个微观行动者的派出所是如何开发和运用相应的智慧技术的,并与其他部门和层次的信息系统实现了衔接。

四、价值内化:派出所的治理创新的动力

我们把共治联盟的构建看作作为基层政府部门的派出所的一种创新行为,本部分试图分析 W 派出所这种主动的创新行为是如何发生的。

(一)压力与回应

一个常见的解释路径是,行为体的创新行为一般是应对压力所作出的回应。的确,人们可以从"过密治理"[1]的现象中看到任务、资源与能力之间的紧张关系给基层治理者带来的压力。在治理任务不断下沉[2]、公众多样性需求快速增长、基层部门的资源相对匮乏、基于传统科层制的考核和问责制日益强化[3]等基层治理的一般背景下,基层派出所面临着越来越大的压力。然而,如果压力必然激发行为体的创新动力,那么,基层治理创新必定遍地开

---

[1] 张新文、杜永康:《过密治理与去过密化:基层治理减负的一个解释框架》,《求实》2022年第6期。
[2] 杨华、袁松:《中心工作模式与县域党政体制的运行逻辑——基于江西省D县调查》,《公共管理学报》2018年第1期。
[3] 郑方辉、欧阳雄姣:《基层绩效考评问责"层层加码":表征、成因和破解路径》,《理论探讨》2023年第6期。

花。事实并非如此。在压力面前,不同地方的基层治理者的反应存在着主动—被动回应、积极—消极回应、回应—不回应等类型上的差异。①

共治联盟的构建是 W 派出所面对治理任务的压力作出回应的产物。自 2017 年以来,110 警情、窗口受理、工作发现以及线索移交等各项警情数呈递减趋势,其中,最明显的是盗窃、入室盗窃、侵犯人身权利、黄赌毒等传统报警类警情占比与总数都在下降。而此外,救助、求助服务类的警情数在不断增长,在 2022 年 1—7 月产生的 4 138 条警情数据中,救助服务类的警情达 81.73%(其中,警务类救助 2 067 条,非警务求助 1 315 条),它们都与社区居民的日常生活相关;而报警类警情只有 425 条,仅占总数的 10.27%。这些数据反映了当前社区治理的一个新情况,即跟公众大量琐碎的微生活相关的服务需求呈急剧增长趋势,这其中很多涉及社区的各种矛盾纠纷。对基层派出所来说,回应性压力一方面来自被动应对,即各种警情。"现在,老百姓各种事无巨细的问题,经常会成为需要我们出警和处理的警情,这个方面的警力资源占比已经很大。"②回应性压力另一方面还来自源头治理的需要,也即基层派出所要主动去发现和解决问题。"社区那么多人口,总归会有很多还没有反映进来的问题,包括各种矛盾纠纷和隐患。我们不能有鸵鸟心理,而要主动出击,否则,要挨老百姓的骂。什么是最好的主动出击的方法? 就是把社区居民发动起来、组织起来,让他们成为信息的源头,并能帮我们一起解决问题。"③

虽然 2021 年 8 月国家颁布的《法治政府建设实施纲要

---

① 唐贤兴、余亚梅:《正确认识处理基层治理中的若干重要问题——以提升政府回应性为中心》,《国家治理》2024 年第 10 期。
② 访谈编号 W001。
③ 访谈编号 W002。

(2021—2025年)》提出要通过加强"三所联动"和"三调联动"①来解决基层的矛盾纠纷,但从法理上说,构建社区协同治理制度并不是基层派出所的法定职能。调查发现,驱动 W 派出所主动构建共治联盟的动机和动力,仅仅从解决派出所警力和资源不足的困境中得不到解释。W 派出所认为,促使社区中更多的行为体都参与社区的共治联盟,可以有效地回应和满足社区群众的公共需求和诉求,特别是改变传统的公众需求—政府回应的单一模式,转向公众需求—多元回应的新模式。②本文第六部分对共治联盟的技术支撑及其运作的描述和分析,较好地呈现了公众是如何被组织到联盟之中来的。本文认为,正是 W 派出所对回应性的政治价值有了较为深刻的认识,并把它内化到自己的角色行动之中,驱动着派出所去主动构建有助于提升政府回应能力的共治联盟。

(二)回应性与派出所的价值认知

共治联盟的建构虽然是 W 派出所面对治理压力不得不作出的反应,考核、问责、民众满意度等压力是存在的,但这种被动性的反应不是主要方面③,根源于派出所的价值认知和角色认知而形成的主动性回应,是 W 派出所建构共治联盟的内在动力。

政府回应性一直是政治科学、公共行政理论、公共政策理论和当前时髦的治理理论的重要概念和关键议题,但被很多有关基层/社区治理共同体和基层民主治理的研究文献忽略了。确保公共行政管理者能够代表并回应民众利益,被很多政治学家视为

---

① 即行政调解、人民调解和司法调解。
② 访谈编号 W001,W002。
③ 很多关于基层考核的研究文献认为,各种指标考核给基层治理者带来了极大的压力。这种认识与基层派出所的实际情况有较大的偏差。目前,派出所的指标考核虽然比以往大大减少,但问责的压力增大了。受访的 5 位民警均表示,为了把工作做好,作为人民警察当然要接受民众的批评,但民众的批评和投诉很有可能形成相应的问责,这是工作中最大的压力。参见访谈编号 W011—015。

"公共行政面临的核心问题"和民主制度的基础。① 回应性(responsiveness)与责任(accountability)是民主政治中的两个同义词,离开回应性就谈不上真正的责任政府。因此,回应性、提高政府的回应能力、满足公众需要,更能彰显公共管理者和基层治理者的伦理责任。当今旨在推进社会治理共同体的基层/社区治理,在很大程度上是由价值驱动的,包括:(1)要把党的"以人民为中心"的核心理念和政治价值贯彻到治理过程之中,确保人民的主体性地位,增进人民民主;(2)要以实现公共利益体——秩序、安全、公正、尊严、福利等高质量的公共服务——为治理目标,提高民众的生活质量和幸福感;(3)要"使每个社会细胞都健康活跃"②,创造有效的社会团结,等等。基层派出所承担着"人民公安"的特定使命和职责,要把人民主体性、人民民主、人民满意等价值融入派出所的日常工作之中,必定会给基层派出所带来巨大的压力与挑战,因为这直接考验着基层派出所的道德意识和政治觉悟。

在这样的背景下,基层派出所对基层/社区治理中的政治价值问题应该有自己的认知。那么,W派出所的价值认知是如何驱动它产生构建共治联盟、进行治理创新的行动呢?两个方面的事实有助于考察W派出所的行为逻辑:首先,如前所述,派出所对自身的回应能力不足有着客观和清醒的认识;其次,派出所对自己的责任意识——不能服务好人民,就得不到人民的支持——有着深切体认,这一点尤为关键。15位受访的普通民警对"人民至上""群众路线""公共利益""权力委托""公信力""责任""义务""和谐""服务""满意度""奉献""纪律"等访谈主题都有非常正面的认知和评

---

① [美]戴维·H.罗森布鲁姆、罗伯特·S.克拉夫丘克、德博拉·戈德曼·罗森布鲁姆:《公共行政学:管理、政治和法律的途径》(第五版),张成福等译,中国人民大学出版社2002年版,第9页。

② 习近平:《习近平谈治国理政》(第四卷),外文出版社2022年版,第338页。

价。① "(所里)每次开会和政治学习都在强调这些观念,不过,这不只是开会和学习时纸上谈谈,在实际工作中我们的确也是抱着这些观念去联系群众、服务社区的。我们每一次与社区群众的面对面交流,在联盟平台上与志愿者的各种互动,都会激发(我们的)工作积极性。"②

由此看来,民警的责任意识已经成为一种信念的力量,驱动他们想尽一切办法去解决群众提出的各种问题。一些学者借用西方公共政策理论中的"街头官僚"概念来分析中国的基层和社区治理者,认为受困或受制于多种因素的"街头官僚"并不具备治理创新的动力和能力。例如,有人认为,在基层行政的压力情景下,"街头官僚"经常采取"政策包装"的行为策略来变通政策执行。③ 另一种常见的理解是,面对严格的问责制度,"街头官僚"不得不采取通过加码来规避问责风险的行动策略④,从而导致基层治理的异化。然而,在 W 派出所的案例中,基层派出所和民警的价值信念及其认知强度是促使他们进行治理创新的巨大动力。因此,上述这些"街头官僚"的分析视角不能很好地解释本案例中 W 派出所的行为逻辑。至于存在着可能的问责风险,受访的基层民警表示:"想得最多的是如何把压力转化为动力,大家都没有消极无为和逃避责任的想法"。⑤ 责任和担当问题的提出,便把我们的分析转到了基层派出所的角色及其认知上去。

(三)角色认知:价值信念的内化与转化

作为一个政治学概念的问责,与社会学理论中身份角色的责

---

① 访谈编号 W003—W017。
② 访谈编号 W015。
③ 张力伟:《政策包装:压力情境下街头官僚的策略选择——基于 H 市街头执法的案例分析》,《内蒙古社会科学》2023 年第 6 期。
④ 谷志军、陈科霖:《责任政治中的问责与避责互动逻辑研究》,《中国行政管理》2019 年第 6 期。
⑤ 访谈编号 W001。

任担当(commitment)不是同一个概念,但有着把它们连接起来的纽带。在斯特莱克的身份理论中,作为一个概念工具的责任担当是用来阐述个人与社会的关系,其含义是个体与他人关系的程度取决于个体承担某种身份的程度。① 在治理情景和过程中,每一个行动者都在履行他们自己的角色,而且通常是依赖于从他人那里来确认其身份。这在协同治理中更为明显,例如,基于资源依赖的考虑,两个行动者试图实现合作时,他们就是在寻求新的合作者身份,其责任担当就随之增加,这时候,行为体的责任担当就会沿着反映新价值观念身份的方向变化。

在引入治理理念之前的社会管理阶段,派出所的重点任务是打击犯罪、维护社会治安、管控社会秩序,因此,它更多时候是单向度的执法者和管理者。到当前构建基层和社区治理共同体的新时期,这些传统职能不再是派出所的优势角色,提供社区公共服务成为它的主要职能。为了有效地回应公众的需要,派出所不能坐等群众前来反映问题,而要积极主动地去寻找和解决问题。② 派出所的角色在这里变成了公共服务供给者和问题的解决者。这些新角色虽然是由"人民公安"的价值观念、人民警察的管理制度,以及诸如"三所联动"和"三调联动"这样的具体机制安排所规定的,但角色的真正确立却依赖于派出所自身的角色领会和民众的角色认同。为了树立为人民服务的形象,提高社区民众的满意度和支持,民警(尤其是社区民警)每天要与社区服务对象进行大量面对面的沟通和联系,让民众和联盟平台上的志愿者来发现需要解决的问题。③ 回应性强调的是政府和基层官员要同公众进行密切

---

① Sheldon Stryker and Richard T. Serpe, "Commitment, Identity Salience, and Role Behavior", in William Ickes and Eric Knowles, eds., *Personality, Roles, and Social Behavior*, New York: Springer-Verlag, 1982, pp.199-218.
② 访谈编号 W009 以及 W002。
③ 社区民警 P 某天的工作量是 15 个小时,3 场现场小区群众交流会,6 个矛盾纠纷警情,4 家平安商户的联系走访。访谈编号 W014。

的、面对面的接触与联系,这是基层治理者的联络者角色(liaison role),这个角色使得管理者能将他们的组织与其垂直命令链条之外的个人联系在一起。① 派出所的新角色就在这种持续的联系中被树立了起来。正如社会学家特纳(Ralph H. Turner)关于"角色是一个互动框架"的解释路径所认为的,互动是角色领会和角色建构的过程。② 根据这一观点,社区治理中各行为体间的互动与合作,会改变和强化行动者自身的和对他人的身份认知。在这个意义上,是行动者建构角色,而不是相反。行动者角色履行的程度,决定了他人的反应和回应程度。作为行动者的派出所的品质③、行为的各方面④,以及情景的特征⑤,都有效促进了社区民众(服务对象)对派出所的角色认同。

在一般意义上,角色身份(role identity)通常是一种理想化的自我观。民警和作为基层政府部门的派出所同样如此。为了从社区服务对象那里寻求角色身份的角色支持(实现合法化),他们必须使角色身份成为自己计划和目标的一部分。不过,由于多种主客观原因,民警和派出所的身份与合法性之间总会存在错位。全过程人民民主把人民的主体性地位置于工作中心的理念,是促使他们寻找和检验错位的一把尺子,并把错位情况记在"工作日志"里。⑥ 因

---

① [美]格罗弗·斯塔林:《公共部门管理》(第八版),常健等译,中国人民大学出版社2011年版,第20页。

② Ralph H. Turner, "Unanswered Questions in the Convergence between Structuralist and Interactionist Role Theories", in S. N. Eisenstadt and H. I. Helle, eds., *Perspectives on Sociological Theory*, London: Sage, 1985, pp. 22-36.

③ 受访社区民众定义"民警品质"的关键词,出现得最多的是热情、耐心、和蔼、责任心、无私、善良、正直等。访谈编号 W016—W022,W025—W029。

④ 受访社区民众对民警行为的评价,主要的关键词是积极、主动、聆听、沟通能力强、协调方法多、灵活、反馈及时、政策宣传到位等。访谈编号 W023—W024,W030—W032。

⑤ 派出所领导和民警对情景如何促进有效互动的认识,包括缓解紧张气氛、活跃对话会的氛围、座谈会议程明确、平等协商对话等。访谈编号 W001、W002、W008、W017。

⑥ 访谈编号 W001、W032。

此,正是这种错位,是激发和推动行动者行为的力量。① 派出所对价值信念的认知由此便转化为角色认知,并得以进一步强化。

五、动员能力:基层派出所构建社区协同治理的条件

前一部分阐释了价值认知、身份角色、责任担当与派出所创新行为的动力之间的关联。对动力和动机的分析,只能解释行为体存在某些压力和需求的情况下为什么会产生某种行为,但不能解释这种必要性是如何转化为实际的可能性。基层派出所有治理创新的动机和动力,但实际的创新行为之发生,依然需要相应的条件和基础。本部分将讨论,在价值信念和角色身份等力量的驱使下,W派出所自身表现出来的动员能量,以及长期以来基层治理所形成的良好的社会基础,使派出所构建共治联盟的努力具备了现实的可能性。

(一)基层治理中政府权力的扩张

有学者提出,历史上,中国的基层和社区治理是那些具有"准官员"身份的基层治理者在所谓的第三领域里展开的,国家与社会的力量在这个中间区域重叠和交合,由此产生了两者的合作治理。② 按照这个概念框架,"第三领域"虽然历经演变,但在1949年以后的基层治理中一直以某种形式存在。类似地,有研究者用"缝隙治理"的概念来解释基层治理者的治理过程。③ 这个概念假

---

① G. P. McCall and J. L. Simmons, *Identity and Interaction*, New York: Basic Books, 1960, p.67.
② 黄宗智:《集权的简约治理——中国以准官员和纠纷解决为主的半正式基层行政》,《开放时代》2008年第2期。
③ 崔晶:《调适与弥合:基层"缝隙治理"中的政策执行研究》,《理论与改革》2024年第1期。

设,在国家和社会之间、科层体制和基层治理之间、正式制度与地方日常实施之间存在着距离或缝隙,基层治理者正是在这种"缝隙"场域中通过各种调适机制来执行政策的。

这些概念框架虽然解释了某些特定性质的空间领域为基层政府部门提供了发挥作用的条件,但无法进一步解释当前基层和社区治理共同体建设中良性的政社互动关系是如何形成的。基层派出所能在其中发挥积极的作用,这是基层/社区治理中行政权力强化趋势的产物。西方学者提出的社区民主治理的"社会中心论"范式,不恰当地强调基层社会的治理工具由正式的规则、管制和科层制向非正式的谈判、协商与网络的转变,认为政府的地位在社会关系重组和治理网络的形成过程中被不断边缘化。[1] 这种源自自由主义思想传统的分析范式,忽视了国家和政府权威在基层治理中的重要性。事实上,在治理的各个领域,国家依然是关键的行为体以及社会共同利益的主要体现[2],在社会治理中占据着不可或缺的主导性地位。

在中国,至少有两个因素推动了基层和社区治理中行政力量的强化趋势。其一,中国的治理强调经由"积极公共政策"来增进和保障人民的民主和权利。[3] 这种路径是以问题为导向的,一些学者称之为以民生促民主的"政策民主"路径,认为从公共政策层面来积极推进民主政治是中国的一条新道路和一个重要方向。[4] 其二,国家为基层治理建设确立了"基层政权坚强有力"的目标,要

---

[1] 关于对这个范式的批评,参见:Stephen Bell and Andrew Hindmoor, *Rethinking Governance: The Centrality of the State in Modern Society*, New York: Cambridge University Press, 2009, p.3.

[2] John Pierre and Guy B. Peters, *Governance, Politics and the State*, Basingstoke: Macmillan, 2000, p.25.

[3] 唐贤兴、马婷:《积极的公共政策与健康权保障:新议题和新框架》,载陈明明主编:《历史与现代国家》[《复旦政治学评论》(第19辑)],复旦大学出版社2018年版。

[4] 张明军、李天云:《构建新型现代民主:中国式现代化视域中的全过程人民民主》,《社会科学》2023年第10期。

求基层政府增强其行政执行能力、为民服务能力、议事协商能力、应急管理能力和平安建设能力。① 正是在这样的背景和要求下，政府权力通过大量的社会政策不断渗透越来越多的公民个人生活。② 学术界提出的诸如行政吸纳社会③、国家创制社会④、治理吸纳民主⑤等分析框架，一定程度上解释了基层治理中行政权力的这种增长。这为基层派出所动员和组织社会力量来参与社区平安建设提供了基础支撑。

（二）派出所作为网络中心性

W派出所构建的共治联盟为社区内形成更为频繁和有效的政社互动提供了一个平台，社会力量和公众的参与度也随之提高⑥，从而形成一个平安建设的活跃网络。但行政权力在基层的扩张，只是为W派出所构建共治联盟提供了一定的基础，而且还容易产生某种误解，以为是基层派出所在社区治理中处于"强势"部门的地位决定了它有能力来主导构建社区协同治理框架。事实上，W派出所之所以具有这样的动员和组织能力，主要在于派出所作为网络中心性这个事实和特点，而且，这个网络中心性还是派出所自身行为的结果。

网络中心性是社会学中网络交换理论的一个重要概念。在社

---

① 《中共中央 国务院关于加强基层治理体系和治理能力现代化建设的意见》（2021年4月28日），中国政府网，https://www.gov.cn/zhengce/2021-07/11/content_5624201.htm，最后浏览日期：2024年10月8日。
② 王家峰：《民主治理中的议程回应性：范式重构与理论阐释》，《天津社会科学》2014年第1期。
③ 唐文玉：《行政吸纳服务——中国大陆国家与社会关系的一种新诠释》，《公共管理学报》2010年第1期。
④ 吴晓林、谢伊云：《国家主导下的社会创制：城市基层治理转型的"凭借机制"——以成都市武侯区社区治理改革为例》，《中国行政管理》2020年第5期。
⑤ 佟德志：《治理吸纳民主——当代世界民主治理的困境、逻辑与趋势》，《政治学研究》2019年第2期。
⑥ 15个受访社区群众都无一例外地表示，如果有机会，都会关心和参与属于大家"共同家园"的事务。访谈编号W018—W032。

会学家库克(Karen S. Cook)与他的一些合作者看来,网络中的一些位置(行动者)由于处于其他位置之间联系的中心,他们便起着资源流中介的作用,结果,在交往和互动中,权力便转移到这些最易于掌握资源的行动者手中。① 在基层社区治理中,以下三个方面的因素决定了派出所实际拥有了这样的位置。

第一,"有求必应"。治理民主要求政府对社会和民众的诉求作出积极回应,这种回应虽然不是那种家长主义或父爱主义的"有求必应",②但对派出所来说是一种制度和纪律的约束。"有困难找民警"不只是一种派出所形象和价值的自我宣示,而且已经成为民众的一种社会行为习惯。在民众与派出所长期的双向互动中,用社会学家柯林斯(Randall Collins)的"情感能量"③术语来说,他们彼此已经形成了相应的情感依赖。虽然这种依赖经常会导致警察资源的浪费,但"有警必出""有求必应"是作为准纪律部队的人民警察必须要遵守的准则。④ 相关的实证研究也揭示了情感治理的理念和方法有助于促进多元主体的参与和派出所的责任担当。⑤

第二,"为民办实事"。从传统视角看,派出所是一个治安单位,但社区内诸如违章搭建、群租房、乱停车、电动自行车违规充电、绿化损坏、矛盾纠纷等各类问题几乎都会聚焦到派出所,虽然派出所不是一些事情的管理者,也不一定有能力解决,但基于为民

---

① Karen S. Cook, Richard M. Emerson, Mary R. Gillmore, and Toshio Yamagishi, "The Distribution of Power in Exchange Networks: Theory and Experimental Result", *American Journal of Sociology*, 1983, 87, pp.275-305.
② 刘兆鑫:《好政府不能"有求必应"——对政府回应性逻辑的质疑和超越》,《理论月刊》2012年第2期。
③ Randall Collins, "Stratification, Emotional Energy and the Transient Emotions", in T. D. Kemper ed., *Research Agendas in the Sociology of Emotions*, Albany: State University of New York Press, 1990, pp.27-57.
④ 访谈编号 W006—W009,W012—W015。
⑤ 参见黄薇颖:《情感治理在城市基层公安工作中的创新研究——以 H 市 DL 派出所为例》,中国人民公安大学硕士学位论文,2023 年。

办实事的价值,派出所也要去促成这些问题的解决。①

第三,"信息中心"。前述两个因素的结果,意外地使派出所成为关于社区各种问题和事务的信息中心,经过对纷乱信息的类型化,一些问题在派出所内部得到处理,一些问题则可以被传输到其他相关的治理机构。例如,W 派出所将有关家暴的警情信息传递给综治办、妇联、司法所、社发办等机构,小区乱停车的信息则可以传送给各物业公司、业委会和居委会。这样,派出所就处在各种信息交流的中心位置,这也是它能够建立共治联盟这个平台并在平台上与各方治理主体协调建立相应的干预机制的原因。共治联盟运行的结果,是所有的行为体都成为社区公共安全和公共服务的提供者,使社区治理进入一个"全主体"时代——传统的群防群治的主体由政府组织的特定群体通过客户端走向每一个单元个体。②

(三)与公众参与需求的契合

经过几十年的发展和积累,以公众参与为主要内容的基层民主取得了长足进展。这为派出所建构共治联盟提供了又一个强大的社会基础。

虽然 W 派出所的警员们把共治联盟视为一种新型的警务模式,③但我们更强调它的协同治理性质和对于形成社区治理共同体的积极意义。共治联盟的建构及其所形成的协同治理结构,客观上促进了社区治理共同体的形成。形成社区治理共同体的一个条件是尽可能多的社区成员就社区公共利益达成共识,让更多的社区成员参与治理过程。就平安建设而言,共治联盟提高了社区

---

① 访谈编号 W010—W011,W016。
② 访谈编号 W002。
③ 访谈编号 W006—W008。

治理的公众参与度和组织化程度,形成了社群力量与公安专业力量的有效衔接和互补。这是一种"看得见、管得到、呼得应"和"能反应、有响应、必回应"的群防群治,共享共治的格局,因此,对社区群众的回应不再只是传统的政府回应,而是整个社区的回应。①

派出所之所以能动员和组织社区民众参与平安社区的治理过程,固然与很长时间来公安部门和基层政府积累起来的群防群治的经验相关②,但更重要的条件是派出所的行动契合了社区群众的参与需求。纵观中国改革开放以来的治理变革历程,促进治理民主的发展一直是基层治理的一个重要目标。基层民主包括政权层面的民主选举与社会层面的民主治理两个维度,当今中国的基层民主正在经历从民主选举到民主治理的发展。③ 民主治理就是民众参与基层的民主决策、民主管理和民主监督的过程,它所形成的民主便是治理民主。全过程人民民主是对治理民主的最新表述④,正是这种民主更能体现和满足民众的真实需求。据一项全国范围的抽样调查显示,中国城镇居民更加看重的是政府如何回应民众的关切,而不是形式性和程序性的公民权利和自由。⑤ 因此,基层的治理民主必然是以问题为导向的,正如习近平总书记所指出的,"民主不是用来做摆设的,而是要用来解决人民需要解决的问题的"。⑥

诚然,在人们的一般印象中,派出所的角色似乎与基层/社区治理中的民主问题无关。W 派出所构建共治联盟的最初考虑也不是民主问题,而是如何提高派出所对居民的回应能力。"搞平安

---

① 访谈编号 W001。
② 访谈编号 W002。
③ 黄卫平:《中国基层民主发展 40 年》,《社会学科研究》2018 年第 6 期。
④ 孙照红:《接诉即办治理场域中的全过程人民民主》,《北京社会科学》2022 年第 2 期。
⑤ 张明澍:《中国人想要什么样的民主》,社会科学文献出版社 2013 年版,第 1 页。
⑥ 习近平:《在中央人大工作会议上的讲话》,《求是》2022 年第 5 期。

志愿者联盟,我们(派出所)起先想的是把群众参与社区管理的热情激发出来,这样我们也可以减小压力,提高服务能力。至于这个东西(行动)是否可以称作民主,我们说不上来。但如果说解决群众的事情就是在落实民主,群众的参与就是一种民主,那么,我们这个联盟也是很有意义的。"①显然,如果没有长期以来民众参与社区管理的锻炼,派出所的联盟平台也未必能组织起如此庞大的民众参与规模。同时,派出所构建的共治联盟如果不能契合或符合社区群众的参与需求,那么,联盟本身既无法运作,也不具有生命力。随着时间的推移和认识的深化,共治联盟在运作中不断呈现出鲜明的治理民主化特征。在这个联盟平台上,派出所扮演了民众参与的倡导者、组织者和促进者的角色。

六、技术支撑:智慧技术的赋能与赋权

几乎所有的结合数字化技术来进行的基层社会治理创新,都被视为一种新型的基层智慧治理模式。② 如果从纯粹技术的角度来说,与其他案例一样,W 派出所的共治联盟只是一个数字平台。在构建平安志愿者联盟之前,W 派出所已经在一定程度上运用了一些数字技术手段,但那时他们并没有认为已经迈入智慧治理阶段。③ 直到 2021 年 9 月,派出所自主研发的"勤务通"APP 信息工作平台的运行,助推了共治联盟的形成,并使联盟的运行进入智慧治理阶段。本部分试图分析,驱使 W 派出所开发和应用智慧技术不是技术本身功能的好用性,而是派出所对智慧技术赋能和赋权的正确认识。前者关乎如何提高派出所的回应性,后者则涉及如

---

① 访谈编号 W001、W002。
② 张成岗、阿柔娜:《智慧治理的内涵及其发展趋势》,《国家治理》2021 年第 9 期。
③ 访谈编号 W001。

何扩大公众的有效参与。

（一）智慧治理的技术构架

依托"勤务通"APP信息工作平台，W派出所把社区范围内的平安员、平安商户、平安志愿者等主体力量全部纳入平安志愿者联盟，通过"数字平台＋轻运用"的技术保障，正式展开社区应急处突、服务群众、跨界联动等公共安全治理行动，这标志着社区联盟共治模式的确立。

1. 流程设计

平台设置了"客户端"和"管理端"两种界面，分别对应"志愿者"和"指挥员"两类用户，通过"打卡""有任务""发任务""要反映""附近人"等模块实现对志愿者的线上管理和实时调度。其中，"指挥员"按照警情需要，"点对点"向就近志愿者推送协助处置指令，要求其迅速签收后携带装备到达指定位置，协助开展处置工作；对未及时签收的，发送手机短信予以二次提醒。处置结束后，处警民警在APP内对志愿者的工作表现进行评价反馈，形成闭环管理。这样的流程设计，有效地形成了反应—响应—回应的互动协同的工作机制。

2. 管理运作

通过管理要素标签化、数据信息可视化，确保平台上的所有行动者能稳定、持续、有效的互动与回应。首先，全量采集志愿者的基础信息，包括身份信息、联系电话、工作单位、个人技能、可用装备等。其次，将录入APP的基础信息进行标签化管理，要求在岗志愿者每日登录APP，确保每日在岗人员信息准确、数据鲜活。最后，采集信息全量标记上图，后台实时显示志愿者在线人数、地理位置等，并叠加所内民警、辅警、巡车动态点位情况，确保后台可通过5G可视化对讲等移动终端，对警务资源进行优化配置。

3. 制度安排

共治联盟有明确的关于各行为体互动和联动的责任体系,派出所综合指挥室对辖区平安员开展定期点名,社区民警负责动员和组织社区公众的参与,指导开展专群联动、治安防控、检查培训等工作。形式多样的激励和奖励制度充分调动了共治联盟框架中的志愿者和民众参与平安建设的积极性和荣誉感。

(二) 对智慧技术的认识与运用

对价值偏好的考察可以发现 W 派出所运用智慧技术的动力和动机。在这里,访谈信息中出现最多的关键词是"精准治理"。[①] W 派出所认为,有了大数据技术的加持,不仅数据的搜集更加便利,而且更有利于精准识别、分析和处理问题,提高治理效率和效能。据一些研究者的观察分析,很多地方政府的社会治理创新的逻辑呈现出从"总体-支配型"的管控特征逐渐走向"技术-治理型"的服务特征的变化。[②] W 派出所的领导声称,智慧公安建设带来的这种变化并不意味着管控功能的消失和退场,而是说在管控工作变得更加精准高效的同时,要把运用新技术的最重要目的定位在提高派出所解决各种社会矛盾、提供公共服务的能力上面。[③] 派出所的这种认知是正确的,应该被充分肯定。数据技术赋能下的基层治理,必须突破技术理性的行政管理模式,不仅要实现治理行为的精细化,更要实现治理过程和结果——从精准收集信息、精准识别问题、精准分析问题、精准处理事务到精准满足社会需求、促进公共利益最大化——的精准化。这是一种治理转向,反映了

[①] 受访的 2 位派出所领导和 15 位警员中,共有 9 位提到了"精准化""精细化"问题。

[②] 黄毅、文军:《从"总体-支配型"到"技术-治理型":地方政府社会治理创新的逻辑》,《新疆师范大学学报》2014 年第 2 期。

[③] 访谈编号 W001,W002。

当代公共管理关注社会大众主体性的价值追求。①

人民主体性意味着人民群众应该成为治理问题的发起者、治理过程的参与者、治理情况的监督者和治理成效的获得者与享有者。② 针对辖区内的违章搭建、乱停车、群租房、电动自行车违规充电、矛盾纠纷等各类问题，W 派出所设计了公共服务供给的立项招募制度，招募志愿者展开项目化的专门治理。这些治理项目都是在与广大居民充分讨论和协商的基础上展开和运作的，无论是与综治办、妇联、司法所、社发办形成精准对接的反家暴联盟干预机制，还是推动了辖区各物业公司、各居委、业委会共同治理乱停车的"挪一挪"工作信息流程，都是社区内广大居民群策群力和干群互动的结果。

基层政府部门开发和运用智慧技术，不是要强调政府自身的精细化治理，而是要通过积极作为，让基层政府部门和其他多元化主体都能运用这些技术，提高协同治理的能力。W 派出所凭借"勤务通"APP 信息工作平台，结合钉钉、社区微信群等辅助性社交软件，实现了社群力量与公安专业力量的有效衔接和互补。正是这些智慧技术的开发和运用，使派出所能精准地寻找、识别和确立那些需要由共治联盟来解决的社区公共问题。W 派出所构建的关于公共服务供给的立项招募制度，就是典型的例子。派出所与社区群众通过频繁的线上和线下互动，把排查出的具有突出性、热点性和复杂性的社会问题加以立项，诸如违建、违规群租、乱停车、电动自行车违规充电、流浪犬、"盗三车"、家暴等，并招募有关志愿者开展了专门的共治行动。③

---

① 李大宇、章昌平、许鹿:《精准治理:中国场景下的政府治理范式转换》,《公共管理学报》2017 年第 1 期。

② 陈锋:《"下交群评":迈向人民主体性的基层治理——以北京市平谷区接诉即办改革为例》,《北京工业大学学报》2023 年第 6 期。

③ 访谈编号 W001,W002,W016,W022,W25,W030—W032。

数据技术赋能带来了良好的社区治理效果。大数据技术现实场景中的政社关系以信息双向传输为特点,推动了政府回应由单方面、点对点、选择性向对话性、开放性、持续性、互动性的转变。在这里,尤其要强调两个方面的结果。一是数据技术及信息管理的制度强化了基层政府部门的回应责任。由于智慧技术大大提高了需求识别、技术处理、精准供给、风险治理和跨界整合的能力,社区群众对派出所(尤其是社区民警)的理解和支持度不断提升,这反过来强化了派出所和民警的责任意识和价值信念,为派出所注入了强大的精神动力。① 二是社区公众的民主参与形式也因此日趋多样化和生动性。共治联盟框架下的公众参与,本来已有多种面对面的形式,如座谈会、协商会、恳谈会等,项目焦点小组(项目制的公共服务)则使公众参与突破了空间的限制。有研究者把信息化、互联网和大数据技术的运用助推产生的治理民主称为新形式的"数字协商民主"②,认为这是一种"互联网大规模普及背景下协商民主与网络技术深度结合的新型协商形态"。③

七、结论与展望

通过对 W 派出所构建共治联盟的案例探讨,本文有以下发现和结论。

首先,基层政府部门在社区治理中可以扮演更为积极的协同治理的建构者和组织者角色。像派出所这样的基层政府机构处于

---

① 社区民警 P 的感想为这种动力提供了生动的注脚。他说,有了群众的热情以及他们对民警的认可,劳累和委屈经常会"烟消云散"。访谈编号 W014。
② 陈家刚:《数字协商民主:认知边界、行政价值与实践空间》,《中国行政管理》2022 年第 1 期。
③ 汪波:《信息时代数字协商民主的重塑》,《社会科学战线》2020 年第 2 期。

政策递送过程的最后环节,根据街头官僚理论的观点,这些基层部门具有的自主性和自由裁量权角色特征,使得它们能通过灵活的方式把政策执行下去。① 本案例表明,街头官僚的概念框架无法解释派出所在社区治理中的真实角色。很多社区治理的研究文献对多元化行为体在协同治理结构下的共生共治关系进行了宏观解释,相对忽略了对某个行为体的微观考察。本文认为,派出所扮演的建构者和组织者角色在很大程度上是形成社区协同治理结构的重要力量。

其次,有关公共政策理论认为,除了一些个别的例外,压力源(stressors)通常会引发一些重大的政策变迁。② 基层政府部门的创新行动是它们对各种治理压力作出反应的结果,本文认可了学术界的这个共识性观点,但同时认为需要进一步作出解释。为此,本文提出的第一个观点是,在派出所建构共治联盟、提升回应性和公共服务供给能力的驱动力量上,派出所及其民警的信念、价值、道德意识和政治觉悟是一个非常重要但又容易被研究者忽视的因素。公共政策理论的"倡议联盟"分析框架把(政策)信念和信念体系视为政策创新和变迁的关键因素。③ 在那里,价值取向、对实现这些价值取向的因果关系的理解、对问题的重要程度的理解、对政策工具效力的判断构成了信念体系的内容。

本文提出的第二个观点是,基层治理中行政权力的渗透和扩张,积极的公共政策与基层民众需求的吻合,以及派出所在治理网络中的中心性地位,既为作为一个基层治理者的派出所提升其社会动员能力提供了条件和基础,也使得派出所事实上能够成功扮

---

① Michael Lipsky, *Street-Level Bureaucracy: Dilemmas of the Individual in Public Services*, New York: Russell Sage, 1980, p.13.
② Carter A. Wilson, *Public Policy: Continuity and Change*, New York: McGraw-Hill, 2006, p.332.
③ 参见[美]保罗·A.萨巴蒂尔、汉克·C.詹金斯-史密斯编著:《政策变迁与学习:一种倡议联盟途径》,邓征译,北京大学出版社 2011 年版。

演协同治理的建构者、基层民主治理的推进者和组织者成为可能。因此,基层政府部门的治理创新行为,不只是应对自身治理压力的产物,还具有更丰富的政治含义和意义。这在很大程度上有助于改变民众对基层政府部门,尤其是派出所这样的基层公安机构的传统认识。

智慧技术的开发和运用为变革公共服务供给方式和基层治理模式提供了强大的技术支撑。数字技术本身不会形成治理能量,基层治理者只有以精准回应为导向,并通过巧妙的项目设计,把技术理性和价值理性有机地结合起来,技术手段才能真正发挥它应有的作用。因此,本文提出的第三个观点是,基层政府部门对于数字技术的认知、使用方式和使用能力,才是技术发挥作用的决定性因素。

诚然,本文依然存在一些尚未解释、有待进一步研究的重要议题。由于本文主要侧重于叙述和分析 W 派出所何以能成为共治联盟的建构者,以便为探究某个单一的基层政府部门在社区治理中的角色提供一个有益的解释视角,因此,本文对 W 派出所构建共治联盟过程中面临的困难、困惑和局限,并没有给予过多关注和阐述。但这个问题的后续探讨依然是必要的,因为这关系到一个重要的研究议题,即共治联盟既然是多元治理主体的协同治理,派出所的角色和行动不可能是完全独立的,而由它主导形成的治理结构,到底在多大程度上并应该以什么方式被嵌入更为"宏大"的整个社区治理结构之中呢?本文尚未回答这个问题,仅仅肯定了共治联盟已经成为 W 派出所所在的社区治理共同体的一个有机组成部分。

(感谢上海公安学院的晏清、朱梦婕等人一起参与调研,并对本文的写作作出了贡献)

党建引领超大城市基层社区治理的模式、功能与路径研究

李梦琰*

[内容摘要] 鉴于传统的基层社区自治组织体系难以应对超大城市规模性、流动性、复杂性与风险性等带来的治理难题,党建引领便成为超大城市基层社区治理的主导力量和核心动力。本文提炼了超大城市基层社区治理中党建引领的三种实践模式,即党建引领睦邻中心服务模式、社区党建共治联盟模式以及党建引领"红色物业"服务模式,并分析了它们的共同功效,包括政治方向的引领、整体合力的塑造、服务提供的强化以及人心安定的维护等复合型功能。要进一步优化党建引领超大城市基层社区治理模式,就必须依托社区党组织的政治领导力,推动基层社区组织体系的健全与完善;利用社区党组织的资源整合力,优化服务体系的效能;强化社区党组织的工作统合力,搭建基于数智技术的多元参与和议事协商平台体系。只有在城市社区各级党组织的全面引领下,才能有效推进超大城市基层社区治理的新发展,实现治理效能的全面提升与飞跃。

[关键词] 超大城市;基层社区治理;党建引领;实践模式;优化路径

---

* 李梦琰,复旦大学公共管理博士后流动站、马克思主义研究院研究人员。

一、问题的提出

基层治理,作为国家治理体系的基石,自党的十八大以来始终受到党中央的高度重视。秉持着"基层强则国家强,基层安则天下安"的核心理念,各级党委和政府将基层治理现代化的地位与任务重要性提升至前所未有的高度。

2019年10月召开的中国共产党十九届四中全会,明确提出了"坚持和完善共建共治共享的社会治理制度"的重要目标,这不仅为基层治理指明了方向,也进一步凸显了社会治理现代化在国家治理体系和治理能力现代化进程中的重要性和历史地位。推动基层治理体系的不断创新和完善,是促进社会治理的多元化和协同化、实现社会治理共建共治共享目标的重要举措,能够为国家的长治久安和繁荣发展奠定坚实基础。

基层社区作为社会治理的基本构成单元,不仅是国家与民众之间的纽带,也是国家政策落实的"最后一公里",其治理模式的创新与实践,对于推动社会治理现代化进程具有深远意义。高效的社区治理能够敏锐捕捉并妥善处置邻里矛盾、物业管理、环境卫生等贴近民众生活的细微问题,有效遏制小问题向大矛盾的演变,从而维护社区的和谐稳定。同时,基层社区治理水平的提高也能够积极响应并满足居民在养老、安全、医疗等方面的多元化服务需求,显著提升居民的幸福感与满意度。

然而,基层社区治理是一项复杂而艰巨的任务,它涉及社会生活的各个领域,特别是在超大城市中,基层社区治理更是面临着前所未有的挑战。在此背景下,党的建设成为做好基层社会治理不可或缺的政治保障和组织支撑。党的二十大报告强调,"要把基层党组织建设成为有效实现党的领导的坚强战斗堡垒",党的二十届三中全会提出,要提高党对进一步全面深化改革、推进中国式现代化的领导水平,强调"党的领导是进一步全面深化改革、推进中国式现代化的根本保证",且要"加强党建引领基层治理"。这就要求在加强和创新社区治理的过程中,必须始终坚持和加强党的全面领导,充分发挥党建引领的核心作用。

党建引领是中国共产党推进中国式现代化在国家治理场域当中的鲜明表达①,这不仅是构建基层治理体系的坚强核心,也是激发基层治理活力的内在动力,更是推动共治共享、构建多元主体协同治理格局的必由之路。唯有坚持党建引领超大城市基层社区治理,充分发挥基层党组织在社区治理中的"主心骨"和"领头雁"作用,使之成为超大城市基层社区治理的强大动力源泉,才能为城市治理现代化注入不竭动力,进而不断优化、完善和创新基层治理模式,形成优势互补、资源共享的治理合力,最终推动超大城市基层社区治理实现新的发展与跨越。本文认为,党建引领是我国超大城市基层社区治理的核心动力机制,并以此为立足点,比较党建引领超大城市基层社区治理的三种实践模式,概括其功能,并对党建引领超大城市基层社区治理的未来发展提出优化对策。

二、党建引领:超大城市基层社区治理的核心动力机制

2014 年国务院印发的《国务院关于调整城市规模划分标准的通知》将城市划分为五类七档,城区常住人口超过 1 000 万的城市被归为超大城市。随着城市经济的发展、综合交通体系的完善以及产业升级转型的逐步推进,中国超大城市的数量也在增加,《中

---

① 谢金辉:《新时代党建引领社区治理的基础、意涵和路径——以中国式现代化为视域》,《中共福建省委党校学报》2024 年第 8 期。

华人民共和国 2023 年国民经济和社会发展统计公报》显示,现有的超大城市包括上海、北京、深圳、重庆、广州、成都、天津、东莞、武汉与杭州。然而长期以来,中国的城市化过于注重城市规模的扩张,而忽略了城市内涵、质量与治理水平的提高,最终导致粗犷的城市治理方式、低下的治理能力与城市规模极度不匹配①,城市社区治理就是其中一个关键领域。

超大城市的基层社区因具有大规模性、强流动性、多样复杂性及高风险性等复合特征,其治理模式及方法受到了严峻的挑战。②传统的基层社区自治组织体系——包括居委会、业委会、物业管理公司及各类社会组织等——难以有效应对复杂疑难事务以及人民群众亟待解决的"急难愁盼问题",这就需要通过党组织引领各类基层社区自治组织分工合作、整体合力,让党建引领成为超大城市基层社区治理的撬动支点、主导力量和核心动力。

(一)超大城市社区治理的复杂特征

1.超大规模性

超大城市基层社区是城市治理体系中的基础单元与关键节点,其显著特征之一在于其大规模性。截至 2023 年年末,上海全市常住人口高达 2 487.45 万人,其中,户籍常住人口为 1 480.17 万人,外来常住人口为 1 007.28 万人③;北京市 2023 年年末的常住人口为 2 185.8 万人,比上年年末增加了 1.5 万人④;最新被列

---

① 唐亚林、王小芳、钱坤等:《城市治理的逻辑:城市精细化治理的理论与实践》,复旦大学出版社 2022 年版,第 195 页。
② 同上书,第 55 页。
③ 《2023 年上海市国民经济和社会发展统计公报》(2024 年 3 月 21 日),上海市统计局、国家统计局上海调查总队网站,https://tjj. sh. gov. cn/tjgb/20240321/f66c5b25ce604a1f9af755941d5f454a.html,最后浏览日期:2024 年 8 月 21 日。
④ 《北京市 2023 年国民经济和社会发展统计公报》(2024 年 3 月 21 日),北京市统计局、国家统计局北京调查总队网站,https://tjj. beijing. gov. cn/tjsj_31433/tjgb_31445/ndgb_31446/202403/t20240321_3595860.html,最后浏览日期:2024 年 8 月 21 日。

入超大城市名单中的杭州市常住人口也达到了 1 252.2 万人。[①]
超大城市的规模特性在人口集聚、信息流通、事务管理、资源配置以及资本流动等多个维度上表现得尤为突出。[②]

  首先,超大城市的基层社区往往承载着数千万计的居民,形成了庞大而复杂的人口结构。这种人口规模性不仅要求基层社区治理必须具备高度的组织性和精细化,还需充分考虑不同年龄、职业、文化背景人群的多元化需求,以实现社区的和谐共融与可持续发展。其次,基层社区成为信息交换的重要平台,社区内日常运行的各类数据,如居民信息、服务需求、安全监控、环境状况等,构成了庞大的信息体系。如何有效整合、分析和利用这些信息,对提升社区治理效率、优化资源配置、预防潜在风险具有不可替代的作用。同时,超大城市基层社区的事务管理同样具有显著的规模性。从基本的物业服务、环境卫生到公共安全、文化教育、社会保障等,每一类每一项事务都涉及广泛的居民利益和复杂的社区关系协调。

  基层社区作为城市资源分配的基本单位,如何合理地规划有限的空间资源以及促进其他各类资源的共享与循环利用,是超大城市基层社区面临的重要课题。此外,随着城市化进程的加快,超大城市的基层社区成为资本投资的重要领域。无论是政府投入的基础设施建设资金,还是社会资本参与的社区服务项目和房地产开发,都形成了庞大的资本规模。如何合理引导和监管这些资本流动,促进其在社区治理和发展中发挥积极作用,提升社区整体竞争力和居民福祉,成为新时代新形势下亟须关注的问题。

---

  ① 《2023 年杭州市人口主要数据公报》(2024 年 3 月 4 日),杭州市统计局、杭州市社会经济调查队网站,https://tjj.hangzhou.gov.cn/art/2024/3/4/art_1229279682_4243344.html,最后浏览日期:2024 年 8 月 21 日。

  ② 唐亚林:《基于管理、服务与秩序的超大城市精细化管理:一个分析框架》,载唐亚林、陈水生主编:《城市精细化治理研究》[《复旦城市治理评论》(第 3 辑)],复旦大学出版社 2018 年版。

2. 人口流动性

要实现对超大城市的有效治理,就需要积极应对超大城市所面临的"大城市病",其中,最显著的基层治理问题就是如何应对超大城市中人口的流动性问题。[①] 超大城市中的人口流动具有异质性,既可能是人为选择的结果,也可能是制度限制下的产物,或者是结构制约下的战略选择。[②] 超大城市中的人口流动现象普遍存在,不仅体现在空间上的频繁迁移,更深刻地反映在社会结构、文化交融及经济活动的多维度交织上,构建了一个复杂而充满活力的社会生态系统。

超大城市的人口构成要素非常复杂,具有国际化、商务化、多样化等特征。首先,超大城市的国际化特征显著,外籍人士——包括外交官、跨国公司高管、留学生、文化工作者等——纷纷涌入这些社区,带来了不同国家的文化习俗、价值观念和生活方式,由此而生的社区治理和服务需要更多地考虑跨文化因素,确保包容性与和谐共存的友好氛围。其次,超大城市的商务化趋势明显,其基层社区汇聚了大量商务精英人士,包括企业家、高级管理人员、专业技术人员等。这些人群的高流动性源于频繁的商务出差、项目合作及市场拓展需求,他们对社区环境、服务质量及配套设施有着较高的标准和个性化需求。

同时,外来务工人员是超大城市社区中不可忽视的一类人群,他们的生活轨迹流动性强,居住条件多样,需求各异,目前,超大城市中的外来人口占比逐渐增加;而拥有城市户口的本地居民同样呈现出高度的多元化特征,涵盖了不同单位(国有企业、民营企业、外资企业等)、不同所有制性质(公有制、私有制、混合所有制等)的

[①] 李文钊:《超大城市治理与发展:概念框架、核心议题与未来展望》,《北京行政学院学报》2024年第4期。
[②] 李丽梅、陈赟:《中国超大城市流动人口的市民权获得研究:一个流动性和非流动性的解释框架》,《人文地理》2024年第1期。

人员,以及自谋职业者等身份的本地居民,在价值观念、生活方式及社区参与意愿等方面也有自己的利益和考量。然而,超大城市中的常住人口往往承受着房价攀升、交通拥挤、教育和医疗资源紧张、生活成本提高等巨大压力,成为"奔波族";其中,拥有居住证但尚未落户的人口所难以具备的对于城市本身的归属感也是超大城市面临的难题。①

在这样缺乏归属感的前提下,人才的流失也对城市发展进程产生一定的影响。人才是城市发展的第一资源,而许多高学历外来人口往往要面对"超大城市的高收入、高住房成本和较少的子女教育机会"和"潜在目的地城市的较低收入、较低住房成本和较多的子女教育机会"两种资源组合之间作出选择②,对于生活压力的逃避会让部分高素质人才对高压的超大城市生活节奏望而却步,从而造成一场"逃离北上广"的热潮。此外,超大城市的人口变动还具有少子化和老龄化严重、城市中心与外围"内减外增"现象明显、外围区域成为吸纳人口的主力、"职住分离"现象突出等特征。③ 由此可见,超大城市人口的强流动性需要在基层社区治理过程中得到充分尊重和引导,促进社区良性社会生态的有效建设。

3. 多元复杂性

作为现代都市治理的基本单元,超大城市的基层社区在经济和社会发展进程中发挥着重要的战略引领作用,但同时也面临着各种基层治理的风险④,其复杂性、脆弱性和不确定性体现在多维度、深层次的综合治理挑战之中,尤为显著的是"人财物事"等多方

---

① 唐亚林、王小芳、钱坤等:《城市治理的逻辑:城市精细化治理的理论与实践》,复旦大学出版社 2022 年版,第 56 页。
② 胡磊、刘亦爽、时笑:《我国超大城市高学历外来人口外迁决策研究》,《人口与经济》2023 年第 4 期。
③ 荣西武、雷海丽:《超大城市人口变动趋势挑战及应对》,《中国党政干部论坛》2023 年第 2 期。
④ 韩志明、刘子扬:《迈向大城善治的新时代进路——超大城市治理转型升级的谋划及其实践》,《城市问题》2023 年第 4 期。

面交织并存的多样化挑战。

首先,超大城市的基层社区汇聚了来自五湖四海、拥有不同文化背景、职业身份、年龄层次及生活习惯的居民。常住人口外来化、人口结构异质化、二元社会无根化,以及利益关系的调整、社会结构的转型和治理技术的迭代,都导致基层社区居民在价值观念、利益诉求、矛盾解决等方面产生了多样化的需求。①

其次,社区的财政使用在防范化解公共风险、维护社区稳定、预防灾情损耗以及恢复经济重建等方面发挥着重要作用。② 社区财务管理涉及公共资金的使用、分配与监督,包括但不限于基础设施建设、公共服务提供、社区活动组织等多个部分。在超大城市中,由于资源竞争激烈,如何合理高效地筹集、使用和管理社区资金,确保每一分钱都花在刀刃上,成为社区治理的一大难题。此外,治理数字化转型是新时代推进超大城市治理现代化的重要途径③,随着数字支付的普及,财务管理还需适应电子化、透明化的新趋势,增强居民对社区财务状况的信任度。

此外,超大城市的基层社区往往面临着土地资源紧张、公共设施老化、环境维护压力大等问题。随着物联网技术的发展,智能化管理社区的需求日益迫切,如智能安防、环境监测等系统的应用,都将进一步提升社区管理的效率与水平。

最后,社区事务繁杂多样,包括但不限于居民纠纷调解、政策宣传落实、特殊群体关怀、应急事件处理等。这些事务不仅要求社区管理者具备扎实的专业素养和灵活的应变能力,还需要建立健全的工作机制,确保各类事务能够得到及时、有效的处理。

---

① 张锋:《超大城市社区整体性治理机制研究》,《城市发展研究》2022 年第 6 期。
② 王彦平、陶慧芳:《公共危机状态下超大城市财政韧性体系的现实梗阻与优化提升》,《兰州财经大学学报》2024 年第 3 期。
③ 邱倩、张继颖、初程程:《超大城市治理数字化转型:逻辑、进路与优化》,《北京行政学院学报》2023 年第 6 期。

4. 高度风险性

基层社区作为城市治理的基本单元,承载着维护社会稳定、保障居民安全、推进秩序建设的重要使命。随着城市规模的不断扩张、人口的高度集聚以及城市管理与服务问题的累积和交织,超大城市的基层社区在风险防控方面面临着前所未有的挑战①,这些挑战直接关联到社区的稳定性、安全性与秩序性三大核心维度。

其一,超大城市的基层社区的稳定性风险主要源于人口流动频繁、社会结构复杂以及经济发展不平衡等因素。人口的大规模迁移和快速变化导致社区成员的构成复杂多样,不同文化、价值观和利益诉求的交织增加了社区管理的难度。同时,经济发展的不均衡可能引发资源分配不均、贫富差距拉大等问题,进而诱发社会矛盾与冲突,影响社区的和谐稳定。

其二,随着超大城市规模化发展提速以及现代化进程的加快,人口、资源、资本等众多要素持续性地向超大城市聚集,给超大城市的基层社区治理带来一定的安全隐患。② 超大城市基层社区面临的安全性风险多元且复杂,包括但不限于网络安全威胁、公共安全事件、社会治安问题以及自然灾害应对等。高密度的居住环境和复杂的交通网络使得治安案件易于发生且传播迅速,而极端天气、地震等自然灾害对社区基础设施和居民生活的影响也更为显著。此外,随着信息技术的广泛应用,网络安全问题日益凸显,个人信息泄露、网络诈骗等成为新的安全隐患。

其三,秩序性是衡量超大城市基层社区管理水平的重要标志。城市治理中的秩序领域包括整洁的环境秩序、畅达的交通秩序、有序的安全秩序、便捷的服务秩序与正义的空间秩序五大秩序,只有

---

① 唐亚林、王小芳、钱坤等:《城市治理的逻辑:城市精细化治理的理论与实践》,复旦大学出版社2022年版,第55页。
② 樊志宏、胡玉桃:《基于复杂适应系统理论的超大城市发展和安全治理研究》,《城市发展研究》2022年第7期。

通过管理和服务的有机融合促成五大秩序的形成,才能进一步增进超大城市的精细化治理。① 然而,随着城市化进程的加速,社区内各类活动日益增多,交通拥堵、环境污染、噪声干扰等问题日益突出,对社区秩序产生严重的影响。社区治理主体的多元化也导致协调难度的增加,如何平衡政府、市场、社会组织及居民之间的利益关系,确保社区治理的有序进行,成为超大城市基层社区面临的又一挑战。

(二) 党建引领何以成为超大城市基层社区治理的核心动力机制

党建引领是中国共产党推进中国式现代化治理水平在国家治理场域里的鲜明表达,是提升新时代中国城市基层社区治理效能的战略选择。② 习近平总书记在党的二十大报告中强调,"要加强城市社区党建工作,以党建引领基层治理",这进一步为城市基层社区治理的发展指明了未来方向。目前,加强基层党建工作,以党建引领和推动城市社区治理的创新,已经成为新时代完善城市基层社会治理的架构、有效化解社区治理矛盾的重要途径。

1. 党建引领成为超越超大城市社区治理困境的统合力量

超大城市作为经济社会发展的重要引擎,其社区治理是城市现代化治理水平的集中体现。然而,伴随着超大城市日新月异的发展、流动人口大量涌入、老龄化问题的增加、数智化技术的普及,超大城市的基层社区面临着人口结构复杂、利益诉求多元、管理难度大等挑战。社区人口的异质性增强,社会结构成分复杂,社区服务、人员管理、社会保障等方面的需求愈发多样化,最终导致城市

---

① 唐亚林、王小芳、钱坤等:《城市治理的逻辑:城市精细化治理的理论与实践》,复旦大学出版社 2022 年版,第 61 页。
② 谢金辉:《新时代党建引领社区治理的基础、意涵和路径——以中国式现代化为视域》,《中共福建省委党校学报》2024 年第 8 期。

治理的难度越来越大。

目前,超大城市的基层社区治理主要存在四个方面的困境。

一是治理需求多元化。"构建人人有责、人人尽责、人人享有的社会治理共同体"是我国现代化社会治理的主要目标,必然需要实现社区治理主体的多元化,而由此带来的利益诉求多元化也是基层治理需要解决的问题。社区作为城市居民的常住空间、社交场域以及情感归属,必然承载着多元化主体对自身利益表达与安全发展的多要素物质文化需求[①],如何实现这种多元利益诉求是基层社区治理需要考虑的重点问题之一。

二是可利用资源分散化。鉴于居民生活需求的日益多元化与复杂化,有效整合并调动各类资源成为关键。社区自身资源往往难以满足所有需求,这迫切要求构建一种跨领域的资源协作机制,需将政府行政资源、市场资源以及第三方社会组织的专业服务力量纳入统一的框架中,以实现资源的最优配置与高效利用,这些潜在资源呈现出显著的分散状态,缺乏统一的规划与协调平台,难以形成合力。

三是治理机制缺乏高位统筹。面对社区治理需求的多样化以及可利用资源的分散化,社区治理需要解决的事务愈加千头万绪,并涉及跨领域、跨部门的职能协作与资源调动,但是目前的社区治理机制衔接失衡,缺乏具有引领力与策划力的高位统筹,一定程度上导致了职能空转的治理困境。

四是缺乏价值共识。这一困境深受社会个体化趋势加剧及多样化社区居住条件等深层次因素的影响,社区内部不同社会群体间难以形成统一的价值观念与行动取向,难以形成强有力的整合性力量。这如同一个由松散沙粒构成的集合体,难以有效应对复

---

① 李诗隽、王德新:《社会资本视域下新时代多元化社区治理模式研究》,《兰州大学学报》(社会科学版)2022年第3期。

杂的治理需求与多变的社会现象。治理活动往往因缺乏统一指导和协调而显得零散无序,效率低下,成为制约基层治理效能提升的关键瓶颈。由此,社区内部的凝聚力显著削弱,群体间的共识基础变得脆弱,进而引发了一系列秩序失范与管理难题。①

2. 党建引领成为再造基层社区自治体系的撬动力量

社区治理是超大城市社会治理的重点,而如今传统的基层社区自治组织体系(居委会、业委会、物业管理公司、各类社会组织等)已经难以有效应对复杂疑难事务以及人民群众亟待解决的"急难愁盼问题"。

在传统模式下,业主、居委会、业委会、物业管理公司等社区组成单元存在若干薄弱环节,业主与业委会之间"委托—代理"关系的断裂,以及业主委员会与物业企业及其他社会组织之间"监督—合作"关系的断裂,都造成了原本逻辑通畅的社区自治逻辑链条出现了裂痕。② 而复杂疑难事务的增多,要求社区治理采用更加专业化、精细化的处理手段,传统组织体系在面对超大城市社区治理的复杂问题时,往往受限于资源分散、专业能力不足等因素,难以迅速形成有效的解决方案。这不仅影响了问题解决的效率,也削弱了居民对社区治理能力的信任感。同时,人民群众对于美好生活的向往日益强烈,对社区服务的期待已超越基本的生活保障,转而关注更高层次的精神文化需求、个性化服务体验及高效便捷的问题解决途径。传统的"一刀切"服务模式难以满足这一需求的变化,导致"急难愁盼问题"难以得到及时有效的解决。

党建引领作为基层社区自治体系的撬动力量,其核心在于通过党组织的全面嵌入,实现社区治理的结构优化与功能提升。这

---

① 李传兵、喻琳:《嵌入性赋能:党建引领社区治理的逻辑、机制与路径》,《中州学刊》2024年第2期。
② 容志、孙蒙:《党建引领社区公共价值生产的机制与路径:基于上海"红色物业"的实证研究》,《理论与改革》2020年第2期。

一过程涉及全覆盖、搭平台、建机制等多个环节,旨在促进不同自治主体联合并更好地发挥作用。

首先,全覆盖是实现党建引领的基础。通过把党组织体系嵌入分散的社区治理组织体系中,勾连互嵌、结构重塑、组织再造,进而形成一轴多元、耦合互动的治理共同体结构,不仅要实现党组织对社区地理空间的全覆盖,更要实现党组织对社区各类组织和居民群体的全覆盖。

其次,搭平台是党建引领的关键环节。党组织通过构建多元主体参与的协同共治平台,为社区治理提供必要的载体和支撑。这些平台包括但不限于社区议事平台、多组织协作共事平台、居民服务提供汇总平台等,它们为不同的自治主体提供表达诉求、协商议事、共同决策的渠道。

最后,建机制是确保党建引领长效性的重要保障。通过建立和完善一系列制度机制,如责任机制、协作机制、激励机制等,明确社区治理多元主体的权责边界,规范社区治理行为,确保社区治理的可持续性。这些机制的设计旨在实现党组织对社区治理的全过程参与和全方位引领,从而推动社区治理效能的不断提升。

3. 党建引领成为引领基层社区治理发展方向的制度力量

新中国成立之后,我国的社区治理道路可以粗略地分为三类:适应计划经济时代的单位制、适应市场经济的社区制以及新时代党建引领背景下的社区治理共同体。① 城市社区治理经历了从国家主导社区管理到党建引领社区治理的发展过程。党建引领基层社区治理的精髓,就在于将社区党建贯穿社区营造的全过程,通过党建精神的核心引领作用,以组织嵌入、阵地拓展、平台协商、资源

---

① 谢小芹:《党建引领城市社区治理的运行机制——基于 H 社区的扩展个案研究》,《求索》2024 年第 4 期。

整合等机制,推动社区治理的顺利开展。① 也就是说,党组织可以凭借其独特的政治引领性、组织优势性以及服务群众的公共性质,成为超大城市基层社区治理的撬动支点和主导力量。

对于中国共产党而言,新时代基层社区治理承担着满足人民群众日益增长的物质文化需求、构建社会主义和谐社会的双重使命。为了实现这一重大使命,中国共产党必须依赖党建对基层社区治理的引领,这也构成了执政党推进基层社区治理的核心政治逻辑。②

党建引领能够确保社区治理始终沿着正确的政治方向前进,通过强化党的组织建设,实现党对基层治理的全面领导,为社区治理提供坚强的政治保证。而且,党的组织体系严密,能够迅速地将党的决策部署转化为基层治理的实际行动。在超大城市的基层社区,通过构建"横向到边、纵向到底"的党组织网络,实现党的组织和工作全覆盖,有效整合各类治理资源,形成治理合力,提升治理效能。此外,党建引领的根本目的在于更好地服务群众。通过党建引领社区治理,能够深入了解群众需求,精准对接服务供给,解决群众"急难愁盼"问题,增强群众获得感、幸福感、安全感,从而夯实党的执政基础。

在超大城市基层社区治理的复杂生态中,党建引领作为动力机制的核心作用日益凸显,其不仅是关乎国家治理体系和治理能力现代化的重要一环,更是推动超大城市实现精细化、智慧化、人性化治理的关键路径。通过党建引领,加强基层党组织建设,提升党员干部队伍的素质和能力,能够增强基层党组织的凝聚力和战斗力,从而激发居民自治活力,构建人人有责、人人尽责、人人享有

---

① 唐亚林、钱坤、徐龙喜等:《社区治理的逻辑:城市社区营造的实践创新与理论模式》,复旦大学出版社 2020 年版,第 228 页。
② 唐亚林、刘伟:《党建引领:新时代基层公共文化建设的政治逻辑、实现机制与新型空间》,《毛泽东邓小平理论研究》2018 年第 6 期。

的社会治理共同体,提高人民对党员及党组织的信任感,促进中国特色和谐社会的建设与发展。

三、党建引领超大城市基层社区治理的实践模式比较

如今,党建引领已成为超大城市基层社区治理的主导力量,基层党组织也成为社区治理主体多元化中不可或缺的一部分。基层党组织通过其精心设计的组织架构与嵌入式的行动导向,与社区治理体系构建起紧密的关联性,这种关联不仅体现在组织结构设置上的相互呼应,还蕴含在行动指南上的一致性追求。从发展的动态视角考察,基层党组织与社区治理在共同的目标导向下,实现了发展方向上的协同并进、内容领域上的深度融合,以及实施途径上的交叉互补,从而构建起一种多维度、深层次的互动模式。

各地经过了多年的实践探索与逐步完善,根据基层党组织嵌入社区治理的程度以及提供服务的方式,可以将党建引领超大城市基层社区治理的实践分为三种主要模式,即党建引领睦邻中心服务模式、社区党建共治联盟模式和党建引领"红色物业"服务模式。党建引领睦邻中心服务模式是以政府购买服务的方式让能够提供服务的社会组织和市场行为进入社区服务体系之中,提供社区需求与服务提供之间的联结渠道。在社区党建共治联盟模式中,党组织嵌入基层社区治理的程度更深,从购买服务项目上升到整合服务主体,构建以党组织为核心、多元主体共同参与的多元共治模式。党建引领"红色物业"服务模式是基层党组织主导社区治理的最新尝试,它将党建工作与物业服务进行深度融合,构建出一套高效运转的、能够有效调和物业领域矛盾的体系。这三种实践模式都是基层党组织优化基层社区治理的有效尝试,不仅是加强

党的建设的现实需要,也是破解超大城市基层社区治理困境的内在要求。

(一)党建引领睦邻中心服务模式及其实践特征

1. 党建引领睦邻中心服务模式的主要形式

党建引领睦邻中心服务模式主要是指在社区层面成立由党组织引领的各类社区服务中心、党群服务中心、家门口服务中心等,并通过政府购买服务的方式,让各类社会组织、各类市场组织进入社区各类服务提供体系,从而发挥各类组织与居民共同参与社区公共服务的优势与作用,达到满足社区居民的多元便利服务需求之目的。这是在早期城市基层社区治理创新以及解决一些特殊社区服务需求问题的过程中最早出现的一种党建引领超大城市基层社区治理的实践模式。

党建引领睦邻中心服务模式通过政府购买服务的形式,能够积极引导并有效整合社会资源,鼓励和支持各类社会组织、市场组织及志愿服务力量参与社区服务的提供。这一过程不仅丰富了社区服务的内容与形式,还促进了服务供给的多元化与专业化,满足了社区居民日益增长的多元化、个性化需求。在此过程中,党组织承担着协调各方力量、汇聚各方资源的重要职责,促进政府、市场、社会等多元主体在社区治理中的良性互动与协同共治。

与其他两种模式不同,党建引领睦邻中心服务模式中的党组织没有直接参与社区治理的具体工作,而是通过前期调研、征集意见,精准识别并聚焦社区居民在教育、文化、养老、医疗、心理健康等方面的实际需求,量身定制服务项目与活动,实现服务的个性化、精准化和高效化。例如,上海市宝山区罗泾镇社区建立了党群服务中心以及多个党群服务站,形成了"中心组织策划、职能部门配送、区域单位共建、社会组织参与、市场力量补充"①的服务供给机制,为居民提供了便民高效、功能多样的优化社区治理平台。这是一种集政府引导、党组织引领、社会参与、居民自治与科技赋能于一体的综合性服务模式,对推动社区治理体系与治理能力现代化、提升社区居民的幸福感和满意度具有重要意义。

2. 党建引领睦邻中心服务模式的实践特征

党建引领睦邻中心服务模式是基层党组织嵌入社区治理的早期尝试,时至今日依旧有其合理性与实用性。参与党建引领睦邻中心服务模式的主体是多元化的,它构建了社区党组织参与、政府部门支持、社会组织与市场主体协同参与、社区居民广泛受益的基层社区治理格局。此模式通过政府购买服务的方式,明确了服务内容的导向性,聚焦于居民需求迫切、政府能够且愿意提供支持的领域,如养老服务、儿童关爱、文化教育、健康促进等,确保服务内容的针对性和实效性。

党建引领睦邻中心服务模式的优势在于,它有效地发挥了党组织的政治引领和组织协调作用,为此模式的持续健康发展提供了坚强的政治保障。通过争取政府资金与政策扶持,不仅确保了服务项目的顺利落地与高质量实施,还促进了服务资源的优化配置与高效利用,增强了服务的可持续性和覆盖面。同时,引入社会专业组织作为服务的主要提供者和运营者,利用其专业能力和创新活力,提升了服务的专业性和针对性。

然而,党建引领睦邻中心服务模式对政府资金的过度依赖是其一大软肋,一旦政府财政支持出现波动或调整,服务的稳定性和持续性将受到直接影响。同时,社会组织的运营管理能力参差不齐,可能引发管理风险,如资金监管不严、服务质量下滑

---

① 《建强核心枢纽,罗泾镇全力打造"家门口"的服务阵地》(2024 年 4 月 8 日),上海市宝山区人民政府网站,https://www.shbsq.gov.cn/shbs/jcxx/20240408/386413.html,最后浏览日期:2024 年 8 月 21 日。

等问题,需要建立健全的监管机制和评估体系加以防范和纠正。

(二)社区党建共治联盟模式及其实践特征

1. 社区党建共治联盟模式的主要形式

社区党建共治联盟模式与区域化党建相关,主要是指在社区层面,通过党组织将社区所属各类单位、各类组织进行有效整合,发挥各自的资源优势,如医院提供门诊服务、单位提供文化场地、开放潮汐停车场地等,构建党建共治联盟及平台,通过党建联席会议、项目合作、资源共享等形式实现联盟合作,最终达到让社区居民资源共享的目标。

在当今社会治理体系与治理能力现代化不断推进的背景下,社区党建共治联盟模式作为一种创新性的社会治理机制,正逐步成为构建和谐社区、提升居民幸福感的重要途径。该模式以社区党组织为核心,通过构建多元主体共同参与、资源共享、优势互补的治理体系,有效整合社区内外各类资源,促进社区全面发展,实现从"管理"到"治理"、从"单一主体"到"多元共治"的深刻转变。

社区党建共治联盟模式的核心在于充分发挥社区党组织的领导核心作用,让党组织作为联盟的"领航者",不仅负责规划蓝图、制定政策,还承担着协调各方、凝聚共识的重要职责,确保联盟沿着正确的方向前进。在确保党的领导核心地位的前提下,党组织可以通过资源整合来激发基层社区治理的内在活力,把组织优势转化为治理效能,将社区内外各类资源进行全面整合与高效利用。例如,通过搭建资源共享平台,可以促进资源在联盟成员间的自由流动与优化配置,有效激发社区发展的内在活力。社区党建共治联盟倡导的是一种协同共治的治理模式,即各成员单位在党组织的统一领导下,围绕社区治理的共同目标,开展形式多样的合作与互动。通过定期召开联席会议、设立专项工作组、开展联合行动等方式,加强信息沟通、资源共享和优势互补,形成上下联动、左右协同的治理合力,共同解决社区治理中的难点问题。

例如,上海市静安区宝山路街道成立了青云路街区党建联盟和宝山路街区党建联盟,力图打造"街区共建、多元共治、成果共享、发展共赢"的新格局,吸纳了包括文化和旅游局、铁路局、医院、酒店、中学等数十家单位和商户组成联盟,以党建为抓手,发挥各自的优势,共享资源、共促发展,以项目化的形式开展各类群众服务和社区活动。① 北京市海淀区清河街道打造了以社区党组织为核心,联系居委会、物业管理委员会、物业服务企业、地区单位和实验专家团队共同构成的"一核五联"治理体系,将党建资源与社会资源纳入社区治理的服务范畴,为居民们提供更加便捷丰富的服务空间。②

2. 社区党建共治联盟模式的实践特征

社区党建共治联盟模式,作为党建引领社区治理机制的一种深化与创新,其本质上标志着睦邻中心服务模式向更高层次、更广泛领域的跨越。这一模式不仅继承了睦邻中心服务模式中强调的社区党组织核心领导作用、政府部门政策引导与资源调配功能、社会组织专业服务供给以及社区居民积极参与的多元共治格局,更在此基础上实现了服务供给机制与治理效能的显著跃升。社区党建共治联盟模式所提供的服务内容不再以政府购买项目为主,而是通过社区党组织整合和集聚区域范围内的各项资源,形成社区治理的共治联盟,以更强大的服务能力和更广泛的服务范围来进

---

① 《基层治理|街区共建、多元共治、成果共享、发展共赢》(2023年12月26日),上海市静安区人民政府网站,https://www.jingan.gov.cn/sy/004009/0040 09009/004009009003/20231226/dbc36e3c-dd30-4908-9c3d-fbb01136c840.html,最后浏览日期:2024年8月21日。

② 《清河街道毛纺北小区社区物管会正式成立》(2020年6月19日),北京市海淀区人民政府网站,https://zyk.bjhd.gov.cn/jbdt/auto4543_51839/auto4543_56489/auto4543/auto4543/202006/t20200623_4410900.shtml,最后浏览日期:2024年8月21日。

行社区治理。

在这一框架下,社区党组织充分发挥其政治引领和组织协调的优势,通过精准识别社区需求、有效整合区域内外的各类资源(包括人力资源、物质资源、技术资源及信息资源等),打破条块分割,促进资源共享与优化配置。

社区党建共治联盟模式的优势在于,能够通过党组织的带头作用,整合更多的服务资源,突破了只能通过购买获得服务的弊端和限制,充分发挥了党组织资源整合能力强,区域化党建范围拓展、引领力强等优势,从而能够提供更加全面、便捷、高效的公共服务。同时,党建共治联盟模式有助于构建多元主体共同参与的社区治理格局,增强居民的参与感和归属感。通过协商解决矛盾纠纷、共同参与社区事务管理等方式,促进居民和谐共处,维护社区的安全稳定。

社区党建共治联盟模式也存在一定的隐患。首先,联盟成员之间可能存在利益及服务实施冲突,这在一定程度上增加了合作协调的难度。若缺乏有效的沟通机制和利益平衡策略,易导致资源分配不均、服务重叠或空白等问题,进而影响联盟的凝聚力和整体效能。其次,资源整合过程中可能存在信息不对称等问题,对于服务内容的制定、项目的跟进以及居民反馈等信息,若不能建构安全高效的信息管理系统,可能导致关键信息在传递过程中出现滞后、失真甚至遗漏,影响资源的优化配置与高效利用。最后,联盟成员参与积极性可能也存在参差不齐的现象。社区共治联盟成员可能因认识不足、动力不足或能力有限等,对联盟工作持观望或消极态度,这不仅削弱了联盟的力量基础,也限制了治理创新的深度与广度。①

---

① 陈亮、谢琦:《城市社区共治过程中的区域化党建困境与优化路径》,《中州学刊》2019年第6期。

（三）党建引领"红色物业"服务模式及其实践特征

1. 党建引领"红色物业"服务模式的主要形式

党的十九届四中全会提出的"共建共治共享"的社会治理制度，是对社会治理目标、内容、方法、路径的概括，强调"党委领导、政府负责、社会协同、公众参与、法治保障"。① 社区作为社会治理的基础单元，也是"共建共治共享"社会治理格局中的关键组成部分。然而，在实际的社区治理实践之中，仍然存在着业委会合规成立与运作相对困难、业委会职责及定位不明确导致工作难以开展、社区物业服务性质划分不清、物业管理模式缺乏明确界定等问题，导致了"政府兜底物业"或者政府无法有效解决物业与业主之间的矛盾等难题。②

为了解决此类矛盾，"红色物业"的社区治理模式应运而生，这是近年来各地开展党建引领社区治理的重要工作形式之一，反映了如今党建引领基层社区治理的新模式。"红色物业"就是在社区治理的深化进程中，将党建工作与物业服务进行深度融合，旨在通过强化基层党组织的领导核心地位以及党员干部的先锋模范效应，构建一套高效运转的体系，从而能够有效调和物业领域的矛盾与纷争，显著提升物业服务的品质，并从根本上增强社区治理的成效与实绩。③

2017年2月，武汉市第十三次党代会首次提出实施"红色引擎工程"，要求强化基层党组织的政治功能和服务功能，以党

---

① 卢文刚、谭喆:《党建引领基层社区治理创新实践研究——以广东省"红色物业"为例》,《中国行政管理》2024 年第 6 期。
② 唐亚林:《城市社区物业管理的现状、问题与对策》,载唐亚林、陈水生主编:《物业管理与基层治理》[《复旦城市治理评论》(第 6 辑)],复旦大学出版社 2021 年版,第 239—254 页。
③ 宋维志:《党建引领社区治理的制度逻辑与运行边界——以"红色物业"为例》,《公共管理评论》2023 年第 4 期。

组织的强力领导带动各类群团组织和社会组织的共同作用和发展。其中,"红色物业"是"红色引擎工程"的主要内容和创新之举,强调在物业服务领域强化党的政治属性、发挥党的政治引领功能,在具体工作上以街道社区党组织为核心,整合服务资源、集合服务力量、健全服务机制。武汉市在"红色物业"实践中,搭建三类"红色平台",深化多方联动。其中包括:"三社联动"平台,即社区、社会组织、社会工作专业人才,指派党建指导员入驻小区;"职能部门联动"平台,联结街道、消防、交通、城管等多部门形成服务合力;最终搭建党组织联动平台,实现"社区+自治"双员配置进入小区,优化物业服务通道,真正打通服务群众的"最后一百米"。

上海市闵行区新虹街道在"红色物业"机制的框架下创新出适配于自身的社区治理新模式。街道强化了居民区党组织的领导地位,健全"1+3+N"工作机制,将党组织领导下的"三驾马车"协同运转机制转化为社区常态化工作机制,成立物业服务企业联合党总支、物业党员应急抢险突击队、物业党员示范岗等,并且成立了"四公开一监督"的信息公开机制,切实评估、评价、考核和监督"红色物业"团队的社区治理效能,建立党群中心,持续深入优化社区服务的功能和成效。

2. 党建引领"红色物业"服务模式的实践特征

"红色物业"作为一种新型的物业管理模式,具有党建引领、多元联动、服务创新等优点,其重点参与主体以社区党组织和物业公司为主。"红色物业"的开展在物业费用没有上涨的前提下,使得居民们拥有了更多的物业服务内容和更高的服务水平,在街道层面办事的效率也显著提高。对于居委会和物业公司来说,也得到了来自党组织的帮扶,使得他们的工作更加有效率和目标性。同时,"红色物业"也推动了基层党组织在社区治理中发挥优势作用、巩固核心地位,提升了党员和党组织在人民群众中的存在感和可见度。

"红色物业"也引起了部分学者的担忧,他们认为"红色物业"没有带来制度增量,党组织协助提高物业服务质量、维护社区稳定与安全、推进社区文化建设工作等,都是物业公司和居委会的本分职责,不应由党组织额外协同处理。"红色物业"的推广需要时间和资源的投入,"红色物业"在居委会、物业公司和业委会"三驾马车"之外试图调解协商,容易造成原本恒定的社区治理结构失衡。① 物业公司的本职工作却需要党组织的额外协助,可能会造成一定的职能重复。

综合而言,党建引领睦邻中心服务模式、社区党建共治联盟模式和党建引领"红色物业"服务模式都是党建引领超大城市基层社区治理的可行性实践,适配于不同时期、不同现状下的基层社区。从主要形式、参与主体、服务内容、优缺点等方面对三种模式进行比较如下(表1)。

表1 党建引领超大城市基层社区治理的三种实践模式比较

	主要形式	参与主体	服务内容	优点	缺点
党建引领睦邻中心服务模式	・政府购买服务 ・设立运营中心,党组织作为引领,与政府及社会组织之间形成三方联动机制	・政府 ・社区党组织 ・社会组织 ・社区居民	以政府购买服务内容为准	1. 有政府的资金和政策支持,确保服务质量与可持续性; 2. 社会组织专业运营,提高服务效率	1. 对政府资金的依赖性强; 2. 社会组织运营可能存在管理风险

---

① 宋维志:《党建引领社区治理的制度逻辑与运行边界——以"红色物业"为例》,《公共管理评论》2023年第4期。

(续表)

	主要形式	参与主体	服务内容	优点	缺点
社区党建共治联盟模式	·构建党建共治联盟及平台,以社区党组织为核心,整合各类资源 ·通过党建联席会议、项目合作、资源共享等形式实现联盟合作	·以社区党组织为核心 ·政府机关、企事业单位、社会组织、居民自治组织等形成合力、组成联盟	以联盟成员提供的服务内容为准	1.资源整合能力强,服务范围拓展,优势互补; 2.参与主体多元化,形成治理合力; 3.党建引领效应明显,确保治理方向正确	1.联盟成员之间可能存在利益及服务实施冲突,影响合作效果; 2.资源整合过程中可能存在信息不对称问题; 3.若部分成员参与联盟的积极性不高会影响治理的整体效能
党建引领"红色物业"服务模式	·将党建工作与物业服务深度结合,实现物业服务的"红色化"与专业化	·社区党组织 ·物业公司	以物业公司提供的服务内容为主,党建引领拓展服务业务	1.物业服务与党建工作深度融合,提升服务质量; 2.党员先锋模范作用显著,增强服务责任感	1."红色物业"推广需要时间和资源的投入; 2.物业公司的本职工作需要党组织的额外协助,可能会造成一定的职能重复

四、党建引领超大城市基层社区治理的复合功能分析

党建引领超大城市的基层社区治理,是新时代中国城市社会治理体系与治理能力现代化的重要体现。在一个多元化主体的整体社会中,必须具备四个功能:从环境中获得资源并分配的适应功能、调动资源和引导成员的目标实现功能、协调各方的整合功能,以及维持共同价值观的维持功能。① 基于此,在分析了党建引领超大城市基层社区治理的三种实践模式之后,可以看出,在推动超大城市基层治理现代化的进程中,党建引领具有政治方向引领功能、整体合力塑造功能、服务提供功能以及人心安定功能四重功能。

(一) 政治方向引领功能

城市基层党建是提升基层社会治理系统整合能力、塑造政府治理与社会自我调节良性互动的重要条件,其政治引领功能是社区公共性与公共领域有序发展的重要制度基础。② 党建能够为社区治理提供正确的思想引领和政治方向,引导社区在治理进程中坚持党的领导、增强组织的政治认同和凝聚力。③ 党建引领在超大城市的基层社区治理中,不仅承载着政治方向的舵手作用,更是确保社区发展始终沿着社会主义正确道路前进的关键力量。这一引领机制深刻体现了执政党全心全意为人民服务的根本宗旨和崇高使命,是构建和谐和美社区不可或缺的政治保障和核心动力。

---

① 赵文聘、万志彬:《同心共治:党建引领基层社会再组织化的逻辑和路径——以A市D街道为例》,《学习论坛》2024年第4期。
② 唐亚林、王小芳、钱坤等:《城市治理的逻辑:城市精细化治理的理论与实践》,复旦大学出版社2022年版,第199页。
③ 潘琳:《新时代社会组织党建的功能作用与发展路径》,《理论视野》2024年第6期。

党建引领超大城市基层社区治理具备明确的政治方向引领功能。党组织作为社区治理的"红色引擎",其核心使命在于确保社区治理的每一步都与党的路线方针政策紧密相连,确保社区发展方向的政治正确性。党组织通过制定科学合理的政策、提供优质的服务以及有效调解社区纠纷等方式,进一步发挥其在社区治理中的核心作用。党组织、党干部和党员在社区治理中也要发挥先锋模范作用,通过自身的实际行动,以"党员带头、群众参与"的模式影响和带动社区居民积极参与社区建设。

党建引领超大城市基层社区治理能够确保政策落实与实施的精准高效。从对三种实践模式的分析中可以看出,党组织在社区治理中通常扮演着制定者与执行者的双重角色。通过深入调研,准确把握社区需求与问题,科学制定符合社区实际的治理政策和措施,确保政策的有效落地实施,通过整合资源、协调各方力量,解决社区治理中的难点、痛点问题,在这些治理工作中党建引领有着非常明显的优势与影响力。例如,党建引领超大城市基层社区治理可以促进服务供给与民生保障的持续优化。党建引领下的社区治理,可以通过构建多元化、专业化的社区服务体系,为居民提供便捷、高效、贴心的服务,同时,关注特殊群体的需求,实施精准帮扶,确保社区治理成果惠及全体居民,营造和谐共融的社区氛围。此外,党建引领还能够有效协助矛盾纠纷的调解与社会稳定的维护。面对基层社区复杂多样的矛盾纠纷,党组织能够充分发挥其协调各方、凝聚共识的独特优势。通过建立健全的矛盾纠纷排查调处机制,并运用法治思维和法治方式,有效化解社区内的各类矛盾和问题。同时,党建引领社区法治宣传教育工作也能够为居民的法律意识和法治素养的提升贡献力量。

(二)整体合力塑造功能

如今,基层社区已经成为一个综合政治、经济、文化、健康、安全、生态等多领域多方面意涵的概念,党建引领在超大城市的基层社区治理中扮演着核心驱动与整体合力塑造的关键角色,通过强化党组织的核心领导地位,有效整合政府、市场、社会及居民等多元治理主体,形成上下联动、左右协同的治理格局。这一过程不仅彰显了党的组织优势与制度优势,还促进了社区资源的高效配置与治理效能的显著提升。①

党建引领超大城市基层社区治理的三种实践模式中所建构的各类平台,例如,"红色物业"平台、各类理事会、协商会等,都有助于打破传统治理壁垒,促进资源共享、实现信息互通、解决同项难题,最终实现治理效能的最大化。例如,社区党建共治联盟,作为区域内各类组织间的沟通纽带,能够整合多方资源,合力解决社区治理中的"疑难杂症";并且能够依托定期举办的联席会议及联合行动等,协调解决涉及跨部门、跨领域的治理困境,如环境卫生治理、老旧小区翻新及公共服务优化等。

"红色物业"则将党建工作深度融入物业管理服务的每一个细节,进一步增强了党组织对物业服务的监督与指导力度,确保物业服务能够紧密贴合群众需求,为物业服务提供了更广泛的可能性。此外,各类协商交流平台的构建,为居民开辟了直接参与社区治理的广阔路径。这些平台通过定期召开会议,就社区重大事项展开深入讨论与协商,确保了决策过程的民主性、科学性与透明度。这些举措不仅促进了居民间的相互沟通与理解,还极大地增强了居民对社区事务的责任感与归属感,共同推动社区的和谐与发展。

(三)服务提供功能

在党建引领的超大城市基层社区治理的过程中,最为核心的

---

① 唐亚林、钱坤、徐龙喜等:《社区治理的逻辑:城市社区营造的实践创新与理论模式》,复旦大学出版社 2020 年版,第 17 页。

功能便是供给社区迫切需求的公共服务。在整体合力塑造功能的基础上,通过精心整合来自不同领域、不同单位之间的丰富资源,最大限度地提供多元化的服务内容,以满足社区居民多样化的需求,这些需求涵盖了办事服务(政务服务)、养老服务、环境维护、安全保障、文化滋养等多个方面,从而最大程度地发挥了党建引领基层社区治理的服务提供功能。

通过对三种实践模式的研究,可以提炼出党建引领协助基层社区提供服务的四大类别。

其一是政府主导的公共服务,这类服务广泛涉及政务服务、养老关怀,以及对弱势群体的帮扶救助等。在此框架下,社区党建可以依托"1+N"模式,以党建为引领,联合多方力量,通过政府购买公共服务或者联合多方主体提供服务的方式,共同推动公共服务向基层深入,实现线上线下的无缝对接。

其二是由社会组织提供的公益性服务,例如,心理咨询、法律咨询与特定群体照料的社工服务等。这种服务原先大多是通过政府购买的方式来实现的,在党建引领的前提下,就可以更好地整合各类资源,协助社区积极构建居家、社区、机构相协调的社会服务体系,提供日间照料、健康监测、心理慰藉等个性化服务。

其三是可以由市场组织提供的营利性服务,例如,由小区物业提供的增值性社区服务项目等。在安全服务方面,可以协助物业利用大数据、物联网等现代信息技术,提升社区安全管理的智能化水平,确保居民的生命财产安全。这些服务都可以由物业公司具体操作管理,党组织需要切实意识到居民的此类需求,并最大可能地让更多的居民能够以更简单、更便宜的方式享有此类服务。

其四是居民自组织所提供的自治性服务,涵盖了诸如文化、体育、健身等多元化的服务内容。在此方面,党建的引领作用能够推动社区深入挖掘并传承独具地方特色的文化精髓。通过举办丰富多彩的文化活动,如节日庆典、文艺演出、知识讲座等,不仅能够满足居民日益增长的精神文化需求,还能够进一步促进社区文化的繁荣,提升整体城市的精神风貌。

(四) 人心安定功能

党建引领的超大城市基层社区治理,其核心功能之一在于其具备稳固民心的重要作用。基层党建是基层社会治理的根基,基层党组织是贯彻落实党的方针政策的"最后一公里"的政治保障,是带动基层向好发展的"红色引擎",党建引领基层社区治理是国家治理向下延伸和以人为本的公民社会向上发育的必然要求。[1]人是基层工作成功的关键,党建引领基层社区治理的目标就是为社区居民创造更加美好的生活。[2]

在社区党建共治联盟模式中,党组织依托多样化的组织和联盟体系——涵盖矛盾调解中心、"三所"联动(派出所、司法所、律师事务所)等关键机构,以及汇聚了人大代表、政协委员、党员社区报到制成员及社会贤达等精英力量的平台,致力于实现社区纠纷的有效化解、弱势群体的深切关怀以及和谐社区环境的积极营造。另外,超大城市的基层社区因其庞大的规模性和人员的复杂性,发生邻里冲突与家庭矛盾的可能性更大。党组织能够依托其强大的组织网络,建立并优化多元化的纠纷解决机制。这包括但不限于设立社区调解委员会、引入专业法律服务机构、开展居民议事协商会等形式,确保各类矛盾纠纷能够在第一时间得以解决。同时,党组织始终将关怀弱势群体作为基层社区治理的重要任务之一。通过深入了解社区内老年人、残疾人、低收入家庭等特殊群体的实际需求,党组织能够精准施策,提供包括生活援助、心理疏导、就业帮

---

[1] 李传兵、喻琳:《嵌入性赋能:党建引领社区治理的逻辑、机制与路径》,《中州学刊》2024年第2期。
[2] 唐亚林、钱坤、徐龙喜等:《社区治理的逻辑:城市社区营造的实践创新与理论模式》,复旦大学出版社2020年版,第183页。

扶在内的全方位服务。

人心安定功能是党建引领超大城市基层社区治理的关键性功能之一,也是基层社会治理的重要目标。通过维护共同的价值观、积极满足各类社区居民的合理诉求等方式,维护社区的生态安宁与持久发展,从而构建更加健康且稳定的社会主义和谐社会。

五、党建引领超大城市基层社区治理的优化路径

随着城市化步伐的加快,超大城市正面临人口高度集中、资源环境压力剧增、社会结构日益复杂等多重挑战,这些都对基层社区治理提出了更高的要求。如今,在社会治理的进程中,城市基层政府已经逐渐从"直接政府"转变为"间接政府",解决公共问题需要党委、政府、社会力量等广泛多元主体的协同与配合。[1] 在这一背景下,党建作为城市基层社会治理中统合各方主体的核心引领力量,是保障政府良性治理与社会多元主体合作治理之间联结协作的重要机制,也是确保基层社会得到公共部门赋权后能够有序运作的重要组织机制。[2] 党组织对基层社区的有效嵌入与深度融合的程度与成效,决定了超大城市基层社区治理迈向现代化的最终成败。

有学者认为,优化党建引领机制有两个维度:一是强化领导力,通过基层党组织优化治理体系的协作效率,提高基层社区解决问题的能力;二是提升组织力,就是从党组织本身进行优化,通过

---

[1] 唐亚林、王小芳、钱坤等:《城市治理的逻辑:城市精细化治理的理论与实践》,复旦大学出版社2022年版,第198页。
[2] 李友梅:《中国社会治理的新内涵与新作为》,《社会学研究》2017年第6期。

党组织促进社区自主治理与协作。① 这为党建引领超大城市基层社区治理的优化路径提供了科学的切入要素。本文认为,应当从社区党组织的政治领导力、资源整合力、工作统合力三个方面明确党建引领超大城市基层社区治理的组织体系、服务体系与协商体系的发展空间与优化路径。

(一)以社区党组织的政治领导力推进超大城市基层社区治理组织体系的优化

习近平总书记在党的十九大报告中强调,要"不断增强党的政治领导力、思想引领力、群众组织力、社会号召力,确保我们党永葆旺盛生命力和强大战斗力"。讲政治是马克思主义政党的根本要求,政治领导力是政党对各种政治力量、政治现象的正向影响力,只有始终坚持党组织的政治领导力,才能达到纲举目张、以简驭繁的效果,提升国家治理现代化的能力。② 党建引领超大城市基层社区治理优化路径的关键,在于能够依托社区党组织的政治领导力推进基层社区治理的组织体系建设。

首先,要巩固社区党组织的政治核心地位,使之成为社区治理方向的稳固"灯塔"。这要求社区党组织在思想上与党中央保持高度一致,精准把握国家政策导向,将党的先进理念与社区实际深度融合,为社区治理提供坚实的决策依据与有力的政治支撑。其次,要加强党组织、党干部及党员队伍的内在建设,全面提升干部队伍的综合素质与服务效能,使其成为社区治理的坚实"红色引擎"。党员队伍也需要积极发挥先锋模范作用,克服"本领恐慌",提高基层党员干部领导和参与社会治理的能力,激发居民群众的参与热

---

① 王德福:《催化合作与优化协作:党建引领社区治理现代化的实现机制》,《云南行政学院学报》2019年第3期。
② 刘波:《政治领导力 思想引领力 群众组织力 社会号召力 建设新的伟大工程须统筹增强"四力"》,《人民论坛》2018年第11期。

情,推动社区治理工作不断迈上新台阶。①

基层党组织自身实力的加强是引领社会治理创新优化的前提和保障。在此基础上,党组织以其强大的政治领导力,能够推进超大城市基层社区治理的组织体系建设。首先,要细化网格管理,针对超大城市人口密集、结构复杂的特点,社区党组织应推动政府、社区、物业、居委会、业委会等各类网格"多格合一",形成覆盖全面、管理精细的网格化管理体系。在构建"社区大党委—网格党支部—居民党小组"②的基础上,通过设置总网格、一般网格、微网格等层级,实现基层治理触角的全面延伸和高效响应。其次,要确保党的基层组织体系与网格管理体系精准匹配、联动调整。通过单独组建、区域联建、临时组建等方式,分类设置专属网格党组织,消除盲点、实现全覆盖,增强党组织的政治功能和组织功能。

此外,社区党组织应深化党建引领下的"三驾马车"建设(居民委员会、业主委员会、物业服务企业),理顺社区服务管理机制。通过推动居民委员会与业主委员会交叉任职、加强物业服务企业考核监督等措施,构建起"治理目标人人有责、治理过程人人尽责、治理成果人人享有"的综合治理共同体。通过推进各类组织体系及主体间的深度合作,主动搭建多元共治平台,促进政府、市场、社会等多元主体间的有效沟通与协作,建立健全社区协商机制、志愿服务体系、社会组织培育孵化机制等,激发各类组织的活力,引导其在各自领域发挥专业优势,共同参与社区公共事务管理、矛盾纠纷调解、公共服务供给等,形成资源共享、优势互补、协同共进的良好局面。

---

① 陶元浩:《基层党建引领社会治理创新——以深圳市南山区为例》,《中国领导科学》2018年第6期。
② 侯琳琳、林晶:《城市基层党组织何以引领社会治理创新》,《人民论坛》2018年第8期。

（二）以社区党组织的资源整合力优化超大城市基层社区治理的服务体系

党建引领作为超大城市基层社区治理的核心驱动力,其初始路径和初步目标就包含了对各方面跨领域资源的整合,通过党建引领打破组织和部门的边界,促成社区多元主体的资源摸底和合作共享,以共建项目的方式促进了主体间的资源依赖。[1] 如今,党组织应该在此基础上继续加强资源整合能力,并以此为核心引擎,全面建设并优化超大城市基层社区治理的服务体系内容。

现阶段党建引领基层社区治理的主要任务之一,就是将资源整合的优势转变为社区服务体系的优化。社区党组织聚焦服务供给的精准对接、资源整合和方式创新,从"上层着力、局部推进、封闭参与和粗放发力"向"基层着力、整体推进、共同参与和精准发力"转变。[2] 首先,社区党组织可以构建一个多元化的资源聚合平台,将政府、社会、市场及居民自治等多方面的资源进行有效整合,通过定期举办联席会议、制定资源共享清单、推进项目合作等举措,促进各类资源在社区层面的流动互通、高效配置与充分利用,从而为社区治理奠定坚实的物质基础。同时,针对社区居民的多元化需求,社区党组织能够精准对接服务资源,提供个性化、精准化的服务,显著提升社区治理的服务效能。

其次,社区党组织在建设社区服务体系之时,也应该注重培育社区居民的自治意识和能力,引导居民积极参与社区服务与事务的管理和应用。这种基层自治的加强,不仅减轻了社区党组织的治理负担,还激发了社区居民的治理热情和创造力,为优化服务体

---

[1] 刘冰:《动态过程视角下党建引领基层治理共同体的整体性建构》,《北京行政学院学报》2024年第4期。
[2] 曾巧:《党建引领基层治理的现实困境与路径回应》,《领导科学论坛》2021年第10期。

系内容注入了源源不断的活力。社区党组织还应致力于创新服务模式,提升服务效能,依托资源整合的优势积极推动服务模式的创新,如引入智慧社区建设,运用大数据、云计算等现代信息技术手段,提升服务的智能化与精细化水平,最终,通过发挥社区党组织的优势,得以建立健全并优化超大城市基层社区治理的服务体系。

(三)以社区党组织的工作统合力搭建基于数智技术的各类参与议事协商平台体系

有学者认为,党建引领社会治理已经经历了从资源整合阶段、到共同行动阶段、再到价值共创阶段的发展,现阶段最关键的治理路径就是党组织能够采用授权的方式发挥统合力,推动共商和赋能。[1] 在大数据时代的今天,社区党组织也应该与时俱进,运用自身的工作统合能力构建并优化出一套依托于数智技术的多元化、综合性、高效参与的议事协商平台体系。

数智化党建赋能超大城市社区治理是党建引领的组织优势转化为社会治理效能的时代要求。[2] 2018 年,习近平总书记在考察上海时曾强调:"城市治理是国家治理体系和治理能力现代化的重要内容。一流城市要有一流治理,要注重在科学化、精细化、智能化上下功夫。"2019 年《中共中央关于加强党的政治建设的意见》也明确提出,要积极运用互联网、大数据等新兴技术,创新党组织活动的内容和方式,推进"智慧党建"。可以看出,运用数智化技术变革基层党组织及社区治理工作方式和路径,是数字化时代中党建引领超大城市基层社区建设与治理的必然方向。

社区党组织在数智化平台构建过程中可以引领并协调各方资

---

[1] 刘冰:《动态过程视角下党建引领基层治理共同体的整体性建构》,《北京行政学院学报》2024 年第 4 期。
[2] 赵聪:《数字党建赋能城市社区治理——基于组织、技术、情感的分析框架》,《福建师范大学学报》(哲学社会科学版)2024 年第 4 期。

源,依托云计算、大数据、人工智能等前沿技术,构建线上线下相融合的参与议事协商平台。线上平台可包含智能投票系统、在线论坛、数据分析可视化工具等,便于居民随时随地参与讨论、提出建议;线下则设立智慧会议室、信息公示栏等,增强实体空间内的互动与体验。通过数智化手段,实现信息的高效传递与资源的优化配置。

同时,社区党组织也应在发挥领导核心作用的前提下,引导居委会、业委会、物业公司、社会组织及居民等多方主体入驻平台,形成共同参与、协商决策的良好氛围。引入项目化管理模式,对平台上的议题进行立项、实施、评估、反馈,确保每项工作都能落地见效。

此外,社区党组织还应当高度重视数智化工作体系的系统建设。需要构建一套从顶层设计到具体执行的完整、高效的工作体系,要清晰地界定社区治理的总体目标、基本原则以及主要任务,为整个工作体系奠定坚实的基础;致力于建立跨部门协作机制,打破部门壁垒,促进资源的有效整合与信息的无障碍共享,以确保各项工作的协同推进;在基层执行层面,加强对社区工作者和居民的数字技能培训,提高其运用数智技术参与社区治理的能力。

最后,要促进工作格局网络化的形成,推动形成"横向到边、纵向到底"的社区治理网络格局。横向上,加强与周边社区、街道乃至区县的联动,实现治理资源和经验的共享;纵向上,深化社区内部网格化管理,确保每个网格都有人负责、每项任务都有人落实,从而提升超大城市基层社区治理的整体效能与响应速度。

六、结语:探索党建引领超大城市基层社区治理的新模式

随着超大城市化进程的日益加速,基层社区作为城市治理的基石,其治理效能已成为衡量城市整体运行质量与居民幸福指数的关键指标。城市治理的十大核心要素——权力-空间、规划-情感、人、组织、事、资源、技术、价值——共同构筑了社区治理的立体框架。①

得益于党组织的深度嵌入与空间布局的精妙优化,实现了权力资源在物理空间与社会空间中的高效配置,构建起一张密集而有序的社区治理权力网络。规划与情感的双重驱动,则超越了单纯的物质建设,将科学规划与顶层设计融入社区发展的血脉。同时,注重情感共鸣与社区认同感的培育,激发了居民的参与热情,增强了社区的凝聚力。

在"人"的维度上,党员先锋模范作用的发挥与居民主体性的激发形成了良性互动,共同推动了多元主体共治的良好格局。而党组织的坚强领导与各类社区组织的紧密合作,更是构建了一个"横向到边、纵向到底"的组织体系,为社区治理提供了坚实的组织保障。问题导向的治理机制与精准施策的能力,确保了社区事务处理的及时性与有效性,让社区治理更加贴近居民需求,更加高效务实。同时,资源的整合利用与技术的创新应用,为治理提供了坚实的物质基础与高效的技术支撑,让社区治理更加智能化、精细化。

---

① 唐亚林、王小芳、钱坤等:《城市治理的逻辑:城市精细化治理的理论与实践》,复旦大学出版社 2022 年版,第 11 页。

党建引领超大城市基层社区治理,作为落实党的重大方针政策、加强基层党组织建设、推动基层治理现代化的关键途径,其重要性不言而喻。价值引领作为治理的灵魂,通过社会主义核心价值观的培育与传播,构建了社区共同的价值体系,为治理提供了深厚的思想基础与文化底蕴。这一价值体系的形成,不仅促进了居民之间的和谐相处,也为社区的长远发展奠定了坚实的思想基础。

展望未来,随着超大城市化的加速推进和社会治理现代化的不断推进,党建引领下的基层社区治理将面临前所未有的新挑战与新机遇。为此,必须持续优化权力与空间的布局,以提升治理效能为核心,平衡好规划理性与情感认同的关系,进而构建更加紧密、更加团结的社区共同体。同时,要积极推动社区治理的智能化进程,利用现代信息技术手段提升治理效率和质量,保持并强化社区治理的价值引领力。

数字经济与城乡融合协调效应及互动响应研究

——基于中国 30 个省(自治区、直辖市)面板数据的分析

杨亚柳*　刘从虎**　刘红军***

[内容摘要]　城乡融合发展是实现新型城镇化与乡村振兴战略的根本途径,而数字经济是驱动城乡融合发展的新动力。本文以中国 30 个省(自治区、直辖市)为研究对象,构建数字经济与城乡融合耦合协调评价指标体系,集成运用耦合协调度模型、PVAR 模型与障碍度模型,实证分析数字经济对城乡融合的协调效应及互动响应。研究结果显示:首先,数字经济与城乡融合发展指数空间非均衡现象明显,均呈现由东向西的梯度分布格局。其次,数字经济与城乡融合耦合协调度整体呈稳步增长态势,但耦合协调度明显落后于耦合度。北京、上海协调效应明显,其余省份协调效应不明显。再次,两系统互为格兰杰原因,数字经济对城乡融合表现为正向冲击作用,而城乡融合对数字经济表现为负向冲击作用。最后,数字产业化与生态环境融合是影响数字经济与城乡融合耦合协调发展的主要障碍因素。据此,论文提出了有针对性的对策建议,以期为我国数字经济与城乡融合优质协调发展提供决策支持。

[关键词]　数字经济;城乡融合;协调效应;互动响应;障碍因素

---

*　杨亚柳,宿州学院商学院副教授。
**　刘从虎,宿州学院机械与电子工程学院教授。
***　刘红军,宿州学院商学院教授。

一、问题的提出

党的二十大报告提出"坚持城乡融合发展,畅通城乡要素流动"的战略方针,为破解城乡发展不平衡问题指明了方向,提供了根本遵循。推进城乡融合是实施乡村振兴战略和新型城镇化战略的必然选择,是推动城乡一体化发展、激发乡村新活力的必然要求,是科学把握乡村发展规律、充分发挥新时代乡村价值的必然结果。随着大数据、人工智能、云计算、物联网等新兴技术的广泛应用,我国数字经济发展取得新突破。2022年,全国数字经济规模达到50.2万亿元,同比名义增长10.3个百分点,占GDP的比重达到41.5%,数字产业基础更加坚实,数字赋能作用日益凸显。特别是随着"数字乡村战略"的实施,乡村数字基础设施建设不断完善,2022年,农村网民规模已达3.08亿人,城乡地区互联网普及率的差异同比缩小2.5个百分点,城乡"数字鸿沟"进一步缩小。乡村数字经济加速发展,2022年,全国农村网络零售额达2.17万亿元,全国农产品网络零售额达5313.8亿元。可见,数字经济已成为破解城乡二元结构、推动城乡融合发展的核心动力,在拓宽城乡融合的广度、促进城乡融合的深度以及加快城乡融合的速度等方面发挥了重要的驱动作用。

数字经济与城乡融合具有明显的互动关联特性,数字经济依托"数字化赋能"引导城乡要素配置达到新均衡,有力地促进城乡生产要素双向流动、基本公共服务均等化、基础设施一体化、乡村产业结构多元化以及农民增收致富等,驱动城乡融合发展;同时,城乡融合为数字经济提供了发展机遇,催生和培育了农村电商、智慧农业、乡村旅游等数字经济产业和业态,拓宽了数字经济发展的内生动力和外延张力。然而,当前我国各省份的数字经济与城乡融合发展水平参差不齐,数字经济与城乡融合耦合协调不够,未能实现城乡一体化融合发展,不能适应数字中国建设的新要求,这也成为制约乡村全面振兴与新型城镇化建设的难点。在此背景下,我国数字经济与城乡融合发展水平如何?数字经济与城乡融合耦合协调状态如何?数字经济与城乡融合是否存在互动响应?影响数字经济与城乡融合耦合协调发展的因素有哪些?厘清这些问题有助于促进我国数字经济与城乡融合优质协调发展,形成以城带乡、共建共享的数字城乡融合发展格局。

基于此,本文在识别数字经济与城乡融合两系统耦合协调机理及结构特征的基础上,构建数据驱动的集成模型开展实证研究,量化评估两系统耦合协调的时空演化及区域差异,揭示两系统耦合背后的交互过程及响应机理,厘清影响两系统耦合协调发展的主导因素及优化路径,以期为两系统关系的探索提供理论和方法支持,为促进两系统优质协调发展提供决策依据。

二、文献综述

近年来,学者们对数字经济与城乡融合的研究主要集中在数字经济与城乡融合测度、数字经济对城乡融合的影响机制以及数字经济与城乡融合的耦合协调关系等方面。

对于数字经济与城乡融合测度,诸多学者对其量化评价及空间差异展开了广泛的研究。数字经济测度多从市域和省域两个层面展开。[①] 在市域层面,徐振剑等运用熵值法定量测算了90个地级及以上城市的数字经济发展水平,并结合空间统计分析模型揭

[①] 李春娥、吴黎军、韩岳峰:《中国省域数字经济发展水平综合测度与分析》,《统计与决策》2023年第14期。

示了数字经济的空间分异格局和影响因素。① 侯杰等基于我国285个城市的面板数据,运用核密度估计、Dagum基尼系数和收敛模型分析了城市数字经济发展水平的分布动态、地区差异与收敛性。② 在省域层面,丁晨辉等运用熵值法对数字经济发展水平进行测度,并借助探索性空间分析法、时空跃迁法、空间杜宾模型对数字经济发展水平的空间格局及收敛性进行实证研究。③ 陈永伟等使用改进的指数法测度并评估中国各省份的数字经济发展水平,进而采用聚类分析法揭示其空间发展格局。④ 对城乡融合测度,涉及县域⑤、省域⑥及市域⑦三个层面。在县域层面,周德等基于综合评价法、变异系数法、耦合协调度模型、障碍度模型等方法,从要素层面开展浙江省山区26县城乡融合水平评价及差异化路径研究。⑧ 在省域层面,罗婉璐等利用熵值法评价模型、kernel密度估计和地理探测器模型,测度中国31个省(自治区、直辖市)的城乡融合水平,探究城乡融合水平时空分异及其驱动因素异质性演变。⑨ 在市域层面,邱爽等运用熵值法、多指标综合评价法、障

---

① 徐振剑、吕拉昌、辛晓华:《中国城市数字经济发展空间分异及其影响因素》,《经济纵横》2023年第8期。
② 侯杰、李卫东、张杰斐等:《城市数字经济发展水平的分布动态、地区差异与收敛性研究》,《统计与决策》2023年第13期。
③ 丁晨辉、宋晓明、田泽等:《中国数字经济发展水平的时空格局与收敛性研究》,《技术经济与管理研究》2023年第7期。
④ 陈永伟、陈志远、阮丹:《中国省域数字经济的发展水平与空间收敛性分析》,《统计与信息论坛》2023年第7期。
⑤ 张海朋、何仁伟、李立娜等:《环首都地区城乡融合水平时空分异及乡村振兴路径》,《自然资源学报》2021年第10期。
⑥ 王大超、赵红:《中国城乡融合发展效率评价及其影响因素研究》,《财经问题研究》2022年第10期;张爱婷、周俊艳、张璐等:《黄河流域城乡融合协调发展:水平测度、制约因素及发展路径》,《统计与信息论坛》2022年第3期。
⑦ 施建刚、段错丰、吴光东:《长三角地区城乡融合发展水平测度及其时空特征分析》,《同济大学学报》(社会科学版)2022年第1期。
⑧ 周德、钟文钰、张佳文等:《县域城乡融合评价及差异化发展路径——以浙江山区26县为例》,《地理科学》2023年第10期。
⑨ 罗婉璐、王武林、林珍等:《中国城乡融合时空演化及驱动因素》,《地理科学进展》2023年第4期。

碍度模型对南充市城乡融合水平以及障碍因素进行实证分析。①总体来看,在数字经济与城乡融合测度研究中,熵值法受到诸多学者的青睐,该方法能将数据所蕴含的信息进行充分挖掘,提升了评价结果的可信度和客观性。

数字经济对城乡融合的影响机制,学者们多从理论和实证两个层面展开,共识性的观点认为,数字经济助推城乡融合发展②,以数字化赋能城乡多维融合。③ 在理论层面,王海霞等认为数字经济能够有效打破城乡壁垒,提升要素在城乡间的流动与配置效率,并通过要素重组推动城乡融合。④ 吴宸梓等以马克思社会再生产四环节的辩证关系原理为指导,阐述数字技术在城乡生产、分配、交换和消费四个环节上赋能城乡融合发展的作用机理。⑤ 姚毓春等指出,数字经济驱动城乡融合的内在逻辑主要体现在数字经济提高了农业生产效率和城乡要素配置效率。⑥ 谢璐等认为,数字技术和数字经济助力城乡融合发展的理论逻辑,就是通过社会再生产环节的数字化赋能为城乡融合发展提供新动能和新活力。⑦ 在实证层面,王军等的实证检验显示在数字鸿沟和虹吸效应的影响下,数字经济对城乡融合的影响呈倒 U

---

① 邱爽、曹小燕、李芳芳:《城乡融合发展水平评价及障碍因素分析——基于南充市 2009—2019 年的数据分析》,《生态经济》2023 年第 1 期。
② 姚毓春、张嘉实:《数字经济赋能城乡融合发展:内在机理与实证检验》,《哈尔滨商业大学学报》(社会科学版)2023 年第 2 期。
③ 顾相君:《以数字乡村建设推动城乡融合发展》,《宏观经济管理》2023 年第 9 期。
④ 王海霞、黄潇、张帅:《数字经济推动城乡融合发展的路径选择》,《中国行政管理》2023 年第 7 期。
⑤ 吴宸梓、白永秀:《数字技术赋能城乡融合发展的作用机理研究——基于马克思社会再生产理论视角》,《当代经济科学》2023 年第 6 期。
⑥ 姚毓春、张嘉实、赵思桐:《数字经济赋能城乡融合发展的实现机理、现实困境和政策优化》,《经济纵横》2022 年第 12 期。
⑦ 谢璐、韩文龙:《数字技术和数字经济助力城乡融合发展的理论逻辑与实现路径》,《农业经济问题》2022 年第 11 期。

型。① 王松茂等借助 GMM、IV-2SLS 模型探究数字经济对城乡融合的作用效应及影响机制,结果显示,数字经济对城乡融合具有显著的正向促进作用。② 张永奇等以数字福利经济学为内在机理展开实证检验,显示数字经济可以显著促进县域城乡融合。③ 辛金国等构建空间面板模型和门槛回归模型,深入探讨数字经济对城乡融合发展的影响,结果显示,数字经济对城乡融合发展存在显著的正向空间溢出效应。④ 总体来看,这些研究从不同层面讨论了数字经济对城乡融合的作用机理及影响机制,聚焦于数字经济对城乡融合的单项影响,多忽略了城乡融合对数字经济存在的反向作用,而这种反向作用对数字经济发展的政策制定与出台具有重要影响。因此,需考察并检验数字经济与城乡融合的交互影响机制,以求发挥数字经济与城乡融合的协调效应,最终实现以"数字中国"建设推动高质量发展。

对数字经济与城乡融合的耦合协调关系,学者们尚未展开广泛研究。姚毓春等基于耦合协调度模型、障碍度模型分析,探讨数字经济与城乡融合耦合发展的不同耦合路径及其影响因素。⑤ 陈南岳等基于耦合协调度模型、空间杜宾模型,研究数字经济与城乡融合的耦合协调及驱动因素。⑥ 此外,有学者研究数字普惠金融、数字乡村与城乡融合的耦合协调关系,刘荣增等基于耦合协调模

---

① 王军、柳晶晶、车帅:《长三角城市群数字经济发展对城乡融合的影响》,《华东经济管理》2023 年第 8 期。
② 王松茂、尹延晓、徐宣国:《数字经济能促进城乡融合吗:以长江经济带 11 个省份为例》,《中国软科学》2023 年第 5 期。
③ 张永奇、单德朋:《"流空间"透视:数字经济赋能县域城乡融合的时空效应——基于 2703 个县域的经验证据》,《云南民族大学学报》(哲学社会科学版)2023 年第 4 期。
④ 辛金国、马帅西:《数字经济对城乡融合发展的空间溢出及门槛效应研究——以浙江省为例》,《调研世界》2022 年第 8 期。
⑤ 姚毓春、张嘉实:《数字经济与城乡融合发展耦合协调的测度与评价研究》,《兰州大学学报》(社会科学版)2023 年第 1 期。
⑥ 陈南岳、宋留爽、卢春桃:《数字经济与城乡融合的耦合协调及驱动因素研究》,《经济论坛》2022 年第 8 期。

型、Dagum基尼系数,定量考察我国285个地级市数字普惠金融与城乡融合发展的耦合协调度及区域差异。[①] 黄亚军等探究了数字乡村与城乡融合发展的耦合协调关系,并据此提出针对性对策建议。[②] 也有学者探讨新型城镇化、乡村振兴与数字经济的耦合协调关系,杨刚强等基于耦合协调度模型、PVAR模型,分析新型城镇化与乡村数字经济的互动协调关系及空间异质性。[③] 张旺等基于耦合协调度模型、障碍度模型,探讨数字经济与乡村振兴耦合协调关系及其障碍因素。[④] 可见,耦合协调度模型、障碍度模型在理论基础、模型适用性及结果可解释性方面均比其他方法具有优势,因此在两系统耦合协调关系研究中被广泛使用。现有研究多侧重揭示数字经济与城乡融合当期的耦合协调关系及影响因素,缺乏对两系统间是否存在因果关系以及未来动态影响趋势的探讨。基于这一考虑,本文构建PVAR模型探讨数字经济与城乡融合两系统的互动响应,以判断两系统间存在的因果关系,揭示并预测耦合协调背后两系统的交互过程及未来动态影响趋势。

综上所述,已有文献研究探索了数字经济与城乡融合测度以及两者之间的耦合协调关系,在互动机制上主要聚焦数字经济对城乡融合的单项影响机制。然而,数字经济与城乡融合两系统是双向影响的,有必要进一步研究耦合协调背后两系统的互动响应关系,以便更好地预测未来的双向动态影响趋势。基于此,本文以中国30个省(自治区、直辖市)为研究对象,构建数据驱动的集成模型,运用熵值法测度数字经济与城乡融合两系统发展指数,运用

---

① 刘荣增、袁向向、何春:《数字普惠金融与城乡融合发展的耦合协调及区域差异》,《区域经济评论》2023年第5期。
② 黄亚军、田金莹:《数字乡村与城乡融合发展耦合协调研究》,《商业经济研究》2023年第5期。
③ 杨刚强、陈强强、马晶:《新型城镇化与乡村数字经济互动协调关系及空间异质性研究》,《商业经济研究》2023年第18期。
④ 张旺、白永秀:《数字经济与乡村振兴耦合的理论构建、实证分析及优化路径》,《中国软科学》2022年第1期。

耦合协调度模型定量刻画两系统耦合协调水平及时空演化规律，运用PVAR模型揭示数字经济与城乡融合耦合协调背后的互动响应关系，最后运用障碍度模型，识别影响数字经济与城乡融合耦合协调的障碍因素。以期为政府出台数字经济与城乡融合协调发展相关政策提供参考依据。

三、研究设计

为推进城乡一体化高质量发展，需要将数字经济与城乡融合两个系统放入同一框架，从系统论视角去构建两系统测度框架与评价体系，从全局最优视角来开展系统性、整体性、协同性改革的先行先试，这是推进数字经济与城乡融合优质协调发展面临的迫切需要。

（一）数字经济与城乡融合的耦合协调机理

中共中央、国务院印发的《数字中国建设整体布局规划》提出了"推进数字技术与经济、政治、文化、社会、生态文明建设'五位一体'深度融合"之目标。① 在新发展格局下，正确解析数字经济与城乡融合的耦合协调机理，有利于抓住发展机遇，建立健全城乡融合发展体制机制。数字经济与城乡融合两系统具有明显的耦合协调特性，其作为两个复杂的系统彼此作用、相互影响，形成一个有机的耦合整体。如图1所示，数字经济的载体是数字经济发展的重要基石，数字产业化是数字经济发展的核心动能，产业数字化是数字经

---

① 《数字中国建设整体布局规划》(2023年2月27日)，中国政府网，https://www.gov.cn/xinwen/2023-02/27/content_5743484.htm，最后浏览日期：2023年10月1日。

济发展的主引擎。① 数字经济以其高创新性、强渗透性、广覆盖性等特征,为城乡融合提供创新驱动,助力农业农村数字化转型以及城乡产业融合,是缓解城乡差距,推动城乡社会经济、生态环境以及文化生活融合的有效工具。借助数字要素、数字技术,通过"数字化赋能",催生乡村新产业新业态的同时优化城乡间生产要素、基本公共服务以及基础公共设施等资源配置,从而助力城乡融合发展实现重点突破。同时,城乡融合也对数字经济产生影响,一方面,城乡融合发展促进市场需求不断扩大,为数字经济提供广阔的市场空间;另一方面,城乡融合打破城乡之间的界限,推动数字资源和要素的优化配置。城乡融合是数字经济赋能效用的实现路径,通过产业融合、信息共享等机制影响数字经济发展。城乡多元化融合倒逼农业农村数字化转型,推动数字经济的载体优化升级,为数字经济提供良好的数字技术应用场景及发展环境,加快推动数字产业化、产业数字化,拓宽数字化市场空间。可见,城乡深度融合能有效促进数字要素合规高效地流通,为做强做优做大数字经济提供有力支撑。

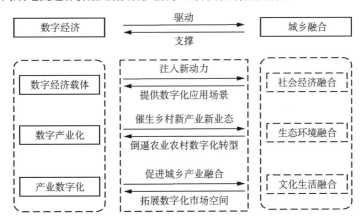

图 1　数字经济与城乡融合耦合协调机理

---

① 曹裕、李想、胡韩莉等:《数字化如何推动制造企业绿色转型?——资源编排理论视角下的探索性案例研究》,《管理世界》2023 年第 3 期。

（二）指标体系构建及数据来源

指标体系构建是进行协调效应测度与互动响应评价的前提条件和重要保障。本文遵循指标体系构建的科学性、层次性、系统性等原则，综合考虑指标数据的可获取性以及说服力，构建数字经济与城乡融合耦合协调评价指标体系。

数字经济是指以信息通信技术为推动力，以现代信息网络为重要载体，以数字化的知识和信息为关键生产要素，由数字产业化和产业数字化两部分构成，作为效率提升和经济结构优化的重要推动力的一系列经济活动。① 《"十四五"数字经济发展规划》提出，"加强数字基础设施建设，完善数字经济治理体系，协同推进数字产业化和产业数字化"。② 数字经济主要包含数字经济载体、数字产业化和产业数字化三个层面，这三个层面共同构成了数字经济的核心内容和发展方向。数字经济载体是数字经济的基础设施和支撑平台；数字产业化是数字经济的核心产业，也是数字经济发展的基础；产业数字化是数字经济与传统产业深度融合的体现。因此，本文参考《"十四五"数字经济发展规划》以及《数字经济及其核心产业统计分类（2021）》的相关标准，借鉴赵涛等③、何地等④、汤渌洋等⑤的相关研究成果，将数字经济指标体系主要从数字经济载体、数字产业

---

① 《G20数字经济发展与合作倡议》(2016年9月20)，2016 G20杭州峰会官网，http://www.g20chn.org/hywj/dncgwj/201609/t20160920_3474.html，最后浏览日期：2023年10月7日。
② 《"十四五"数字经济发展规划》（2022年3月25），中华人民共和国国家发展和改革委员会，https://www.ndrc.gov.cn/fggz/fzzlgh/gjjzxgh/202203/t20220325_1320207.html，最后浏览日期：2023年10月8日。
③ 赵涛、张智、梁上坤：《数字经济、创业活跃度与高质量发展——来自中国城市的经验证据》，《管理世界》2020年第10期。
④ 何地、赵炫焯、齐琦：《中国数字经济发展水平测度、时空格局与区域差异研究》，《工业技术经济》2023年第3期。
⑤ 汤渌洋、鲁邦克、邢茂源等：《中国数字经济发展水平测度及动态演变分析》，《数理统计与管理》2023年第5期。

化和产业数字化三个层面进行构建,并增加互联网用户数占常住人口的比重(%)、电子信息制造业收入(万元)、人均邮政业务总量(元/人)等指标。

城乡融合是指城乡在保持各自优势及特色的基础上,城与乡不断进行能量、信息和物质的双向流动,促使城乡要素的平等交换和公共资源合理配置,实现城乡之间优势互补和协同发展。这一表述与马克思主义城乡融合思想、习近平总书记关于城乡融合发展的重要论述以及"十四五"规划中关于城乡融合发展的需求相契合。这是一个多层次、多领域、全方位的全面融合,最终表现为城乡在社会、经济、生态、文化等方面的融合与协调,涵盖了物质文明、精神文明、社会文明、生态文明等的全面发展与进步,推动形成共建共享共荣的城乡发展共同体。城乡融合的首要目标是缩小城乡之间的差距,这主要体现为社会经济融合和文化生活融合。社会经济融合能够实现资源的共享与优势互补、产业融合与协同发展、人口流动与劳动力转移、市场一体化与城乡互动等多方面的目标。文化生活融合促进了文化交流、文化多样性发展、生活方式的转变以及教育体系的融合。此外,生态环境融合也是城乡融合的重要组成部分,其符合城市和乡村在生态环境方面的互补性需求、整体性考量以及可持续发展的要求。同时,党的二十大报告提出,要"着力推进城乡融合和区域协调发展,推动经济实现质的有效提升和量的合理增长""推进城乡人居环境整治"以及"推进城乡精神文明建设融合发展"。因此,本文以党的二十大精神为指引,同时借鉴王松茂等[1]、徐雪等[2]、舒季君等[3]的相关研究,从社会经济、

---

[1] 王松茂、尹延晓、徐宣国:《数字经济能促进城乡融合吗:以长江经济带11个省份为例》,《中国软科学》2023年第5期。
[2] 徐雪、王永瑜:《城乡融合的逻辑机理、多维测度及区域协调发展研究——基于新型城镇化与乡村振兴协调推进视角》,《农业经济问题》2023年第11期。
[3] 舒季君、周建平、陈亦婷等:《中国省域数字经济的空间演化特征及其城乡融合效应》,《经济地理》2022年第8期。

生态环境、文化生活三个层面的融合来衡量城乡融合发展状况,并增加城乡教育文化娱乐支出比(%)、城乡人均拥有公共图书馆藏量(册)等指标。最终形成包含6个准则层27个指标层的数字经济与城乡融合耦合协调评价指标体系,指标体系如表1所示。

表1 数字经济与城乡融合耦合协调评价指标体系构建

系统层	准则层	指标层	指标说明	方向
A 数字经济系统	A1 数字经济载体	A11 每百人拥有移动电话用户数量(户/百人)	移动电话普及程度	+
		A12 互联网用户数占常住人口的比重(%)	互联网普及程度	+
		A13 光缆线路密度(公里/平方公里)	信息传输广度	+
		A14 移动电话基站密度(个/平方公里)	信号覆盖广度	+
		A15 互联网宽带接入端口密度(个/人)	互联网宽带基建	+
	A2 数字产业化	A21 人均电信业务总量(元/人)	邮电业务水平	+
		A22 人均邮政业务总量(元/人)		+
		A23 电子信息制造业收入(万元)	电子信息制造业发展水平	+
		A24 软件业务收入(万元)	软件和信息技术服务业发展水平	+
		A25 信息传输、软件和信息技术服务业从业人数(万人)		+
	A3 产业数字化	A31 企业拥有网站数(个)	企业数字化发展程度	+
		A32 有电子商务交易活动企业的比重(%)		+
		A33 电子商务交易额(亿元)		+
		A34 数字金融覆盖广度指数	数字普惠金融发展水平	+
		A35 数字金融数字化程度		+

(续表)

系统层	准则层	指标层	指标说明	方向
B 城乡融合系统	B1 社会经济	B11 城镇就业人数/总就业人数(%)	人口城镇化水平	+
		B12 非农与农业从业人员比(%)	第二、第三产业从业人员/第一产业从业人员	+
		B13 城乡居民人均可支配收入比(%)	城镇居民人均可支配收入/农村居民人均可支配收入	−
		B14 城乡居民人均生活消费支出比(%)	城镇居民人均生活消费支出/农村居民人均生活费支出	−
	B2 生态环境	B21 城市空间扩张程度(%)	建成区面积/农作物播种面积	+
		B22 建成区绿化覆盖率(%)	城市宜居	+
		B23 生活垃圾无害化处理率(%)	生活环境治理	+
		B24 污水处理率(%)	水体生态治理	+
	B3 文化生活	B31 城乡教育文化娱乐支出比(%)	城市教育文化娱乐支出/农村教育文化娱乐支出	−
		B32 城乡交通通信支出比(%)	城市交通通信支出/农村交通通信支出	−
		B33 城乡人均医疗保障比(%)	城镇人均医疗支出/农村人均医疗支出	−
		B34 城乡人均公共图书馆藏量(册)	公共文化服务水平	+

鉴于数字经济的部分指标 2013 年才开始统计,且西藏地区的数据存在较多缺失值,难以进行研究,因此,限于数据的可获得性,本文拟收集 2013—2022 年我国 30 个省(自治区、直辖市,不包括西藏和港澳台)的样本数据。研究样本数据来源于中国统计年鉴以及中华人民共和国工业和信息化部、中国信息产业年鉴、中国环境统计年鉴以及各省统计年鉴。数字普惠金融的指标数据来源于北京大学数字金融研究中心。少量缺失数据采用线性插值填补,数据类型为面板数据。

(三)研究方法

本文构建基于数据驱动的集成模型,对数字经济与城乡融合两系统协调效应及互动响应进行测度、评价、识别与优化。协调效应表现为两系统之间的相互作用程度以及协调发展水平,耦合协调度模型是常见的协调效应评价模型。互动响应可以分析一个系统受到冲击时,另一个系统会如何响应以及响应的程度和持续时间,其强调的是两系统之间的动态交互效应和冲击响应,PVAR 模型可以实现两系统互动响应的动态分析。协调效应和互动响应都用于研究数字经济和城乡融合的相互作用关系,但前者强调的是揭示与评价,后者强调的是解释与预测。该部分是对集成模型进行的综合介绍,涉及熵值法、耦合协调度模型、PVAR 模型以及障碍度模型。

1. 熵值法

熵值法是一种客观的权重确定方法。本文选用熵值法对数据进行处理,计算两系统发展指数。鉴于各项指标统计口径和计量单位的不一致,在运用熵值法之前,采用改进的极差法对数据进行标准化处理,为了不影响对数计算的显著性。公式如下:

$$\text{正向指标}: U_{ij} = \frac{X_{ij} - X_{j\min}}{X_{j\max} - X_{j\min}} + 0.0001 \tag{1}$$

负向指标： $$U_{ij} = \frac{X_{j\max} - X_{ij}}{X_{j\max} - X_{j\min}} + 0.0001 \tag{2}$$

X_{ij} 代表原始指标值，$X_{j\min}$、$X_{j\max}$ 为第 j 项指标的最小值和最大值。U_{ij} 代表进行标准化处理之后的值。在本节第二部分已经建立的指标体系中，除去 B13、B14、B31、B32、B33 属于负向指标，应采用公式(2)计算外，其余指标均为正向指标，采用公式(1)计算。在完成原始数据标准化计算后，通过下列步骤完成系统发展指数的计算。

第一步，计算单项指标评分：

$$P_{ij} = \frac{U_{ij}}{\sum_{i=1}^{t} U_{ij}} \quad i=1,2,3,\cdots t; j=1,2,3,\cdots n \tag{3}$$

第二步，计算信息熵值：$e_j = -1/\ln t \sum_{i=1}^{t} P_{ij} \ln P_{ij}$ (4)

其中，t 为年数，$0 \leqslant e_j \leqslant 1$，

第三步，计算信息熵冗余度：

$$D_j = 1 - e_j \tag{5}$$

第四步，计算第 j 项指标的权重：

$$W_j = D_j / \sum_{j=1}^{n} D_j \tag{6}$$

第五步，计算数字经济系统与城乡融合系统发展指数：

$$f(Z_1) \text{ or } f(Z_2) = \sum_{j=1}^{n} W_j \times U_{ij} \tag{7}$$

式中，Z_1 为数字经济系统，Z_2 为城乡融合系统。$f(Z_1)$、$f(Z_2)$ 分别是数字经济系统、城乡融合系统的发展指数。

2. 耦合协调度模型

耦合协调度模型(CCDM)是衡量数字经济与城乡融合系统间的相互影响的程度，耦合作用和协调程度决定了系统发展状态。耦合度可以理解为数字经济与城乡融合系统间的"粘合力"，反映两

系统间相互依赖和相互制约的程度。耦合协调度用来描述数字经济与城乡融合系统间的协作程度，即在耦合的基础上，两系统是否能够和谐一致地运行，实现整体的最优性能，其适用于评估两系统的协调发展的整体水平。耦合度是耦合协调度的基础，耦合协调度是耦合度的优化目标。参考学者丁仕潮等①、郑秋琴等②的研究，构建的数字经济与城乡融合两系统的耦合度模型为：

$$C = 2 \cdot \left[\frac{f(Z_1) \cdot f(Z_2)}{(f(Z_1) + f(Z_2))^2} \right]^{\frac{1}{2}} \tag{8}$$

其中，C 为数字经济与城乡融合两系统的耦合度，取值在[0,1]内。C 值越接近1，表示系统间耦合状态越好；C 值等于1时，耦合状态实现最优。$f(Z_1)$ 为数字经济系统发展指数；$f(Z_2)$ 为城乡融合系统发展指数。

耦合度不能准确反映两系统之间的协调程度。③ 因此，需要建立耦合协调度模型公式，更准确地反映数字经济与城乡融合两系统间的耦合协调发展情况。公式如下：

$$T = af(Z_1) + bf(Z_2), \quad D = \sqrt{C \times T} \tag{9}$$

T 为两个系统的综合发展指数，a、b 为调节指数，本文认为数字经济与城乡融合同等重要，故令 $a = b = 0.5$；D 为耦合协调度，表示两个系统的耦合协调发展程度，取值在[0,1]内。参考周泽炯等④、张春玲等⑤的相关研究基础，将耦合协调度等级划分为10

---

① 丁仕潮、张飞扬：《数字技术创新与实体经济高质量发展的耦合协调评价与动态演进》，《统计与决策》2023年第14期。
② 郑秋琴、王超、修新田等：《全域生态旅游背景下资源—社会经济—环境复合系统耦合协调度及障碍因素分析》，《生态经济》2023年第10期。
③ 彭坤杰、胡强盛、许春晓等：《长江经济带旅游产业与城市人居环境协调效应及互动响应》，《长江流域资源与环境》2022年第7期。
④ 周泽炯、陈洪梅：《数字经济与高质量发展的耦合协调研究——基于中国30个省份面板数据的实证》，《青岛科技大学学报》(社会科学版)2023年第1期。
⑤ 张春玲、徐嘉：《数字经济与实体经济耦合协调、空间差异及推进路径》，《经济论坛》2024年第1期。

个基本类型。

3. PVAR模型

PVAR模型是向量自回归(VAR)模型的一种扩展模式[1],普遍应用于预测系统内多个经济变量的相互关系。PVAR模型由多个方程联立组成,在每个方程中,将各内生变量对系统内所有内生变量的滞后项进行回归,形成一个动态平衡系统。该模型的优点是可以排除变量内生性和外生性的约束[2],通过观察系统的脉冲响应函数和方差分解以衡量所有内生变量的动态关系。该模型的一般表达式为:

$$y_{it} = \beta_{i0} + \beta_1 y_{1,it-1} + \beta_2 y_{2,it-2} + \cdots + \beta_p y_{p,it-p} + \alpha x_{it} + \varepsilon_{it} \tag{10}$$

其中,y_{it}为时间序列向量($t=1,2,3,\cdots$);p为最大滞后阶数;x_{it}为d维外生变量向量;β_i,α为待估计的系数矩阵;ε_{it}是随机扰动项向量,ε_{it}同期之间可以相关,但不能自相关,不能与模型右边的变量相关。在PVAR模型中,主要通过脉冲响应及方差分解分析加以刻画数字经济与城乡融合的互动效应、冲击程度和贡献程度。

4. 障碍度模型

障碍度模型运用[3]的目的是诊断影响数字经济与城乡融合耦合协调发展的障碍因素。障碍因素的诊断有利于政府有针对性地制定和调整数字经济与城乡融合协调发展的政策和措施。计算公式如下:

---

[1] 刘钒、余明月:《数字科技驱动长江经济带城市转型升级研究——基于长江经济带44个城市面板数据的分析》,《科技进步与对策》2021年第24期。

[2] 鲁欣、宋慧晶:《旅游发展、经济增长与生活水平的相互关系——基于山西省面板数据的实证研究》,《经济问题》2021年第3期。

[3] 裴潇、袁帅、罗森:《长江经济带绿色发展与数字经济时空耦合及障碍因子研究》,《长江流域资源与环境》2023年第10期。

$$M_{ij}=(1-U_{ij})\times W_j \times 100/\sum_{i=1}^{m}(1-U_{ij})\times W_j,$$
$$M_i=\sum_{j=1}^{n}M_{ij}$$
(11)

其中,M_{ij}为系统i中第j个指标的障碍度,则M_i表示系统i的障碍度;U_{ij}表示第j个指标采用极差标准化法得到的标准化值;W_j为第j个指标的权重。

四、结果分析

(一)数字经济与城乡融合发展指数的时空演化

根据前述评价指标体系,利用熵值法公式(1)—(7)计算得到2013—2022年我国30个省(自治区、直辖市)的数字经济发展指数与城乡融合发展指数。限于篇幅,本文选择2013、2016、2019、2022年各省(自治区、直辖市)两系统发展指数进行阐述,如表2所示。

表2 2013—2022年我国30个省(自治区、直辖市)数字经济与城乡融合发展指数

省 (自治区、 直辖市)	数字经济				城乡融合			
	2013年	2016年	2019年	2022年	2013年	2016年	2019年	2022年
北京	0.177	0.239	0.379	0.395	0.348	0.506	0.718	0.660
天津	0.054	0.083	0.177	0.153	0.203	0.246	0.268	0.310
河北	0.034	0.058	0.113	0.088	0.080	0.097	0.107	0.131
山西	0.026	0.042	0.095	0.072	0.080	0.098	0.100	0.122
内蒙古	0.023	0.032	0.091	0.054	0.075	0.099	0.109	0.124

（续表）

省（自治区、直辖市）	数字经济				城乡融合			
	2013年	2016年	2019年	2022年	2013年	2016年	2019年	2022年
辽宁	0.064	0.074	0.119	0.094	0.099	0.115	0.117	0.146
吉林	0.024	0.041	0.090	0.058	0.082	0.104	0.111	0.135
黑龙江	0.019	0.035	0.075	0.053	0.079	0.096	0.106	0.122
上海	0.183	0.257	0.393	0.496	0.360	0.422	0.478	0.646
江苏	0.206	0.260	0.337	0.347	0.128	0.155	0.170	0.184
浙江	0.126	0.189	0.319	0.271	0.167	0.212	0.255	0.286
安徽	0.034	0.068	0.134	0.118	0.074	0.096	0.108	0.131
福建	0.072	0.104	0.180	0.136	0.115	0.148	0.168	0.193
江西	0.023	0.047	0.109	0.101	0.090	0.107	0.121	0.142
山东	0.090	0.133	0.176	0.194	0.090	0.106	0.116	0.134
河南	0.042	0.074	0.126	0.114	0.064	0.092	0.102	0.115
湖北	0.043	0.074	0.131	0.106	0.085	0.106	0.119	0.136
湖南	0.032	0.054	0.111	0.096	0.067	0.088	0.097	0.128
广东	0.206	0.290	0.454	0.444	0.119	0.156	0.180	0.200
广西	0.019	0.035	0.098	0.075	0.055	0.088	0.103	0.119
海南	0.022	0.049	0.114	0.082	0.076	0.101	0.111	0.130
重庆	0.038	0.071	0.147	0.124	0.079	0.111	0.115	0.135
四川	0.053	0.087	0.155	0.148	0.070	0.094	0.105	0.119
贵州	0.013	0.033	0.109	0.067	0.036	0.060	0.076	0.092
云南	0.016	0.034	0.098	0.060	0.034	0.066	0.073	0.090
陕西	0.034	0.065	0.140	0.104	0.061	0.083	0.088	0.113
甘肃	0.010	0.027	0.089	0.055	0.039	0.059	0.067	0.088
青海	0.011	0.027	0.102	0.057	0.072	0.086	0.099	0.126
宁夏	0.015	0.035	0.112	0.067	0.093	0.117	0.125	0.137
新疆	0.019	0.030	0.087	0.058	0.069	0.081	0.086	0.106

由表 2 所示,我国 30 个省(自治区、直辖市)数字经济发展指数空间非均衡现象显著,总体呈现比较明显的梯度分布特征,东中西地区之间存在明显的差距,东部地区领先于其他地区。高发展指数省份空间分布略微分散,北京、广东呈点状孤岛型分布,上海、浙江、江苏呈块状孤岛型分布格局,核心—边缘结构十分明显。高数字经济发展指数的省份数量稀少,主要集中在我国的东部沿海地区,中部和西部没有。可以看出,我国 30 个省(自治区、直辖市)数字经济发展指数在研究期间呈稳定上升态势。2013 年发展指数处于 0.239 及以上的省(自治区、直辖市)有 0 个,2016 年有 4 个,2019 与 2022 年均为 5 个,最高数量占研究地区总数量的 16.67%,这些地区为北京、上海、江苏、浙江和广东。这些地区经济较为发达,信息技术为基础的基础设施建设较为完善,且创新驱动力较强,为数字经济的发展提供了强有力的支撑。

由表 2 所示,我国 30 个省(自治区、直辖市)城乡融合发展指数空间非均衡现象也较为显著,空间分布呈现出明显的由东向西的梯度分布格局,梯度"继承"特征明显,具有一定的稳定性和连续性。高城乡融合发展指数省份呈现集聚态势且数量稀少,主要集中在我国东部沿海地区。可以看出,我国 30 个省(自治区、直辖市)城乡融合发展指数在研究期间呈稳定上升态势。四个年度中城乡融合发展指数处于 0.203 及以上的省(自治区、直辖市)有 3 个,分别为北京、天津、上海。2019 年 12 月 19 日,《国家城乡融合发展试验区改革方案》公布浙江嘉湖片区、福建福州东部片区、广东广清接合片区、江苏宁锡常接合片区、山东济青局部片区、河南许昌、江西鹰潭、四川成都西部片区、重庆西部片区、陕西西咸接合片区、吉林长吉接合片区为 11 个国家城乡融合发展试验区,形成推进城乡融合发展的工作合力。可以看出,2022 年这 11 个试验区所在的省份城乡融合发展指数明显提升,改革成效显著,东中西部地区城乡协同融合发展格局已初步显现。

（二）数字经济与城乡融合耦合协调的时空演化

结合数字经济与城乡融合发展指数，采用耦合协调度模型公式(8)—(9)计算得到 2013、2016、2019、2022 年我国 30 个省(自治区、直辖市)数字经济与城乡融合的耦合度及耦合协调度，具体结果见表3。

从整体来看，研究期间，我国 30 个省(自治区、直辖市)数字经济与城乡融合耦合度(C)均值处于较高水平，都处于 0.890 以上，说明我国数字经济与城乡融合发展耦合性较强，处于高水平耦合阶段。但高水平耦合阶段并不代表高水平发展阶段，这从数字经济与城乡融合综合发展指数(T)上即可证实。2022 年，我国 30 个省(自治区、直辖市)耦合度均值为 0.970，但综合发展指数的均值仅为 0.160，综合发展水平较低。同时，数字经济与城乡融合的耦合协调度(D)明显落后于耦合度，2022 年，数字经济与城乡融合耦合度均值为 0.970，耦合协调度均值才为 0.375，两者的演进过程并不相同。整体耦合协调类型经历了从中度失调到轻度失调。这与陈南岳等的研究结果"我国省级数字经济与城乡融合的耦合协调度整体上呈现上升趋势，但上升程度较低，且整体上耦合协调度较低"[①]的观点相一致。

为了更加明确我国 30 个省(自治区、直辖市)数字经济与城乡融合两系统耦合协调发展的时空演化差异，本文对我国 30 个省(自治区、直辖市)两系统耦合协调发展类型进行划分。研究期间，北京、上海两地的数字经济与城乡融合两系统耦合协调类型经历三个阶段的演化，达到中级协调发展阶段。江苏、浙江以及广东进入勉强协调阶段，其余 25 个省(自治区、直辖市)始终处于

---

① 陈南岳、宋留爽、卢春桃：《数字经济与城乡融合的耦合协调及驱动因素研究》，《经济论坛》2022 年第 8 期。

表 3 2013—2022 年我国 30 个省（自治区、直辖市）数字经济与城乡融合耦合度和耦合协调度

省（自治区、直辖市）	2013 年				2016 年				2019 年				2022 年			
	T	C	D	协调类型	T	C	D	协调类型	T	C	D	协调类型	T	C	D	协调类型
北京	0.263	0.946	0.498	濒临失调	0.372	0.934	0.590	勉强协调	0.549	0.951	0.722	中级协调	0.528	0.968	0.715	中级协调
天津	0.129	0.817	0.324	轻度失调	0.165	0.868	0.378	轻度失调	0.223	0.979	0.467	濒临失调	0.231	0.940	0.466	濒临失调
河北	0.057	0.917	0.229	中度失调	0.078	0.969	0.274	中度失调	0.110	1.000	0.332	轻度失调	0.109	0.980	0.327	轻度失调
山西	0.053	0.860	0.214	中度失调	0.070	0.918	0.254	中度失调	0.097	1.000	0.312	轻度失调	0.097	0.966	0.306	轻度失调
内蒙古	0.049	0.852	0.204	中度失调	0.066	0.862	0.238	中度失调	0.100	0.996	0.315	轻度失调	0.089	0.919	0.285	轻度失调
辽宁	0.081	0.977	0.282	中度失调	0.095	0.976	0.304	轻度失调	0.118	1.000	0.344	轻度失调	0.120	0.976	0.342	轻度失调
吉林	0.053	0.839	0.212	中度失调	0.072	0.899	0.255	中度失调	0.100	0.994	0.316	轻度失调	0.096	0.917	0.297	中度失调

(续表)

省（自治区、直辖市）	2013年 T	2013年 C	2013年 D	2013年 协调类型	2016年 T	2016年 C	2016年 D	2016年 协调类型	2019年 T	2019年 C	2019年 D	2019年 协调类型	2022年 T	2022年 C	2022年 D	2022年 协调类型
黑龙江	0.049	0.794	0.197	严重失调	0.065	0.885	0.241	中度失调	0.090	0.985	0.298	中度失调	0.087	0.919	0.283	中度失调
上海	0.271	0.945	0.506	勉强协调	0.340	0.970	0.574	勉强协调	0.435	0.995	0.658	初级协调	0.571	0.991	0.752	中级协调
江苏	0.167	0.972	0.403	濒临失调	0.208	0.967	0.448	濒临失调	0.254	0.944	0.489	濒临失调	0.266	0.951	0.503	勉强协调
浙江	0.147	0.990	0.381	轻度失调	0.201	0.998	0.447	濒临失调	0.287	0.994	0.534	勉强协调	0.278	1.000	0.528	勉强协调
安徽	0.054	0.928	0.223	中度失调	0.082	0.985	0.285	中度失调	0.121	0.994	0.347	轻度失调	0.125	0.998	0.353	轻度失调
福建	0.093	0.973	0.302	轻度失调	0.126	0.984	0.352	轻度失调	0.174	0.999	0.417	濒临失调	0.164	0.985	0.402	濒临失调
江西	0.057	0.808	0.215	中度失调	0.077	0.921	0.266	中度失调	0.115	0.999	0.339	轻度失调	0.122	0.985	0.346	轻度失调

(续表)

省(自治区、直辖市)	2013年 T	2013年 C	2013年 D	2013年 协调类型	2016年 T	2016年 C	2016年 D	2016年 协调类型	2019年 T	2019年 C	2019年 D	2019年 协调类型	2022年 T	2022年 C	2022年 D	2022年 协调类型
山东	0.090	1.000	0.300	中度失调	0.119	0.994	0.344	轻度失调	0.146	0.979	0.378	轻度失调	0.164	0.983	0.401	濒临失调
河南	0.053	0.977	0.228	中度失调	0.083	0.994	0.288	中度失调	0.114	0.995	0.337	轻度失调	0.115	1.000	0.339	轻度失调
湖北	0.064	0.944	0.246	中度失调	0.090	0.984	0.298	中度失调	0.125	0.999	0.353	轻度失调	0.121	0.992	0.346	轻度失调
湖南	0.050	0.933	0.215	轻度失调	0.071	0.971	0.262	中度失调	0.104	0.998	0.322	轻度失调	0.112	0.990	0.333	轻度失调
广东	0.162	0.963	0.396	严重失调	0.223	0.954	0.461	濒临失调	0.317	0.902	0.535	勉强协调	0.322	0.925	0.546	勉强协调
广西	0.037	0.874	0.179	中度失调	0.062	0.902	0.236	中度失调	0.100	1.000	0.317	轻度失调	0.097	0.974	0.307	轻度失调
海南	0.049	0.832	0.201	中度失调	0.075	0.939	0.265	中度失调	0.113	1.000	0.336	轻度失调	0.106	0.973	0.321	轻度失调

(续表)

省（自治区、直辖市）	2013年 T	2013年 C	2013年 D	协调类型	2016年 T	2016年 C	2016年 D	协调类型	2019年 T	2019年 C	2019年 D	协调类型	2022年 T	2022年 C	2022年 D	协调类型
重庆	0.058	0.936	0.234	中度失调	0.091	0.976	0.299	中度失调	0.131	0.992	0.361	轻度失调	0.130	0.999	0.360	轻度失调
四川	0.062	0.990	0.247	中度失调	0.090	0.999	0.300	轻度失调	0.130	0.981	0.357	轻度失调	0.133	0.994	0.364	轻度失调
贵州	0.025	0.878	0.147	严重失调	0.047	0.958	0.211	中度失调	0.093	0.985	0.302	轻度失调	0.080	0.987	0.280	中度失调
云南	0.025	0.933	0.152	严重失调	0.050	0.949	0.218	中度失调	0.085	0.989	0.291	中度失调	0.075	0.980	0.271	中度失调
陕西	0.048	0.960	0.214	中度失调	0.074	0.993	0.271	中度失调	0.114	0.974	0.333	轻度失调	0.108	0.999	0.329	轻度失调
甘肃	0.025	0.809	0.142	严重失调	0.043	0.932	0.200	严重失调	0.078	0.991	0.278	中度失调	0.072	0.974	0.264	中度失调
青海	0.041	0.679	0.168	严重失调	0.057	0.851	0.219	中度失调	0.101	1.000	0.318	轻度失调	0.092	0.926	0.291	中度失调

(续表)

省（自治区、直辖市）	2013年			2016年				2019年				2022年			
	T	C	D	协调类型	T	C	D	协调类型	T	C	D	协调类型	T	C	D	协调类型
宁夏	0.054	0.698	0.195	严重失调	0.076	0.843	0.253	中度失调	0.119	0.998	0.344	轻度失调	0.102	0.938	0.309	轻度失调
新疆	0.044	0.829	0.191	严重失调	0.055	0.886	0.221	中度失调	0.086	1.000	0.294	中度失调	0.082	0.956	0.281	中度失调
均值	0.080	0.895	0.255	中度失调	0.111	0.942	0.308	轻度失调	0.158	0.987	0.378	轻度失调	0.160	0.970	0.375	轻度失调

非协调状态,可见我国数字经济与城乡融合两系统做到协调发展的省(自治区、直辖市)非常少,这与学者姚毓春等得出的"数字经济与城乡融合发展之间具有显著的关联性,但我国大部分省份并未达到耦合协调状态"[①]的观点相一致。可以看出,我国30个省(自治区、直辖市)两系统耦合协调度值呈健康有序的增长态势,研究期间,上海、浙江、广东、广西、贵州、青海、宁夏7个省(自治区、直辖市)整体上升2个耦合协调阶段,北京上升3个耦合协调阶段,其余省(自治区、直辖市)上升1个耦合协调阶段,上升程度较低。且两系统耦合协调发展呈现以点带线、以线带面的发展态势,形成以北京、上海为龙头,以江苏、浙江、广东等东部沿海地区为副中心,向内陆扩展为圈层结构,带动与辐射周边11个国家城乡融合发展试验区,推进东中西部地区数字经济与城乡融合有序协调发展。

(三)数字经济与城乡融合的互动响应

为进一步探究两系统间是否存在因果、动态响应关系,本文采用PVAR模型来检验数字经济(DE)与城乡融合(UR)两系统之间的互动响应。为了消除异方差的影响,本文对数字经济与城乡融合发展指数长面板时间序列数据进行取对数处理,在此基础上运用Stata15.0计量分析软件运行PVAR模型。

1. 数据平稳性检验

本文采用LLC检验、PP-Fisher检验、ADF-Fisher检验三种方法分析检验所有序列的平稳性,结果如表4所示。所有检验变量的概率P值均小于0.05,说明在5%的显著性水平下,两系统变量判断为平稳时间序列,可以继续进行模型的建立。

---

① 姚毓春、张嘉实:《数字经济与城乡融合发展耦合协调的测度与评价研究》,《兰州大学学报》(社会科学版)2023年第1期。

表 4　单位根 LLC、PP-Fisher、ADF-Fisher 检验

变量	检验方法	LLC	PP-Fisher	ADF-Fisher	结论
UR	统计量	-4.196	105.142	148.713	平稳
	P 值	0.000	0.000	0.000	
DE	统计量	-17.799	60.166	158.233	平稳
	P 值	0.001	0.000	0.000	

2. 最优滞后阶数及协整检验

协整检验用来判断两系统变量是否存在长期均衡关系。在协整检验之前需确定最优滞后阶数,本文运用赤池信息准则(AIC)、贝叶斯准则(BIC)和汉南奎因信息准则(HQIC)来确定 PVAR 模型的最优滞后阶数。表 5 显示,三个信息准则均选择滞后阶数为 2 阶。采用滞后 2 阶,运用 Pedroni 检验和 KAO 检验来进行协整分析,结果如表 6 所示,所有检验指标的概率 P 值小于 0.05,在 5% 的显著性水平通过检验,说明数字经济与城乡融合之间存在长期的均衡关系。

表 5　最优滞后阶数

lag	AIC	BIC	HQIC
1	-3.393 53	-2.465 36	-3.019 55
2	-3.621 77*	-2.537 95*	-3.183 62*

表 6　协整检验

检验方法	检验指标	统计量	P 值
Pedroni 检验	Modified Phillips-Perron t	2.904 4	0.002
	Phillips-Perron t	-8.821 9	0.000
	Augmented Dickey-Fuller t	-1.961e+6	0.000
KAO 检验	Dickey-Fuller t	-2.321	0.010
	Augmented Dickey-Fuller t	-2.825	0.002
	Unadjusted Dickey-Fuller t	-2.384 9	0.009

3. 格兰杰因果关系检验

格兰杰因果关系检验旨在进一步判断两系统是否存在因果关系以及因果关系的作用方向,结果如表 7 所示。在数字经济不是城乡融合的格兰杰原因的假设检验中,P 值为 0.000,拒绝原假设,即数字经济是城乡融合的格兰杰原因;同理,可以推断城乡融合也是数字经济的格兰杰原因。因此,数字经济与城乡融合互为因果,数字经济能够在一定程度上驱动城乡融合,城乡融合又能够对数字经济起到支撑和拉动效应。

表 7 格兰杰因果关系检验结果

Equation	Excluded	卡方值	滞后阶数	Prob>chi2	结论
UR	DE	42.507	2	0.000	拒绝
DE	UR	22.547	2	0.000	拒绝

4. 脉冲响应分析

本文模拟随着预测期数的增加,系统变量受到有关系统变量的冲击后作出的脉冲响应,考察两系统变量之间的互动响应关系,结果如图 2 所示。

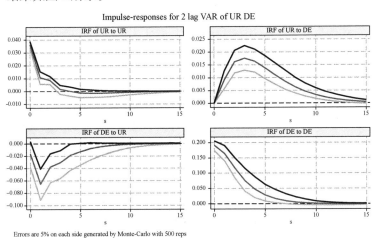

图 2 数字经济与城乡融合脉冲响应结果

从图 2 的左上图可以看出,城乡融合对自身的冲击响应一开始有较强的响应,且为正,随着预测期数的增加,响应在不断减弱,但一直保持为正,到第 6 期后基本上回到 0 值水平,即说明冲击效果具有收敛性,侧面说明本次所构建的模型具有稳定性;从左下图可以看出,城乡融合对数字经济的冲击作用在第 1 期呈现出较强烈的冲击作用且为负,第 1 期后开始减弱,第 10 期后冲击作用基本为 0。由此可知,城乡融合对自身的发展具有正向的引导作用,城乡融合对数字经济的发展有一定负向冲击作用。分析原因可能是在城乡融合过程中,数字技术的接入和使用存在不均衡性,形成了城乡之间、乡村之间、农户之间的数字鸿沟现象。这种不均衡性制约了数字红利普惠性的发挥,对数字经济的发展产生了负面影响。

从图 2 的右上图可以看出,城乡融合在受到数字经济冲击后,在前 3 期的响应中,表现出正向不断增强趋势,且在第 3 期左右达到正向最强烈,随后冲击作用开始减弱,到第 10 期左右回到 0 值水平,冲击作用一直表现为正,整体冲击作用表现为先上升后下降的趋势;从图 2 的右下图可以看出,数字经济对自身的冲击作用表现为从正向最强烈开始不断减弱的趋势,且在预测期内均表现为正向冲击作用,在第 8 期左右基本回到 0 值水平。由此说明,数字经济对城乡融合发展起到正向的驱动作用,而数字经济对自身的发展同样具有正向的引导作用。

5. 方差分解分析

本文采用方差分解对未来 10 期数字经济与城乡融合的均方差进行分析,结果如表 8 所示。在城乡融合的方差分解方面,城乡融合发展的波动贡献来源于自身新息解释的最初值为 100%,随着预测期的推移,贡献度出现了较大幅度的下降,第 9 期时降到最低,为 5.4%;数字经济对城乡融合的新息贡献随着预测期的推移贡献率在不断地上升,最大值在第 9 期达到,此时对城乡融合发展的波动贡献率达到 94.6%,说明数字经济对驱动城乡融合发展起着非常重要的作用。数字经济的方差分解的结果同样说明,城乡融合对数字经济发展具有一定的贡献作用,但数字经济发展变动贡献率绝大部分来源于自身,城乡融合对数字经济发展波动贡献率的最大值在第2期达到,此时的波动贡献率为2.4%,在第2期后趋于平稳,一直维持在2.4%。可见,在城乡深度融合的契机下,应着力推动城乡数字鸿沟弥合以及城乡要素双向流动,进而推动数字产业化及产业数字化,形成良性循环发展新格局。

表8 方差分解表

期数	UR		DE	
	UR	DE	UR	DE
1	1.000	0.000	0.007	0.993
2	0.111	0.889	0.024	0.976
3	0.067	0.933	0.024	0.976
4	0.059	0.941	0.024	0.976
5	0.056	0.944	0.024	0.976
6	0.055	0.945	0.024	0.976
7	0.055	0.945	0.024	0.976
8	0.055	0.945	0.024	0.976
9	0.054	0.946	0.024	0.976
10	0.054	0.946	0.024	0.976

(四)数字经济与城乡融合耦合协调发展的影响因素

运用障碍度模型公式(11),计算出2022年影响数字经济和城乡融合耦合协调发展的障碍度,涉及准则层障碍度及指标层障碍度。准则层障碍度的具体结果见表9。

表 9　数字经济与城乡融合的准则层障碍度

省（自治区、直辖市）	数字经济			城乡融合		
	A1	A2	A3	B1	B2	B3
北京	25.540	60.925	13.534	34.252	43.282	22.466
天津	18.379	62.083	19.538	34.898	55.194	9.909
河北	22.746	58.964	18.290	36.547	51.084	12.368
山西	22.561	58.760	18.679	37.345	50.309	12.346
内蒙古	23.748	57.834	18.418	37.857	51.313	10.829
辽宁	23.044	58.342	18.614	38.398	51.170	10.433
吉林	23.137	57.249	19.614	37.903	51.551	10.546
黑龙江	23.381	57.372	19.248	36.812	51.761	11.427
上海	1.870	81.114	17.016	3.882	94.309	1.810
江苏	26.467	57.263	16.270	36.841	53.158	10.000
浙江	23.118	61.660	15.223	33.445	57.148	9.406
安徽	23.477	59.871	16.652	36.994	50.952	12.055
福建	22.888	59.448	17.664	37.782	52.170	10.048
江西	23.642	58.280	18.078	36.461	51.359	12.179
山东	26.010	60.498	13.492	37.655	50.499	11.846
河南	23.717	58.807	17.476	36.381	50.702	12.917
湖北	24.106	59.262	16.632	37.300	51.283	11.417
湖南	24.013	58.826	17.161	37.228	51.210	11.562
广东	42.765	52.925	4.310	37.031	51.482	11.487
广西	22.880	58.255	18.865	37.191	50.563	12.246
海南	21.409	59.349	19.242	37.608	50.193	12.199
重庆	22.578	59.267	18.155	37.607	50.655	11.737
四川	25.575	57.196	17.229	37.366	50.293	12.341
贵州	23.128	57.879	18.993	37.908	49.275	12.816

(续表)

省 (自治区、 直辖市)	数字经济			城乡融合		
	A1	A2	A3	B1	B2	B3
云南	23.800	57.547	18.653	38.092	49.172	12.736
陕西	23.466	58.110	18.423	37.758	49.933	12.309
甘肃	23.235	57.706	19.058	38.932	49.688	11.380
青海	23.384	57.547	19.069	38.022	51.276	10.702
宁夏	22.271	58.138	19.591	38.400	51.249	10.351
新疆	22.989	57.628	19.384	37.723	50.046	12.231
均值	23.311	59.270	17.419	36.054	52.409	11.537

由表9所示,在数字经济系统中,除上海、天津,其余28省(自治区、直辖市)准则层障碍度排序为A2>A1>A3,数字产业化是影响数字经济发展的主要障碍因素。如何依靠信息技术创新驱动,不断催生新产业新业态新模式是今后重点。上海和天津的准则层障碍度排序为"A2>A3>A1",影响其数字经济发展的主要障碍因素是数字产业化,其次是产业数字化。可见,上海、天津的数字经济载体与其他省(自治区、直辖市)相比较为健全和完善。在城乡融合系统中,30个省(自治区、直辖市)准则层障碍度排序都为B2>B1>B3,可见生态环境融合是影响城乡融合发展的主要障碍因素。城市和乡村如何构建共同生态价值链,实现城乡生态共生共荣,是今后关注的重点。应以实现生态环境友好、资源节约集约利用和低碳环保作为推进城乡融合的前提。

在指标层障碍度计算得分的基础上,梳理出30个省(自治区、直辖市)27个指标障碍度差异,从而识别主要的障碍因子,如图3所示。在数字经济指标层面,除北京、广东、江苏外,其他省(自治区、直辖市)电子信息制造业收入(A23)、软件业务收入(A24)是影响数字经济发展的主要障碍因子,这与准则层障碍度析出的数字

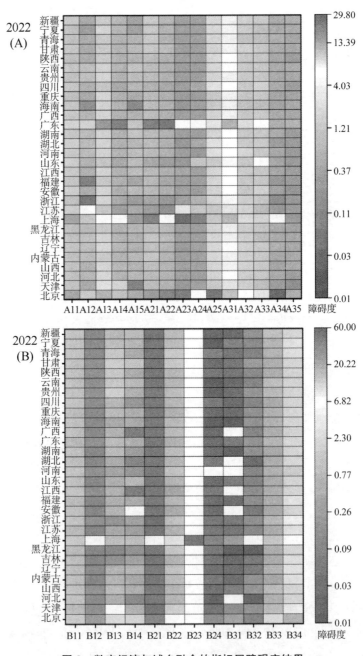

图3 数字经济与城乡融合的指标层障碍度结果

产业化是主要障碍因素结果相一致。人均邮政业务总量(A22)、电子信息制造业收入(A23)是影响北京数字经济发展的主要障碍因子。移动电话基站密度(A14)、人均邮政业务总量(A22)是影响广东与江苏数字经济发展的主要障碍因子。在城乡融合指标层面,非农与农业从业人员比(B12)、城市空间扩张程度(B21)、城乡人均拥有公共图书馆藏量(B34)是影响我国30个省(自治区、直辖市)城乡融合发展的主要障碍因子。

五、结论与讨论

(一)结论

本文以我国30个省(自治区、直辖市)2013—2022年的面板数据为研究对象,构建数字经济与城乡融合两系统耦合协调评价指标体系,运用耦合协调度模型从时空二维角度评价两系统耦合协调的演化关系,运用PVAR模型探究两系统间的互动响应关系,并结合障碍度模型识别影响两系统耦合协调发展的障碍因素,主要结论如下。

(1)数字经济与城乡融合发展指数存在空间分布不均衡现象,呈现出与强经济发展水平的正相关性,东部沿海地区经济较为发达,数字经济与城乡融合延续先发优势,东部高、中部次之、西部低的梯度分布特征显著。数字经济高发展指数省(自治区、直辖市)空间分布略微分散,呈点状、块状孤岛型分布格局,城乡融合高发展指数省(自治区、直辖市)呈现空间集聚态势。

(2)数字经济与城乡融合耦合协调类型从中度失调提升到轻度失调,协调效应不佳。北京、上海两系统耦合协调度远远领先于其他省(自治区、直辖市),协调效应显著。"东强西弱"的空间分布依然存在,但随着西部大开发和中部崛起战略的深入推进,东部地区与中西部地区发展差距呈现进一步缩小趋势,发展结构正逐步由差别化向均衡化转变。

(3) 数字经济与城乡融合两系统存在长期均衡关系,两系统互为格兰杰原因。两系统都受自身和对方的双重冲击,数字经济对城乡融合表现为正向冲击,而城乡融合对数字经济表现为负向冲击,且数字经济对城乡融合发展的贡献率大于城乡融合对数字经济发展的贡献率。

(4) 数字产业化是影响数字经济发展的主要障碍因素,打造数字科技转移转化平台,推动数字科技成果的产业化落地,是今后推进数字经济发展的着力点。生态环境融合是影响城乡融合发展的主要障碍因素,实现城乡生态共生共荣是推进城乡融合的重点任务。

(二) 讨论

数字经济与城乡融合两系统之间的关系在学界已引起广泛关注,相关研究多集中在数字经济对城乡融合的单项影响、两系统耦合协调关系,但关于两系统之间的因果关系的研究以及未来交互影响趋势研究未得到充分的探讨。本文以数字经济与城乡融合协调效应及互动响应为研究切入点,构建集成模型对我国 30 个省(自治区、直辖市)数字经济与城乡融合的耦合协调时空演化进行揭示,对耦合协调背后两系统的交互过程及内在机理进行挖掘,对数字经济与城乡融合双向关系的探索具有重要价值。

基于我国数字经济与城乡融合耦合协调发展的关键障碍因素识别,提出以下建议。

(1) 推动数字产业化发展。一方面,构建数字产业生态体系,支持数字化龙头企业发挥引领示范作用,推动产业链上下游企业加强合作,实现数字化产业协同发展;另一方面,利用大数据、云计算、人工智能等实现电子信息制造业和软件业的智能化发展,提高产品的性能和质量,不断拓展电子信息制造产品及软件产品的市场渠道。

(2) 推动城乡生态融合。一方面,充分发挥财政资金的引导撬动作用,吸引更多社会资金投向农村环保及乡村建设。按照"谁投资、谁收益"的思路,创新生态补偿、环保税收等机制,推动城乡生态环境保护一体化;另一方面,优化城乡产业结构,推动城乡产业由高排放的资源依赖型向以低碳绿色创新型转变,着力构建附加值高、资源消耗低的生态产业格局。

(3) 提供数字技术培训和教育。一方面,鼓励高校培养具备数字化素养和创新能力的人才,这些人才聚焦数字化基础研发以及数字化交叉融合,助力数字经济载体的创新发展,推动数字产业化、产业数字化;另一方面,致力于农民数字素养和技术培训,促进数字技术、数字经济与传统农机农艺融合应用,与农村经济社会文化发展深度融合。

数字经济与城乡融合是一个复杂且多层次的开放系统,涉及因素众多。鉴于指标的复杂性和数据的可获得性,本研究只选取其中具有代表性和可获取的数据指标纳入评价体系,评价体系的完整性仍需进一步探讨。在实证分析中,本研究把数字经济与城乡融合两系统看作两个"黑箱",无法捕捉系统内部结构之间的互动机制及影响机理。在未来研究中,需深度探索和分析数字经济与城乡融合两系统内部结构要素之间的协同联动关系,推动数字经济与城乡融合的理论创新和实践应用。

[本文系宿州学院"中部地区中等规模城市群治理与城乡一体化发展研究院"(项目编号:XM042303)、安徽省社会科学创新发展研究课题(项目编号:2023CX072;2023CXZ018)、安徽省优秀青年教师培育项目(项目编号:YQYB2024077)、安徽省高等学校科学研究项目(项目编号:2023AH052206;2022AH051357;2022AH040204)的阶段性成果]

目标设定的边界效应:省级政府设定经济与环保目标的策略性行为研究

陈 醒* 李 睿**

[内容摘要] 中国省级政府在推进省域发展时,常常面临经济发展与环境保护等多重任务的挑战。它们如何通过目标设定,同时实现经济发展和环境保护的机理有待探知。本文基于地理位置与目标设定之间的关系,提出"中央—省共同促进"的理论分析框架。通过收集各省市污染物减排目标和经济增长目标数据,本文发现:当中央政府将经济发展目标和环境保护目标同时纳入国家发展目标体系,并给各省级政府下达多重目标时,省级政府往往采取一种策略性行为:在省边界城市和非省边界城市设定较为接近的 GDP 增长目标,而在省边界城市设定显著低于非省边界城市的污染减排目标,从而变相驱动污染企业向边界城市迁移,其隐含的后果是让污染物外溢到相邻省份。这样,通过利用污染的负外部性,省级政府降低了污染治理成本,同时实现了省域经济发展的效益最大化。该策略性行为凸显了地理位置在地方政府目标设定过程中的重要作用,为理解地方政府的目标设定行为提供了新的视角。

[关键词] 目标设定;地理位置;省域发展;策略性行为

---

* 陈醒,复旦大学国际关系与公共事务学院讲师。
** 李睿,复旦大学国际关系与公共事务学院研究助理。

目标设定的边界效应:省级政府设定经济与环保目标的策略性行为研究 ■

一、问题的提出

目标设定居于政府绩效评价与管理的核心,理解政府的目标设定,其意义十分重大。与私营机构明确的利润最大化目标不同,公共部门的目标设定通常具有多元、冲突和模糊的特点,政府时常面临着完成多重目标甚至是相互冲突的目标的问题。

在过去的几十年里,中国地方政府基于其所辖区域内的经济绩效而进行横向竞争,即中央政府设定经济目标,地方政府以单一的经济目标为主积极推动地方经济发展,这构成了解释中国近几十年来经济显著增长的主要动因。然而,当经济增长到一定水平时,出于对公共需求的回应,中央政府将工作重点转向了系统的发展目标,包括但不限于环境保护和社会福利,这就意味着地方政府接受的发展任务由单维度的经济目标走向更多元的环境目标、社会治理目标等。在此种情形下,考虑到地方政府的有限注意力,我们就需要追问一个关键问题:当政府目标的维度从单一扩展到多个,甚至相互冲突时,地方政府会采取何种行为来有效解决多目标的权衡问题?

传统观念认为,在中国政府体系中,通过科层制层层下达的目标是同质的①,下级政府至少要实现上级政府传递的目标。以单一目标 GDP(国内生产总值)增长率为例,如果中央政府确定的 GDP 增长率目标是 8%,每个省份则必须实现至少 8%的增长率,从而实现国家整体的加权平均增长率目标,类似的目标分解过程也发生在省级政府与市级政府之间。然而,多目标任务也会带来显著的变化:如果两个互斥的目标被简单地传递下去,下级政府就

---

① Ma, Liang, "Performance Feedback, Government Goal-Setting and Aspiration Level Adaptation: Evidence from Chinese Provinces", *Public Administration*, 2016, 94(2), pp.452-471.

只能在它们之间作出权衡。① 因此,当面临冲突的目标时,地方政府如何采取策略性手段来实现多重目标?其主要机制是什么?

作为一个正在经历社会转型的发展中国家,中国无疑面临着经济增长和环境保护等多重目标。环境经济学家指出,经济增长和环境保护的目标要求催生了边界效应的出现,该效应主要描述污染在行政边界聚集的现象。② 具体而言,由于地方政府所属辖区具有明确的地理边界,考虑到污染的负外部性,作为"理性人"的地方政府具有强烈动机将污染产业转移到其边界地带,从而在享受污染企业创造的全部GDP时,通过污染物外溢到其他辖区,来实现污染治理成本的最小化目标。基于上述逻辑,省级政府行政辖区内的污染活动呈现出空间异质性,高污染的经济活动倾向于从省内中心区域向边界区域集中,使得省边界城市承受更高的污染物排放量。然而,在讨论省级政府如何设定多重目标时,既有公共行政研究很少考虑到地理位置的影响。因此,本研究试图将边界效应引入政府的多目标情境,以探究地理位置对省级政府目标设定的影响。

本研究基于一个包含两级政府(中央、省)共同促进模型,通过分析"十三五"期间具体污染物的削减比例,考察地方政府在面临经济增长目标和环境保护目标冲突时的策略性行为。受经济学文献对边界效应研究的启发,本研究提出:当中央政府将经济发展目标和环境保护目标同时纳入国家发展目标体系,并给各省级政府下达多重目标任务时,省级政府往往采取一种策略性行为:在省边界城市和非省边界城市设定大致相同的GDP增长目标,而在省边界城市设定显著低于非省边界城市的污染减排目标,从而驱动污

---

① Chen, Yvonne Jie, Pei Li, and Yi Lu, "Career Concerns and Multitasking Local Bureaucrats: Evidence of a Target-Based Performance Evaluation System in China", *Journal of Development Economics*, 2018, 133, pp.84-101.

② He, Guojun, Shaoda Wang, and Bing Zhang, "Watering Down Environmental Regulation in China", *Quarterly Journal of Economics*, 2020, 135(4), pp.2135-2185.

染企业向边界区域迁移,其隐含的后果是,让污染物外溢到相邻省份。这样,通过利用污染的负外部性,省级政府降低了污染治理成本,同时实现了省域经济发展的效益最大化。这体现了省级政府在设定多重目标时对地理位置的策略性考量,从而补充了目标设定边界效应的影响因素等相关研究。这一发现有助于更好地理解省级政府的策略性行为及机制。

二、文献综述

边界效应是边界高污染现象的理论提炼,它意味着地方政府在行政边界地区设定较低的减排目标或降低环境监管力度,使得污染企业向边界地区聚集,从而导致边界地区污染排放问题较为严重。该效应与政府的目标设定存在紧密联系,是理解地方政府设定经济与环保目标行为的重要视角。

(一)边界效应

边界效应在环境经济学领域得到了广泛讨论,这一概念是指地方政府在面对严格的环境保护要求时,具有将污染企业转移到行政边界地区的激励。基于其行政归属上的差异,上述行政边界既包括城市,也可以指国家。

边界地区往往存在协同治理中较为突出的矛盾。国内学者蔡洪斌、陈玉宇和龚晴的研究发现:在中央政府要求减少水污染的压力下,鉴于水污染固有的外部性,各省在最下游各县的执法力度最小,导致在最下游的水污染生产活动约比上游地区高30%。[①] 类

---

① Cai H., Chen Y. and Qing G., "Polluting thy Neighbor: Unintended Consequences of China's Pollution Reduction Mandates", Peking University working paper, 2013.

似地,傅强等人基于2006—2015年中国18条主要河流所流经城市环境监管力度和城市的匹配数据,证明了下游边界城市的环境监管力度比省域内部低25%,边界污染是地方政府最优选择结果。[1] 李静等人采用最小二乘法和最邻近匹配的方法,发现位于行政边界地区的污染监测点的污染水平显著高于非边界监测点的污染水平。[2]

国外同样存在污染的边界效应问题:西格曼(Sigman)借助联合国全球排放监测系统中河流监测站的数据,通过比较国际河流和国内河流的污染水平,发现靠近国际边界的河流中污染增加了40%,并进一步识别了环境分权对边界污染的影响,提出拥有执行环保政策权力的州政府在其行政边界地区"搭便车"的行为更严重。[3] 赫兰德(Helland)和惠特福德(Whitford)认为在环境分权下,美国州政府管理者出于最大化选民与企业支持的动机,有动力忽略行政边界的污染排放,直接导致位于与其他州接壤的企业设施向空气和水中排放的有毒物质含量显著较高。[4] 卡恩(Kahn)发现由于边界污染,边界地区的癌症患病率要远高于内部地区。[5]

上述文献不仅验证了污染边界效应问题的存在,也总结了导致边界效应问题的部分原因,如环境分权体制、地方政府执法力度、污染企业倾向。首先,环境分权体制是污染边界效应问题的逻辑起点。财政联邦主义理论认为,不同层级的政府在提供公共产

---

[1] 傅强、王庆宇、张兴敏:《环境规制引起了跨境河流污染的"边界效应"吗?——基于省级政府环境管制行为的视角》,《世界经济文汇》2019年第6期。

[2] 李静、杨娜、陶璐:《跨境河流污染的"边界效应"与减排政策效果研究——基于重点断面水质监测周数据的检验》,《中国工业经济》2015年第3期。

[3] Sigman, H., "Transboundary Spillovers and Decentralization of Environmental Policies", *Journal of Environmental Economics and Management*, 2005, 50(1), pp.82-101.

[4] Helland, E. and A. B. Whitford, "Pollution Incidence and Political Jurisdiction: Evidence from the TRI", *Journal of Environmental Economics and Management*, 2003, 46(3), pp.403-424.

[5] Kahn, M. E., "Domestic Pollution Havens: Evidence from Cancer Deaths in Border Counties", *Journal of Urban Economics*, 2004, 56(1), pp.51-69.

品方面具有各自优势。① 一方面,地方政府擅长提供本地公共产品,但可能忽视辖区间的外溢效应;另一方面,中央政府能够将这些溢出内部化,但可能忽视地区异质性而采取"一刀切"政策。尽管学界对环境公共产品应由谁提供这一问题尚未达成共识,但是不少支持环境治理权力下放的学者提出,地方政府对当地环境问题和居民对环境质量的偏好有更好的认知。因此,当地区间的成本和收益存在较大异质性时,地方政府可以采取务实的方式提供环境治理服务。② 在中国的环境分权体制下,中央政府设定总体的环境目标,每个省份面对中央政府要求的污染减排目标,都可以自行决定如何进一步将污染减排目标下放给省内城市。③ 不可忽视的是,环境分权体制对污染的负外部性起到放大和强化作用,地方政府在自利化、追求经济增长的倾向下,趋于将自己定位为区域或者部门政府,导致河流作为自然整体单元被不同的利益单位人为分割,没有足够的激励实现协同治理。

其次,地方政府在环境分权体制下拥有更多的自主权,省级政府有能力设定不同的环境目标,采取差异化的环境规制力度。客观上来看,城市所处的地理位置、地形地貌、气候环境等自然地理特征,以及城市与周围环境的关系会影响环境规制程度。考虑到省内不同城市的地理空间分布,省边界城市的居民受益于企业带来的就业、税收等经济优势,而仅遭受其产生的部分污染。因此,在面对经济发展和环境保护的双重目标时,省级政府倾向于在非

---

① Oates, Wallace E, "An Essay on Fiscal Federalism", *Journal of Economic Literature*, 1999, 37(3), pp.1120-1149.

② Alm, James, and H. Spencer Banzhaf, "Designing Economic Instruments for the Environment in a Decentralized Fiscal System", *Journal of Economic Surveys*, 2010, 26(2), pp.177-202.

③ Wang, X., "Explaining the Tenth Five-Year Plan for Environmental Protection", Bureau of Environmental Supervision, Ministry of Environmental Protection, The People's Republic of China, 2002.

省边界城市实施更严格的环境规制,而将污染企业迁移至省边界地区。同时,省级政府在完成污染减排目标的压力下,也有动力在省内城市之间优化分配执法力度,即表现为对省边界城市采取宽松的监管政策。例如,在一个省份的最下游地区,省级政府征收排污费的执法力度更低,监管政策更宽松。① 这主要是因为省级政府对省边界地区污染减排的益处会被相邻省份共同分享,而在边界地区的污染能够外溢到相邻省份,并且获得全部的经济益处。基于上述逻辑,省级政府更偏好将有限的污染减排资源投入收益更高的地区,也就是非省边界城市。

最后,对污染企业而言,在边界地区进行生产活动可以避免严格的环境规制。受我国环境治理的属地管理原则影响,我国不同省份的环境政策执行情况存在差异。以流域水污染治理为例,《中华人民共和国水污染防治法》规定,各级人民政府的环境保护主管部门是对水污染防治实施统一监督管理的机关;《中华人民共和国水法》规定,县级以上地方人民政府有关部门按照职责分工,负责本行政区域内水资源开发、利用、节约和保护的有关工作。属地管理的规定和原则虽然强化了地方政府的管制责任,但是也导致不同辖区部门分割、制度分割的潜在风险,各边界处的环境法规可能具有不连续性;行政边界处的环境规制强度较小,企业进行生产活动的成本更低,有利于企业利润的增加。高强度的环境规制往往意味着更高的污染费、更严格的违规检查,这会极大提高企业的生产成本。② 在这样的背景下,省边界城市较低的环境规制强度帮助企业在获利的同时降低生产成本,现实中的污染企业故而倾向在省域边界地区集中。

---

① Cai, Hongbin, Yuyu Chen, and Qing Gong, "Polluting thy Neighbor: Unintended Consequences of China's Pollution Reduction Mandates", *Journal of Environmental Economics and Management*, 2016, 76, pp. 86-104.

② Ibid.

（二）目标设定

目标是组织期望达到的预期状态或想要实现的未来结果，目标的设定能够锁定地方政府的注意力和努力方向。① 目前，促进经济发展和保护生态环境是我国现代化建设的重要目标。

经济发展是政府政绩衡量、干部考核和人事决策体系中的主导目标，中国各级政府都将地方经济增长作为重点推进目标。为了防止地方政府对经济发展的过度追求，淡化GDP在政府责任目标制中的压倒性权重，环境保护、社会发展等目标也被引入政府的绩效衡量标准。② 胡鞍钢等人分析了从"六五"到"十一五"五年计划的转型过程，发现五年计划在目标设定上由以经济目标为主转向以公共服务目标为主，政府职能向公共服务不断转变。③ 杜传忠和张丽探讨了我国省级政府的不同目标偏好，得出东北和北部沿海地区更偏好提供公共物品和社会保障，长江中游和南部沿海地区则更偏好经济增长和可持续发展。④

但是，经济发展目标与环境保护目标往往相互交织，甚至是冲突的。一方面，环境规制可能通过对企业施加额外的成本，进而导致企业利润和生产率降低，最终阻碍经济增长。⑤ 另一方面，施行环境友好的政策措施可能会产生新的经济机会，提高资源效率，吸

---

① 马亮：《目标治国、绩效差距与政府行为：研究述评与理论展望》，《公共管理与政策评论》2017年第2期。

② Heilmann, S. and O. Melton, "The Reinvention of Development Planning in China, 1993-2012", *Modern China*, 2013, 39(6), pp.580-628.

③ 胡鞍钢、鄢一龙、吕捷：《中国发展奇迹的重要手段——以五年计划转型为例（从"六五"到"十一五"）》，《清华大学学报》（哲学社会科学版）2011年第1期。

④ 杜传忠、张丽：《多重目标约束下我国省级地方政府效率评价——基于偏好型DEA模型的实证分析》，《中国经济问题》2015年第6期。

⑤ Feiock, Ronald C., and Christopher Stream, "Environmental Protection Versus Economic Development: A False Trade-off", *Public Administration Review*, 2001, 61(3), pp.313-321.

引投资,从而促进经济增长。① 环境库兹涅茨曲线模型表明,在发展中国家,环境质量与经济发展之间存在一个长期的冲突阶段,中国作为世界上最大的发展中国家之一,经常面临环境保护与经济发展之间的权衡。② 在过去几十年里,中央政府运用晋升锦标赛体制激励地方政府实现经济增长的主要目标,这也导致了地方政府的"逐底竞争"。20世纪80年代至21世纪初,这种"逐底竞争"对环境和公民健康造成了严重破坏。为应对日益严重的环境污染问题,中央政府自20世纪末出台了一系列环境规制政策,并将环保目标纳入干部考核体系。

在上述背景下,中国地方政府既承担着环境治理的责任,也面临着经济发展的目标要求,面对多元的冲突性目标,省级政府有时采取策略性的目标设定行为。杜娟和易洪涛指出,一个城市的经济增长目标与环境保护绩效之间存在负向关系。③ 类似研究也发现,地区流域的污染问题是政治领导人为实现经济发展的有意识选择,当政治家有强烈的增长激励时,地方领导人会欢迎所在地区的污染企业。④ 概言之,在面对来自中央的多重目标时,地方政府会"理性"地追求考核比重较大、容易观测且对自己更为有利的目标,而忽视考核比重较小、不易观测、会损害自身短期利益的目标。⑤

---

① Dechezlepretre, Antoine, and Misato Sato, "The Impacts of Environmental Regulations on Competitiveness", *Review of Environmental Economics and Policy*, 2017, 11(2), pp.183-206.

② Karplus, Valerie J., Junjie Zhang, and Jinhua Zhao, "Navigating and Evaluating the Labyrinth of Environmental Regulation in China", *Review of Environmental Economics and Policy*, 2021, 15(2), pp.300-322.

③ Du, Juan, and Hongtao Yi, "Target-Setting, Political Incentives, and the Tricky Tradeoff between Economic Development and Environmental Protection", *Public Administration*, 2022, 100(4), pp.923-941.

④ Jia, Ruixue, "Pollution for Promotion", *The Journal of Law, Economics, and Organization*, October 1, 2024, ewae025.

⑤ 杨瑞龙、章泉、周业安:《财政分权,公众偏好和环境污染——来自中国省级面板数据的证据》,《中国人民大学经济学院经济所宏观经济报告》,2007年。

目标设定的边界效应:省级政府设定经济与环保目标的策略性行为研究 ■

　　针对多重目标下省级政府作出的"选择性"的"理性"行为,学者探讨了以下几种可能的影响因素。首先,政府目标责任制为各种目标设定提供了制度环境。作为一套囊括了目标内容、价值和权重的关于评价目标和评价结果奖惩的人事规则,政府目标责任制的运作核心是构建目标体系和实施考核,进而用责任—利益连带关系治理政府与社会。① 中央政府采用政府目标责任制,将财政和人事激励措施逐级传递到地方政府,地方政府在绩效合同的基础上开展工作,并受制于自身和上级共同设定的一系列目标。② 在共同制定绩效合同的过程中,受上级政府和下级政府之间信息不对称③、中国长期沿用的"属地管理"和行政发包制④的影响,地方政府可能会采取风险最小化、目标重构⑤、目标替代⑥、隐藏实力⑦等策略,上级政府可能采取目标数量化、一竿到底、"一票否决"和"关笼子"等措施。⑧

　　其次,与政府目标责任制相关的激励机制和目标导向文化也深刻影响了省级政府的目标设定。地方政府有时不仅仅被动地接

---

① 王汉生、王一鸽:《目标管理责任制:农村基层政权的实践逻辑》,《社会学研究》2009 年第 2 期。
② Gao, J., "Governing by Goals and Numbers: A Case Study in the Use of Performance Measurement to Build State Capacity in China", *Public Administration and Development*, 2009, 29(1), pp. 21-31.
③ Huang Y, "Managing Chinese Bureaucrats: An Institutional Economics Perspective", *Political Studies*, 2002, 50(1), pp. 61-79.
④ 周黎安:《行政发包制》,《社会》2014 年第 6 期。
⑤ Leng N., and Zuo C., "Tournament Style Bargaining within Boundaries: Setting Targets in China's Cadre Evaluation System", *Journal of Contemporary China*, 2022, 31(133), pp. 116-135.
⑥ Bohte J., and Meier K. J., "Goal Displacement: Assessing the Motivation for Organizational Cheating", *Public Administration Review*, 2000, 60(2), pp. 173-182.
⑦ Barry Naughton, "Hierarchy and the Bargaining Economy: Government and Enterprise in the Reform Process", *Bureaucracy, Politics, and Decision Making in Post-Mao China*, 1992, pp. 245-279.
⑧ 艾云:《上下级政府间"考核检查"与"应对"过程的组织学分析——以 A 县"计划生育"年终考核为例》,《社会》2011 年第 3 期。

受上级下达的目标,也会主动设定更高的目标水平[1],以自下而上地表现自己,抓住稀缺的晋升机会。[2] 梁珈琪对省级政府的实证研究发现,和中央政府关系紧密的官员为了谋求晋升,会更卖力地实现节能减排目标。她还发现,"十一五"规划开始涵盖环境保护目标,但是仅影响被考核和显示度高的目标(如空气污染物浓度),未考核和显示度低的目标(如水污染)则没有受到影响,说明中央政府的目标设定对地方政府的行为产出具有重要影响。[3] 此外,省级政府进行目标设定时,除了考虑中央政府提供的基本评价目标外,还需要考虑个别省级领导人的偏好[4]和去年的目标值[5],最终由省级政府部门为省内城市制定具体的细化目标并将其告知市级政府。

综上所述,政府目标责任制、官员主观偏好、政治晋升需求等因素在省级政府的目标设定中均发挥着重要角色。然而,上述研究往往忽略了城市地理位置对省级政府目标设定的影响,且未将污染负外部性带来的边界效应纳入考量。据此,本文引入地理位置因素,提供了研究有关省级政府目标设定的新视角,尝试回答下述问题:省级政府如何利用地理位置设定多重目标,以完成经济发展和环境保护的任务。

---

[1] Ma, Liang, "Performance Feedback, Government Goal-Setting and Aspiration Level Adaptation: Evidence from Chinese Provinces", *Public Administration*, 2016, 94(2), pp. 452-471.

[2] Chen Y., Li H., and Zhou L. A., "Relative Performance Evaluation and the Turnover of Provincial Leaders in China", *Economics Letters*, 2005, 88(3), pp. 421-425.

[3] Liang J., "Who Maximizes (or Satisfices) in Performance Management? An Empirical Study of the Effects of Motivation-Related Institutional Contexts on Energy Efficiency Policy in China", *Public Performance & Management Review*, 2014, 38(2), pp. 284-315.

[4] 傅强、王庆宇、张兴敏:《环境规制引起了跨境河流污染的"边界效应"吗?——基于省级政府环境管制行为的视角》,《世界经济文汇》2019年第6期。

[5] Leng N. and Zuo C., "Tournament Style Bargaining within Boundaries: Setting Targets in China's Cadre Evaluation System", *Journal of Contemporary China*, 2022, 31 (133), pp. 116-135.

三、理论框架

目标是政府期望在未来达到的结果或状态,它既是政府工作的"指挥棒",也是解释政府行为的关键变量。中国在一定程度上采取"目标治国"体制①,设置了经济增长、节能减排、学有所教、劳有所得等多个政府目标,并通过经济增长率、节能减排量、九年义务教育覆盖人数等具体目标进行衡量与考核。因此,理解我国中央政府和省级政府的目标设定,以及地方政府面对多元目标时的权衡行为,就具有重要的理论价值和实践意义。

以五年规划为例,作为中国政府管理体制的核心组成部分,五年规划通过部门划分、逐级摊派和层层分解而得以贯彻落实,成为政府绩效评价与管理的主要抓手,其制定与实施被视为整体知识生产与使用的过程,即政府通过有意识地运用整体知识,制定国家规划,引导资源配置,从而实现国家发展目标,推动经济社会持续健康发展。② 综上可见,目标在我国国家治理中居于核心地位,这些目标既框定了政府的关注领域和目标范围,也明确了政府的努力方向和发展程度,能够推动政府的经济增长和社会发展。

在实践中,我国中央政府的目标经历了一个动态变化的过程。在以经济建设为中心的发展型国家,"GDP至上"的政绩观大行其道,经济增长成绩在政府目标责任考核中牢牢占据着主导位置③,

---

① 马亮:《目标治国、绩效差距与政府行为:研究述评与理论展望》,《公共管理与政策评论》2017年第2期。
② 吕捷、鄢一龙、唐啸:《"碎片化"还是"耦合"? 五年规划视角下的央地目标治理》,《管理世界》2018年第4期。
③ Li H., and Zhou L. A., "Political Turnover and Economic Performance: the Incentive Role of Personnel Control in China", *Journal of Public Economics*, 2005, 89(9-10), pp.1743-1762.

说明经济发展一直是我国中央政府的重点目标。自改革开放以来,我国中央政府便致力于经济建设,对地方官员的提拔标准从以政治表现为主转变成注重经济绩效,也体现了中央对经济目标的重视。然而,随着经济粗放型增长模式的普遍应用,我国的资源及环境问题日渐突出,污染排放和资源消耗逐渐走向环境可承载的边界。《中国环境经济核算研究报告2004》显示,2004年,全国因环境污染造成的经济损失为5 118亿元,占当年GDP的3.5%;当年全国环境污染的治理成本为2 874亿元,占当年GDP的1.8%。

面对上述问题,中央政府开始将环境保护目标纳入国家发展目标体系。2001年,"十五"计划首次将环保问题上升到国家整体规划的层面,具体规定了主要污染物总量减排10%的目标。遗憾的是,预期性目标的设定并未对地方官员形成有效约束,地方工业二氧化硫的排放不仅没有降低,反而有所反弹[1],环保目标未能实现。2003年,胡锦涛同志提出了"科学发展观"理念,强调经济发展的全面、协调和可持续,在考察GDP增长的同时考核城镇居民人均可支配收入、环境保护和生态建设等其他目标,中央政府的目标设定逐渐转变。2005年12月,国务院发布了《国务院关于落实科学发展观加强环境保护的决定》,明确提出要将干部的污染减排绩效作为其任用选拔以及奖惩的依据之一;2006年,《国民经济和社会发展第十一个五年规划纲要》首次明确具体的环境目标,提出要把主要污染物排放总量减少10%;随后,国家环保总局(现为国家生态环境部)与各省、自治区、直辖市签订了《"十一五"主要污染物总量削减目标责任书》,环境目标约束被正式纳入各级政府官员的考核目标中;在2007年国务院颁布的《主要污染物总量减排考核办法》中,中央政府通过增加环保考核问责制和"一票否决"制,

---

[1] 崔亚飞、刘小川:《中国省级税收竞争与环境污染——基于1998—2006年面板数据的分析》,《财经研究》2010年第4期。

进一步增强了对地方干部污染物减排实绩考核的力度。至此,我国中央政府的环境目标不断强化,环境保护成为目标设定的关键维度。

在政府目标责任制的制度环境中,政府的目标和责任是在多层级的纵向结构中,通过行政手段一级一级往下摊派和施压来实现的,中央政府的目标设定也将影响省级政府对目标的细化和分配。具体来说,市级政府接收到的目标经过中央和省两个层次,中央政府负责制定宏观的政策方针,并且把政策目标、标准"发包"给省级政府,省级政府经政策细化后再把政策分解、"发包"给各市政府,即"逐级发包制"。在这一过程中,目标的落实监督通过责任制得以实现。以环境目标为例,国家环保总局和国家发展和改革委员会分别代表国务院与各省政府就减排目标和节能目标签订目标责任书,将目标列入地方政府的绩效考核范围;省级政府随即层层签订责任状,将目标逐级分解落实。因此,地方政府的目标设定与中央政府的目标存在密切关联。

受到中央目标设定的影响,我国省级政府的主要目标包括促进经济发展和提供完善的公共产品,本文聚焦于经济目标和环境目标两方面。在经济目标上,作为政府绩效评价的关键目标、上级政府官员实现有效激励和管理下级官员的主要抓手,经济目标一直是我国各级政府的关注重点,每年的政府工作报告也会设定较为明确的经济增长目标。除此之外,地方政府还会对能增加财政税收的土地开发、转让和基础设施建设等经济活动给予特别关注,并动用行政力量将大量资金引入其中。① 在环境目标上,由于污染减排目标被纳入省级干部晋升的约束目标,省级政府有动力细化环保目标并尽可能完成中央设定的环保目标,例如,省级政府需

---

① Albert Park, Scott Rozelle, Christine Wong, and Changqing Ren, "Distributional Consequences of Reforming Local Public Finance in China: Evidence from Shanxi", *China Quarterly*, 1996, 147, pp.751-778.

要确定省空气质量改善、污染物排放、退耕还林目标等。基于上述逻辑,省级政府同时面临经济发展与环境保护的双重目标。为了更好地完成中央的目标和任务,省级政府充分运用省内城市的地理位置差异,对省边界城市和非省边界城市设定"因人而异"的污染减排目标。

综上所述,本研究从中央与省级政府面临的经济发展与环境保护目标出发,构建了中央—省共同促进的目标设定理论框架图(图1)。需要阐明的是,本研究的"目标设定"聚焦于省级政府,关注的是省级政府在多重目标的压力下,如何运用地理空间因素设定具体目标。省级政府向上接受中央政府设定的多重目标,向下将多重目标分解细化给省内城市,因此,本研究也将中央政府和省边界城市、省非边界城市纳入理论框架。

本文的理论框架图包含三层逻辑:一是目标设定的纵向发包逻辑,中央政府是初始目标的制定者,将目标传达给省级政府,省级政府再细分目标分配给市级政府;二是目标设定的权责逻辑,在我国的分权体制下,中央政府自上而下地对省级政府监督,省级政府自下而上地对中央政府负责;三是目标设定的地方策略选择逻辑,面对可能存在冲突的经济和环境目标,省级政府基于地理位置因素采取了如下的策略性行为,即在省边界城市设定与非省边界城市相差无异的 GDP 增长目标和显著低于非省边界城市的污染减排目标。本文的理论框架图描述了这样一种情境:在我国的分权体制下,中央政府确立、设定有关经济发展和环境保护的目标,然后将其层层传递下去。面对经济发展和环境保护的多重目标要求,省级政府在目标设定的宏观层面与中央政府保持一致追求,而在目标设定的具体目标和权重上拥有一定自主性。当省级政府接收到中央制定和传达的目标后,它对目标进行内容细化和目标分配,具体表现为对非省边界城市设定较严格的环保目标,对省边界城市设定更宽松的环保目标(更低的污染减排目标)。这一基于城市地理位置的目标设定策略性行为驱使污染企业转移到省边界城市,省级政府借助污染的负外部性享受全部经济效益和最小污染治理成本,以便有效地完成中央制定的目标。同时,中央政府对省级政府的目标实施进行监督考核,省级政府则需要向上对中央政府负责。据此,提出本文研究假设:当政府目标或目标的维度从单一扩展到多个,甚至相互冲突时,省级政府在省边界城市和非省边界城市设定大致相同的经济发展目标,在省边界城市设定更低的环保目标。换言之,在省域范围内,省边界城市和非省边界城市GDP增长目标相差不大,但环保目标存在较大差异。

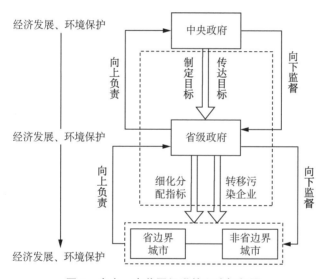

图1　中央—省共同促进的理论框架图

四、实证分析

本研究参考卡恩等人的界定方式,构建城市地理位置的边界程度。具体而言,以所在市下辖位于省界地区的县级行政单位个数除以该市下辖县级行政单位总数,计算出该市的边界指数。[①]具体如式(1)所示,其中,$city\_border_i$为城市i的边界指数,n_i为城市i下辖与外省相邻的县(区)数量,N_i为城市i下辖所有县(区)总数。$city\_border_i$为0—1的连续变量,其越大代表该城市边界指数越高,边界程度越强。本研究计算得出的城市边界指数在一定程度上反映了城市的地理属性,边界指数高的城市,说明该市下辖县级行政单位中位于省界地区的数量多,也就意味着城市可能与周边省市存在更为密切的地理空间联系,城市地理位置处于多个省的交界处。

$$city\_border_i = \frac{n_i}{N_i} \qquad (1)$$

为了进一步探讨省级政府是如何运用地理空间因素设定多重目标,以完成中央的多重目标要求的,本文以"十二五"期间的GDP增长率和氮氧化物(NO_x)削减比例这一环保目标为例,通过比较省内非边界城市和边界城市的GDP增长率和NO_x削减比例,检验研究假设。

基于边界指数对边界城市进行不同的定义,具体如下:(1)边界指数大于0,即为边界城市。这意味着只要该城市下辖的县中有一个位于省边界,该城市就被定义为边界城市。(2)边界指数大于0.25,即为边界城市。这意味着该城市下辖的县中有四分之一的县位于省边界,该城市就被定义为边界城市。(3)边界指数大于0.5,即为边界城市。这意味着该城市下辖的县中有一半以上的县位于省边界,该城市就被定义为边界城市。(4)边界指数大于0.75,即为边界城市。这意味着该城市下辖的县中有四分之三的

[①] Kahn M. E., Li P., and Zhao D., "Water Pollution Progress at Borders: The Role of Changes in China's Political Promotion Incentives", *American Economic Journal: Economic Policy*, 2015, 7(4), pp.223-242.

县位于省边界,该城市就被定义为边界城市。

如图2显示,在对边界城市提出更严格的界定条件下,省边界城市和非省边界城市在GDP增长率上并无显著差异,说明边界指数和GDP增长率没有明显相关性。然而,如图3显示,边界指数和减排目标之间存在显著的负相关。随着我们对边界指数临界值的赋值不断提高,非省边界城市与省边界城市在NO_x减排目标上的差距也逐渐扩大。以0.75的边界指数作为省边界城市与非省边界城市的区分,此时两类城市在地理空间区位上存在明显区别,省边界城市的地理属性尤为突出。假设省边界城市下辖县级行政单位的总数为4,那么在4个县级行政单位中至少有3个县级行政单位位于省界地区。在这种情况下,非省边界城市的NO_x减排目标远远高于省边界城市的减排目标。具体而言,省边界城市仅需满足2%左右的NO_x削减比例,而非省边界城市需要达到近8%的NO_x削减比例,接近前者的4倍。由此可见,省级政府对非省边界城市的环保目标远高于省边界城市。因此,我们可以证明:在

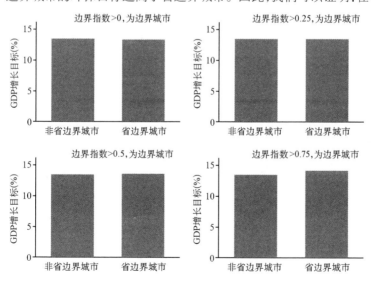

图2 省边界城市和非省边界城市的GDP增长目标

省域范围内,省边界城市和非省边界城市的GDP增长目标相差不大,但环保目标存在较大差异。背后体现了省级政府基于城市地理位置作出的策略性行为,一定程度上也验证了目标设定过程中的边界效应。

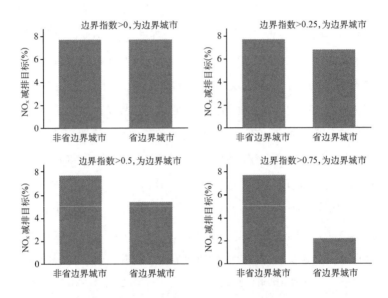

图3　省边界城市和非省边界城市的氮氧化物(NO_x)减排目标

更为精确地,我们将GDP目标和污染物减排目标作为被解释变量,将边界指数作为解释变量进行回归分析。表1汇报了GDP增长率目标和NO_x减排目标与省边界指数的OLS回归结果。第1列和第2列的结果显示,省边界指数与GDP目标没有显著相关性,但省边界指数与环保目标有显著负相关关系。在控制其他变量不变的基础上,省边界指数每增加1个单位,NO_x减排目标将下降7.995%,并且具有较显著的负相关关系。

表1 GDP增长率目标和 NO_x 减排目标与省边界指数的OLS回归结果

	GDP增长率目标		NO_x减排目标	
	(1)	(2)	(3)	(4)
省边界指数	0.415	0.374	−7.995**	−7.704*
	(0.853)	(0.836)	(3.769)	(3.772)
县级行政区数	—	−0.090*	—	0.555**
	—	(0.052)	—	(0.256)
N	291	291	251	251
adj. R^2	0.0015	0.0100	0.0142	0.0258

除此之外,"十三五"期间省级政府在节能减排环保领域作出的目标设定具体要求,同样验证了我们的假设。2016年,我国颁布《国民经济和社会发展第十三个五年规划纲要》。其中,第四十四章以"加大环境综合治理力度"为主题,从大力推进污染物达标排放和总量减排、防控环境风险、加强环境基础设施建设、改革环境治理基础制度等方面着手,提出针对饮用水不安全和空气、土壤污染等突出环境问题的治理措施。"十三五"规划在大力推进污染物达标排放和总量减排方面,明确规定"推进挥发性有机物排放总量控制",体现了中央政府自上而下地设置环保目标。以治理水污染为例,规划提出要加强重点流域、海域综合治理,严格保护良好水体和饮用水水源;推进水功能区分区管理,使主要江河湖泊水功能区水质达标率达到80%以上;同时,对沿海和汇入富营养化湖库的河流沿线所有地级及以上城市,实施总氮排放总量控制。以上"大力推进污染物达标排放和总量减排"的目标,一方面反映了我国对环境保护的重视,另一方面也体现了本文理论框架中的目标设定纵向逻辑,即环保目标是由中央政府进行宏观设定的,一般具有系统性和模糊性特点,需要省级政府细化目标。

面对中央政府的纲领性目标指示,各地方政府接受目标并作出回应(表2)。陕西省人民政府发布《陕西省"十三五"节能减排综合工作方案》《陕西省"十三五"生态环境保护规划》的通知;吉林省根据《吉林省"十三五"节能减排综合实施方案》《吉林省环境保护"十三五"规划》,制定了全省2020年主要污染物总量减排计划,要求全省2020年氮氧化物排放总量控制在41.2万吨以内,比2015年下降18%;江苏省人民政府按照《国务院关于印发"十三五"节能减排综合工作方案的通知》,制定了《江苏省"十三五"节能减排综合实施方案》,并向13个省辖市下达目标各有不同、目标各有侧重的生态文明建设工程五年目标书。其中,目标书对无锡、南通、常州等非省边界城市提出了高生态文明水平的建设要求,对省边界城市徐州则只要求生态城市创建总体达到国家标准。青海省人民政府发布《青海省"十三五"节能减排综合工作方案》,并在2018年印发《青海省打赢蓝天保卫战三年行动实施方案(2018—2020年)》,持续推进全省污染物总量减排工作;云南省人民政府在发布《云南省"十三五"节能减排综合工作方案》《云南省环境保护"十三五"规划纲要》后,相继与16个州(市)政府签订了减排目标责任书。

在上述省级政府的回应行为中,本文归纳了以下两个共性特点。第一,目标细化。各省级政府均结合地方实际,根据中央政府的节能减排目标制定了具体实施方案,包括明确全省化学需氧量、二氧化硫排放总量、氨氮和氮氧化物排放总量,以及确定各市区化学污染物排放总量的控制计划。第二,责任压实。一方面,省级政府的目标设定是对中央政府总体环保目标的落实和负责,省级政府与国家环保总局签署的"十三五"减排目标责任书体现了这一向上负责的逻辑;另一方面,省级政府向省内各级政府传递并细化目标,通过与市级政府签订污染物总量减排目标责任书与目标考核,向下压实目标责任,抓好贯彻落实。

表2 地方政府目标分配与设定的相关文件(部分)

省级政府	省级政府目标分配的相关文件
陕西省	《陕西省"十三五"节能减排综合工作方案》
	《陕西省"十三五"生态环境保护规划》
吉林省	《吉林省"十三五"节能减排综合实施方案》
	《吉林省环境保护"十三五"规划》
江苏省	《江苏省"十三五"生态环境保护规划》
	《江苏省"十三五"节能减排综合实施方案》
青海省	《青海省"十三五"节能减排综合工作方案》
	《青海省打赢蓝天保卫战三年行动实施方案(2018—2020年)》
云南省	《云南省"十三五"节能减排综合工作方案》
	《云南省环境保护"十三五"规划纲要》

"十三五"期间,省级政府对省内城市的目标设定再次证明了本文的研究假设,即省边界城市和非省边界城市在GDP增长率上并无显著差异,而在环保目标上存在较大差异,省边界指数与环保目标有显著负相关关系。通过分析各省级政府对下辖市级政府氮氧化物排放总量的控制计划,本文发现大部分省级政府都对省边界城市设定较低的NO_x排放控制量,而对省内非边界城市设定较高的NO_x排放控制量。以陕西省为例,陕西省下辖西安市、铜川市、宝鸡市、咸阳市、汉中市、榆林市、延安市等10个市级行政单位。其中,西安市和铜川市的边界指数为0,榆林市的边界指数为0.83,在以0.75为边界城市临界值的严格分类下,可以将西安市和铜川市界定为典型的非省边界城市,将榆林市视为典型的省边界城市。据《陕西省"十三五"节能减排综合工作方案》可知,陕西省对西安市和铜川市2020年氨氮排放总量的控制量目标分别为61 912吨和40 182吨,对省边界城市榆林市的控制目标则设定为133 901吨,远远超过前两类非省边界城市,榆林市需要承担的减

排压力远远低于非省边界城市。

基于现实实践,本文再次证明了地理位置与多重目标设定的关系。地理位置上处于省边界地带的城市往往具有更宽松的环保目标和更低的污染物排放目标要求,位于省内核心地带的城市则具有更严格的环保目标和更高的减排目标要求,两者的 GDP 增长目标几乎一致。客观的目标结果反映了省级政府在多重目标压力下的主观行为:考虑到污染的负外部性特质,省级政府在省边界城市设定较低的环保目标。这一策略性行为促使高污染的经济活动向省边界地区集中,其隐含的后果是污染物外溢到相邻省份,省级政府在获得全部经济效益的同时降低了污染治理成本,从而更有效地达到中央政府制定的经济发展与环保目标。

五、结论与讨论

本研究发现,平均而言,省边界城市和非省边界城市的 GDP 增长目标几乎一致,但环保目标存在较大差异,省边界城市的环保目标(如 NO_x 削减比例)显著低于非省边界城市。究其原因,根本在于城市地理位置会影响省级政府的多重目标设定。当中央政府将环境保护纳入国家发展目标并实施减排政策后,污染物减排成为地方政府需要考虑的新目标。为平衡经济发展与环境保护两类可能存在冲突的目标,以省一级为代表的地方政府不得不采取策略性行为。得益于省边界城市污染物的负外部性特征,省级政府能够为省边界城市分配更低的污染减排目标,从而推动污染企业向边界城市流动,以获取全部的经济效益而承担较少的污染成本。这一策略性行为通过省内城市的差异化目标对外呈现,即省边界城市较非省边界城市拥有更低的减排目标。

在具体分析中,本文首先提供了一个基于中央—省共同促进的目标设定理论框架,通过目标设定的三层逻辑理解省级政府的策略性行为。其次,本文进行定量分析,计算了各城市的边界指数,将其与"十二五"期间氮氧化物的削减比率目标进行比对和实证分析,结果验证了地理位置差异和多重目标设定的内在联系。最后,结合"十三五"期间各省级政府在节能减排环保领域作出的目标设定和目标分配予以证明。

综上,本文主要探讨省级政府设定经济增长目标与环境保护目标时的策略性行为。与已有的关注晋升激励、省级政府领导人偏好的研究不同,本文跳出省级政府内部的行政人事框架,在省域范围内解释城市地理位置与多重目标设定的联系,补充了既有关于目标设定影响因素的文献,并为地方政府如何处理经济发展与环境保护两类相互冲突的目标提供了新证据。本文的发现突出了城市地理位置在公共行政研究中的重要性,并表明了在环境领域地方政府协同治理的重要性。此外,本文通过建立一个综合框架并分析省级政府的目标设定过程,丰富了公共组织目标设定的相关文献。以各级政府为代表的公共组织往往以模糊的方式阐明使命并设定目标,而中国省级政府基于政府目标责任制的制度背景,成功嵌入有关经济发展与环境保护的明确目标,其蕴含了问责逻辑、权责逻辑的多重目标设定过程,有助于检验、修正、丰富在西方国家发展起来的公共组织理论。

需要指出的是,本文的发现仅仅意味着一个局部均衡。也就是说,如果所有省级政府都采用同样的策略性行为,即在省边界地区设定更低的环保目标,国家层面的环境质量就难以得到改善,我国并未实现环境与经济双重目标的平衡,因为所有的省际边界仍然位于国家的领土范围内。从长期看,以邻为壑的区域环境治理政策最终会使边界地区成为各辖区的污染集中地,对改善整体环境福利的贡献微乎其微。同时,本文关注的是作为中间层次的省级政府,主要研究的也是省级政府在目标细化和目标分配过程中的策略性行为,对市级政府接受目标设定、允许污染企业转移的原因机制缺乏深入探讨。市级政府领导人默认行为的背后,是否受到"绩效论"[①]"关系论"[②]"多元政绩竞争"[③]等因素的影响;省级政府运用何种激励实现市级政府领导人对污染企业转移的服从;对于省级政府的分配目标,省边界城市和非省边界城市具体又作出了哪些权衡协调行为……以上的原因机制和更为细微的政治互动过程将留待后续研究的开展与发现。最后,目标设定是一个涉及多个主体、多元价值的复杂过程,除了多重目标设定的影响因素,不同层级的政府在目标选择、目标优先顺序、目标阐述以及其他目标设定过程中的策略性行为也可能存在差异。未来研究可以进一步探讨上述问题,以丰富我们对中国公共治理过程的内在机制的认知。

---

① Bo Z., "Economic Performance and Political Mobility: Chinese Provincial Leaders", *Journal of Contemporary China*, 1996, 5(12), pp.135-154.

② Shih, V., Adolph, C., and Liu, M., "Getting ahead in the Communist Party: Explaining the Advancement of Central Committee Members in China", *American Political Science Review*, 2012, 106(1), pp.166-187.

③ 罗党论、佘国满、陈杰:《经济增长业绩与地方官员晋升的关联性再审视——新理论和基于地级市数据的新证据》,《经济学》(季刊)2015年第3期。

环保不作为如何影响城市碳减排?
——来自中国 185 个地级市的证据

田昊扬[*]　刘佳雪[**]

[内容摘要]　本研究基于 185 个地级市 2009—2019 的环保相关数据,运用 fsQCA 方法,分析禀赋异质、环境规制和环保不作为对城市碳排放强度的影响,得到如下结论:(1)单变量一致性水平检验表明,任意单一条件变量均不构成实现城市碳减排的必要条件与充要条件;(2)组态分析进一步发现,存在三种不同类型的路径促成城市碳减排,包括禀赋内生依赖型、规制诱致变迁型、环保廉洁驱动型。其中,环保廉洁驱动型的组态数量占比最大,环保不作为对城市碳排放加剧发挥着关键性作用;(3)禀赋内生依赖型的适用性低且存在与污染红利效应互相转化的风险,规制诱致变迁型的影响效果存在不确定性且对制度环境质量等辅助性条件变量存在要求。相比之下,环保廉洁驱动型是实现城市碳减排的重要推广路径。未来需重视环保不作为问题对城市环境治理的影响,提升环保部门的廉洁度,地方政府应结合城市禀赋优势与制度环境采取因地制宜的碳减排策略。

[关键词]　环保不作为;环境规制;禀赋异质;碳减排;QCA

---

[*]　田昊扬,复旦大学国际关系与公共事务学院 2020 级国际政治专业博士生。
[**]　刘佳雪,上海财经大学中国公共财政研究院研究助理。

一、问题的提出

城市治理是减缓气候变化的关键所在,近年来,中国在城市碳减排方面取得了举世瞩目的成就,在减缓全球气候变化方面发挥着日益重要的标杆作用。① 城市碳减排的驱动因素因地而异,但仍有必要总结已实现减排城市的治理经验和教训,为其他城市的政策制定者提供参考,从而引领中国全面达成"双碳"目标,进一步实现全国城市绿色转型发展。从影响城市发展方式转变的驱动因素来看,城市绿色转型与产业结构调整同时受内生性的禀赋异质与外部性政策规制影响②,城市禀赋异质与环境规制均对其存在显著的门槛效应③,二者共同构成城市转型的核心解释变量。禀赋异质指城市自身固有的自然资源体量与污染吸收能力的差别,属于短时间内难以改变的内生变量。环境规制则指政府根据相应的规则出台一系列综合的环保政策④,对城市实行的一种外部干预,属于外生变量。大量研究已证实,禀赋异质与环境规制是影响城市可持续发展与转型的关键因素。

然而,近年来频繁曝光的环保不作为事件极大影响了环境规制的实际效果,导致环保政策失灵,作为代理人的治污者反而变为阻滞碳减排的"污染源"。作为环境规制的制定者与实施者,政治代理人在其本性中便包含着自利倾向,理性的代理人极有可能利

---

① 林伯强、孙传旺:《如何在保障中国经济增长前提下完成碳减排目标》,《中国社会科学》2011年第1期。
② 范玉波、刘小鸽:《基于空间替代的环境规制产业结构效应研究》,《中国人口·资源与环境》2017年第10期。
③ 李虹、邹庆:《环境规制、资源禀赋与城市产业转型研究——基于资源型城市与非资源型城市的对比分析》,《经济研究》2018年第11期。
④ 赵玉民、朱方明、贺立龙:《环境规制的界定、分类与演进研究》,《中国人口·资源与环境》2009年第6期。

用其代理人的优势谋取私利。这种通过以权谋私的代理人行为，违反了公共利益最大化的原则，将个人利益凌驾于公共利益之上，被视为不作为或腐败。① 本文的不作为主要指两个方面：一是怠慢、避责和挪用专项资金等不作为的现象；二是在环保领域滥用职权、腐败受贿等乱作为的行为。擅自挪用环保专项资金，一般指利用委托代理人的职务便利对国家政令或法律规定的环保专项资金进行侵占并挪作他用。从已有的环保不作为的案件来看，这类挪用公款的不作为现象发生频率很高，是环保不作为的主要内容之一。② 受贿是指利用职权贪污索贿或进行权色交易。从寻租理论的视角来看，在政府利用正向（如政府环保补助）或负向（如征收环保税）环境规制干预市场行为时，市场主体极有可能为了获取环保补助或逃避税费而寻求政府庇护。为了实现利益最大化，它们往往不会选择改进生产方式等成本较高的途径减小污染的负外部性，而是通过寻租增强与环保官员的政治联系。③

从上述现实情况来看，环保不作为关系着城市环境治理的成效，城市环境治理不能仅仅关注碳减排的政策内容制定，还应该重视和研究环保官员作为代理人的行为决策问题。一方面，已有研究认为所有政府人员的不作为均可能对城市经济发展产生较弱的负作用④；另一方面，作为环境治理主体，环保部门公务人员的不作为更可能直接阻碍环保政策的实施与落地。相较于政府其他部门人员腐败，环保部门公务人员受贿或直接挪用环保款项等行为的影响更甚。遗憾的是，现有的研究并没有对中国政府的环保不

---

① 李春成：《信息不对称下政治代理人的问题行为分析》，《学术界》2000年第3期。
② 竹立家：《从环保腐败看行政执行力》，《人民论坛》2007年第5期。
③ 林润辉、谢宗晓、李娅等：《政治关联、政府补助与环境信息披露——资源依赖理论视角》，《公共管理学报》2015年第12期。
④ Glaeser L. E. and Kahn E. M., "The Greenness of Cities: Carbon Dioxide Emissions and Urban Development", *Journal of Urban Economics*, 2009, 67(3), pp. 404-418.

作为与城市环境治理(如碳减排)二者间的关系进行探讨,为数不多的文献也仅仅停留于对环保不作为这一现象的描述与批判。另外,大量学者验证了禀赋异质与环境规制对绿色全要素生产率[1]、生产技术进步[2]、产业结构调整[3]、技术创新[4]等城市经济指标的影响,但鲜有学者直接研究上述变量与城市碳减排的关系。

基于现实问题与已有文献的缺憾,本文试图从环保不作为的角度入手,探讨中国城市碳减排的驱动因素,为该领域研究提供一个新的视角,有利于丰富城市环境治理的研究。我们从中国裁判文书网全面检索环保不作为案件,手工整理出中国185个地级市2009—2019年的环保不作为数据,构建了中国环保官员不作为数据库,利用所掌握的一手数据检验禀赋异质、环境规制、环保不作为对城市碳减排的影响,并采用QCA方法探究上述三个变量对城市碳减排的影响机制。

二、文献述评与理论分析

(一)中国城市碳排放的影响因素分析

在"碳中和"背景之下,中国作为发展中国家的代表,正面临着碳减排方面的国际压力,如何在不影响城市经济社会发展的同时实现碳减排成为近年来的重要议题。

---

[1] 李玲、陶锋:《中国制造业最优环境规制强度的选择——基于绿色全要素生产率的视角》,《中国工业经济》2012年第5期。
[2] 张成等:《环境规制强度和生产技术进步》,《经济研究》2011年第2期。
[3] 原毅军、谢荣辉:《环境规制的产业结构调整效应研究——基于中国省际面板数据的实证检验》,《中国工业经济》2014年第8期。
[4] 蒋伏心、王竹君、白俊红:《环境规制对技术创新影响的双重效应——基于江苏制造业动态面板数据的实证研究》,《中国工业经济》2013年第7期。

从影响城市碳排放因素的类型划分来看:一方面,大量学者从城市发展的内部需求视角出发,基于Kaya恒等式①对中国城市碳排放不断增大的现象及其驱动因素进行阐释。他们认为城市工业经济发展、居民收入水平提升、能源消费需求扩大等因素会对中国碳排放产生显著影响。② 此外,随着城市的发展,城市规模及家庭消费类型也对碳排放产生显著影响。张自然等的研究表明,城市人口规模和建成区面积与城市碳排放呈正相关。③ Lian等从空间视角出发,运用泰勒(Theil)指数和空间自相关分析了家庭消费碳排放(household consumption carbon emissions, HCCEs)的中国省级时空演化特征,并运用计量模型探讨了不同区域关键影响因素和空间溢出效应。研究结果表明,固定资产投资的增加会抑制HCCEs的增长。在区域层面上,人口规模的变化显著提高了东部和中部地区的HCCEs。④ 这部分研究从经济发展驱动能源消费需求增长的角度论证了中国城市的碳排放问题为何不断加剧,强调中国碳排放与经济发展阶段的转换密切相关。在此基础之上,他们建议提高能源利用效率并适当地减缓城市经济发展速度,通过减少城市化石能源消费促进碳减排。

---

① Kaya. Y., "Impact of Carbon Dioxide Emission Control on GNP Growth: Interpretation of Proposed Scenarios", Response Strategies Working Group, Paris, France, 1990.

② 朱勤、彭希哲、陆志明等:《中国能源消费碳排放变化的因素分解及实证分析》,《资源科学》2009年第12期;王锋、吴丽华、杨超:《中国经济发展中碳排放增长的驱动因素研究》,《经济研究》2010年第2期;Juan Antonio, "Duroa Emilio Padilla. International Inequalities in Per Capita CO_2 eMissions: A Decomposition Methodology by Kaya Factors", *Energy Economics*, 2006, 28(2), pp.170-187.

③ 张自然:《城市规模、基础设施与二氧化碳排放研究》,《社会科学战线》2023年第12期。

④ Lian Y., Lin X., Luo H., et al, "Distribution Characteristics and Influencing Factors of Household Consumption Carbon Emissions in China from a Spatial Perspective", *Journal of Environmental Management*, 2024, 351, p.119564.

另一方面,聚焦于政府外部干预变量对城市碳排放的影响。王建明与王建豪发现,社会参照规范和制度技术情景等外生变量会以不同路径影响城市低碳消费。① 此外,政府对技术和能源结构的调整对城市碳排放也有重要影响。陈浩等的研究表明,能源结构优化有助于降低城市碳排放。高能耗产业,如制造业、采矿业等,通常会在生产过程中产生大量碳排放。因此,城市产业结构中高碳产业的比重越大,该城市的碳排放水平往往越高。提高能源利用效率和大力发展可再生能源是实现城市低碳发展的关键。② 安勇在中国的政治治理与土地制度框架下,从理论及实证层面深入探讨了土地资源的错配现象对城市提升碳排放效率产生了抑制效果,尤其在对中西部地区、中小城市和资源型城市的负面影响上更为明显。③

一个城市的制度环境通过影响人口规模、消费需求和产业结构等因素间接影响碳排放。④ 良好的制度环境可以吸引更多人口流入城市,提升能源需求和碳排放,但通过优化城市规划和公共交通可减轻其影响;同时,通过政策引导居民绿色消费和低碳生活方式,减少高碳排放产品的需求;此外,通过推动产业升级和限制高污染产业,促使城市产业结构向低碳方向转变。因此,制度环境在控制和降低城市碳排放中起到重要的间接作用。由此,也有学者围绕制度环境的具体措施,如禀赋异质、环境规制、环保不作为、制度质量(与规制、腐败相关的制度要素)和最佳规制强度展开讨

---

① 王建明、王俊豪:《公众低碳消费模式的影响因素模型与政府管制政策——基于扎根理论的一个探索性研究》,《管理世界》2011年第4期。
② 陈浩、郑洁:《技术进步和产业结构调整对中国碳排放强度的影响》,《商业研究》2022年第6期。
③ 安勇:《土地资源错配对城市碳排放效率的影响及作用机制研究》,《城市问题》2024年第1期。
④ 王智新、梁翠、赵景峰:《科技投入绩效、制度环境与碳排放强度》,《科学管理研究》2012年第6期。

论。① 但他们并未就环境规制对碳排放的影响达成统一看法,学者普遍认为环境规制对碳排放的影响具有不确定性。

(二)环保不作为对城市环境的影响分析

从国外的实证研究来看,绝大多数已有文献都认为环保不作为会进一步削弱环境规制的实施效果,并对城市碳减排产生显著负面影响。② 他们在上述结论的基础之上强调环境政策应该考虑到环保不作为问题,从而使政策更加有力和有效。从类型来看,环保执法不严、环保官员寻租、环保政策不落实等均被视为环保不作为,都是影响环境可持续发展的主要障碍。如果环保执法不严就会导致企业肆无忌惮地排放污染物,严重破坏了生态环境,损害了公众的生态环境权益。执法不严还可能导致公众对环保法律的信任度下降,从而影响整个社会的环保意识和行动,阻碍了绿色经济的发展。③ 环保官员寻租使得环保政策难以得到有效执行,使得一些企业得以逃避监管,继续进行污染行为,从而加剧环境问题的严重性。④ 环保政策在实施过程中由于种种原因未能得到有效执行。这可能是由于政府部门的执行力度不够,也可能是由于企业和个人对环保政策的抵触。不落实的环保政策不仅无法解决环境问题,还可能让公众对环保政策失去信心,影响环境可持续发展的

---

① 林伯强、刘希颖:《中国城市化阶段的碳排放:影响因素和减排策略》,《经济研究》2010年第8期。

② Balsalobre-Lorente D., Shahbaz M., Chiappetta Jabbour C. J., et al, "The Role of Energy Innovation and Corruption in Carbon Emissions: Evidence Based on The Ekc Hypothesis", *Energy and Environmental Strategies in The Era of Globalization*, 2019, 27(4), pp. 271-304.

③ Van Rooij B., Na L., Qiliang W., "Punishing Polluters: Trends, Local Practice, and Influences, and Their Implications for Administrative Law Enforcement in China", *China Law and Society Review*, 2018, 3(2), pp. 118-176.

④ Kolstad I., Søreide T., "Corruption in Natural Resource Management: Implications for Policy Makers", *Resources Policy*, 2009, 34(4), pp. 214-226.

进程。①

从影响机制来看,研究人员还发现,环保不作为可能会影响一个国家的经济动态,从而间接影响环境恶化,例如,排放交易中的腐败行为。② 阿西夫(Asif)等调查了1996年至2019年选定的南亚国家的政治不稳定、腐败和环境退化之间的关系,研究结果表明,腐败和政治不稳定在长期和短期内对碳排放量和生态环境恶化都有显著的正向影响。在排放交易中,腐败行为的出现会导致市场不公平竞争,使得那些遵守规则的企业面临竞争压力,腐败企业则能够以更低的价格获得排放许可,从而继续其污染行为。这种不公平的市场环境会影响整个行业的排放水平,进而加剧环境问题。此外,腐败行为还可能导致公共资源的滥用和破坏,例如,森林砍伐、矿产资源的开采等,这些行为会直接破坏生态环境,加速生物多样性的丧失。③ 环保不作为问题在中国学术界的讨论并不充分,更缺乏实证研究。冉冉认为,中国政府以纪委为核心的反腐模式存在制度障碍,这在一定程度上表明环保反腐的不足加剧了环境政策执行困境。此外,鲜有学者对环保不作为展开深入分析。④

基于对已有文献的回顾可以发现:(1)多数文献将禀赋异质与环境规制作为解释变量,用于研究它们对微观企业或行业层面变量的影响,如经济产业结构调整、产业国际竞争力、企业生产技术

---

① 凌卯亮、徐林:《环保领域行为公共政策溢出效应的影响因素——一个实验类研究的元分析》,《公共管理学报》2021年第2期。

② Sekrafi H. and Sghaier A., "Examining the Relationship Between Corruption, Economic Growth, Environmental Degradation, and Energy Consumption: A Panel Analysis in Mena Region", *Journal of the Knowledge Economy*, 2018, 9(3), pp.963-979.

③ Asif K., Sabir S., Qayyum U., "Corruption, Political Instability, and Environmental Degradation in South Asia: A Comparative Analysis of Carbon Footprint and Ecological Footprint", *Journal of the Knowledge Economy*, 2023, 32(5), pp.1-25.

④ 冉冉:《道德激励、纪律惩戒与地方环境政策的执行困境》,《经济社会体制比较》2015年第2期。

进步、企业全要素生产率(Total Factor Productivity, TFP)、企业经营绩效(Overal Performance Rating, OPR)。[1] 但鲜有文献将二者直接用于分析对城市环境的影响效应。(2)很少有文献专门针对环保不作为议题展开实证性研究,囿于缺乏量化数据,已有文献大多聚焦于现象批判层面。至于中国环保不作为对于城市环境治理的影响,目前学者们还没有专门、深入地研究。(3)与腐败相关的文献尚未专门针对环保不作为这一特定、具体的现象进行研究。因此,禀赋异质、环境规制与环保不作为对城市碳减排是否存在影响、影响效应具体如何,是中国实现"双碳"目标背景之下理论界亟待解决的基础性、前沿性的国家治理课题。

三、研究设计

(一)研究方法与样本选择

1. 研究方法

QCA(Qualitative Comparative Analysis,定性比较分析)最早被提出是在1987年瑞珍(Ragin)[2]的著作《比较方法:在定性和定量策略之外》中,随着管理学者开始在组织战略、竞争优势、制度层面的互补性等理论领域内关注复杂因果问题[3],该方法得到了越来越广泛的应用。QCA属于定量与定性混合的新兴研究范式,它

---

[1] 颉茂华、王瑾、刘冬梅:《环境规制、技术创新与企业经营绩效》,《南开管理评论》2014年第6期。
[2] Ragin, C. C., *The Comparative Method: Moving Beyond Qualitative and Quantitative Strategies*, California: Univercity of California Press, 1987, pp.12-30.
[3] Fiss P. C., "Building Better Causal Theories: A Fuzzy Set Approach to Typologies in Organization Research", *Academy of Management Journal*, 2011, 54(2), pp. 393-420.

从组态视角出发验证多个条件变量并发的因果关系。相比于传统因果推断中的单变量分析,该方法更关注条件组态(变量组合)与结果间复杂的因果关系。① 与多元线性回归、DID 等常用的因果推断计量方法相比,QCA 的目标并非估计单个变量的净效应,而是利用集合思想与布尔代数逻辑以检查结果与多个预测因子的所有二元组合关系,该方法更有助于研究者找到目标因果变量的不同组合,分析通向特定结果的不同理论路径,从而在定性和定量方法之间架起一座桥梁。②

2. 样本选择

为保证研究的客观性与可操作性,本文通过北大法宝数据库、国务院政策文件库、各地级市政府部门门户网站、各地级市环保局网站等,检索关键词为:"环境保护""污染控制""排放标准""生态建设""可持续发展"等。通过人工比对筛选,由于数据的可获得性和特异性,在保证代表性的前提下,为使研究更加可操作和可控,并确保研究结果的准确性和可靠性。最终选取了中国 185 个地级市 2009—2019 年的市一级面板数据。并进一步对所有政策文本进行清洗,包括转换为统一格式、去除标点符号、数字和停用词(那些频繁出现但对主题贡献不大的词汇,如"的""和""在"等)。共计总文本量为 1 850 份。再通过分词处理:将处理后的文本进行分词,即将连续的字符串切分成词语序列。最后进行词频统计:对每个分词后的文本,统计关键词出现的次数。然后,将每个关键词在所有文本中的总出现次数除以所有关键词总出现次数之和,得到每个关键词的相对频率,即词频比例。样本城市的选择依据如下:

---

① 杜运周、贾良定:《组态视角与定性比较分析(QCA):管理学研究的一条新道路》,《管理世界》2017 年第 6 期。
② Rihoux, B. and Ragin, C. C., *Configurational Comparative Methods: Qualitative Comparative Analysis (QCA) and Related Techniques*, Thousand Oaks, CA: Sage Publications, 2009, pp.39-48.

(1)2009—2019年的碳排放数据满足公开性与完整性要求,无残缺值;(2)均匀分布于我国的南北与东、中、西部各个地区;(3)剔除西藏、青海、新疆等空气质量存在显著优势且工业污染极少的省份;(4)政府官网于2009—2019年公开发布了一定数量的环境规制文件。

(二) 变量测量与数据来源

1. 结果变量:城市碳排放

如何合理测度温室气体的历史排放问题涉及多个学科,尤其涉及复杂的科学问题。[1] 作为国际碳计量的权威机构,IPCC[2] 制定了估算二氧化碳 CO_2 排放量的三种统一标准方法。方法一为排放因子法,该方法利用 IPCC[3] 提供的转化因子计算出直接能源消耗的碳排放,再采用各区域电网基准线排放因子和城市电能消耗量计算出样本城市电能消耗所产生的间接碳排放。[4] 其中,电能消耗产生的碳排放增加了计算的复杂性,中国电网分为华北、东北、华东、华中、西北和南方六大区域电网,每个区域电网都有一个排放因子,需要研究者从相关机构整理出历年各区域电网基准线

---

[1] 国务院发展研究中心课题组:《全球温室气体减排:理论框架和解决方案》,《经济研究》2009年第3期。

[2] 世界气象组织(World Meteorological Organization, WMO)与联合国环境规划署(UN Environment Programme, UNEP)在1988年共同组建成立联合国政府间气候变化专门委员会(Intergovernmental Panel on Climate Change, IPCC),IPCC 通过 IPCC 指南为联合国气候变化框架公约(United Nations Framework Convention on Climate Change, UNFCCC)提供国家温室气体清单方法支持,旨在协助全球各国编制完整的国家温室气体排放清单,既能使有较多信息和资源的国家利用更为详细特定国家的碳计量方法,同时保持各国碳计量方法之间的兼容性、可比较性和一致性。2006 年的 IPCC 指南是目前最新版本。

[3] IPCC 国家温室气体清单特别工作组编:《2006 年 IPCC 国家温室气体清单指南》,日本 Hayama 全球环境战略研究所出版,2006 年。

[4] L. E. Glaeser, E. M. Kahn, "The Greenness of Cities: Carbon Dioxide Emissions and Urban Development", *Journal of Urban Economics*, 2009, 67(3), pp.404-418.

排放因子。① 方法二为质量平衡法,即根据每年用于国家生产生活的新化学物质和设备,计算为满足新设备能力或替换去除气体而消耗的新化学物质份额。上述两种方法对数据和技术的要求较高,计算结果相对准确,但一般个人研究者难以做到。② 方法三为实测法,即基于排放源实测基础数据,直接利用燃料数量以及缺省排放因子来估算二氧化碳排放量(万吨)用以衡量碳排放水平,汇总得到相关碳排放量。该方法因为易于操作且对数据的要求不高,凭借其简便的优势已被经济学等社科研究者广泛采纳。③ 考虑到数据的可得性问题,本文采用实测法估算样本城市的碳排放,原始数据来自国家统计局公开的《中国能源统计年鉴 2009—2019》。

2. 条件变量:禀赋异质、环境规制与环保不作为

(1) 禀赋异质。该变量包括自然资源禀赋异质与环境治理禀赋异质两方面。一个国家的自然资源丰富程度决定了其能源结构和生产方式。例如,富含化石燃料的国家更倾向于依赖这些能源进行生产和生活,从而导致较高的碳排放;水资源丰富的城市可能有更多的绿色空间和生态保护区,这些区域可以通过碳汇作用吸收大气中的二氧化碳,有助于降低城市的总体碳足迹。④ 环境治理禀赋也会影响碳排放。环境治理禀赋是指一个地区或国家在环境治理方面所拥有的自然资源、技术水平(如生活污水处理率等)、人力资本和政策框架等各种条件和优势,这些禀赋因素直接影响

---

① 吴建新、郭智勇:《基于连续性动态分布方法的中国碳排放收敛分析》,《统计研究》2016 年第 1 期。
② 王锋、吴丽华、杨超:《中国经济发展中碳排放增长的驱动因素研究》,《经济研究》2010 年第 2 期。
③ 陈诗一:《能源消耗、二氧化碳排放与中国工业的可持续发展》,《经济研究》2009 年第 4 期。
④ 向仙虹、孙慧:《资源禀赋、产业分工与碳排放损益偏离》,《管理评论》2020 年第 12 期。

环境治理的效果和可持续性,对于实现环境保护、资源可持续利用以及生态平衡具有重要意义。[1] 自然资源禀赋异质指在一定时点上不同城市所拥有自然资源财富总量丰裕程度的差异,通常采用某地区的资源总量或人均资源量等数据来衡量。该变量的选取具有一定灵活性,在参考已有研究的测量方法基础上[2],笔者最终选用城市人均水资源拥有量衡量,即城市水资源总量与年末总人口之比,用 R_{ij} 表示。主要原因如下:一方面,采用年末总人口是由于户籍人口的流动性较大,稳定性不足,且城市流动的非户籍人口也会涉及城市资源消耗;另一方面,采用人均资源占有量更能体现城市居民对自然资源的占有程度,避免了不同体量城市间无法直接对比的问题。环境治理禀赋异质指一定时段内不同城市主体对污染物吸收能力的差异。由于该变量涉及城市多维度的污染物治理指标,本文结合其定义纳入 5 个维度的二级测量指标,包括生活污水处理率、生活垃圾无害化处理率、工业固体废物综合利用率、一般工业固体废物综合利用率、污水处理厂集中处理率,采取熵值法建模计算出样本城市的环境禀赋指标。

构建数学模型如下:样本城市数量用 n 表示,综合评价的二级指标数量用 m 表示,则第 i 个城市的第 j 个指标的数值可以被表示为($i=1, 2, \cdots, n; j=1, 2, \cdots, m$)。计算前首先设论域为 $U=\{u_1, u_2, \cdots, u_m\}$, $U_i=\{X_{i1}, X_{i2}, \cdots, X_{im}\}$,得到环境治理禀赋指标体系的原始数据矩阵 $X=(x_{ij})_{m \times n}$,数据标准化矩阵为 $X'=(X'_{ij})_{m \times n}$。其次需要对数据进行标准化处理,本文设计的 5 项指标均为正向指标,故标准化公式为 $X'_{ij}=$

---

[1] Holley C., Gunningham N., Shearing C., *The New Environmental Governance*, London: Routledge, 2013, pp.67-71.
[2] 邵帅、杨莉莉:《自然资源丰裕、资源产业依赖与中国区域经济增长》,《管理世界》2010年第9期。

$\frac{x_{ij} - \min\{x_{ij}, \cdots, x_{nj}\}}{\max\{x_{1j}, \cdots, x_{nj}\} - \min\{x_{1j}, \cdots, x_{nj}\}}$。第一,计算第 j 项指标下第 i 个城市占该指标的比重 $e_j = -k \sum_{i=1}^{n} X'_{ij} \ln(X'_{ij})$;第二,计算出信息熵冗余度 $d_j = 1 - e_j$;第三,计算各项指标的权值 $w_j = d_j / \sum_{j=1}^{m} d_j$;第四,计算出各个城市的环境禀赋综合得分 $E_i = \sum_{j=1}^{m} w_j X'_{ij}$。笔者用 Stata 软件代码完成上述步骤,实现了该变量的测量,测量结果的描述性统计见表1。

表 1 环境治理禀赋的指标权重与综合得分

指标权重	观测值	均值	最小值	最大值
生活污水处理率($w1$)	9 300	0.124	0.124	0.124
生活垃圾无害化处理率($w2$)	9 300	0.019	0.019	0.019
工业固体废物综合利用率($w3$)	9 300	0.081	0.081	0.081
一般工业固体废物综合利用率($w4$)	9 300	0.604	0.604	0.604
污水处理厂集中处理率($w5$)	9 300	0.172	0.172	0.172
环境禀赋综合得分	9 300	0.169	0.042	0.726

(2) 环境规制。环境规制的量化方法多样,学术界并未形成统一的测量标准,大致包括以下五种方法:一是采用空气污染、水污染或固体废物污染的排放量或排放密度作为环境规制的代理变量进行处理;二是以居民人均收入水平作为环境规制的代理变量;三是通过主、客观赋值法构建综合的行业环境规制测量指标体系;四是测算用于治理污染的总投资金额与工业总产值之比,以此作为环境规制的代理变量;五是通过政策文本量化手段计算出政府出台环保政策的数量,以此表示环境规制强度。由于本文重点考察政府官员腐败与环境政策规制等一系列政府干预行为对城市碳

减排的影响,故采用方法五并借鉴陈诗一与陈登科①的做法,通过统计政府环保政策文本中目标高频词的出现频次获得代理变量,以此表示环境政策规制。基本步骤为:首先手工搜集 185 个地级市 2009—2019 年地方政府的环保政策文本;再用 Python 对搜集到的政策文本进行量化处理;最后统计出目标关键词出现的频次并计算其占政策文本的词频比例②,用 L_{ij} 表示。

(3) 环保不作为。由于投入周期长、收集过程烦琐、原始数据缺失严重等,对不作为的度量成为实证研究的关键,国内文献中鲜有关于不作为议题的量化研究,且我国各地与不作为相关的统计数据残缺严重,进一步细分至环保领域的不作为数据则几乎空白。为此,我们借鉴邵帅与齐中英③的测量方法④,投入较长时间搜集、汇总、分类、整理数据,最终制成样本城市的环保不作为数据库。首先,我们以手工方式搜集中国裁判文书网官网中公开的政府官员职务犯罪案件,在裁判文书网首页选择"打开案由—选择刑事案件—贪污贿赂罪"。其次,以环保相关的关键词进行检索,筛选汇总曾在环保部门履职官员的案件文书。从中整理出包含官员姓名、就职城市、部门、职位、职务、腐败原因、案发时间等数据,完成了环保部门官员腐败案件的整理工作,形成了环保不作为的一手数据库。最后,将样本城市对应的环保不作为官员人数进行加总,若无则直接计为 0,以此作为环保不作为的代理变量,用 C_{ij}

---

① 陈诗一、陈登科:《雾霾污染、政府治理与经济高质量发展》,《经济研究》2018 年第 2 期。

② 限于篇幅原因,此处无法全部展示,对此问题感兴趣的读者,可向笔者索要相关资料。

③ 邵帅、齐中英:《西部地区的能源开发与经济增长——基于"资源诅咒"假说的实证分析》,《经济研究》2008 年第 4 期。

④ 从检察院公开的数据中统计国有单位职工中被检察院立案侦查的职务犯罪(包括贪污贿赂、挪用公款、渎职侵权)人数,用这一指标来度量腐败程度。

表示。表2展示了数据库部分统计样本的相关数据。①

表2 环保不作为数据

城市	数量	官员	职务	年份	腐败原因
安阳市	2	原成海	林州市环保局环境监察中队中队长	2011	滥用职权、受贿
安阳市	2	李显峰	林州市环保局原局长	2014	滥用职权、受贿
鞍山市	1	麻成钢	千山区环保局局长	2014	贪污24万元
白山市	2	张永波	抚松县环保局局长	2015	受贿
白山市	2	韩立仁	江源区环保局局长	2015	贪污
白银市	1	曾贤稷	白银市高新区土地环保局局长	2015	贪污
蚌埠市	1	周临川	五河县环保局局长	2015	受贿
保定市	3	张彦敏	清苑区环保局局长	2013	玩忽职守
保定市	3	王峰	冀中监狱安全环保科科长	2014	受贿30万元
保定市	3	王志强	清苑县环保局总工程师	2015	玩忽职守
亳州市	1	李龙斌	谯城区环保局局长	2013	受贿

3. 其他与制度环境质量相关的变量

除上述条件变量以外,笔者还试图深入分析与政府政策与腐败行为有关的政治、法律、制度约束因素,在已有文献中它们被统称为制度质量,制度质量是指制度的好坏及程度的总称。② 与产品质量、工作质量一样,制度质量是用来衡量制度好坏的一种方

---

① 限于篇幅原因,此处无法全部展示,对此问题感兴趣的读者,可向笔者索要相关资料。
② 罗炜、饶品贵:《盈余质量、制度环境与投行变更》,《管理世界》2010年第3期。

法。产品质量衡量的方法主要是通过个人的经验和专业部门的检验来实施的;工作质量的衡量主要采用的是绩效考核和上级部门的监督方法来实施的。制度质量作为一个较为复杂的体系,其涉及的是各种制度的质量衡量,因此,其方法并不是单一的,而是对于不同的制度,衡量的方法也不尽相同。① 制度质量涵盖了影响政治稳定与腐败的多种复杂因素,其量化过程比较烦琐,技术要求高,个人研究者一般难以测量,目前,学术界已有多个研究团队构建了成熟的测算方法并公开了数据结果(表3)。基于指标的应用程度以及数据对中国制度环境的针对性考量,笔者从樊纲等人编制的《中国市场化指数》②中筛选出三个指标观察政府官员所处的制度环境质量,包括政府与市场的关系、产品市场发育程度、制度与法律约束。(1)政府与市场的关系,这一指标衡量政府在经济活动中的角色和干预程度,包括政府对市场的监管、政策制定和实施等。③ 具体构成要素包括货币政策、税收政策、市场准入和退出机制等。产品市场发育程度,这一指标反映市场经济的发展水平,包括市场竞争的激烈程度、市场开放度、企业的创新能力等。④ 具体构成要素包括市场集中度、企业数量和规模、技术创新和研发投入等。制度与法律约束,是指通过正式的制度和法律法规对行为进行规范和限制,其构成因素包括法律条文、规章制度、执行机制以及监督和惩罚措施。⑤ (2)政府与市场的关系可以通过影响政策制定和执行,进而影响企业的生产方式和能源消耗,从而影响碳排放。产品市场发育程度可以通过影响企业的生产技术和能源结

---

① 罗小芳、卢现祥:《制度质量:衡量与价值》,《国外社会科学》2011年第2期。
② 樊纲等:《中国市场化指数》,经济科学出版社2010年版,第58页。
③ 郭克莎、余丽晴:《碳减排中政府与市场关系的理论分析》,《经济纵横》2024年第2期。
④ 王宛秋、聂雨薇:《纵向一体化、市场化程度差异与并购绩效》,《国际商务》(对外经济贸易大学学报)2016年第3期。
⑤ 吴强军、郑亚莉:《对法律制度的一种经济学理解》,《政法论坛》2000年第1期。

构,进而影响碳排放。制度与法律约束可以通过影响企业的合规成本和环保意识,进而影响碳排放。(3)制度与法律约束主要强调的是政治和法律环境对政府官员行为的约束和规范,且不限于环境方向;环境规制则侧重于对企业和个人在生产过程中环境保护的规范和约束,两者之间有一定的关联,但也存在差异。① 这些指标的选取是基于它们与碳排放之间的潜在关联。

表3 制度质量的测量方法

学者/机构	年份	测量方法
Knack and Keefer	1995	使用世界银行跨国治理指数
Acemoglu et al.,	2001	构建产权保护指标
Glaeser et al.,	2004	构建民主和威权指标
樊纲等	2004	开发并编制中国市场化指数
戴翔与金碚*	2014	使用世界各国的风险指南

* 戴翔、金碚:《产品内分工、制度质量与出口技术复杂度》,《经济研究》2014年第7期。

综上,本文通过上述方法完成了对三个条件变量、结果变量以及其他影响政府行为的变量的测量,变量编号以及测量方法说明见表4。

表4 变量说明

变量	编号	定义与拆分	表示	测量方法
禀赋异质	1-1	资源禀赋异质	R_{ij}	水资源总量(万立方米)与地级市年末总人口数(万人)之比
	1-2	环境禀赋异质	E_{ij}	运用熵值法测算出5项二级指标的综合得分

---

① 冯莉、曹霞:《博弈论视角下环境规制法律制度的实证分析》,《经济问题》2021年第4期。

(续表)

变量	编号	定义与拆分	表示	测量方法
环境规制	2	环保政策高频词频数	L_{ij}	参考陈诗一等(2018)的做法,构建地级市政府环境规制词频统计数据库
环保不作为	3	环保不作为案件	C_{ij}	从法院收集公开的腐败案件,形成中国官员环保不作为的一手数据库
制度质量(与规制、腐败相关的制度要素)	4-1	政府与市场的关系	P_{ij}	均选自樊纲《中国市场化指数》中 2009 年至 2019 年与政府行为和决策相关的 3 项二级指标,用以衡量城市政治与经济制度环境的整体质量
	4-2	产品市场发育程度	M_{ij}	
	4-3	制度与法律约束	S_{ij}	

四、实证结果与分析

(一)数据校准

利用QCA进行因果分析的首要步骤是数据校准。校准有两种办法:一是手工将 0.95 分位点、0.5 分位点、0.05 分位点分别设定为校准锚点,然后以此锚点将数据转化为 0—1 刻度的集合;二是直接利用计量软件对数据进行无量纲化处理①,计算的基本公式为: $rankedvar - \min(rankedvar)/\max(rankedvar) - \min(rankedvar)$,由于该方法更加便捷且有助于减少计算过程中人工校准的失误,故

---

① Kyle C. Longest, Stephen Vaisey, "Fuzzy: A Program for Performing Qualitative Comparative Analyses (QCA) in Stata", *The Stata Journal*, 2008, 8(1), pp.79-104.

笔者采取方法二,用 Stata/SE 15.1 软件对 7 个条件变量及结果变量的数据进行校准,校准结果与描述性统计见表 5。

表 5 数据校准与描述性统计

变量	表示	校准前均值	校准后区间	校准后均值	标准差
自然资源禀赋	R_{ij}	1 876.784	[0.000 5, 1]	0.51	0.289
环境治理禀赋	E_{ij}	0.000 054 9	[0.000 5, 1]	0.53	0.284
环境规制	L_{ij}	0.003 412 2	[0, 1]	0.50	0.291
环保不作为	C_{ij}	5.352	[0, 1]	0.34	0.357
政府市场关系	P_{ij}	10.096	[0, 1]	0.50	0.291
产品市场发育	M_{ij}	8.524	[0, 1]	0.48	0.280
法律制度约束	S_{ij}	8.341	[0, 1]	0.46	0.277
城市碳减排	Y_{ij}	3.403	[0, 1]	0.50	0.288

(二)单变量分析

QCA 基于集合论思想,将校准后的条件变量和结果变量视为数学上的集合,再通过验证计算集合间的子集关系,从而确定各单一条件及其条件组合(组态)对结果的影响机制。一致性和覆盖度是评估子集关系强弱的两个重要指标,是利用 QCA 方法进行因果判断的主要依据。基于结果变量的定义与研究目标,笔者首先将"非高强度碳排放~Y_{ij}"定义为集合内城市实现碳减排;反之则为"高强度碳排放~Y_{ij}",表示城市未实现碳减排。

本文聚焦于分析实现城市碳减排的驱动因素,因此,先逐一检验 7 个条件变量是否构成城市碳减排失败(高强度碳排放~Y_{ij})与城市碳减排成功(非高强度碳排放~Y_{ij})的单个必要性条件。一致性反映了集合子集间关系的强弱,已有文献通常将一致性水平作为必要条件的重要检测标准。一致性水平的检测门槛通常设置为 90%,即当结果发生时,如果某个条件变量的一致性大于等于0.9,则该条件可以被视为结果变量的必要性条件。

运用Stata软件的外部命令执行检验,得到一致性水平矩阵(表6与表7),矩阵用于检验是否存在一致性水平大于0.9的单个条件变量。例如,表6中环保不作为 C_{ij} 对应的结果变量城市碳减排 Y_{ij} 的一致性水平为0.798,在7个变量中数值最高,但仍不满足0.9的门槛值,因此,该变量无法构成城市碳减排失败的必要条件。由表6与表7可知,7个条件变量中不存在一致性水平大于0.9的变量,即没有构成碳减排失败或成功的单一必要条件。换言之,促成城市碳减排的驱动因素应当是多样化的条件变量的组合,而非某个单一条件变量。

表6 高强度碳排放一致性矩阵

	Y_{ij}	R_{ij}	E_{ij}	L_{ij}	C_{ij}	P_{ij}	M_{ij}	S_{ij}
Y_{ij}	1.000	—	—	—	—	—	—	—
R_{ij}	0.594	1.000	—	—	—	—	—	—
E_{ij}	0.670	0.720	1.000	—	—	—	—	—
L_{ij}	0.686	0.679	0.682	1.000	—	—	—	—
C_{ij}	0.798	0.667	0.697	0.670	1.000	—	—	—
P_{ij}	0.748	0.772	0.739	0.724	0.733	1.000	—	—
M_{ij}	0.737	0.695	0.739	0.703	0.688	0.828	1.000	—
S_{ij}	0.728	0.710	0.762	0.703	0.698	0.820	0.879	1.000

表7 非高强度碳排放一致性矩阵

	$\sim Y_{ij}$	R_{ij}	E_{ij}	L_{ij}	C_{ij}	P_{ij}	M_{ij}	S_{ij}
$\sim Y_{ij}$	1.000	—	—	—	—	—	—	—
R_{ij}	0.759	1.000	—	—	—	—	—	—
E_{ij}	0.726	0.720	1.000	—	—	—	—	—
L_{ij}	0.647	0.679	0.682	1.000	—	—	—	—

(续表)

	$\sim Y_{ij}$	R_{ij}	E_{ij}	L_{ij}	C_{ij}	P_{ij}	M_{ij}	S_{ij}
C_{ij}	0.611	0.667	0.697	0.670	1.000	—	—	—
P_{ij}	0.614	0.675	0.735	0.694	0.754	1.000	—	—
M_{ij}	0.632	0.695	0.739	0.703	0.688	0.861	1.000	—
S_{ij}	0.655	0.710	0.762	0.703	0.698	0.875	0.879	1.000

由于7个条件变量均未达到0.9的一致性门槛要求，都不是结果变量的必要性条件，故进一步考虑条件变量是否构成结果的充分性条件。充分性与必要性的综合矩阵用于进一步检验条件与结果是否构成子集与超集的关系，即7个条件变量是否构成城市碳减排失败或成功的充要条件。根据表8、表9，任一条件变量对应的结果变量 Y_{ij} 与 $\sim Y_{ij}$ 的一致性水平的分值仍小于0.9，故也不存在单一变量构成城市碳减排的充分条件，单个条件与结果之间不属于子集与超集的隶属关系。

表8　高强度碳排放充分性与必要性矩阵

	Y_{ij}	R_{ij}	E_{ij}	L_{ij}	C_{ij}	P_{ij}	M_{ij}	S_{ij}
Y_{ij}	1.000	0.594	0.670	0.686	0.476	0.738	0.702	0.676
R_{ij}	0.587	1.000	0.720	0.674	0.450	0.672	0.654	0.651
E_{ij}	0.636	0.691	1.000	0.650	0.451	0.704	0.668	0.671
L_{ij}	0.683	0.679	0.682	1.000	0.455	0.694	0.666	0.650
C_{ij}	0.698	0.667	0.697	0.670	1.000	0.754	0.688	0.698
P_{ij}	0.677	0.707	0.704	0.658	0.510	1.000	0.814	0.805
M_{ij}	0.737	0.695	0.739	0.703	0.493	0.861	1.000	0.857
S_{ij}	0.728	0.710	0.762	0.703	0.512	0.875	0.879	1.000

表9 非高强度碳排放充分性与必要性矩阵

	$\sim Y_{ij}$	R_{ij}	E_{ij}	L_{ij}	C_{ij}	P_{ij}	M_{ij}	S_{ij}
$\sim Y_{ij}$	1.000	0.759	0.726	0.647	0.416	0.614	0.602	0.608
R_{ij}	0.751	1.000	0.720	0.674	0.450	0.672	0.654	0.651
E_{ij}	0.689	0.691	1.000	0.650	0.451	0.704	0.668	0.671
L_{ij}	0.644	0.679	0.682	1.000	0.455	0.694	0.666	0.650
C_{ij}	0.611	0.667	0.697	0.670	1.000	0.754	0.688	0.698
P_{ij}	0.609	0.675	0.735	0.691	0.510	1.000	0.814	0.805
M_{ij}	0.632	0.695	0.739	0.703	0.493	0.861	1.000	0.857
S_{ij}	0.655	0.710	0.762	0.703	0.512	0.875	0.879	1.000

（三）组态解分析

继续利用 Stata 检验导致城市高强度碳排放 Y_{ij}（未实现城市碳减排）与非高强度排放 $\sim Y_{ij}$（实现城市碳减排）的条件组态。这些不同的组态表示代表同一结果的驱动因素的组合。此外,笔者还根据组态理论化过程[①],对实现城市碳减排的组态解进行了命名、归类与进一步讨论,以全面总结出样本城市在实现碳减排过程中的经验。

1. 未实现城市碳减排的组态分析

依照QCA方法的通用做法,将原始一致性阈值设置为0.8,PRI阈值设置为0.7,案例频数阈值选定为2,经标准化分析得到11个高强度碳排放的条件组态。表10中的11个组态解为分析城市碳排放加剧的原因提供了依据。在不影响组态内部结构的前提

---

① Furnari S., Crilly D. and Misangyi V. F., et al., "Capturing Causal Complexity: Heuristics for Configurational Theorizing", *Academy of Management Review*, 2020, 46(4), pp.778-799.

下,笔者对组态表达式中条件变量的顺序进行了调整①,并将组态转化为表 11 中的表现形式,便于直观地观察出影响城市碳排放的主要原因。

表 10 未实现城市碳减排 Y_{ij} 的组态

命名	条件组态	原始覆盖度	唯一覆盖度	一致性水平
Y1	$C^* \sim R^* M^* \sim S$	0.209	0.001	0.942
Y2	$C^* P^* M^* S$	0.335	0.048	0.821
Y3	$C^* \sim R^* P$	0.315	0.006	0.923
Y4	$C^* \sim R^* L$	0.290	0.003	0.915
Y5	$L^* \sim E^* P^* M^* S$	0.356	0.019	0.890
Y6	$L^* \sim R^* M^* \sim S$	0.341	0.003	0.921
Y7	$L^* \sim R^* \sim E$	0.455	0.002	0.891
Y8	$L^* \sim R^* P$	0.450	0.008	0.916
Y9	$\sim R^* \sim E^* \sim S$	0.482	0.031	0.870
Y10	$\sim R^* \sim E^* P$	0.442	0.001	0.922
Y11	$\sim R^* P^* M$	0.498	0.016	0.919

根据表 11,组态 Y1—Y4 中,环保不作为都作为核心条件存在;组态 Y4—Y8 中,环境规制都作为核心条件存在;Y9—Y10 中,自然资源禀赋与环境治理禀赋均作为缺失条件。研究发现,当环保不作为的程度较高时,会导致城市出现高强度碳排放的结果,以河北省的唐山市为例,唐山市是中国著名的钢铁生产基地,钢铁产业对当地经济的贡献巨大。然而,这也导致了严重的空气污染。尽管中央政府出台了严格的环保政策,但在地方层面,由于经济利益驱动和官员与企业间的腐败问题,环保政策的执行常常不到

---

① 将部分组态的相同条件变量置于首位,并将 11 个组态按照首位变量的类型进行排列。

位。一些企业在面对宽松的监管环境时,选择继续使用高污染的生产技术,以降低成本。在这种情况下,即使环境规制在纸面上较为严格,实际上的碳排放量却因为腐败而增加;自然资源禀赋和环境治理禀赋则相反,城市禀赋分值低,将会导致高强度城市碳排放,即城市自然资源匮乏或环境治理水平差是导致碳排放未能实现的重要原因之一。以上海市为例,上海作为中国经济最发达的城市之一,其工业和人口密集程度相当高,但本地自然资源相对匮乏。尽管上海市在近年来大力发展清洁能源和低碳技术,但由于城市的能源需求庞大,仍然需要大量进口化石燃料来满足需求。进口化石燃料的使用不仅会增加碳排放,还存在运输环节的能源消耗和环境污染问题。值得注意的是,Y4—Y8表明高强度的环境规制也会导致高强度城市碳排放,即环境规制在特定情景中对城市碳减排存在负作用,环境规制强度越大,城市反而未能实现碳减排。高强度环境规制的实施可能会导致一些企业为了满足更严格的排放标准而采用成本较高的生产技术,从而可能导致碳排放的增加。这种现象被称为合规成本效应(compliance cost effect)。① 例如,北京市自 2008 年开始实施了严格的汽车限行政策,根据车牌号的尾号不同,每周工作日限制不同的车辆上路行驶。然而,这项政策在一定程度上导致了高碳排放的结果。尽管汽车限行政策旨在减少交通拥堵和改善空气质量,但部分车主为了规避限行措施,会购买第二辆或第三辆车。尤其是在高收入家庭中,这种现象更为普遍。因此,虽然单个车辆的使用受限,但整体汽车数量却没有减少,反而增加了。这些额外的车辆增加了道路上的交通量,导致交通拥堵和碳排放的增加。

---

① 资料来源:https://baike.baidu.com/item/%E5%90%88%E8%A7%84%E6%88%90%90%E6%9C%AC/50890898?fr=ge_ala。

表11 组态展示

条件变量	组态解										
	Y1	Y2	Y3	Y4	Y5	Y6	Y7	Y8	Y9	Y10	Y11
R_{ij}	⊗	—	⊗	⊗	—	⊗	⊗	⊗	—	⊗	⊗
E_{ij}	—	—	—	—	⊗	—	⊗	—	⊗	⊗	—
L_{ij}	—	—	—	●	●	●	●	●	—	—	—
C_{ij}	●	●	●	●	—	—	—	—	—	—	—
P_{ij}	—	●	●	—	●	—	—	●	—	●	●
M_{ij}	●	●	—	—	●	●	—	—	—	—	●
S_{ij}	⊗	●	—	—	●	⊗	—	—	⊗	—	—
TCV	0.779										
TCS	0.800										

注:(1)空白代表可能存在也可能不存在,●与●分别代表核心条件存在、边缘条件存在,⊗与⊗分别代表核心条件缺失、边缘条件缺失;(2)TCV 即 Total Coverage,为总体覆盖度;TCS 即 Total Consistency,为总体一致性。

2. 实现城市碳减排的组态分析

为进一步分析条件变量对城市碳排放的影响机制,接下来对实现城市碳减排~Y_{ij}的组态进行分析。仍旧将原始一致性阈值设定为0.8,PRI阈值设定为0.7,案例频数阈值设定为1,经标准化分析得到7个高强度碳排放的条件组态。表12展示了非高强度碳排放~Y_{ij}(实现碳减排)的必要性条件组态,将其命名为~Y1—~Y7。它们共同构成了驱动样本城市碳减排的条件变量组合,归纳并分析这些组合有助于提炼出促进我国城市碳减排的经验路径。从表12来看,组态~Y1—~Y7的一致性水平分布于[0.84,0.94]的区间范围内,7个组态的结果均大于0.8,符合本文设定的必要条件一致性水平阈值要求。

表 12 实现城市碳减排~Y_{ij} 的组态

命名	条件组态	原始覆盖度	唯一覆盖度	一致性水平
~Y1	$R^* E^* \sim P^* \sim M^* \sim S$	0.409	0.028	0.915
~Y2	$\sim R^* \sim E^* L^* C^* p^* M^* \sim S$	0.130	0.027	0.840
~Y3	$R^* E^* \sim C^* \sim M^* \sim S$	0.395	0.007	0.907
~Y4	$R^* E^* \sim C^* \sim P^* \sim M$	0.387	0.003	0.916
~Y5	$R^* E^* \sim L^* \sim C^* \sim P$	0.346	0.111	0.920
~Y6	$R^* E^* \sim L^* \sim C^* \sim M$	0.352	0.004	0.914
~Y7	$R^* \sim L^* \sim C^* \sim P^* \sim M^* S$	0.293	0.026	0.940

依照 QCA 分析的常规步骤,笔者将 7 个组态的分析结果转化为表 13 的表现形式,有助于更直观地观察不同组态内的条件变量差异,以便从中提炼出实现城市碳减排的主要路径并对其分类和深入分析。结合表 13 的注释可知,除~Y2 内含有变量 P_{ij} 作为边缘条件存在以外,其余组态内的条件均为核心条件,这表明每个组态内的条件对实现城市碳减排都至关重要,它们对城市碳排放强度的影响十分关键,几乎不存在边缘条件。

表 13 组态展示

条件变量	组态解						
	~Y1	~Y2	~Y3	~Y4	~Y5	~Y6	~Y7
R_{ij}	●	⊗	●	●	●	●	●
E_{ij}	●	⊗	●	●	●	●	—
L_{ij}	—	●	—	—	⊗	⊗	⊗
C_{ij}	—	●	⊗	⊗	⊗	⊗	⊗
P_{ij}	⊗	•	—	⊗	⊗	—	⊗
M_{ij}	⊗	●	⊗	⊗	—	⊗	⊗
S_{ij}	⊗	⊗	⊗	—	—	—	●

(续表)

条件变量	组态解						
	~Y1	~Y2	~Y3	~Y4	~Y5	~Y6	~Y7
TCV	0.517						
TCS	0.883						

注:同表11。

基于理论与组态结果,可进一步将实现城市碳减排的7个组态划分为三类,分别为禀赋内生依赖型、规制诱致变迁型、环保廉洁驱动型(表14)。归类理由如下:第一,观察组态解的内部结构特征可以发现,~Y3——~Y7这5个组态具备一个共同特征,即均存在环保不作为 C_{ij} 这一核心缺失变量条件(环保不作为缺失即为廉洁型)。换言之,环保廉洁促成了城市碳减排,减少了政府官员的环保不作为,将在很大程度上实现低强度的城市碳排放。例如,杭州市作为中国的互联网和电子商务中心之一,在环保方面也有较为严格的法律和监管措施。政府廉洁且高度重视环境保护,对环保违法行为进行严厉打击。杭州市也在积极推动绿色产业和低碳技术的发展,企业在这样的环境下更倾向于采取低碳生产方式。故我们将这5个组态解归纳并命名为廉洁驱动型。第二,组态~Y1中,资源禀赋 R_{ij} 与环境禀赋 E_{ij} 作为核心条件存在,制度质量的三个变量 P_{ij}、M_{ij}、S_{ij} 明显缺失,环境规制与环保不作为则为空白,属于不确定性因素。这表明部分样本城市具备高水平的资源禀赋与环境禀赋,即便处于政治、经济制度质量不佳的环境,环境规制也未能发挥政策引领作用,但这类城市却凭借本身的丰裕自然资源和较强的污染吸收能力实现碳减排,因此,我们将这种完全依赖于主体内生变量实现低强度碳排放的路径命名为禀赋内生依赖型。以广西壮族自治区为例,河池市拥有丰富的风能和太阳能资源,同时拥有较大的森林覆盖面积和良好的空气质量。尽管河池市的政治和经济制度质量不高,环境规制执行不力,但由于其自身的资源禀赋和环境禀赋,河池市能够依赖风能和太阳能等可再生能源,减少对化石燃料的依赖,从而实现碳减排。第三,在组态~Y2中,资源禀赋 R_{ij} 与环境禀赋 E_{ij} 作为核心缺失,环境规制 L_{ij} 为核心存在,环保不作为 C_{ij} 为核心存在,P_{ij} 代表政府与市场的关系作为边缘存在,M_{ij} 代表产品市场发育程度作为核心存在,S_{ij} 代表法律与制度作为核心存在。该类组态表明城市本身环境禀赋差且存在较严重的环保不作为,但凭借环境规制并辅之以良好的法律制度约束,也可实现城市碳减排,故我们将~Y2这种组态解命名为规制诱致变迁型。① 以武汉市为例,作为中国中部重要的工业和交通枢纽城市,武汉市长期以来在工业化进程中积累了大量的环境问题。然而,随着政府对环境保护的重视,武汉市开始加强环境规制,严格执行环保法律法规,打击环保不作为行为。在这种环境下,企业开始积极转型,采用低碳、可持续的生产技术,以降低碳排放并实现碳减排。组态分类为深入分析碳减排的不同路径提供了基础。

表 14 组态分类

碳减排路径类型	组态	代表城市	主要特征
禀赋内生依赖型	~Y1	云南省保山市 贵州省遵义市 贵州省安顺市 广西壮族自治区河池市 广西壮族自治区梧州市 甘肃省酒泉市	丰裕自然资源和较强的污染吸收能力,全国不同地区城市的异质性大且适用性较低
规制诱致变迁型	~Y2	湖北省鄂州市 山东省东营市	环境规制强度高,即加强污染排放管制、加重行政处罚力度、提高环保约束标准等,规制作用的不确定性大

---

① 致诱性变迁指为争取长远发展机会,组织实施对现行制度安排的变更或替代。

(续表)

碳减排路径类型	组态	代表城市	主要特征
环保廉洁驱动型	~Y3 至 ~Y7	广东省揭阳市 湖南省常德市 安徽省滁州市 安徽省马鞍山市 四川省绵阳市 吉林省吉林市	环保不作为甚微,环保部门作风廉洁,自然资源禀赋与环境治理禀赋良好,且政府并未实行高强度的环境规制,规制强度很低

(1) 禀赋内生依赖型。根据表14,禀赋内生依赖型城市(如云南、贵州、广西、甘肃等省份的地级市)凭借自身的禀赋优势实现了低碳排放,这类案例数量占比小,加之禀赋受自然资源与环境要素等约束,短时间内难以改变,故路径适用性不强。本文发现,该路径下样本占比小的原因如下:一是本身具备较高禀赋的样本城市数量不多,主要集中于中、西部工业欠发达地区,空间异质性强;二是从污染红利的视角来看,当环境禀赋较高时,转化为污染红利的潜能也相对较强,二者的转化机制反倒致使高禀赋城市的碳排放加剧。因此,禀赋内生依赖型城市具有其他城市无法比拟的先天性优势,该路径并不一定完全适用于中国的所有城市,且存在由禀赋优势转化为污染红利的不确定性风险。

(2) 规制诱致变迁型。与禀赋内生依赖型路径相似,规制诱致变迁型仅有一个组态通过这种方式实现碳减排,案例城市的数量也较少。这与"管制愈强,则环境愈优良"的常识性判断相悖,故我们进一步验证了已有文献中对环境规制政策效果不确定性的讨论,即环境规制的外在约束对政策客体存在双重效应。一方面,若规制和审批制度强度过高,就会给予官员索要和收受贿赂的机会,拥有政治和经济资源的政府部门便可能通过设置较多的审批环节来获得更多的管制权力和寻租机会,增大环保不作为的空间,从而疏于环境监管或作假。另一方面,从组态~Y2可以看出,通过环境规制减少城市碳排放还需保证存在两个辅助条件:政府与市场的互动关系良好,且产品要素市场完善,即政府所处的政治、经济制度环境质量较高。这与已有文献的主流观点基本吻合,即规制主体是否客观公正、规制客体遵从度等因素也会影响环保政策的有效性,这进一步增强了环境规制影响的不稳定性。政府在减碳目标压力之下切忌走入盲目提高环境规制强度的误区,还应当同时将改善城市的环境治理能力,提升环保部门工作的廉洁度等多种因素纳入考量范围之内。

(3) 环保廉洁驱动型。环保廉洁驱动型组态的主要特征是政府环保部门的廉洁度高,环保不作为的现象甚微,城市自然资源禀赋与环境治理禀赋良好,但环境规制强度很低,代表城市有揭阳、常德、滁州、绵阳等。这类组态表明,即便不存在高强度的外部环境规制,城市也能凭借优异的生态环境禀赋与环保部门廉洁的工作作风实现碳减排。本文发现,该类型包含的组态数量最多,7个组态中的5个都属于环保廉洁驱动型,占比达71%,即环保不作为程度对城市碳排放强度发挥着至关重要的作用,政府环保部门官员的廉洁作风在很大程度上促成了城市碳减排,其作用不亚于城市禀赋异质与环境规制。以四川省绵阳市为例,一方面,其年均降水量丰沛(825.8—1 417毫米),城市森林覆盖率达56%,城市森林资源空气效益高①,具备优异的资源禀赋与环境禀赋;另一方面,市政府非常重视廉政建设,绵阳市曾多次在四川省党风廉政建设社会评价②中排名前三,环保不作为问题甚微,二者共同促成了该城市实现碳减排,属于环保廉洁驱动型的典型例证。

---

① 城市森林在地球碳平衡中起着两个作用:一方面,它是巨大的碳贮存库;另一方面,通过同化作用,从大气中吸收CO_2,以降低大气CO_2的浓度,城市森林资源的空气效益指标充分体现了城市自身在减碳方面的内生性禀赋。

② 四川省自2011年起较早建立了党风廉政建设社会评价指标体系,设置重视度、遏制度、廉洁度、信心度4个一级指标及15个二级指标,该民意调查工作由第三方专业民调机构四川省统计局社情民意调查中心具体实施。

（四）稳健性检验

本文对产生高水平城市碳减排的组态进行了稳健性检验。QCA 是一种集合论方法,当轻微改变操作,产生的结果间存在子集合关系,不会改变研究发现的实质解释时,视为稳健。[①]

1. 调整校准方法

调整校准锚点,将完全隶属、完全不隶属锚点调整为 0.85 分位数和 0.15 分位数,交叉点保持不变,得到的组态与现有组态基本一致。此外,调整交叉点的锚点,由中位数调整为 0.45 分位数,重新校准后产生的组态与现有组态基本一致。

2. 更改组态设置

提高案例频数阈值由 1 至 2,组态中的两个解基本一致。此外,将 PRI 一致性由 0.7 降低至 0.5,产生的组态基本上包括现有组态。

3. 替换相关变量

通过引入其他变量,替换制度质量相关的变量,如非国有经济成分占比。其结果基本符合现有组态解。

综上,上述稳健性检验显示本文结果比较稳健。

五、结论与讨论

本文对禀赋异质、环境规制以及环保不作为三个条件变量对城市二氧化碳排放量的影响进行了实证研究。研究发现,依赖城市自身禀赋、实施一定强度的环境规制或保证环保部门官员廉洁,

---

[①] 杜运周、刘秋辰、陈凯薇等:《营商环境生态、全要素生产率与城市高质量发展的多元模式——基于复杂系统观的组态分析》,《管理世界》2022 年第 38 期。

没有任何单一因素可实现城市碳减排。但它们之间的某些组合却构成了实现城市碳减排的有效路径,主要有禀赋内生依赖型、规制诱致变迁型、环保廉洁驱动型三种组合路径。三种路径在影响机制和推广适用性方面存在以下特征:首先,禀赋内生依赖型路径要求城市具有较高水平的自然资源与环境治理禀赋,该路径无法适用于中国所有城市,且存在由禀赋优势转化为污染红利的不确定性风险;其次,环境规制或可促进城市实现碳减排,但这种外在约束对政策客体存在双重效应,其影响存在不确定性,驳斥了"管制愈强,则环境愈优良"的观点。通过环境规制减少城市碳排放还需保证存在两个辅助条件:政府与市场的互动关系良好,且产品要素市场完善,即政府所处的政治、经济制度环境质量较高;最后,环保廉洁驱动型包含的组态数量占比最高,说明环保不作为程度对城市碳排放强度发挥着更为重要的作用,中国地方政府环保部门官员的廉洁作风在很大程度上促成了城市碳减排,其作用不亚于城市禀赋异质与环境规制。在未控制人口规模、消费需求和产业结构等主要因素的情况下,我们需要深入探讨其原因以及可能的影响。

上述发现启示我们,控制环保不作为、保证政府廉洁是实现城市碳减排的重要驱动要素。此外,城市在环境治理的过程中需要因地制宜选择适合其特征的路径。

第一,自然资源禀赋与环境治理禀赋存在明显优势的城市,尤其是中、西部地区等生态环境保持得较为良好的城市,可选择禀赋内生依赖型治理路径。未来,该类城市将继续在生态安全保障和资源能源供给方面发挥着举足轻重的作用,充分珍视城市本身的自然条件,走绿色可持续的城市发展道路。推进经济发展绿色转型,摒弃唯GDP的发展观,防止地方政府因短视而致使禀赋优势转化为"污染红利",破坏了城市原有的"绿色资源"。建议充分利用并挖掘自身的生态资源优势,将绿水青山的生态价值转化为金山银山的经济效益,是该类型城市兼顾经济绿色高质量发展与城市碳减排的参考路径。

第二,存在一定程度环保不作为且城市禀赋不佳的城市,需重视改善城市制度环境质量,遵循规制诱致变迁型路径,加强环境规制力度,辅之以高水平的制度环境。综合运用命令控制型环境规制政策(排放标准、技术规范、不可交易的排放许可证等)与市场激励型环境规制政策(减排补贴、环保设备税收优惠、可交易的排放许可证等)。此外,政府需警惕盲目使用环境规制的陷阱,从而导致政策失灵,加剧环境污染。制定环境规制前需进行充分调研和科学论证,充分考虑环境规制政策的执行条件与现实情况,实施环境规制过程中需严控寻租等腐败行为,改善政府与市场之间的关系,保证良好的制度环境,以增强政策的有效性。

第三,鉴于上述两种路径适用的有限性和政策效果的不确定性,建议大多数城市重视环保部门的腐败问题,加强环保反腐败力度,强化环保干部的思想道德教育,构建清正廉洁的行政环境,通过环保廉洁驱动城市环境治理改善。一方面,加强对生态环境保护工作中失职失责、贪污受贿、玩忽职守等行为的监管。从外部监督检查上发力,将生态环保领域的腐败问题列入纪委专项巡察的重要内容,深入查找腐败线索,整治环保不作为的不正之风;另一方面,从腐败的根源入手,重视环保部门的行政伦理建设,加强环保部门党员干部的思想道德教育和勤政廉政意识。

美国公共卫生应急法律体系的构建及其启示

尚虎平[*] 陈 婧[**]

[内容摘要] 法律是公共卫生治理的重要政策工具,建立科学、系统、完善的公共卫生应急法律体系已成为各国共识。美国作为探索公共卫生应急法治建设较早的发达国家,已经形成了相对健全的公共卫生应急法律体系。但是,新冠肺炎疫情让美国公共卫生应急法律体系的漏洞暴露无遗,它展露出的公民自由权与政府应急权之争、联邦应急主导权与地方自主应急实践的博弈以及应急法律体系的空洞承诺与法案缺位等问题,给各国公共卫生应急法制建设敲响了警钟。因此,中国要在总体国家安全观的指导下,以美为鉴,立法制定国家卫生安全战略、搭建起应急基本法和分类补充法相结合的公共卫生应急法律体系,落实《国家突发公共卫生事件应急预案》工作,对公共卫生应急信息和监管进行立法,以此来推动我国公共卫生应急法律体系的现代化建设,提升国家安全法治水平。

[关键词] 公共卫生;紧急状态;应急法律体系;国家安全

---

[*] 尚虎平,南开大学周恩来政府管理学院博士生导师,中国科学技术大学公共事务学院教授。
[**] 陈婧,南开大学周恩来政府管理学院博士研究生。

一、问题的提出

新冠肺炎疫情自 2019 年 12 月暴发后,它的蔓延规模和速度举世罕见,对世界各国的政治、经济和生活造成了巨大的破坏。美国作为综合国力位居世界第一的发达国家,虽然它的公共卫生应急管理系统一直是各国学习借鉴的典范,但是依旧无法科学有效地应对新冠肺炎疫情带来的破坏性压力。2020 年 1 月 31 日,美国卫生与公共服务部和世界卫生组织同日宣布新冠肺炎疫情为突发公共卫生事件,此后数月,疫情在美国迅速传播,患者激增使公共卫生系统出现床位、药品、医护照料等医疗挤兑现象。2020 年 3 月 15 日,美国各州不得不陆续关闭学校、工作场所和餐馆来阻止病毒传播。截至 2021 年 1 月,"2019 新型冠状病毒病"一跃成为美国的头号死因,死于"2019 新型冠状病毒病"的美国人比第二次世界大战、越南战争和朝鲜战争的死亡人数加起来还要多。[①] 仅在疫情暴发前两年,美国就有高达 100 多万人死亡。

法律是美国公共卫生实践的主要决定因素,但是在新冠肺炎疫情应对中,美国自 2001 年起建立的处理局部流感、区域性公共卫生紧急情况以及大规模交通事故等突发公共卫生事件所造成的局部患者激增的传统应急方法失去了效用,这些疫情防控重要方面的失败也是美国公共卫生应急法律体系的失败,暴露了美国公共卫生应急法律体系的不合时宜。美国自 2001 年"9·11"恐怖袭击事件和炭疽病毒事件发生后,开始以反生物化学恐怖威胁为核心,将保护公众健康上升为国家安全战略,将应急管理建立在法制

---

① N. Huberfeld, S. Gordon, D. K. Jones, "American Public Health Federalism and the Response to the COVID-19 Pandemic", *COVID-19 in Europe and North America: Policy Responses and Multi-Level Governance*, 2022, pp.25-46.

基础上并且将其纳为国防安全的一部分,正式开启了美国联邦应急管理局启动联邦应急计划的历史界碑。虽然美国各州和地方法律明确规定,州和地方政府是公共卫生应急的第一自主应对主体,各州州长、市县官员和部落领袖首先对灾难作出反应,当且仅当州政府难以应对公共卫生紧急情况时,联邦资源才会介入。但是自2001年之后,由于公共卫生紧急情况波及的范围越来越广、形势愈加复杂,联邦政府的介入便逐渐增强。因此,美国将大量注意力集中在"填补"联邦政府应对影响公共卫生紧急状态的法律权威方面的空白上。有鉴于此,我们需要先廓清美国公共卫生紧急状态形成的法律基础是什么,进而在此基础上分析美国公共卫生应急法律体系架构,再以新冠肺炎疫情防控中的法律运行状况与绩效为例,剖析其存在的问题与根源,以更好地思考我国如何科学稳妥地完善公共卫生应急相关法律体系。

二、美国公共卫生紧急状态的法律基础

现代公共卫生理念伴随工业革命所带来的环境污染、传染病流行等威胁群体健康问题而形成。[①] 公共卫生是社会为保障大众卫生健康采取的集体行动,其内容多局限于传染病防治领域,主要包括如何对常规的以及突发的公共卫生健康威胁进行有效的应对。[②] 在现实操作层面,由于公共卫生涉及面广且复杂,需要法律将健康、就业、社会保障政策等纳入既定的规范框架内,为政府、市场、公众提供有效沟通的方式。公共卫生法学者劳伦斯·高斯汀

[①] C. E. A. Winslow, "The Untilled Fields of Public Health", *Science*, 1920, 51 (1306), pp.23-33.

[②] R. A. Epstein, "Let the Shoemaker Stick to His Last: A Defense of the 'Old' Public Health", *Perspectives in Biology and Medicine*, 2003, 46(3), pp.138-159.

(Lawrence Gostin)将公共卫生法界定为:"政府为了确保人们享有健康生活(包括识别、预防和降低人群的健康风险)的条件所应具有的权力以及应当承担的义务;政府为了公共卫生利益而限制个体自治、隐私、自由、财产以及其他合法权益时应受到哪些权力限制"。① 这一定义也被世界卫生组织和美国疾病预防控制中心所采纳。

从公共卫生法的"百科式"定义中可以看出,公共卫生法界定了公共卫生机构之间的权责边界,是指导公共卫生系统有序运行的一种行为规则。在美国,这种行为规则来源于联邦宪法或州宪法、法规、规章制度、司法裁决或其他由授权实体发布的具有法律约束力的行为公告。自2001年"9·11"恐怖袭击事件和炭疽病毒事件发生后,美国的公共卫生法从自然灾害和传染病的防控逐渐扩张到调整包括恐怖袭击、核武器、战争等在内的因现代政治和科技发展所引起的所有影响公众健康安全的问题。这些与公共卫生安全相关的问题通常具有突发性、不可预测性、群体危害性等特征,并且超出了政府的常规应对能力,被统称为突发公共卫生事件。因此,公共卫生应急法是应对突发公共卫生事件的专门法,它们往往脱离了明确细致的法律规范,以改变常规体制、扩大政府权力、悬置行政执行、中止某些要求为主要内容。

美国各州法律对突发公共卫生事件的定义不尽相同,大多数州与美国战略准备和响应管理局依据2001年《州卫生应急授权示范法》(The Model State Emergency Health Powers Act)中列举的可能构成突发公共卫生事件的生物恐怖主义、新发或残存生物毒素及传染源、自然灾害、化学品泄漏、核攻击五种主要原因,将其界定为一种由迫在眉睫的自然现象或人类行为而造成的大规模威胁、

---

① L. O. Gostin, *Public Health Law: Power, Duty, Restraint*, Berkeley: University of California Press, 2000, p.3.

人员伤亡、财物损失等现象。部分州(如马萨诸塞州和宾夕法尼亚州)并没有给出定义,而是让州长决定构成突发公共卫生事件的概念内涵。① 2005 年颁发的《公共准备和应急预防法》(Public Readiness and Emergency Preparedness Act)中也未对突发公共卫生事件给予明确界定。尽管很难精确地定义突发公共卫生事件,但它的表现特征明显:情况紧急,预期或潜在的危害是灾难性的,且无法通过常规程序避免危害。当突发公共卫生事件的后果超出行动主体处理这些问题的常规能力时,这种情况就成为紧急情况。② 正是因为突发公共卫生事件的表现形式多样,难以精确描述,所以,美国出台了一系列与公共卫生紧急状态相关的法律,其主要功能是赋予官员灵活应对危机的权力,使他们拥有较为广泛的、不可审查的自由裁量权,应时而动,决定什么是公共卫生紧急状态。

《公共卫生服务法(1944)》(Public Health Services Act)、《国家紧急状态法(1976)》(National Emergencies Act)和《斯塔福德救灾和紧急援助法(1988)》(Robert T. Stafford Disaster Relief and Emergency Assistance Act)是美国宣布国家进入紧急状态或公共卫生紧急状态的主要联邦法律。其中,《国家紧急状态法(1976)》是级别最高也是最重要的紧急状态专门法,它赋予总统单方面宣布国家进入紧急状态后可使用的至少 136 项法定紧急权力,包含从军事、土地使用到公共卫生和农业等方面。此外,当各州州长宣布本州内的紧急情况后发现公共卫生事件超出了受影响州的应对能力时,州长可以通过联邦应急管理局的十个地区办事处③之一向

---

① R. Haffajee, W. E. Parmet, M. M. Mello, "What Is a Public Health 'Emergency'?" *New England Journal of Medicine*, 2014, 317(11), pp.986-988.

② C. Nelson, N. Lurie, J. Wasserman, et al., "Conceptualizing and Defining Public Health Emergency Preparedness", *American Journal of Public Health*, 2007, 97(S1), pp.9-11.

③ 联邦应急管理局的十个地区办事处分别是:波士顿(Boston)、纽约(New York)、费城(Philadelphia)、亚特兰大(Atlanta)、芝加哥(Chicago)、丹顿(Denton)、堪萨斯城(Kansas City)、丹佛(Denver)、奥克兰(Oakland)、博塞尔(Bothell)。

总统提交灾难声明并请求联邦援助。此时,总统可以援引《斯塔福德救灾和紧急援助法(1988)》发布国家紧急状态声明或重大灾难状态声明,启动联邦应急管理局对州和地方的公共卫生紧急情况援助,为各州州长、州卫生官员和应急管理人员提供便捷高效的州际和地方机构之间的资源与合作。《国家紧急状态法(1976)》和《斯塔福德救灾和紧急援助法(1988)》发出的国家紧急状态声明的区别在于,前者发布的紧急状态声明赋予了总统广泛的应急权力,例如,部署军队或切断通讯等;后者发布的紧急状态声明仅涉及美国联邦应急管理局如何开展应急行动。除了总统可以宣布紧急状态外,卫生与公共服务部也可援引《公共卫生服务法(1944)》第319条宣布国家进入公共卫生紧急状态。

进入21世纪后,美国为应对各类突发公共卫生事件发布了紧急状态声明(表1)。在威胁国土安全的突发公共卫生事件中,由总统发布紧急状态声明,例如,在2001年"9·11"恐怖袭击事件发生后,乔治·沃克·布什(George Walker Bush)总统于2001年9月14日宣布美国进入国家紧急状态。在面对重大突发公共卫生事件时,通常由公共卫生服务部与总统同时发布紧急状态声明,例如,在2009年H1N1流感事件中,4月26日,卫生与公共服务部宣布美国进入公共卫生紧急状态;10月24日,总统贝拉克·侯赛因·奥巴马(Barack Hussein Obama)宣布美国进入H1N1流感全国紧急状态。在2020年的新冠肺炎疫情事件中,1月31日,卫生与公共服务部宣布,自2020年1月27日起,美国已存在新冠肺炎疫情事件,美国进入公共卫生紧急状态。此后,美国总统唐纳德·特朗普(Donald Trump)宣布,自2020年3月1日起,美国的新冠肺炎疫情构成国家紧急状态。在面对局部重大突发公共卫生事件时,由卫生与公共服务部宣布进入公共卫生紧急状态,例如,2016年8月12日,美国卫生与公共服务部宣布,波多黎各进入寨卡病毒公共卫生紧急状态。此外,2000年纽约和新泽西州暴发西尼罗河病毒事件时,总统比尔·克林顿(Bill Clinton)援引《斯塔福德救灾和紧急援助法(1988)》发布了紧急状态声明,开创了在传染病暴发期间利用这一法律机制动员联邦援助的先例。此后,在2005年卡特里娜飓风事件和2018年加利福尼亚山火事件中,时任总统均发布了重大灾难状态声明。

表1 美国公共卫生紧急状态的法律依据

法律	紧急状态适用情境	援引的公共卫生事件（2000—2020年）
《公共卫生服务法（1944）》	卫生与公共服务部部长根据该法第319条确定公共卫生紧急状态:"①疾病或失调构成公共卫生紧急情况;②存在突发公共卫生事件,包括重大传染病暴发或生物恐怖袭击。"	① 2009年H1N1流感事件 ② 2016年寨卡病毒事件 ③ 2020年新冠肺炎疫情事件
《国家紧急状态法（1976）》	总统自主决定国家紧急状态的发布标准,但是需要在《联邦公报》上公布签署的紧急状态公告,并且转发给国会后才算成功宣布国家进入紧急状态	① 2001年"9·11"恐怖袭击事件 ② 2009年H1N1流感事件 ③ 2020年新冠肺炎疫情事件
《斯塔福德救灾和紧急援助法（1988）》	①"总统确定需要联邦援助来减轻或避免美国任何地区发生的灾难威胁,从而拯救生命、保护财产和公共健康与安全。"②"州长发现灾难的严重性和规模超出了受影响州和地方政府的应急能力,并且认为联邦援助是必要的。"	① 2000年纽约和新泽西州西尼罗河病毒事件 ② 2005年卡特里娜飓风事件 ③ 2018年加利福尼亚山火事件

三、美国公共卫生应急法律体系的构成

美国对公共卫生服务的立法先例源起于 1796 年 5 月 27 日由国会通过的第一部《国家检疫法》(National Quarantine Act),该法首次建立了联邦政府检疫机构,确立了国家防治传染病的职责。①但是,美国在 1944 年之前没有较为系统的应对公共卫生事件的法律,一直到 1944 年 7 月 1 日修订并合并了当时所有与公共卫生服务相关的现行立法,命名为《公共卫生服务法》(Public Health Service Act)并予以颁布,其中的第 319 节对突发公共卫生事件的防治进行了详细规定。

虽然在美国的公共卫生系统中,联邦政府通常在公共卫生应急中扮演制定指导意见、政策并提供资金和监管的角色,州和地方公共卫生机构则承担公共卫生应急实践的主要职责,但是 2001 年发生的"9·11"恐怖袭击事件和炭疽病毒事件成为美国明确联邦政府机构在公共卫生应急实践中占据主导地位的转折点。此后,美国开始基于《国土安全法》(The Homeland Security Act)下的总体国土安全框架和《公共卫生服务法》,出台了一系列授予州政府和联邦各机构采取各种公共卫生应急行动权力的法律,这些法律主要包括联邦法律、总统指令、政策指南等,它们的初衷在于划分联邦政府机构之间的公共卫生应急权力(表 2)。

---

① R. A. Goodman, *Law in Public Health Practice*, New York: Oxford University Press, 2007, p.46.

表2 2000—2020年美国公共卫生应急法案概要

时间	法案	关键点
2000年	《公共卫生威胁和应急法》	① 倡导公共卫生系统制定自愿绩效目标； ② 建立公共卫生机构评估体系； ③ 重建和改造疾病预防控制中心设施
2001年	《州卫生应急授权示范法》	① 标准化各州的公共卫生应急措施； ② 界定州长宣布公共卫生紧急状态的情境与权力清单
2002年	《国土安全法》；《公共卫生安全和生物恐怖主义防范和应对法》	① 建立国土安全部； ② 推动医疗服务提供者和公共卫生部门建立起信息交流网络
2003年	《国土安全总统令5》；《国土安全总统令7》；《国土安全总统令8》	① 制定《国家响应计划》； ② 建立一个专门且全面的国家事件管理系统
2005年	《公共准备和应急预防法》	① 授予卫生与公共服务部发布豁免声明的权力； ② 为突发公共卫生事件应对中的特定人员提供责任保护
2006年	《流行病和所有危害防范法》	① 系统划分联邦公共卫生部门的职能； ② 制定国家卫生安全战略； ③ 完善突发公共卫生事件监测预警体系和响应体系
2011年	《总统政策令8号：国家应急预防》	① 强调"全国范围内""针对所有危险"的应急方法； ② 制定《国家计划框架》和《联邦机构间行动计划》
2013年	《流行病和所有危害防范再授权法》	明确了食品药品管理局在公共卫生应急准备与响应中负责医疗对策方案的研发与推进

(续表)

时间	法案	关键点
2019年	《流行病和所有危害防范推进创新法》	① 授予应急准备和响应助理秘书办公室主任以及疾病预防控制中心主任更广泛的公共卫生应急权; ② 加强国家灾难医疗系统,将公共医疗机构与社区医疗服务相融合; ③ 对部分医疗防控计划和先进医疗对策的研发给予资金支持; ④ 增强食品药品管理局的公共卫生应急权
2020年	《公共卫生应急和问责法》	① 建立永久性公共卫生应急基金; ② 赋予联邦应急机构较为灵活的危机应对权和应急行政豁免权

1. 公共卫生应急主体法案

《公共卫生服务法》既是美国公共卫生法律走向体系化、规范化、法典化的标志,也是美国应对突发公共卫生事件的主体法案之一。其中,第319节授权卫生与公共服务部部长在公共卫生紧急状态下领导联邦机构,开展公共卫生行动。行动内容主要包括:(1)指导公共卫生服务局和其他部门应对突发公共卫生事件;(2)宣布公共卫生紧急状态并采取响应措施;(3)协助各州应对公共卫生紧急状态;(4)控制传染病;(5)维持国家战略储备;(6)为国家灾难医疗系统的运转提供保障;(7)建立并维持医疗后备队;(8)针对制造商、分销商和医疗项目管理人员及服务人员提供专项豁免。① 此外,当总统和公共卫生服务部宣布国家进入紧急状态时,卫生与公共服务部部长可依据《社会保障法》(Social Security Act)第1135条,临时修改或放弃医疗保险、医疗补助、儿童健康保

---

① HHS, "Public Health Emergency-Legal Authority", https://aspr.hhs.gov/legal/Pages/default.aspx, retrieved April 17, 2024.

险计划的常规要求,确保有足够的医疗保健项目和服务用于应急。① 同时,卫生与公共服务部部长也可依据《联邦食品、药品和化妆品法》(Federal Food, Drug and Cosmetic Act),对未经批准的药物、装置或生物制品进行紧急使用授权或者对已获批准的药物、装置或生物制品用于未经批准的用途进行紧急使用授权。

进入 21 世纪,《国土安全法》成为继《公共卫生服务法》之后美国公共卫生应急的第二大主体法律。2002 年 11 月 25 日,美国国会通过了《国土安全法》,将分散在联邦政府中的 22 个与安全相关的联邦机构进行合并重组为国土安全部,充当联邦"自然和人为危机及应急计划的协调中心"。② 2003 年 1 月 24 日,国土安全部正式成立,它以加强美国联邦机构间的合作、最大限度地减少潜在的恐怖袭击和自然灾害造成的损害为部门宗旨,从总体国家安全层面对应急管理进行常态化防御部署,其中,该部下辖的联邦应急管理局为应急综合管理机构。联邦政府近 20 年颁发的公共卫生应急法案均以《公共卫生服务法》和《国土安全法》为基础,从不同层面对突发公共卫生事件应急管理进行了补充。③

2. 公共卫生应急补充法案

美国在 20 世纪末发生了一系列自然灾害、生物威胁和恐怖袭击等突发公共卫生事件,在诸如安德鲁飓风事件(1992 年)、中西部大洪水事件(1993 年)、俄克拉何马城爆炸事件(1995 年)、纽约和新泽西州西尼罗河病毒事件(2000 年)等突发公共卫生事件的应对

---

① HHS, "Legal Authority of the Secretary", https://stg-aspr.hhs.gov/legal/Pages/Legal-Authority-of-the-Secretary.aspx, retrieved April 17, 2024.
② R. Katz, A. Attal-Juncqua, J. E. Fischer, "Funding Public Health Emergency Preparedness in the United States", *American Journal of Public Health*, 2017, 107(S2), pp. 148-152.
③ B. P. Murthy, N. A. M. Molinari, et al., "Progress in Public Health Emergency Preparedness—United States, 2001-2016", *American Journal of Public Health*, 2017, 107(S2), pp. 180-185.

中,联邦应急管理局似乎无法有效履行紧急情况下的基本政府职能。一时之间,废除联邦应急管理局的呼声四起,克林顿政府意识到有效的应急反应和快速的应急恢复对社区和选民来说至关重要,于是决心修复联邦应急管理系统。① 2000 年 11 月 13 日,比尔·克林顿(Bill Clinton)签署了美国首部公共卫生应急专项法律《公共卫生威胁和应急法》(Public Health Threats and Emergencies Act),授权在 2001 财年拨款 5.4 亿美元加强联邦公共卫生基础设施建设,建立更加统一的公共卫生应急管理系统。该法主要从公共卫生系统制定自愿绩效目标、建立公共卫生机构评估体系、重建和改造疾病预防控制中心设施三个方面提高美国应对自然灾害、生物恐怖袭击、抗生素耐药性、新发传染病等新型公共卫生威胁的核心能力。②

当《公共卫生威胁和应急法》中的应急方案还在部署时,突如其来的"9·11"恐怖袭击事件和炭疽病毒事件又给美国公共卫生应急系统致命一击,它们暴露了美国各州陈旧过时和支离破碎的公共卫生应急法无法有效应对现代公共卫生健康威胁。这是因为美国联邦制下各州的公共卫生法都独立发展,它们的结构、内容和程序差异过大,而这种较大的法律间差异会破坏州和联邦之间的应急协调。因此,疾病预防控制中心聘请乔治城大学(Georgetown University)和约翰·霍普金斯大学(Johns Hopkins University)的法律和公共卫生中心起草了《州卫生应急授权示范法》(The Model State Emergency Health Powers Act)。该法案于 2001 年 12 月 21 日颁发,它为各州提供了一份公共卫生应急立法的框架菜单,促使大约 40 个州颁发了公共卫生应急计划。③ 这一法案的目的在于

---

① G. D. Haddow, J. A. Bullock, D. P. Coppola, *Introduction to Emergency Management*, Oxford: Butterworth-Heinemann, 2021, pp.10-12.

② "Public Health Threats and Emergencies Act", https://www.congress.gov/congressional-report/106th-congress/senate-report/505/1, retrieved April 17, 2024.

③ CDC, "The Model State Emergency Health Powers Act" (2001), https://biotech.law.lsu.edu/blaw/bt/MSEHPA.pdf, retrieved April 17, 2024.

标准化各州的公共卫生应急措施,促进各州在应急准备、监测、医疗资产管理、人员保护和有效沟通五个方面形成资源共享。此外,该法还界定了州长宣布公共卫生紧急状态的情境,并附有公共卫生紧急状态下行政官员特别行使权清单。①

2001 年的两起事件让美国对防范生物恐怖袭击多了一份警惕,同年 12 月 21 日,美国出台了《公共卫生安全和生物恐怖主义防范和应对法》(Public Health Security and Bioterrorism Preparedness and Response Act)。这一法案促进了医疗服务提供者与公共卫生部门之间信息交流网络的建立,并强化了公共卫生服务系统,以便在全国范围内更快地应对紧急情况并提升治疗能力。② 2003 年 2 月 28 日,乔治·沃克·布什(George Walker Bush)在《国土安全法》的基础上,发布了关于处理国内恐怖主义准备、预防和应对的第一个总统指令《国土安全总统令5》(Homeland Security Presidential Directive 5),要求国土安全部制定《国家响应计划》(National Response Plan)。这一计划取代了自 1992 年形成的由 27 个联邦机构与美国红十字会之间用于管理和协调联邦资产协助地方救灾的《联邦响应计划》(Federal Response Plan),推动联邦政府使用国家事件管理系统(National Incident Management System)应对突发公共卫生事件。③ 随即又出台了《国土安全总统令7》(Homeland Security Presidential Directive 7)和《国土安全总

---

① L. O. Gostin, J. B. Nuzzo, "Twenty Years After the Anthrax Terrorist Attacks of 2001: Lessons Learned and Unlearned for the COVID-19 Response", *JAMA*, 2021, 326 (20), pp. 2009-2010.

② G. W. Bush, "Remarks on Signing the Public Health Security and Bioterrorism Preparedness and Response Act of 2002" (2002), https://www.presidency.ucsb.edu/documents/remarks-signing-the-public-health-security-and-bioterrorism-preparedness-and-response-act, retrieved April 17, 2024.

③ G. W. Bush, "Homeland Security Presidential Directive 5" (February 28, 2003), https://www.dhs.gov/publication/homeland-security-presidential-directive-5, retrieved April 17, 2024.

统令 8》(Homeland Security Presidential Directive 8),作为《国土安全总统令 5》的配套文件,它们从联邦预防目标制定、联邦预防援助、备灾设备与演练等维度,阐释了联邦机构如何在公共卫生应急早期阶段展开预防措施。①

2005 年 8 月,卡特里娜飓风席卷了从阿拉巴马州到密西西比州沿海和路易斯安那州东南部约 9 万平方英里的土地,造成 80 多万人流离失所,超过 1 800 人死亡。虽然联邦政府启动了超过 1 000 亿美元用于救灾,但是依旧无法掩盖近年来《国家响应计划》高度关注生物恐怖主义预防而不同程度地忽略了其他突发公共卫生事件的弊端。与此同时,2003 年 12 月至 2006 年 6 月持续的各类流感病毒事件也给美国公共卫生应急带来了困扰。② 此后,《国家响应计划》从强化全灾害应急防控方面进行修改和完善,在 2008 年被命名为《国家响应框架》(National Response Framework),推动应急响应逐渐走向常态化部署。2005 年 12 月 30 日,乔治·沃克·布什签署了《公共准备和应急预防法》(Public Readiness and Emergency Preparedness Act),授予卫生与公共服务部发布豁免声明的权力,为公共卫生紧急情况下制定和执行已批准对策的政府和私营部门人员提供责任保护。在 2009 年的 H1N1 流感应对中,卫生与公共服务部针对 H1N1 疫苗以及抗病毒药物和个人防护设备等发布了豁免声明。③

2006 年 12 月 19 日,乔治·沃克·布什签署了美国迄今为止对公共卫生应急准备工作最全面的立法——《流行病和所有危害

---

① G. W. Bush, "Homeland Security Presidential Directive 8" (December 17, 2003), https://fas.org/irp/offdocs/nspd/hspd-8.html, retrieved April 17, 2024.
② CDC, "Update: Influenza Activity—United States and Worldwide, 2005–06 Season, and Composition of the 2006–07 Influenza Vaccine", *Morbidity and Mortality Weekly Report*, 2006, (23), pp.648–653.
③ Association of State and Territorial Health Officials, "Public Readiness and Emergency Preparedness Act", https://aspr.hhs.gov/legal/PREPact/Pages/default.aspx, retrieved April 17, 2024.

防范法》(The Pandemic and All-hazards Preparedness Act)。这部137页的法规涉及联邦公共卫生准备和应对职能的各个方面,系统划分了联邦公共卫生部门的职能,明确将卫生与公共服务部作为突发公共卫生事件的联邦牵头机构与责任机构。它负责制定政策、协调国内卫生安全,其所属的疾病预防控制中心在疾病预防控制技术和科研、规章制定上负主导责任。而在诸如与恐怖袭击有关的公共卫生事件方面,赋予国土安全部大部分的应急管理职能,农业部、司法部、能源部、教育部、环保署等部门配合它们开展应急行动。该法规还要求联邦公共卫生机构制定一项国家卫生安全战略,包括根据所需的循证基准和客观绩效标准对联邦、州、地方和部落的公共卫生应急准备情况进行评估,最初的战略于2009年实施,之后每四年实施一次。此外,这一法案还授权卫生与公共服务部将卫生专业志愿者预先登记应急系统(Emergency System for Advance Registration of Volunteer Health Professionals)和医疗后备队系统(Medical Reserve Corps)连接到统一的联邦系统中,从而可以在全国范围内招募志愿者参与联邦应急响应工作。[①] 将公共卫生应急管理职能进一步向联邦集中,完善了美国突发公共卫生事件监测预警体系和响应体系。

美国在2010年之后颁布的公共卫生应急法,基本上都是在2000—2010年的法律基础上的再升级。2011年3月30日,贝拉克·侯赛因·奥巴马签署了《总统政策令8号:国家应急预防》(Presidential Policy Directive/PPD-8:National Preparedness),取代了《国土安全总统令8》。新的总统令融合了联邦、州和地方的应急能力,重点强调"全国范围内""针对所有危险"的应急方法。它将政府资源重新集中在缓解措施(防止灾难进一步恶化)和复原力

---

① J. G. Hodge, L. O. Gostin, J. S. Vernick, "The Pandemic and All-Hazards Preparedness Act: Improving Public Health Emergency Response", *The Journal of the American Medical Association*, 2007, 297(15), pp.1708-1711.

(社区如何积极应对重大灾难并从灾难中恢复)上,提出危机预防是共同责任,阐明"建立安全且有弹性的国家,需要整个社区在面对突发公共事件时具有预防、防御、缓解、响应和从重大危机事故中恢复的能力"。①

该总统令出台了《国家计划框架》(National Planning Frameworks)和《联邦机构间行动计划》(Federal Interagency Operational Plans),作为国家应急预防系统的主要组成部分,对危机预防任务进行细化。其中,《国家计划框架》包括《国家预防框架》(National Prevention Framework)、《国家保护框架》(National Protection Framework)、《国家响应框架》(National Response Framework)、《国家缓解框架》(National Mitigation Framework)和《国家灾难恢复框架》(National Disaster Recovery Framework)五个任务框架,它们为个人、家庭、社区、私营及非营利组织、政府等全社会多主体参与应急防控协调制定了行动指南。②《联邦机构间行动计划》在《国家计划框架》的基础上明确了联邦政府如何协调资源形成核心应急能力,主要包括《保护联邦机构间行动计划》(Protection Federal Interagency Operational Plan)、《缓解联邦机构间行动计划》(Mitigation Federal Interagency Operational Plan)、《响应联邦机构间行动计划》(Response Federal Interagency Operational Plan)、《核/放射性事故附件》(Nuclear/Radiological Incident Annex)、《恢复联邦机构间行动计划》(Recovery Federal Interagency Operational Plan)、《预防联邦机构间行动计划》(Prevention Federal

---

① FEMA, "Learning about Presidential Policy Directive-8: National Preparedness", https://www.fema.gov/learn-about-presidential-policy-directive-8, retrieved April 17, 2024.

② FEMA, "National Planning Frameworks", https://www.fema.gov/national-planning-frameworks, retrieved April 17, 2024.

Interagency Operational Plan)等。①

2013年3月13日,贝拉克·侯赛因·奥巴马签署了《流行病和所有危害防范再授权法》(The Pandemic and All-Hazards Preparedness Reauthorization Act),它是对《流行病和所有危害防范法》的延续。再授权的法案重点加强了美国应对涉及化学、生物、核或放射物质以及新型传染病等突发公共卫生事件的防范能力,明确了食品药品管理局在公共卫生应急准备与响应中负责医疗对策方案(Medical Countermeasures)的研发与推进,也即确定了食品药品管理局对药品、疫苗和医用设备等的应急部署职责。② 此后,该法案每5年接受一次审查并由国会重新授权,第一次是在2018年,第二次是在2023年9月月底。

2019年6月24日,唐纳德·特朗普签署了《流行病和所有危害防范推进创新法》(Pandemic and All-Hazards Preparedness and Advancing Innovation Act),这是对《流行病和所有危害防范法》的修订。新增内容包括:第一,授予应急准备和响应助理秘书办公室主任以及疾病预防控制中心主任更广泛的公共卫生应急权;第二,加强国家灾难医疗系统,将公共医疗机构与社区医疗服务相融合;第三,对诸如《医院防控计划》(Hospital Preparedness Program)和《公共卫生紧急防控合作协议》(Public Health Emergency Preparedness Cooperative Agreement Program)等医疗防控计划进行资金再授权;第四,基于《生物盾计划法》(Project Bio-Shield Act)为先进医疗对策的研发提供资金支持;第五,修订《联邦食品、药品和

---

① FEMA, "National Planning Frameworks", https://www.fema.gov/federal-interagency-operational-plans, retrieved April 17, 2024.
② "Pandemic and All-Hazards Preparedness Reauthorization Act of 2013 (PAHPRA)", https://www.fda.gov/emergency-preparedness-and-response/mcm-legal-regulatory-and-policy-framework/pandemic-and-all-hazards-preparedness-reauthorization-act-2013-pahpra, retrieved April 17, 2024.

化妆品法》,增强食品药品管理局的公共卫生应急权。①

2020年2月13日,美国第116届国会第2次会议通过了《公共卫生应急和问责法》(Public Health Emergency Response and Accountability Act),旨在建立永久性公共卫生应急基金,用于应对美国卫生与公共服务部宣布的传染病、生物恐怖袭击等突发公共卫生事件,保证这笔资金将用于应对迫在眉睫的公共健康威胁。资金主要提供给应急准备和响应助理秘书办公室、高级生物医学研究开发局、疾病预防控制中心、食品药品管理局和国家卫生研究所等联邦应急机构,同时赋予它们灵活的聘用与签约权利以及应急行政豁免权。② 鼓励联邦应急人员因时而动、有所作为,推动公共卫生防范和应对工作依靠法律机制实现:(1)优先规划;(2)责任分配;(3)加强协作和协调;(4)建立响应性资金;(5)强调弱势群体需求。③

四、新冠肺炎疫情防控中美国公共卫生应急法律体系的缺陷

虽然美国构建起了较为全面的公共卫生应急法律体系,但是它们没有承受住新冠肺炎疫情带来的压力测试和实践冲击。事实证明,美国自"9·11"恐怖袭击事件后所形成的公共卫生应急法律体系在有些方面不适合应对持续多年的全国性大流行病毒事件。即使在新冠肺炎疫情暴发初期,联邦政府基于传统公共卫生应急

---

① HHS, "Pandemic and All-Hazards Preparedness Reauthorization Act", https://www.phe.gov/Preparedness/legal/pahpa/Pages/pahpra.aspx, retrieved April 17, 2024.

② "Public Health Emergency Response and Accountability Act", https://www.congress.gov/bill/116th-congress/senate-bill/3309/text, retrieved April 17, 2024.

③ M. Gakh, L. Rutkow, "Lessons from Public Health Legal Preparedness to Operationalize Health in All Policies", *The Journal of Law, Medicine & Ethics*, 2017, 45(3), pp.392-401.

法律体系,为了缓解失业、饥饿、住房不稳定、医疗保健短缺等基本公共服务困境,在 2020 年 3 月至 2021 年 3 月又出台了诸如《家庭第一冠状病毒应对法》(Families First Coronavirus Response Act)、《冠状病毒援助、救济和经济安全法》(Coronavirus Aid, Relief, and Economic Security Act)、《健康保险流通与责任法》(Health Insurance Portability and Accountability Act)等一系列法律,但是这些试图力挽狂澜的新法案依旧难以消弭传统公共卫生应急法律体系内蕴的长期固有缺陷。随着新冠肺炎疫情的深度蔓延,这一体系呈现出的四大缺陷愈加明显。

1. 公共卫生应急法难以平衡公民个人自由权和政府应急权力的张力

《州卫生应急授权示范法》规定,对紧急声明和命令进行司法审查,如果通过隔离或检疫剥夺个人自由,需要经过正当程序保护的程序性论证,包括法庭听证会、对危险性进行个性化评估,以表明采取剥夺个人自由的措施是必要的。这一举措在"9·11"恐怖袭击后出于时代的原因获得了广泛支持,但它所引发的关于公共卫生紧急状态下如何合理地权衡公民个人自由权和政府公共卫生应急权力的争议一直存在。这是因为美国法律是建立在个人主义和自由主义的"美利坚"文化基础上,也就形成了个体往往通过个人视角看待集体问题的传统。因此,当公众的"独立精神"与行政意志之间出现矛盾时,就需要启动法律程序调和政府职能的合法性与"独立精神"的有效践行。① 面对新冠肺炎疫情,联邦政府和每个州政府都宣布进入公共卫生紧急状态,几乎所有州都实施了至少一项紧急命令来减轻疫情传播,例如,发布社区缓解措施(接种疫苗、隔离、检疫)、居家令、戴口罩令、关闭学校和限制

---

① D. F. Sitting, H. Singh, "COVID-19 and the Need for a National Health Information Technology Infrastructure", *JAMA*, 2020, 323(23), pp. 2373-2374.

集会等。然而,随着新冠肺炎疫情的持续蔓延,公众对减少限制和加强个人自由保护的需求开始增长,《州卫生应急授权示范法》再次面临难以继续平衡公民个人自由权和政府应急权力的张力困局。

2. 联邦公共卫生应急主导权受到地方自主应急实践的冲击

在新冠肺炎疫情期间,美国宪法体系的基本原则及其惯常运作受到了联邦政府的公开挑战。美国联邦制下的法律体系遵循联邦与州分权原则,各自有独立的法律体系。一方面,作为"全国最高法律"的联邦公共卫生应急法和美国宪法一样在全国适用,并且高于州宪法和法律;另一方面,联邦宪法第十条修正案规定:"宪法未授予合众国、也未禁止州享有的各项权力,分别由各州政府或人民予以保留",因此,联邦和各州形成了双轨制甚至多轨制的公共卫生应急司法体系,特别是各州法律又各成体系,因而在公共卫生应急中实际上存在至少 51 种法律和司法体系,且常常导致相互冲突的状态。美国立法机关和司法机关就不得不通过宪法规定、宪法传统和其他手段不断调整和解决法律间的冲突问题,美国最高法院在新冠肺炎疫情传播的前 18 个月内,就针对州和地方公共卫生行动处理了 1 000 多起诉讼。①

在公共卫生领域,比起受到较多权力限制的联邦政府,州政府和它授权的地方政府在保护公众健康方面具有更为广泛、直接的自主权力。美国各州的公共卫生模式不同,州与地方公共卫生机构间的合作又分为集中、分散、共享、混合四种模式,地方卫生机构有的是州卫生局派出的,有的是各个县自有的,还有混合型的。②这就造成在公共卫生应急执行层面有大量需要协调的事务,例如,不同的州所采取的从戴口罩到强制接种疫苗再到关闭企业和封锁

---

① M. A. Rothstein, "US Supreme Court Doctrines in COVID-19 Cases Threaten Public Health", *American Journal of Public Health*, 2023, 113(10), pp. 1037-1039.
② 陈婧:《美国公共卫生应急管理体系分析》,《中国应急管理科学》2024 年第 1 期。

街道等措施各异,这导致州和地方在新冠肺炎疫情应对中难以做到及时响应和联合行动。此外,为了反对采用联邦公共卫生指导方针,一些州立法机构专门对州长、州卫生官员和地方卫生官员施加权力限制,主要包括限制紧急命令的发布期限和范围,规定立法机关可以终止紧急命令或限制紧急命令可能包含的条款,允许地方命令的严格程度低于国家命令等。① 2021 年 1 月至 2022 年 5 月,21 个州颁布了 32 项法案限制卫生官员在紧急情况期间或紧急情况之外的权力。② 例如,蒙大拿州不再允许其州长更新紧急状态声明并将这一权力转移给立法机关;佛罗里达州将州长下达卫生命令的期限限制为 7 天。③ 这一举动严重破坏了自"9·11"恐怖袭击后建立起的联邦公共卫生应急法律体系的努力,给美国未来的公共卫生应急管理埋下了隐患。有研究表明,这也是造成美国新冠肺炎疫情死亡率居高不下的主要原因之一。④

3. 公共卫生应急法的部分内容在落实中沦为象征性法案

美国在 21 世纪前 20 年制定的公共卫生应急法律过于关注纸面上的计划,而忽视了预算削减和政治干预对公共卫生机构的破坏性影响,导致计划内容难以落实到位。⑤ 2008 年全球经济危机

---

① M. M. Mello, L. O. Gostin, "Public Health Law Modernization 2. 0: Rebalancing Public Health Powers and Individual Liberty in the Age of COVID-19", *Health Affairs*, 2023, 42(3), pp.318-327.

② A. Weiss, "Binding the Bound: State Executive Emergency Powers and Democratic Legitimacy in the Pandemic", *Columbia Law Rev*, 2021, 121(6), pp.1853-1866.

③ L. O. Gostin, J. B. Nuzzo, "Twenty Years After the Anthrax Terrorist Attacks of 2001: Lessons Learned and Unlearned for the COVID-19 Response", *JAMA*, 2021, 326(20), pp.2009-2010.

④ X. Zhang, M. E. Warner, G. Meredith, "Factors Limiting U. S. Public Health Emergency Authority During COVID-19", *The International Journal of Health Planning and Management*, 2023, 38(5), pp.1569-1582.

⑤ S. Burris, S. De Guia, et al., "The Legal Response to COVID-19: Legal Pathways to a More Effective and Equitable Response", *Journal of Public Health Management and Practice*, 2021, 27(S1), pp.72-79.

后,联邦和各州削减了公共卫生支出;2009年H1N1流感事件后,联邦政府也没有继续落实《公共卫生服务法》相关条款补充国家战略储备。其实,在2021年,联邦为州和地方卫生部门提供的应急准备资金从2003年的9.39亿美元减少到6.95亿美元,减少了近50%。用于医院应急准备的专项联邦资金更是从2003年的5.15亿美元减少到2021年的2.8亿美元,减少了近三分之二。除了公共卫生应急资金的削减,州和地方公共卫生人员的流失也动摇了美国公共卫生基础设施的根基,从2008年到2019年,地方公共卫生机构的全职工作人员数量减少了约16%,州卫生机构工作人员在2012年至2019年减少了约10%。①

虽然自2020年3月之后,国会通过了多项提供资金支持的新冠肺炎疫情救助法案来弥补因长期资金与人员流失造成的医疗系统运行漏洞,但是这种一次性资金并不能解决多年来资金不足所导致的公共卫生应急系统空心化。② 资金和人员的长期短缺导致公共卫生部门在新冠肺炎疫情防控中难以落实此前制定的公共卫生应急法律和政策条款。例如,联邦政府在2015年发布的呼吸机分配指南提出,一旦公共卫生当局宣布公共卫生紧急状态,危机护理标准将取代常规护理标准,呼吸机分配采用序贯器官衰竭评估评分标准,但是这一指导方针从未落实到位。因此,在2020年3月,各个医院不得不在没有政府指导的情况下自行决定呼吸机等稀缺医疗资源的分配。③ 此外,虽然《州卫生应急授权示范法》第

---

① Trust for America's Health, "The Impact of Chronic Underfunding on America's Public Health System: Trends, Risks, and Recommendations, 2021" (May 7, 2021), https://www.tfah.org/report-details/pandemic-proved-underinvesting-in-public-health-lives-livelihoods-risk, retrieved April 11, 2024.
② L. O. Gostin, J. B. Nuzzo, "Twenty Years After the Anthrax Terrorist Attacks of 2001: Lessons Learned and Unlearned for the COVID-19 Response", *JAMA*, 2021, 326 (20), pp. 2009-2010.
③ I. G. Cohen, A. R. Gluck, et al., *COVID-19 and The Law Disruption, Impact and Legacy*, Cambridge: Cambridge University Press, 2023, p. 19.

608条授权州长在公共卫生紧急状态期间,可以许可和任命系统外医务人员援助应急工作,但是在新冠肺炎疫情期间,这一法律条款成为象征性政策,没有州长行使这项权力。

4. 公共卫生应急信息安全法案和监管法案长期缺位

公共卫生应急管控的普遍规律在于迅速发现并阻断传播链,从而遏制聚集性感染。广泛的数据收集、汇总和分析是新冠肺炎疫情防控中准确、可靠信息提取的基础,没有这些信息,政府就无法将重要资源从盈余领域转移到供不应求的领域。虽然美国依据《流行病和所有危害防范法》所建立起的国家综合症状监测计划可以实时地从急诊部门、住院医疗机构和实验室收集、分析、共享部分患者的电子健康数据,但是,由于美国宪法对公民个人隐私和获取行业机密性数据的司法审核流程复杂,以至于联邦和州政府其实难以有效地获得感染人数、种族、住院时长、个人位置和出行位置等应急所需的必要基础信息,因而无法有效地对例如医院人员、个人防护设备、重症监护病房病床和呼吸机等实时卫生应急资源需求进行更准确的估计。此时,常年缺位的应急信息安全法在大规模公共卫生应急资源供需调节中的作用更加明显。

此外,为了确保患者安全和诊断检测的准确性,美国对医疗保健行业实施了高度严格的监管标准,主要包括设施许可认证、劳动雇佣、专业许可和报销等方面,并且明确规定违反监管标准的医疗保健行业需要承担罚款和失去认证等行政、民事甚至是刑事责任。然而,这一严苛的医疗监管标准在制定时并没有考虑到它们在突发公共卫生事件中的应用状况,有研究表明,这些标准在新冠肺炎疫情中限制了医疗保健系统吸收和治疗患者的能力。[1] 而且,在新冠肺炎疫情应对中,依据监管标准,美国最初仅通过了疾病预防

---

[1] B. Kamoie, R. M. Pestronk, et al., "Assessing Laws and Legal Authorities for Public Health Emergency Legal Preparedness", *Journal of Law, Medicine & Ethics*, 2008, 36(Sl), pp.23-27.

控制中心开发的检测方法,但是这一方法的可用测试套件数量有限,而备用测试套件在使用前需要获得食品药品管理局的紧急使用授权。虽然食品药品管理局依据《联邦食品、药品和化妆品法》在2020年2月29日批准了紧急使用授权,但是程序上依然要求实验室在15个工作日内向食品药品管理局提交紧急使用授权资质认证申请。复杂的监管流程增加了实验室系统验证临床测试的周期,导致美国没有在大流行初期开展广泛的测试,难以进一步实施有效的物理疏导。[1]

五、结论与启示

分析公共卫生紧急状态中的应急行动对政府提升公共卫生应急管理能力至关重要。本文通过剖析美国公共卫生应急法律体系及其在新冠肺炎疫情中呈现的系统缺陷,试图为我国公共卫生应急法律体系以更科学高效的方式运行提供有益借鉴。

1. 制定常规与突发公共卫生事件管理相结合的国家卫生安全战略

在总体国家安全观和国家安全战略指导下,基于我国经济中高速增长的经济发展契机,以现代科技创新作为强力支撑,需要加快制定国家卫生安全战略的立法步伐。由全国人大及其常委会和国务院办公厅牵头,推动国家安全部、国家卫生健康委员会、应急管理部等公共卫生应急管理相关部门制定部长联席会议制度,并在此基础上广泛吸纳相关领域的专家和学者形成智库,以期融合常规公共卫生事件管理与突发公共卫生事件管理的理论智慧与实

---

[1] Y. W. Tang, J. E. Schmitz, D. H. Persing, et al., "Laboratory Diagnosis of COVID-19: Current Issues and Challenges", *Journal of Clinical Microbiology*, 2020, 58 (6), pp. 12-20.

践认知,共同制定国家卫生安全战略的指导方针、主要任务、中长期目标以及年度目标等事项,为各级地方政府扎实推进公共卫生应急管理战略部署工作提供法律与政策依据。

2. 搭建应急基本法和分类补充法相结合的公共卫生应急法律体系

将公共卫生应急实践经验以立法的形式固定下来,按照应急基本法和分类补充法相结合的方式搭建起多层次、立体式的公共卫生应急法律体系。首先,对公共卫生紧急情况以立法的形式进行明确界定,用来调整公共卫生紧急情况下政府、市场与社会之间的各种权力与权利关系,在有法可依的情况下推动全社会有效地应对和消除公共卫生危机;其次,在《食品安全法》《传染病防治法》《卫生检疫法》等现行卫生法律的基础上,制定一个居于基础地位的《公共卫生服务法》,作为公共卫生领域后续立法的权威依据;最后,基于《宪法》《公共卫生服务法》的基本精神和主要内容,从公共卫生应急的预防、响应、行动、恢复全过程出发,制定一系列科学、详细的公共卫生应急专项法律法规,使公共卫生应急管理的各个环节均有法可依。

3. 推动《国家突发公共卫生事件应急预案》实施的在地化与标准化

切实落实《国家突发公共卫生事件应急预案》中的各项工作以及标准化预案体系中各行为主体的权责行动,使公共卫生应急行动可以因时因地制宜,推动公共卫生应急法律的刚性制度和预案柔性制度相结合,形成公共卫生应急管理的"战略—法律—预案"的层层递进关系。具体而言,其一,制度化公共卫生应急物资储备、灾难医疗体系、危机响应中相关机构及人员的权力与职责,实现公共卫生应急主体的权责一致;其二,对政府部门、私营及非营利组织、社区、家庭、个人等全社会多主体参与公共卫生应急的角色进行定位,为全社会参与公共卫生应急行动提供指导方案;其三,为公共卫生应急中涉及的职位构建能力标准并制定可操作的行动指南,使公共卫生应急行动有章可循。

4. 制定公共卫生应急信息安全法案

健全国家公共卫生信息系统,并且对公共卫生应急信息的获取与使用进行立法,使涉及公共卫生信息安全的政府部门、经济组织、社会团体和事业机构以及个人等社会关系主体有法可依。由于公共卫生信息系统对一个运转良好的公共卫生体系至关重要,特别是在公共卫生紧急状态下,个体健康数据的收集、使用和存储更是公共卫生应急资源供需调节的重要决策依据,因此,要以法律的形式处理好公民隐私权和公共卫生应急健康数据收集与使用之间的关系,以更好地应对突发公共卫生事件。

5. 制定公共卫生应急监管法案

公共卫生应急行动的各个环节均需要公共卫生应急监管法案同步配套,需要明确公共卫生应急资金的使用状况和应急人员的权责匹配情况。也就是要制度化公共卫生紧急状态下的人权、事权和财权的用途和支配范围,确保在公共卫生应急响应中应急人员和应急资金能及时到位。具体操作方法包括:其一,设立公共卫生应急专项资金并规定其使用方式;其二,在中央设立专门的公共卫生应急服务医疗队伍,将医疗跨省支援制度化;其三,界定公共卫生应急人员在紧急状态下的医疗事故责任边界和应急免责申明范围,鼓励专业人员在公共卫生紧急状态下随机应变;其四,由于分类临时应急政策可能对残疾人或慢性疾病病人具有歧视性,需要以法律的形式透明化特殊人群的应急护理标准,以便更好地保护他们的健康权。

[本文系教育部哲学社会科学研究重大课题攻关项目"重大风险事件中的网络社会心态及引导研究"(项目编号:22JZD028)、天津市研究生科研创新项目"'制度—行为'情境中的政府部门绩效执行策略研究"(项目编号:2022BKY043)的阶段性研究成果]

回到马克思：城市权利理论的生成与承继

张 磊*

[内容摘要]　城市权利是理解人类文明的重要维度。由于西方意识形态理论的遮蔽，城市无产阶级从生产劳动中发现和享有的社会化权利还无法被通达。循着西方马克思主义城市学派的路径回到马克思，并从历史唯物主义视角重新阐发他的城市权利思想，具有重要意义。尽管马克思没有建构出现成的城市权利理论，但是城市权利问题已经进入历史唯物主义的本质性维度了，历史唯物主义的形成过程就是对城市权利本质的探索过程。马克思城市权利理论的起点在于，在面对莱茵省各个城市实际呈现的权利难题时，黑格尔法哲学这一理论武器无法解释其中社会和国家的头足倒置现象。马克思发现，城市权利是各个阶级对生活需要和活动关系的感性确证，它属于法律规定前的习惯权利，具有政治性。马克思在《莱茵报》工作时期所生成的城市权利观点，具有基础和定向的地位。到马克思自己思想成熟后，他承继了《莱茵报》时期的观点，从历史唯物主义视角将城市权利的理论范式予以定型，并从自发分工（异化劳动）和所有制的关系出发，阐发了西欧城市权利的历史变迁逻辑，由此形成对后世理论和实践的指导意义。

[关键词]　回到马克思；城市权利理论；历史唯物主义；习惯权利；阶级权利

---

* 张磊，复旦大学国际关系与公共事务学院博士研究生。

一、为何要回到马克思关于城市权利理论的历史唯物主义建构视角？

城市权利是理解人类文明的重要维度。近代资本主义文明的发展与城市法权主体的确立密切相关。进入现代后，两次世界大战推动城市时代快速到来，也促成人类反思城市危机和病症，西方马克思主义城市学派最先提出的城市权利理论，就是对此问题的集中回应。

根据陈忠的概括，西方理论界主要有四种城市权利范式，即以技术—经济权利为核心的理性主义、以文化—生活权利为核心的人本主义、以生态—环境为核心的生态主义和以社会—政治权利为核心的结构主义。① 前三种属于西方非马克思主义城市权利理论，最后一种是西方马克思主义城市权利理论。总的来看，这些观点代表西方理论界对不同视域下城市权利问题的认知和补救，由于它们没有从根本上通达对现代资本主义社会形态下城市权利本质的理解，也无法最终达到对这一问题的批判性解决。

（一）西方非马克思主义理论界的城市权利观点

柯布西耶（Le Corbusier）认为，人的权利是使人类的情感和野性服从理智的权利②，是使城市适应机械速度及其各种伴随的产物的权利。③ 理性与情感和野性的对立，以及前者对后者的规范

---

① 陈忠：《城市权利：全球视野与中国问题——基于城市哲学与城市批评史的研究视角》，《中国社会科学》2014 年第 1 期。
② ［法］勒·柯布西耶：《明日之城市》，李浩译，中国建筑工业出版社 2009 年版，第 5 页。
③ ［法］勒·柯布西耶：《人类三大聚居地规划》，刘佳燕译，中国建筑工业出版社 2009 年版，第 111 页。

和限制,就是技术理性主义城市权利观点的存在论基础和实践论特征。后文将指出,在马克思(Karl Marx)看来,城市权利恰恰起源于非理性的利益和意识,理智权利只是一种片面的工具理性。此外,海德格尔(Martin Heidegger)指出,技术世界的确立及其相应可控秩序的设置,正是理性完成和终结的体现①,克服城市权利的技术主义态度,还有待在理性之外某种新的理论资源参与进来。

芒福德(Lewis Mumford)误解和贬低了物质生产生活权利的基础性地位,把文化视为城市的生命和城市权利的内容,把储存文化、流传文化和创造文化视为城市的使命。② 恩格斯(Friedrich Engels)早已指出,"权利决不能超出社会的经济结构以及由经济结构制约的社会的文化发展"③,相比而言,城市的文化权利只是派生性质的。雅各布斯(Jane Jacobs)强调了在抽象理性主义原则的支配下,城市规划者的改造活动对城市多样化生活权利的征服和剥夺④,但是,她没有进一步准确追问规划者"理性魔法"的产生依据。林奇(Kevin Lynch)指出,应当将城市理解为由它的市民感受到的城市,市民享有对外部城市环境形成意象的权利⑤,然而,城市并非如他所说是自身存在着的客观事物,也并非等待人们通过头脑去单纯感受的对象。事实上,市民意向性的感觉权利只是他们和城市环境之间意向性活动权利的体现。

霍华德(Ebenezer Howard)简单地把城市权利和乡村权利分

---

① [德]马丁·海德格尔:《面向思的事情》,陈小文、孙周兴译,商务印书馆1999年版,第71页。
② [美]刘易斯·芒福德:《城市发展史——起源、演变和前景》,宋俊岭、倪文彦译,中国建筑工业出版社2005年版,第14页。
③ [德]马克思、恩格斯:《马克思恩格斯选集》(第三卷),人民出版社2012年版,第364页。
④ [美]简·雅各布斯:《美国大城市的生与死》,金衡山译,译林出版社2006年版,第3页。
⑤ [美]凯文·林奇:《城市意象》,方益萍、何晓军译,华夏出版社2001年版,第2、3页。

别等同于经济权利和生态权利,这种观点错误地把人的权利和自然的权利抽象地分离了,而用城乡发展中好的一面来消除城乡发展中坏的一面的做法①,实际上陷入了乌托邦。伯顿(Elizabeth Burton)提出,构建包容性城市的依据是人本身的生理权利②,瑞杰斯特(Richard Register)指出,构建生态城市的依据是自然本身的生态权利。③ 然而,作为一种社会历史现象,城市权利早已超越了人的生理学和自然的生态学等实证主义关注的对象。"被确定为与人分割开来的自然界,对人来说也是无。"④自然的生物条件和人的肉体条件都是脱离人的实践活动的抽象产物,它们不能作为城市权利的主体。

(二)西方马克思主义城市学派的城市权利观点

与以上城市权利观点相比,西方马克思主义城市学派的观点更值得认真对待。列斐伏尔(Henri Lefebvre)明确宣称,自己作为马克思主义者对资本主义都市权利进行理论分析,他强调,现实城市生活空间本质上是政治性的而非中性的。在资本主义生产关系不断再生产的情况下,统治阶级通过政治战略和意识形态伪装,使宪法中规定的权利无法真正实现。"统治阶级把空间当成一种工具来使用,一种用来实现多个目标的工具:分散工人阶级,把他们重新分配到指定地点;组织各种各样的流动,让这些流动服从制度规章;让空间服从权力;控制空间,并通过技术官僚,管理整个社

---

① [英]埃比尼泽·霍华德:《明日的田园城市》,金经元译,商务印书馆2010年版,第8、9页。
② [英]伊丽莎白·伯顿、琳内·米切尔:《包容性的城市设计》,费腾、付本臣译,中国建筑工业出版社2009年版,第164页。
③ [美]理查德·瑞杰斯特:《生态城市伯克利:为一个健康的未来建设城市》,沈清基、沈贻译,中国建筑工业出版社2005年版,第29页。
④ 马克思:《1844年经济学哲学手稿》,人民出版社2000年版,第116页。

会,使其容纳资本主义生产关系。"①

受列斐伏尔城市权利理论影响的哈维(David Harvey),对现今资本主义社会以私人物权为取向的城市权利展开批判,并指出它应该呈现的样态。他指出,"城市权利远远超出我们所说的获得城市资源的个人或群体的权利,城市权利是一种按照我们的期望改变和改造城市的权利。城市权利不可避免地依赖于城市化过程中集体力量的运用,所以城市权利是一种集体的权利,而非个人的权利。……建设改造自己和自己城市的自由是最宝贵的人权之一,然而也是迄今为止被我们忽视最多的一项权利"。②

西方马克思主义城市学派的观点是在重新思考和运用马克思主义的基础上提出的。例如,通过借鉴《1844年经济学哲学手稿》中的新知识论和新方法论,列斐伏尔提出了空间的政治经济学,并对现代城市权利观点背后的理论基础,即黑格尔绝对精神的逻辑学、康德先验主义和其他实证主义进行批判。③ 哈维则重新回到人们是怎样生活在自己的世界中的,显然这是马克思主义的历史前提问题。尽管他们也提出了较为激进的革命主张,如发展"人"的权利,消灭生产关系内部的土地所有制,剥夺统治阶级的空间④,或者在城市化过程中加大对生产和剩余资本进行民主管理的权利,进行城市革命的主张⑤,但是,由于他们都没有真正进入历史唯物主义的核心之处,即在发展社会生产力和变革生产关系的基础上,消灭城乡对立和实现社会统一,也就无法将城市无产阶

---

① [法]亨利·列斐伏尔:《空间与政治》(第二版),李春译,上海人民出版社2015年版,第108—109页。
② [美]大卫·哈维:《叛逆的城市——从城市权利到城市革命》,叶齐茂、倪晓晖译,商务印书馆2014年版,第4页。
③ [法]亨利·列斐伏尔:《空间与政治》(第二版),李春译,上海人民出版社2015年版,第14、16、17、18、31、89页。
④ 同上书,第13、110页。
⑤ [美]大卫·哈维:《叛逆的城市——从城市权利到城市革命》,叶齐茂、倪晓晖译,商务印书馆2014年版,第23—24页。

级在生产劳动中发现的对正在形成的人类世界享有的社会化权利置于根本重要的位置。由此,列斐伏尔只能片面地将城市革命的主体力量寄希望于工人阶级以外,他认为城市建筑师和规划者是城市空间的核心生产者,在他们身上存在着未来社会的原则。① 哈维则将变革生产关系抛于脑后,只是主张将城市控制权利置于资本主义城市改造和城市管理的过程中,以此作为替代彻底革命的权宜之计。②

(三) 回到马克思关于城市权利理论的历史唯物主义建构视角

尽管西方马克思主义城市学派的城市权利主张与西方现今社会历史条件下工人阶级不具有革命性有关,但不可否认,他们的立场最终还是背离了马克思主义。然而,循着西方马克思主义城市学派的路径,重新返回马克思关于城市权利理论的历史唯物主义建构视角,在当今依然具有重要的理论和实践意义。历史唯物主义认为,城市与社会权利密不可分,西方城市的出现与部落所有制向公社所有制的转变联系在一起③,城市的发展(城乡对立史)又与所有制变迁同步,贯穿着迄今为止的整个西方文明史。④ 然而,历史唯物主义究竟在何种意义上为我们理解城市权利奠定了基础和开辟了道路,尚是一个问题,主要原因在于,一方面马克思本人实际上没有撰写关于城市的著作⑤,也没有使用过城市权利概念,

---

① [法]亨利·列斐伏尔:《空间与政治》(第二版),李春译,上海人民出版社 2015 年版,第 110 页。
② [美]大卫·哈维:《叛逆的城市——从城市权利到城市革命》,叶齐茂、倪晓晖译,商务印书馆 2014 年版,第 5 页。
③ 马克思、恩格斯:《马克思恩格斯选集》(第一卷),人民出版社 2012 年版,第 148 页。
④ 同上书,第 184 页。
⑤ [美]安东尼·奥罗姆、陈向明:《城市的世界——对地点的比较分析和历史分析》,曾茂娟、任远译,上海人民出版社 2005 年版,第 38 页。

更没有建构现成的城市权利理论。另一方面来自西方的意识形态理论依然强势,不知不觉地支配和影响着我们的头脑和视界,使我们无法看清城市权利的本质和真相。

本文试图阐明以下要点:从马克思思想历程角度梳理历史唯物主义和城市权利问题之间的内在关联。在此基础上,重点剖析马克思在《莱茵报》时期所生成的城市权利理论及其所具有的定向意义。最后,从城市权利理论的历史唯物主义基础、理论资源定型和城市权利的历史变迁逻辑三个方面,阐述成熟时期的马克思如何继续发展和完善了城市权利理论。

二、历史唯物主义与城市权利的内在关联

(一)历史唯物主义的基本性质及其对城市权利的存在论规定

对历史唯物主义和城市权利问题之间关系的理解,最关乎本质地涉及城市权利的存在论性质及其在历史唯物主义中的地位。总的来看,历史唯物主义毫无疑问是以关注并呼唤无产阶级城市权利为其根本特征的,《〈黑格尔法哲学批判〉导言》对德国工业城市中正在兴起的无产阶级社会权利和革命权利的阐述就足以证明,因为它代表的是一种彻底的"人本身"的权利,具有原则高度的意识能力和实践能力。① 因此,历史唯物主义是一种真正理解并服务于无产阶级权利的新的历史存在论,城市权利问题也深入历史唯物主义的本质性当中去了。

---

① 马克思、恩格斯:《马克思恩格斯选集》(第一卷),人民出版社2012年版,第10、13页。

然而,长期以来,历史唯物主义或者被视为历史唯心主义的单纯颠倒,即一种以抽象物质为本体论的历史哲学,或者被理解为一种经验的社会历史理论,主要特点是过分强调经济因素在各种事实关系当中的决定性作用。把历史唯物主义抽象化和实证化的理解方式,必然会相应地遮蔽其关于城市权利问题的真理性。例如,前者把城市权利的实现归结为人们权利意识的逐步提高,这是一种可以由对客观规律的单纯认识能力加以担保的现象,但是,马克思是从作为实践优先维度的城市权利来阐述作为意识自觉现象的城市权利的。后者认为城市权利仅仅属于思想和政治上层建筑的领域,因而是法权体系和意识形态加以确认和论证的对象,但是,马克思认为城市权利只是在物质生产生活领域才获得和展现它的全部真实内容的。

(二) 物质利益难事与城市权利的求解

这些误解需要通过阐释历史唯物主义和城市权利问题何以相互构成加以澄明,一个具体工作就是依循马克思在《(1859年政治经济学批判)序言》中对自己研究历程的回忆,来看对物质利益难事的求解过程如何就是对城市权利问题的求解过程。

1842年,博士毕业的马克思就卷入莱茵省各大城市的政治运动。科隆等工商业城市公民的言论和出版权利受到无耻剥夺,马克思意识到,本应保护公民最高利益即他们精神权利的城市检察官,却一直进行着违反国家理性和自由意志的非法活动。① 废除书报检查制度这一实实在在的"物质力量"就成为捍卫城市精神权利的最主要任务。② 此外,马克思还意识到,公民的精神权利并非

---

① 马克思、恩格斯:《马克思恩格斯全集》(第一卷),人民出版社1956年版,第4页。
② 同上书,第31页。

绝对的和无条件的认识能力,实际上受到了"物质重压"①和"物质检查"②,"它被人拉出了自己真正的领域,引进了大规模商业投机的领域。要进行巨大的金融投机就需要大城市"。③ 除了精神权利受到各种"物质纠缠"之外,物质权利也遇到了物质难题。城市农场主通过在杜塞尔多夫举行的议会立法,用自己的林木权利剥夺了贫民世代享有的捡枯枝的习惯权利,私人"物质利益"事实上代替国家理性行使了城市的立法权利。④ 城市权利遭遇到的这些物质乱象,给马克思的哲学信仰带来了冲击,这便是马克思在 1843 年重新检讨自己的理论武器——黑格尔法哲学的原因。

如马克思在《〈黑格尔法哲学批判〉导言》中所说,黑格尔法哲学是"唯一与正式的当代现实保持在同等水平上的德国历史"。⑤ 它通过国家的思辨理性来解决市民社会物质生活领域中的权利冲突问题。莱茵省各个城市的权利状况之所以值得马克思进行批判性分析,是因为它们高于德国其他地区而且最接近于这个现实焦点。据恩格斯回忆,波恩在所有方面都与当时德国"王都"柏林形成鲜明对比。⑥ 近代和中世纪的差异在城市文明形态上明显地表现出来了,黑格尔正是对近代城市文明的现实原本——英国经济生活和法国政治生活,及其科学副本——英国国民经济学和法国政治学进行研究的德国哲学家。马克思从黑格尔法哲学关于私人权利和国家权力之间二律背反的设定中,分析得出了国家不但不能解决市民社会内部权利之间的经验冲突,反倒被它们所决定的

---

① 马克思、恩格斯:《马克思恩格斯全集》(第一卷),人民出版社 1956 年版,第 38 页。
② 同上书,第 77 页。
③ 同上。
④ 同上书,第 180 页。
⑤ 马克思、恩格斯:《马克思恩格斯选集》(第一卷),人民出版社 2012 年版,第 7 页。
⑥ [英]戴维·麦克莱伦:《马克思传》(第 4 版),王珍译,中国人民大学出版社 2008 年版,第 35 页。

结论。"家庭和市民社会是国家的前提,它们才是真正的活动者;而思辨的思维却把这一切头足倒置。"① 尽管此时马克思还无从理解个人权利和市民社会的真正内容,但并不妨碍他对国家思辨理性的否定。

于是,马克思只能在1844年亲自研究个人权利和市民社会的科学。他发现,西欧进入近代社会的过程实际上是城市生活战胜农村生活的过程,具体表现为同样作为私有财产权的资本动产战胜土地不动产,并使其成为自身内部一个环节,"大地产就它力求赚到尽可能多货币而言,已经失去自己的封建性质而具有工业的性质"。② 在国民经济学家看来,现今城市权利就是私有财产的权利,资本是其最纯粹的形式,劳动是其主体本质,但是马克思运用现象学方法发现,作为主体本质的劳动是抽象劳动,抽象劳动的权利实际上是城市工人给自己招致灾难的异化劳动。正是把工人的本质力量外化到自然对象的异化劳动产生出城市私有财产权利的活动,也只有异化劳动积极的自我扬弃才能使整个市民社会从私有财产权利的奴役和纷争中解放出来。③ 因此,在马克思看来,城市权利的焦点应该是市民社会中异化劳动对于资本私有权的自我革命权利。然而,这一能动关系和物质过程却被国民经济学的双重抽象隐藏了。

(三)城市权利的谜底与历史唯物主义的奠基

从以上思想历程来看,马克思对城市权利问题的探索存在以下两个方面的变化,即从关注精神领域的言论和出版权利、到关注物质领域的私有财产权利、再到关注劳动权利的重心变化,以及从

---

① 马克思、恩格斯:《马克思恩格斯全集》(第一卷),人民出版社1956年版,第251页。
② 马克思:《1844年经济学哲学手稿》,人民出版社2000年版,第48页。
③ 同上书,第62页。

权利的国家归宿、到权利的社会起源、再到权利的历史趋向的优先性变化。与这些变化相对应,马克思从黑格尔法哲学,进入国民经济学后,再回到了作为黑格尔历史唯心主义秘密地和诞生地的精神现象学。

对于作为城市根本权利的劳动权利来说,精神现象学把它以人的自我产生和自我确证的形式本质重要地展现出来了,对于作为城市派生权利的私有财产权利来说,精神现象学把它看成同劳动权利相异化的本质,而异化构成了劳动权利外化及扬弃外化的意义,这些都是精神现象学对于城市权利问题的理论贡献。但是,黑格尔站在国民经济学家的立场上,他"唯一知道并承认的劳动是抽象的精神的劳动"①,同时把私有财产权利看作"在意识中、在纯思维中即在抽象中发生的占有"。因此,精神现象学中的权利仅仅是人的精神的私有财产,只是精神对自身各种假本质的自我否定,而精神在现实中并没有触动自己的对象领域,却以为克服了自己的对象,因此,对异化的私有财产权利的批判活动只能是思想上的共产主义。当马克思发现异化劳动的自我批判才是私有财产权利的真正主体本质,从而证明了人是自为的存在物之后,必然要颠倒黑格尔的精神现象学,形成劳动现象学,劳动现象学在理论上为历史唯物主义奠基,同时诉诸现实中的共产主义运动。

随着私有财产权利的主体本质由精神的抽象劳动被还原为物质的异化劳动,由人的精神劳动外化出来的世界,即私有财产观念所占有的世界,也被还原为由人的物质劳动的外化出来和积极扬弃的世界,即真正的人的和社会的力量所占有的世界。随着权利运动及其主体在存在论性质上的颠倒,青年马克思关于物质生活领域中城市权利的困惑也就在历史唯物主义的基地上解开了。在这个意义上,一方面,城市权利困惑是历史唯物主义形成过程的主

---

① 马克思:《1844年经济学哲学手稿》,人民出版社2000年版,第101页。

要背景,对城市权利内容的解答也将构成历史唯物主义经典表述的理论雏形。另一方面,历史唯物主义的理论任务主要是对现代城市权利关系进行解剖,以便从无产阶级劳动中找到具有未来可能向度的革命权利。

三、城市权利理论的起点

阐发历史唯物主义的城市权利理论,起点在于青年马克思对市民社会和政治国家的重新发现,以及对黑格尔法哲学的怀疑和批判性脱离。黑格尔法哲学将社会权利的本质和实现归结为政治国家,这就在逻辑上设定了政治国家对于市民社会的包容与超越。然而,就是在使用此理性武器时,马克思产生了苦恼,因为在面对莱茵省各个城市社会中各种性质的权利诉求和权利妄为时,国家不但没有展现出应有的普遍理性,反而出现了"头足倒置"的现象。这些现象构成了马克思重新理解城市权利的起点。

(一)对市民社会和政治国家的重新发现

先来看城市精神权利遭遇到的"头足倒置"现象。在揭露和批驳"书报检查令"和检察官对市民言论和出版权利的剥夺和压制时,马克思在国家和法的非法活动中觉察到了在理性之外起作用的所谓"客观时势"。它既可以使市民不知道去行使自身被赋予的自由言论权利,还可以使一部具有自由主义倾向的书报检查法在已经颁布的情况下闲置20余年,几近于废除状态。这种力量甚至具有为国家和检察官的专断权利披上黑格尔式合法外衣的能力,使其具有一种客观本性。也就是说,这种在理性之外的力量事实上代替理性起了作用。因此,马克思一再说道,"所有的客观标准都已消失了","公众的智慧和善良意志都被看作甚至对最简单的事物也是无能为力的东西"。①

虽然马克思此时还不能明确说出这种力量为何,但是一个基本的判断形成了,在它作用下,"检查令是非常讲求实际的,它不会满足于希望和善良的愿望"②,"检查制度本质上却建立在警察国家对它的官员的那种虚幻而高傲的概念之上"。③ 讲求实际和虚幻概念指明了,国家并不依照善良意志与理性原则行事,从意志和理性的关系中无法得出限制市民权利的要求,官僚主义也绝非国家理性所能克服。马克思的这些反思意味着,他已经在哲学存在论上对这种力量在国家中的实现进行考量,并同决定现代伦理世界的理性和意志进行比较了。以至于马克思随后便指出,只有摒弃思辨概念的偏见,才能从人的最初愿望中理解实际上的事物,费尔巴哈的这个实际观点才是明白事物真相和实现权利自由的唯一正确通道。④

再来看由城市物质权利引发的"头足倒置"现象。如果说客观时势在精神生活关系的领域还是某种看不见摸不着的力量,其作用方式还需要借助抽象力才能把握,那么当林木权利把人的权利从道德之树上砍下时,就直接具象地体现了它如何作为物质生活关系的领域起作用了。马克思把费尔巴哈看实际事物存在真相的方法,运用到了看城市中林木权利在国家中的实现这一事情上。"利益是讲求实际的,世界上没有比消灭自己的敌人更实际的事情了。"⑤"法的利益只有当它是利益的法时才能说话,一旦法的利益和这位神圣的高尚人物发生抵触,它就得闭上嘴巴。……应该为了保护林木的利益而牺牲法的原则呢?还是应该为了法的原则而

---

① 马克思、恩格斯:《马克思恩格斯全集》(第一卷),人民出版社1956年版,第29—30页。
② 同上书,第22页。
③ 同上书,第29页。
④ 同上书,第32—34页。
⑤ 同上书,第149页。

牺牲林木的利益——结果利益占了法的上风。① 马克思对利益所说,其实就是对私人权利或私有财产所说,它们使国家和法的神圣原则崩塌了,不再具有约束力了。物质利益实际上是私人的私有财产权利的内容,私人把私有财产权利实现为市民社会和政治国家中神圣不可侵犯的原则。

马克思意识到,私有财产权利(利益的法)从市民社会到政治国家的运送过程,只能是市民社会中特定利益原则的自我主张,绝非如黑格尔法哲学所预先假想的那样,首先把现代伦理世界设定为逻辑原则的应用对象,进而把市民社会中的私人权利纳入对政治国家的依存关系中,最后把这一运送过程仅仅视为市民社会在依存关系中向政治国家有意识地推移过程。在马克思看来,黑格尔用心良苦的目的在于,通过把私人权利的本质性归结为国家观念的普遍性,以解决现代城市中私人权利之间的分离和对抗,但是最终变成了徒劳无获,因为"私人利益的空虚的灵魂从未承受国家观念的照耀和熏染"。既然照耀和熏染国家权力的理性观念已经被马克思认定为"虚假的",那么在理性之外讲求实际的利益原则就必然具有新的存在论意义,无论是之前讲求实际的书报检查令,还是如今讲求实际的林木盗窃法,都源于讲求实际的利益体现者之消灭敌人的要求。城市中讲求实际的林木占有者要求对抗和消灭底层无产贫民,此外,林木占有者还要把惩罚森林条例违反者的国家权利也据为己有,命令国家为他们的利益探听、窥视、估价逮捕等。

(二) 对黑格尔法哲学的怀疑和批判性脱离

客观时势和实际利益原则为城市确立了不一样的权利世界,

---

① 马克思、恩格斯:《马克思恩格斯全集》(第一卷),人民出版社 1956 年版,第 178—179 页。

市民社会和政治国家在城市权利的运动和实现过程中被建构和规定了。客观时势和实际利益这两种非理性的东西引起了马克思的关注,它们突破甚至颠倒了黑格尔的法哲学体系。用他的话说,"如果自私自利的立法者的最高本质是某种非人的、外在的物质,那么这种立法者怎么可能是人道的呢?"① 非人的、外在的物质正是体现客观时势和实际利益的物质载体——私有财产,私有财产权利反倒成为为市民社会和政治国家立法的立法者的最高本质。

经过多次议会政论斗争之后,马克思写道:

"在研究国家生活现象时,很容易走入歧途,即忽视各种关系的客观本性,而用当事人的意志来解释一切。但是存在着这样一些关系,这些关系决定私人和个别政权代表者的行动,而且就像呼吸一样地不以他们为转移。只要我们一开始就站在这种客观立场上,我们就不会忽此忽彼地去寻找善意或恶意,而会在初看起来似乎只有人在活动的地方看到客观关系的作用。既然已经证明,一定的现象必然由当时存在的关系所引起,那就不难确定,在何种外在条件下这种现象会真正产生,在何种外在条件下即使需要它,它也不能产生。这几乎同化学家能够确定在何种外在条件下具有亲和力的物质化合成化合物一样,是可以确确实实地确定下来的。"②

这段写于《莱茵报》时期尾声的话,代表着马克思剖析城市权利的理性武器在现实中失效之后,对客观时势和实际利益的最初总结,也可以看作马克思按照黑格尔法哲学的叙述方式重写法哲

---

① 马克思、恩格斯:《马克思恩格斯全集》(第一卷),人民出版社 1956 年版,第 150 页。
② 同上书,第 216 页。

学的最初尝试。存在着"各种关系"或"外在条件",它们决定了私人和政权代表者各自在社会和国家中展开的权利活动,同黑格尔的理性和意志概念一样,这些关系和条件也被马克思置于"客观性"和"确定性"的位置上,不过它们是人们心脏中的"呼吸"之于生存活动的必然性,足以取代人们头脑中理性自觉和意志自由的活动。① 如此一来,历史唯物主义的起点,也就是理解城市权利的起点,被马克思初步设想和隐约提示出来了,原来由逻辑理性引申出来的政治国家对市民社会虚幻统治的假象将被拆穿,建立在新起点之上的市民社会决定政治国家的真相将被揭示出来。与此相应,对城市权利,特别是私有财产权利在市民社会和政治国家中活动的理解情境也完全不同了。

四、城市权利理论的生成

马克思在《莱茵报》时期对城市权利问题的剖析大致存在两个维度的分工,这是彼时城市的阶级结构使然。林木权利的维度主要让马克思重新理解了城市权利的现存结果和外在呈现方式,因为林木占有者习惯权利的强势地位使其在占据社会和国家的过程中处于显性;而枯枝权利的维度则主要让马克思重新理解了城市权利的本有前提和原始发生机制,因为底层贫民的习惯权利更像是处于隐没状态的经济基础在暗自产生作用。

具体来说,城市中讲求实际的私人利益以林木权利的形式塑造了实际上的社会和国家,而且会继续走向意识形态的领域,把私

---

① 呼吸的生存活动后来发展成为对象性的活动。马克思的解释是,"当呼出和吸入一切自然力的人通过自己的外化把自己现实的对象性的本质力量设定为异己对象时,设定并不是主体;它是对象性本质力量的主体性,因此这些本质力量的活动也必须是对象性的活动"。参见马克思:《1844年经济学哲学手稿》,人民出版社2000年版,第105页。

人利益空虚和肮脏的欲求点成法之纯金,为林木权利的法则包装上一层启蒙法权编制的神圣外衣,使人们无法识别"林木偶像"的本质。然而,马克思在政论斗争中不但指出了林木权利呈现出来的活动以及对其偶像化崇拜的倾向,更重要的是,要"不实际"地为在社会和国家中备受压迫的城市底层贫民的权利辩护。[①] 城市底层贫民的权利最典型地聚焦在捡枯枝的习惯权利上,对它的剖析和辩护产生了两个方面的意义或成果,一方面揭示城市权利的性质和内在理路,为历史唯物主义形成关于"各种关系"和"存在条件"的存在论判断提供事实上的依据,另一方面为后来研究工人劳动权利和无产阶级革命权利提供理论上的指引。

综合以上两个维度的剖析,可以把马克思在《莱茵报》时期生成的城市权利观点概括如下:从城市特定阶级生活习惯出发来考察他们以往的活动历史,把他们对生活需要的感觉以及为满足需要而形成的关系,理解为整个城市权利的物质基础,同时,应当从市民社会出发来理解城市权利在国家中的活动。这一概括可以从以下五个方面来剖析。

第一,城市权利来源于阶级的习惯权利。以康德法权学说为代表的启蒙权利观点,强调自由占有和发展私有财产的权利是先验理性的必然要求,但是其更多关注人与物自体关系的倾向,并不能兼顾和解释城市没有私有财产的阶级差异,这种片面的非历史观点显然不能让马克思满意。在城市权利的来源方面,马克思更接近于黑格尔朴素务实的立场,道德和法的领域在于按照某个国家的习惯生活,因此,在马克思的用法中,习惯和权利是连用的。马克思写道:"在普遍法律占统治地位的情况下,合理的习惯权利不过是一种由法律规定为权利的习惯,因为权利并不因为已被确

[①] 马克思、恩格斯:《马克思恩格斯全集》(第一卷),人民出版社1956年版,第141—142页。

认为法律而不再是习惯,它不再仅仅是习惯。"①在马克思看来,法权是国家对阶级习惯的合法化确认。无论是目前已经得到议会立法通过的城市特权阶级不法的习惯权利,还是将来在人类自由状态下得到普遍法律确认的每一种合理的习惯权利,先前的习惯都是后来法定权利的来源和前件,它们始终是意识形态前真实存在的东西。至于习惯为何?马克思溯源到它是一种由人类的自然史开始经中世纪延续至今的人与人的关系,即一部分人对另一部分人的压迫关系。因此,就目前城市的各种习惯主要是历史"遗传"的人与人之间关系的产物而言,马克思的习惯权利观点与启蒙法权非历史的片面观点是原则不同的。

第二,城市权利在人与人和人与物的关系中存在。习惯权利并不局限于人与物之间的占有关系,而首先是人与人之间的关系,并且是一种隔绝、敌对和统治的关系。② 在城市权利关系方面,特权阶级习惯权利与贫民阶级习惯权利就是这样一种人和人的关系,它延续了历史上一部分人以另一部分人为生的关系。马克思用动物内部种属关系形象地比拟了阶级之间的习惯权利关系。"动物实际生活中唯一的平等形式,是同种动物之间的平等……动物的属只在不同种动物的敌对关系中表现出来,这些不同种的动物在相互的斗争中来确立自己的特别的属性。自然界在猛兽的胃里为不同种的动物设立了一个结合的场所。"③马克思告诉我们,习惯权利之为习惯权利,总是言说着人与人之间的关系,习惯权利是由这种关系构造的结果。某一个阶级享有的习惯权利只有在关系中,甚至只有在与其他阶级的斗争关系中才能真正确立起来。然而,资产阶级启蒙立法却把斗争关系隐藏起来了,它只是从已经

---

① 马克思、恩格斯:《马克思恩格斯全集》(第一卷),人民出版社 1956 年版,第 143 页。
② 同上书,第 142 页。
③ 同上书,第 142—143 页。

定形并作为结果出现的人与物之间的关系出发,在不追问和不触动私有财产权利不法原罪的情况下,片面地将占有关系抽象化。当林木占有者在已经享有林木权利的前提下,依然还要按照自身的不法本能突破启蒙立法原则,剥夺它根本无法占有的贫民捡枯枝的习惯权利时,被启蒙立法遮蔽的整个权利关系被马克思发现了。

第三,城市权利是一种感性关系。既然习惯权利主要是人与人的一种隔绝、敌对和统治关系,那么它就是一种非理性的感性关系,这涉及城市权利的性质方面。上文林木占有者试图突破启蒙原则的"不法本能"和"占有倾向"①就是非理性的,而下文贫民的权利感觉则是感性确证的一种生动体现。感性意味着在权利各方的关系中间充斥的是喜怒哀乐,例如,马克思在为出版自由权利辩护时指出,"出版自由也有自己的美,要想保护它,必须喜爱它……没有它我的生活就不可能美满"。② 因此,用这类感性表述来辩护的权利关系并不以悄无声息的法律意志为前提。从马克思听闻到笼罩在摩塞尔河沿岸城市居民头上"粗鲁的呼声"③,就可以知道感性的权利关系本不是谦恭和美化的修辞要表达的对象。法律修辞的语言只是抽象格式④,断然无法应用到隔绝、敌对和统治的感性关系中。尽管对法权观念在理智上的认可与对感性的权利关系的被迫服从不是一回事,但是它们会在权利关系各方身上同时存在。只是感性的权利关系不易被自觉,因为它会化身为启蒙立法的理智形式反过来规范自己的自我矛盾形象。马克思指出,启蒙立法只是一种工具理性,它的片面性从权利关系的局限性中产生

---

① 马克思、恩格斯:《马克思恩格斯全集》(第一卷),人民出版社 1956 年版,第 179 页。
② 同上书,第 41 页。
③ 同上书,第 210 页。
④ 同上书,第 146 页。

出来,它的作用实质上也在于使世界成为片面的①,权利关系中已经得到实现的林木占有者的习惯,会借助立法把自身固定起来并进一步提升为代表整个权利关系的形式,如此一来,城市权利中贫民阶级习惯权利的存在权利就被忽略和取消了。

第四,城市权利起源于感性占有的自我感觉。在马克思看来,相比林木占有者的习惯权利在原则上不具有合理性而已经成为过去时,贫民阶级的习惯还有加以实现的权利而具有生机和未来,因为它既不会返回到传统财产权利的公共性质,也不会停留在现今财产权利的私有性质,只是在否定着自己习惯的不定形方面。因此,观察和剖析贫民阶级习惯权利的起源和发展成为马克思理解一般权利的原型和样本。"在整个贫民阶级的习惯中本能地显示了所有权的这种不定形方面;这个阶级不仅本能地要求满足生活的需要,而且也感到需要满足自己权利的要求。"②需要"从这种感觉中导出自己的所有权。……贫民在自己的活动中发现了自己的权利。……在贫民阶级的这些习惯中存在着本能的权利感。"③结合马克思对自由出版权利的辩护依据——"我感到我真正喜爱的东西的存在是必需的,我感到需要它"④,他要告诉我们,贫民阶级捡枯枝的权利来源于(original from)习惯,起源于(begin with)感觉。真正存在的权利并不首先以法律规定和理性意志为前提,而是直接起源于对生活需要的自觉,自我感觉只在原初生活需要和活动的范围内存在。对于权利来说,理性意志和感性自觉是两种完全不同性质的存在论判断,前者由启蒙思想确立,后者首先由马克思说出来。感性占有的生存权利要求实现生命和守护生活,它同纯粹观念占有的私有财产权利根本不同。

---

① 马克思、恩格斯:《马克思恩格斯全集》(第一卷),人民出版社1956年版,第145页。
② 同上书,第146页。
③ 同上书,第146—147页。
④ 同上书,第41页。

第五,城市权利是一种政治性的革命权利。在内在对抗和矛盾着的权利关系中,林木占有者的权利是与合理权利相抵触的习惯,而贫民阶级合理正当的习惯却是与现存权利的习惯相抵触的权利。林木权利已经在市民社会中创造出价值存在的经济形式①,并以"林木的国家神经"②的姿态贯通到政治领域。林木所有者不仅掌握了社会权利,还依仗社会权利一同把行使国家权力的权利也据为己有,因此处于整个城市权利关系的支配地位。此外,马克思写道:"贫民阶级的存在本身至今仍然只不过是市民社会的一种习惯,而这种习惯还没有在被有意地划分了的国家里找到应用的地位。"③马克思对贫民阶级习惯权利期许的意义在于,如果它在市民社会的活动中实现了权利自觉,那就说明它已经意识到,对于它自身的权利感和公平感来说,现有城市权利关系所生成和呈现出来的权利感和公平感是一种敌对性的和偶然性的存在。因此,它必须诉诸在国家中展开活动,以寻求挑战和改变国家权利的既有结构,同时摘掉"除自身以外一无所有的公民的称号"。④ 因此,在马克思的用法中,习惯权利在本质上是一种倾向于政治性的革命权利。

莱茵省各个城市围绕林木和地产等物质利益问题展开的议会论战,为马克思观察、参与和理解城市中的权利现象提供了契机和背景。虽然城市权利理论并不是马克思此时专门的理论旨趣,不过城市权利的基本问题域都已经被阐述出来了。就其内容而言,尽管习惯来源、统治关系、非理性性质和感觉起源等方面的内涵还没有完全定型,但是马克思的叙述方式已经内在地包含着继续延伸的线索和深化的空间。随着历史唯物主义原理的逐步形成,这

---

① 马克思、恩格斯:《马克思恩格斯全集》(第一卷),人民出版社1956年版,第141页。
② 同上书,第168页。
③ 同上书,第147页。
④ 同上书,第172页。

些方面的内涵也得到同步发展并形成为一个整体,进一步确证马克思此时对于城市权利问题的基本定向和判断。

五、城市权利理论的承继

(一)历史唯物主义基础的确立

研究马克思的城市权利理论,很容易将青年马克思,特别是《莱茵报》时期的理论资源当作早期不重要部分被轻易忽略。这一判断的主要依据或许在于,马克思此时仍处于启蒙理性主义和黑格尔主义的影响之下,历史唯物主义的基础还没有形成,和思想成熟时期相比存在一定程度的断裂。然而,事实并非如此。如前所述,马克思在《莱茵报》时期尾声的总结性表述,其实就包含对城市权利问题的初步思考。这段表述不仅怀疑和否定了唯心主义,为理解城市权利排除了迷思和扫清了障碍,而且还为理解城市权利找到了真正具有发展潜质的唯物主义基因。这个基因就是人活动的"各种关系"或"存在条件",它们最终以"生产关系"和"经济条件"的形式成为历史唯物主义经典表述的牢靠出发点。

马克思在《1859年政治经济学批判》序言中写道:

> "人们在自己生活的社会生产中发生一定的、必然的、不以他们的意志为转移的关系,即同他们的物质生产力的一定发展阶段相适合的生产关系。这些生产关系的总和构成社会的经济结构,即有法律的和政治的上层建筑竖立其上并有一定的社会意识形式与之相适应的现实基础。……随着经济基础的变更,全部庞大的上层建筑也或慢或快地发生变革。在考察这些变革时,必须时刻

把下面两者区别开来：一种是生产的经济条件方面所发生的物质的、可以用自然科学的精确性指明的变革，一种是人们借以意识到这个冲突并力求把它克服的那些法律的、政治的、宗教的、艺术的或哲学的，简言之，意识形态的形式。"①

比较《莱茵报》时期和成熟时期的两个表述就可以发现，它们在叙事要素、结构和逻辑上是如出一辙的。比如，呼吸般的生活发展成为物质生产力和生产关系中的生活，私人和政权代表者的活动发展成为经济结构和政治上层建筑的变更，化学家确认的化合作用发展成为自然科学精确性指明的变革，如此等等。因此，完全可以把《莱茵报》时期的表述视为成熟时期的表述的导言和定向，前者提出了问题，后者回答了问题，两者保持着连贯性，构成一条清晰的历史唯物主义发展线索。

（二）理论资源的定型

除了理解城市权利的唯物史观基础之外，《莱茵报》时期关于城市权利的理论资源也都得到发展和定型。首先，阶级生产生活条件成为阶级习惯的同名词，习惯权利的内容固定为阶级权利。"随着各城市间的联系的产生，这些共同的条件发展为阶级条件。同样的条件、同样的对立、同样的利益，一般说来，也应当在一切地方产生同样的风俗习惯。"②城市的风俗习惯是阶级生产生活条件在历史中传承的过程，阶级习惯随着自己生产生活条件的发展历史一同生成、壮大和消亡，阶级在创造自己生活习惯的同时，也被

---

① 马克思、恩格斯：《马克思恩格斯选集》（第二卷），人民出版社 2012 年版，第 2—3 页。
② 马克思、恩格斯：《马克思恩格斯选集》（第一卷），人民出版社 2012 年版，第 198 页。

这些习惯所创造。

其次,习惯权利总是在阶级生产生活条件的相互敌对和替代中完成自己的历史使命。城市资产阶级生活习惯是在同封建等级生活习惯的对立和制约中产生的,它们在发展工商业流动资本的过程中,总是以共同的斗争来反对封建贵族等级和行会师傅的习惯权利,并不断地吞并它们手中的等级资本。与此同时,资产阶级也不断地消灭本阶级和其他有产阶级的习惯权利,使它们发展为最终代替自己的无产阶级的一部分。

再次,习惯权利以感性交往为前提。法学家把权利的享有和行使视为个人意愿,哲学家把权利视为个人对物的任意支配,他们都把权利归结为某种纯粹意志的产物。在马克思看来,这些观点都是脱离现实基础的幻想。滥用权利"对于私有者具有极为明确的经济界限,如果他不希望他的财产从而他滥用的权利转入他人之手的话……物只有在交往中并且不以权利为转移时,才成为物,即成为真正的财产"。① 任何私有财产如不进入资本经营的过程,那么滥用私有财产的权利和意志也将成为一纸空文。马克思指出,古罗马城市的法权体系因生产方式没有改变而荒废,发展海上贸易的中世纪城市奥马尔非则可以同步制定航海法,近代工商业城市的兴起使罗马法典得到复兴。"每当工业和商业的发展创造出新的交往形式……法便不得不承认它们都是获得财产的方式。"②

最后,贫民阶级从生活需要和捡枯枝中感觉到自己的权利,这一现象凝结在"对象性本质力量的主体性"概念中。对象性本质力量是满足生活需要的感性活动的力量,主体性是对此需要和活动的权利自觉。人在改造对象世界的过程中把自己二重化,并在"他

---

① 马克思、恩格斯:《马克思恩格斯选集》(第一卷),人民出版社2012年版,第213页。

② 同上书,第214页。

所创造的世界中直观自身"。① 改造对象是权利实现,直观自身是权利自觉。历史唯物主义这样表述权利实现和权利自觉,已经得到满足的生活需要和满足需要的活动和使用的工具又引起新的需要,这个新的需要的产生是历史性活动,马克思充分肯定了各个阶级相继实现自身权利(生活需要)的历史意义。对于无产阶级在共同劳动中实现有个性的个人权利来说,权利实现和权利自觉也将从他们对自己现有的生产生活条件的自我意识中产生出来。"单个无产者的个性和强加于他的生活条件即劳动之间的矛盾,现在无产者本身是显而易见的,……为了实现自己的个性,就应当消灭他们迄今面临的生存条件,……因此,他们也就同社会的各个人迄今借以表现为一个整体的那种形式即同国家处于直接的对立中,他们应当推翻国家,使自己的个性得以实现。"②

(三)城市权利历史变迁的阐明

在《莱茵报》时期,马克思遇到的是城市中阶级权利的经验存在现象,到了思想成熟时期,城市权利已经内在地包含在历史唯物主义当中了。"城乡之间的对立只有在私有制的范围内才能存在。城乡之间的对立是个人屈从于分工、屈从于他被迫从事的某种活动的最鲜明的反映,这种屈从把一部分人变为受局限的城市动物,把另一部分人变成受局限的乡村动物,并且每天都重新产生二者利益之间的对立。"③历史唯物主义认为,阶级分化和城乡对立是同一个过程的两个方面。当人类出现阶级时,城市也同时出现了,存在于阶级社会的各种现象比如阶级权利,就会同时以城市权利的面目出现。阶级权利的发展与城市权利的发展是同步的。马克

---

① 马克思:《1844年经济学哲学手稿》,人民出版社2000年版,第58页。
② 马克思、恩格斯:《马克思恩格斯选集》(第一卷),人民出版社2012年版,第201页。
③ 同上书,第184—185页。

思告诉我们,在阶级社会,城乡对立和私有财产权利是共生和互构的关系,城市权利是这两种现象的必然产物。只有当阶级分化和城乡对立被同时消灭,人们的生产生活需要不再以利益对立和权利保障的形式来得到满足时,城市权利才淡出历史舞台。因此,城市权利是一种历史现象。

一旦把阶级权利的哲学根据归结为对象性本质力量的主体性,那么,城市权利也可以由这一概念得到说明。首先,对象性本质力量经常是一种如前所述的"屈从于分工"的力量。在被迫屈从的自发分工形式下,本质力量必然对象化或外化为一种异己的、反过来支配自身的力量,前一种力量是自发分工或异化劳动的力量,后一种力量是所有制的力量。对象性本质力量的秘密只有发展到它的最后、最高阶段才能暴露出来,那就是活劳动被它所产生的死劳动所统治的关系,即异化劳动被它所产生的资本所统治的关系。"所有制是对他人劳动力的支配。其实,分工和私有制是相等的表达方式,对同一件事情,一个是就活动而言,另一个是就活动的产品而言。"①"分工的各个不同发展阶段,同时也就是所有制的各种不同形式。"②在思想成熟时期,马克思对城市权利的分析视角就是分工异化和私有制。

从最初的城市产生以来,随着劳动分工和所有制形式的发展,城市权利也呈现出不同的历史内容。总的来看,近代以前的西欧城市,分工仅限于农业、手工业和商业的简单分工,即使是中世纪城市,"各行会之间的分工还是非常少的,而在行会内部,各劳动者之间则根本没有什么分工"。③ 简单分工意味着更朴素和更直接的依存关系,与之相适应的是一种共同体所有制形式,脱离和不依

---

① 马克思、恩格斯:《马克思恩格斯选集》(第一卷),人民出版社 2012 年版,第 163 页。
② 同上书,第 148 页。
③ 同上书,第 187 页。

赖于共同体的私有制尽管已出现,但还没有完全发展起来。只是到了近代社会前夕的工场手工业时代,个人才逐步从城市行会的宗法关系中解放出来,并随着大工业的发展开始相互之间建立一种新型契约关系。因此,西欧城市权利分为两种形式,即主要以自然分工和共同体所有制为基础的城市权利,以及主要以广泛分工和个人所有制为基础的城市权利。当个人从属于一定的阶级这一现象将来被重新组成的集体所替代时,城市权利将复归到新的以自觉分工和共同体所有制为基础的形式。总的来看,西欧城市权利先后经历了以下几个阶段。

在最初由部落联合而成的西欧古代城市,共同体所有制表现为公社所有制。在奴隶制劳动方式下,城市中阶级已出现明显分化,分工仅限于家庭分工基础上扩大了的部落分工。公社公民共同占有和支配从事生产活动的奴隶。为了保护这一权利,代表城市公社利益的国家也发展起来。除了城市公民所享有的共同体权利外,一些从属的私有制权利形式也产生了,它们分别是以地产和简单生产工具为对象的占有,后者构成了中世纪城市权利发展的萌芽。

西欧中世纪城市权利以行会共同体为基础。在等级制劳动方式下,除了集手工业者和商人为一体的师傅外,还有同样从农村逃亡而来的农奴,他们以帮工和学徒的身份得到行会具有宗法性质的伦理责任,游离于宗法体系之外的则是具有日工性质的平民。与古代城市不劳动的公民支配劳动的奴隶不同,中世纪城市行会中每个人都是劳动者,只不过由于师傅掌握着必要的生产工具、传授着固定的手工技艺和承接着世代相袭的主顾销路,而享有组织、训练和支配帮工和学徒劳动的权利。

在中世纪后期,新兴商业城市的出现和以贸易为目的的生产,导致超越行会手工业的工场手工业的产生。城市中占据主导地位的生产关系也发生了改变,原有自然形成、可以具象为生产资料的等级资本被以货币为衡量尺度的活动资本取代。与此相应,行会成员间的传统宗法等级关系也被工场内部个人间的纯粹金钱雇佣关系所替代。工场城市中,新兴市民阶级通过购买劳动力组织生产实现资本增值的方式,使城市权利关系具有了近代资本主义性质。

真正意义的近代城市是近代大工业城市,工业成了近代城市的代名词,"同地产(贵族生活)相对立,工业(城市生活)形成了"。[①] 大工业城市虽然在生产关系性质上同工场城市一致,但是在容纳和发展生产力方面远非后者所能比拟。机器生产的广泛应用和劳动分工的无限细化,使全球城市得以形成。在生产资料私有制的统治下,近代城市权利本质上是资产阶级支配市民社会的权利,国家成为在国内外保护私有财产权利的组织。随着城市社会结构日益简单化,阶级矛盾和城乡对立愈发明朗,私有财产权利就成为束缚生产力社会化的桎梏了。

共产主义运动将带来彻底消灭私有财产权利体系的革命过程,这场革命运动在西欧将发生在阶级矛盾和所有权斗争最激烈的城市。它不再像以往那样只是在自发分工的基础上,局限于重新分配劳动权利和变换私有财产权利的形式,而是要终结附着在人类劳动本能上的所有物权占有形式。当然,要达到这一目标,社会重新回到以共同体所有制为基础的城市权利时代是必要的,对自觉分工基础上共同生产生活条件加以控制也是必要的。按照马克思的设想,共同生产生活条件是每个无产者实现自己自由个性遇阻时被发现的,对于他们来说,拥有自由财产权利已经不具有现实性了。

---

① 马克思:《1844 年经济学哲学手稿》,人民出版社 2000 年版,第 68 页。

稿　　约

1.《复旦城市治理评论》于2017年正式出版,为学术性、思想性和实践性兼具的城市治理研究系列出版物,由复旦大学国际关系与公共事务学院支持,复旦大学国际关系与公共事务学院大都市治理研究中心组稿、编写,每年出版两种。《复旦城市治理评论》坚持学术自由之方针,致力于推动中国城市治理理论与实践的进步,为国内外城市治理学者搭建学术交流平台。欢迎海内外学者惠赐稿件。

2.《复旦城市治理评论》每辑主题由编辑委员会确定,除专题论文外,还设有研究论文、研究述评、案例研究和调查报告等。

3. 论文篇幅一般以15 000—20 000字为宜。

4. 凡在《复旦城市治理评论》发表的文字不代表《复旦城市治理评论》的观点,作者文责自负。

5. 凡在《复旦城市治理评论》发表的文字,著作权归复旦大学国际关系与公共事务学院所有。未经书面允许,不得转载。

6.《复旦城市治理评论》编委会有权按稿例修改来稿。如作者不同意修改,请在投稿时注明。

7. 来稿请附作者姓名、所属机构、职称学位、学术简介、通信地址、电话、电子邮箱,以便联络。

8. 投稿打印稿请寄:上海市邯郸路220号复旦大学国际关系与公共事务学院《复旦城市治理评论》编辑部,邮编200433;投稿邮箱:fugr@fudan.edu.cn。

稿　　例

一、论文构成要素及标题级别规范

来稿请按题目、作者、内容摘要(中文200字左右)、关键词[①]、简短引言(区别于内容摘要)、正文之次序撰写。节次或内容编号请按一、(一)、1.、(1)……之顺序排列。正文后附作者简介。

二、专有名词、标点符号及数字的规范使用

1. 专有名词的使用规范

首次出现由英文翻译来的专有名词(人名、地名、机构名、学术用语等)需要在中文后加括号备注英文原文,之后可用译名或简称,如罗伯特·登哈特(Robert Denhardt);缩写用法要规范或遵从习惯。

2. 标点符号的使用规范

请严格遵循相关国家标准,参见《标点符号用法》(GB/T 15834—2011)。

3. 数字的使用规范

请严格遵循相关国家标准,参见《出版物上数字用法》(GB/T 15835—2011)。需要说明的是:一般情况下,对于确切数字,请统一使用阿拉伯数字;正文或注释中出现的页码及出版年月日,请以公元纪年并以阿拉伯数字表示;约数统一使用中文数字,极个别地方(为照顾局部前后统一)也可以使用阿拉伯数字。

4. 图表的使用规范

各类表、图的制作要做到清晰(精度达到印刷要求)和准确(数据无误、表的格式无误),具体表格和插图的制作规范请参见《学术出版规范 表格》(CY/T 170—2019)和《学术出版规范 插图》(CY/T 171—2019)。表、图相关数据或资料来源需要标明出处,数据或资料来源的体例要求同正文注释,具体见"五、注释格式附例"。

三、正文中相关格式规范

1. 正文每段段首空两格。独立引文左右各缩进两格,上下各

[①] 关键词的提炼方法请参见《学术出版规范 关键词编写规则》(CY/T 173—2019)。

空一行,不必另加引号。

2. 正文或注释中出现的中、日文书籍、期刊、报纸之名称,请以书名号《》表示;文章篇名请以书名号《》表示。西文著作、期刊、报纸之名称,请以斜体表示;文章篇名请以双引号""表示。古籍书名与篇名连用时,可用中点(·)将书名与篇名分开,如《论语·述而》。

3. 请尽量避免使用特殊字体、编辑方式或个人格式。

四、注释的体例规范

所有引注和说明性内容均须详列来源:本《评论》的正文部分采用"页下脚注"格式,每页序号从①起重新编号,除对专门的概念、原理、事件等加注外,所有注释标号放在标点符号的外面;表和图的数据来源(资料来源)分别在表格下方(如果表有注释的话,请先析出资料来源再析出与表相关的注释说明)和图题下方析出。

【正文注释示例】

[例一] 陈瑞莲教授提出了区域公共管理的制度基础和政策框架。① 杨龙提出了区域合作的过程与机制,探讨如何提高区域政策的效果和协调区域关系。② 第二类主要着眼于具体的某个城市群区域发展的现实要求,比如政策协同问题、大气污染防治、公共服务一体化等。

[例二] 1989年,中共中央发表《中共中央关于坚持和完善中国共产党领导的多党合作和政治协商制度的意见》,明确了执政党和参政党各自的地位和性质,明确了多党合作和政治协商制度是中国的基本政治制度,明确了民主党派作为参政党的基本点即"一个参加三个参与"③。

---

① 陈瑞莲:《论区域公共管理的制度创新》,《中山大学学报》2005年第5期。

② 杨龙:《中国区域政策研究的切入点》,《南开学报》(哲学社会科学版)2014年第2期。

③ "一个参加三个参与"指,民主党派参加国家政权,参与国家大政方针的制定,参与国家事务的管理,以及参与国家法律、法规、政策的制定和执行。

【表的注释示例】

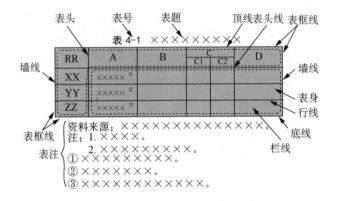

【图的注释示例】

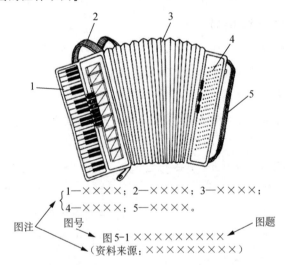

五、注释格式附例

1. 中文著作

（作者名）著(或主编等):《***》(书名)，***出版社****年版，第*页。

如，陈钰芬、陈劲:《开放式创新:机理与模式》，科学出版社 2008 年版,第45页。

2. 中文文章

＊＊＊(作者名):《＊＊＊＊＊＊》(文章名),《＊＊＊＊＊＊》(期刊名)＊＊＊＊年第＊＊期,第＊＊页/载＊＊＊著(或主编等):《＊＊＊＊＊＊》,＊＊＊出版社＊＊＊＊年版,第＊页①。

期刊中论文如,陈夏生、李朝明:《产业集群企业间知识共享研究》,《技术经济与管理研究》2009年第1期,第51—53页。

著作中文章如,陈映芳:《"违规"的空间》,载陈周旺等主编:《中国政治科学年度评论:2013～2014》,复旦大学出版社2016年版,第75—98页。

3. 译著

＊＊＊(作者名或主编等):《＊＊＊＊＊＊》,＊＊＊译,＊＊＊出版社＊＊＊＊年版,第＊页。

如,[美]菲利普·科特勒:《营销管理:分析、计划、执行和控制》(第九版),梅汝和等译,上海人民出版社1999年版,第415—416页。

4. 中文学位论文

＊＊＊(作者名):《＊＊＊＊＊＊》(论文标题),＊＊＊＊大学＊＊＊＊专业＊＊(硕士/博士)学位论文,＊＊＊＊年,第＊页。

如,张意忠:《论教授治学》,华东师范大学高等教育学专业博士学位论文,2006年,第78页。

5. 中文网络文章

＊＊＊(作者名、博主名、机构名等著作权所有者名称):《＊＊＊＊＊＊》(文章名、帖名)(＊＊＊＊年＊月＊日)(文章发布日期),＊＊＊(网站名),＊＊＊(网址),最后浏览日期:＊年＊月＊日。

如,王俊秀:《媒体称若今年实施65岁退休 需85年才能补上养老金

---

① 期刊中论文的页码可有可无,全文统一即可,但是涉及直接引文时,需要析出引文的具体页码。论文集中文章的页码需要析出。

缺口》(2013年9月22日),新浪网,http://finance.sina.com.cn/china/20130922/082216812930.shtml,最后浏览日期:2016年4月22日。

6. 外文著作

******(作者、编者的名+姓)①, ed./eds.②(如果是专著则不用析出这一编著类型), ******(书名,斜体,且除虚词外的每个单词首字母大写), ***(出版地):***(出版社), ****(出版年), p./pp.③*(页码).

如, John Brewer and Eckhart Hellmuth, *Rethinking Leviathan: The 18th Century State in Britain and Germany*, Oxford: Oxford University Press, 1999, pp.5-6.

7. 外文文章

******(作、编者的名+姓),"******"(文章名称,首字母大写), ******(期刊名,斜体且首字母大写), ****,(年份)***(卷号), p./pp. ***(页码). 或者,如果文章出处为著作,则在文章名后用:in ******(作、编者的名+姓), ed./eds., ******(书名,斜体且首字母大写), ***(出版地):***(出版社), ****(出版年), p./pp. *(页码).

期刊中的论文如, Todd Dewett and Gareth Jones, "The Role of Information Technology in the Organization: A Review, Model, and Assessment", *Journal of Management*, 2001, 27(3), pp.313-346.

或著作中的文章如, Randall Schweller, "Managing the Rise of Great Powers: Theory and History", in Alastair Iain Johnston and Robert Ross, eds., *Engaging China: The Management of an Emerging Power*, London: Routledge, 1999, pp.18-22.

---

① 外文著作的作者信息项由"名+姓"(first name + family name)构成。以下各类外文文献作者信息项要求同。
② "ed."指由一位编者主编,"eds."指由两位及以上编者主编。
③ "p."指引用某一页,"pp."指引用多页。

8. 外文会议论文

****** (作者名+姓),"******"(文章名称,首字母大写,文章名要加引号), paper presented at ******(会议名称,首字母大写), ********(会议召开的时间), ***(会议召开的地点,具体到城市即可).

如,Stephane Grumbach, "The Stakes of Big Data in the IT Industry: China as the Next Global Challenger?", paper presented at The 18th International Euro-Asia Research Conference, January 31 and February 1, 2013, Venice, Italy①.

以上例子指外文会议论文未出版的情况。会议论文已出版的,请参照外文文章的第二类,相当于著作中的文章。

9. 外文学位论文

******(作者名+姓), ******(论文标题,斜体,且除虚词外的每个单词首字母大写), doctoral dissertation/master's thesis(博士学位论文/硕士学位论文), ****(大学名称), ****(论文发表年份), p./pp. *(页码).

如,Nils Gilman, *Mandarins of the Future, Modernization Theory in Cold War America*, doctoral dissertation, John Hopkins University, 2007, p.28.

10. 外文网络文章

******(作者名、博主名、机构名等著作权所有者名称),"******"(文章名、帖名)(********)(文章发布日期), ***(网站名), ***(网址), retrieved ******(最后浏览日期)。

如,Adam Segal, "China's National Defense: Intricate and Volatile"(April 1, 2011), Council on Foreign Relations, https://www.cfr.org/blog/chinas-national-defense-intricate-and-volatile, retrieved December 28, 2018.

---

① 如果会议名称中含有国家名称,出版地点中可省略国家名称信息。

图书在版编目(CIP)数据

未来城市与数智治理/唐亚林,陈水生主编.
上海：复旦大学出版社,2024.12.--(复旦城市治理评论).-- ISBN 978-7-309-17686-5
Ⅰ.F299.23
中国国家版本馆 CIP 数据核字第 2024FR7306 号

未来城市与数智治理
Weilai Chengshi Yu Shuzhi ZhiLi
唐亚林　陈水生　主编
责任编辑/朱　枫

复旦大学出版社有限公司出版发行
上海市国权路 579 号　邮编：200433
网址：fupnet@fudanpress.com　http://www.fudanpress.com
门市零售：86-21-65102580　团体订购：86-21-65104505
出版部电话：86-21-65642845
上海盛通时代印刷有限公司

开本 787 毫米×960 毫米　1/16　印张 28.25　字数 354 千字
2024 年 12 月第 1 版
2024 年 12 月第 1 版第 1 次印刷

ISBN 978-7-309-17686-5/F·3074
定价：95.00 元

如有印装质量问题，请向复旦大学出版社有限公司出版部调换。
版权所有　侵权必究